U0503528

本书的出版得到
国家重点文物保护专项补助经费资助

八主祭祀研究

山东大学历史文化学院
山东省文物考古研究院
故宫博物院考古部

编著

王睿 林仙庭 聂政 主编

文物出版社

图书在版编目（CIP）数据

八主祭祀研究 / 山东大学历史文化学院等编著；王睿，林仙庭，聂政主编 . —北京：文物出版社，2020.5

ISBN 978-7-5010-6674-2

Ⅰ . ①八… Ⅱ . ①山… ②王… ③林… ④聂… Ⅲ . ①祭祀遗址—考古发掘—发掘报告—山东 Ⅳ . ① K878.65

中国版本图书馆 CIP 数据核字（2020）第 062810 号

八主祭祀研究

编　　著：山东大学历史文化学院
　　　　　山东省文物考古研究院
　　　　　故 宫 博 物 院 考 古 部
主　　编：王　睿　林仙庭　聂　政

责任编辑：谷艳雪
封面设计：李　猛
责任印制：张　丽

出版发行：文物出版社
地　　址：北京市东直门内北小街 2 号楼
邮　　编：100007
网　　址：http://www.wenwu.com
邮　　箱：web@wenwu.com
经　　销：新华书店
印　　刷：北京雅昌艺术印刷有限公司
开　　本：889mm×1194mm　1/16
印　　张：25.25
版　　次：2020 年 5 月第 1 版
印　　次：2020 年 5 月第 1 次印刷
书　　号：ISBN 978-7-5010-6674-2
定　　价：560.00 元

本书版权独家所有，非经授权，不得复制翻印

ON THE SACRIFICIAL RITUAL OF THE EIGHT LORDS

Chief Editors

Wang Rui, Lin Xianting & Nie Zheng

Editors

The Institute of History and Culture, Shandong University

Shandong Provincial Academy of Cultural Relics and Archaeology

Department of Archaeology, Palace Museum

Cultural Relics Press

Beijing ·2020

目　录

插图目录

第五章插图

第七章插图

导论：秦汉祠畤的再认识

——从考古发现看文献记载的秦汉祠畤

李　零

　　1999 年，为了纪念王国维说的"五大发现"和迎接新世纪的到来，应《文物》杂志之邀，我曾写过一篇文章，叫《入山与出塞》[1]，后来扩展为一部书[2]。我说的"入山"就是指寻找中国古代的祭祀遗址。这是我的一个梦。

　　中国古代祭祀遗址是个大有前途的研究课题，我对这个问题关注有年，曾经写过一批文章[3]，并指导王睿写博士论文[4]，带田天做田野考察，参与指导田天的博士论文[5]。她们的论文都是围绕这个有趣的话题。

　　八主祠是山东最有代表性的祭祀遗址群。20 世纪末、21 世纪初，我曾三赴山东，考察有关地点。记得当年，好像是 2004 年吧，我在孔望山跟王睿说，要是能对八主祠做点考古调查和考古发掘，那该多好。2007 和 2009 年，我跟栾丰实、王睿再次考察这些地点，让我们对八主祠有了进一步认识。2008 年，项目正式启动。到如今，十年的时间转瞬即逝，一部很有分量的研究报告即将出版，想不到梦已成真。

　　现在，借《八主祭祀研究》一书出版，我想就秦汉祠畤讲一点印象，当全书的引子。

一　祠、畤二字的含义

　　秦汉大一统，疆域辽阔。封禅、郊祀是皇帝巡游天下，在全国范围内定期举行的祭祀活动。《史记·封禅书》以封禅为题，《汉书·郊祀志》以郊祀为题，都是两者并叙。二书提到很多祠畤，《汉书·地理志》（以下简称《地理志》）记载了它们的地理分布[6]。

　　祠、畤是郊祀之所。这两个字，古音相近，但用法不同。《史记》《汉书》讲郊祀，祠很多，畤很少。

　　祠和畤的含义是什么，它们有何不同，我想用最简短的话概括一下。

---

[1] 李零《入山与出塞》，《文物》2000 年第 2 期，87~95 页。

[2] 李零《入山与出塞》，文物出版社，2004 年。

[3] 如李零《秦汉礼仪中的宗教》《秦汉祠畤通考》《"太一"崇拜的考古研究》《"三一"考》，收入氏著《中国方术续考》，中华书局，2006 年，100~191 页。凡旧说与此文矛盾处，请以此文为准。

[4] 王睿《"八主"祭祀研究》，博士学位论文，北京大学中国语言文学系，2011 年。按：论文经改写，即将出版。

[5] 田天《秦汉国家祭祀史稿》，三联书店，2015 年。按：此书是据博士论文改写。

[6]《史记》是从上古到汉武帝的大历史，《封禅书》从"自古受命帝王，曷尝不封禅"讲起，故以"封禅"为题。《汉书》是西汉史，侧重的是汉代郊祀，故以"郊祀"为题。后者除宣帝以下，几乎全抄《封禅书》。

我们先说祠。这个字，含义比较明确。祠作动词，指郊祀，作名词，指郊祀之所。秦汉时期，祠是郊祀之所的泛称。《封禅书》《郊祀志》偶尔以庙称祠，有时可以互换，含义好像差不多[1]，但汉代的庙，多指宗庙、陵庙。宗庙在宫里，陵庙在陵前，是祭祖的地方，而祠是郊祀之所，祭祀对象是天地五帝、名山大川和各种鬼神，两者又有区别。二书所述，不包括宗庙、陵庙。

畤，有点不同，概念窄一点。这个字，先秦稀见[2]，主要流行于秦代和西汉。王莽罢汉武大郊祀改行小郊祀后，这个字很少出现，后人已不太了解它的具体含义。

畤是什么？《说文解字·田部》："畤，天地五帝所基址祭地。从田寺声。"小徐本址作止。畤的声旁是从止得声，古人多以止、阯训畤，以畤为神灵之所止，当作降神的地方。畤的意思是祭天地五帝的基址或场所。

从《史记》《汉书》归纳，畤有以下特点：

（一）畤的最初含义是郊祀上帝之所[3]。所谓上帝，乃各族的始祖，即各族的族神，如太昊、少昊、黄帝、炎帝、颛顼。五帝配天而祭，至为尊崇，不但规格高于普通的祠，属于屈指可数的祭祀中心，而且有时会聚拢很多祠，带有综合性。

（二）畤分早晚。《史记》《汉书》提到吴阳武畤、雍东好畤、西畤、鄜畤、密畤、吴阳上畤、吴阳下畤、畦畤、北畤、泰畤，凡十畤。吴阳武畤和雍东好畤是秦文公立鄜畤以前就有，可能是西周晚期的畤，其他八畤，前六畤是汉代因袭秦代的畤，后二畤是汉代新立的畤[4]。

（三）上述十畤，皆在西土，与周、秦关系更密切。吴阳武畤和雍东好畤荒废后，沦为地名，如好畤就是保留至今的地名。《左传》襄公三十年、昭公二十二年提到平畤，哀公四年提到逆畤，都是地名，它们可能是从西土东传，最初也是郊祀之所。

（四）畤是用于野祭，故字从田。野祭多在郊野，有别于宫中。《史记》《汉书》讲栎阳畦畤，据说形如菜地，有一道道沟垄（估计是成行成列的祭坎）。卫宏《汉官旧仪》说，陇西西县人先山下也有这种畤[5]。秦六畤，畦畤最晚，汉代的畤可能与之相似。

（五）王莽改大郊祀为小郊祀，以兆称畤，以畤称兆，也叫兆畤。如太一兆为泰畤，后土兆为广畤，五帝及从祀诸神的五个畤为未地兆、东郊兆、南郊兆、西郊兆、北郊兆（《郊祀志下》），可见畤就是郊兆，也就是郊祀天地五帝的坛场和坛墙圈定的范围。

司马迁讲八主祠，说地主"祠泰山梁父。盖天好阴，祠之必于高山之下，小山之上，命曰'畤'；地贵阳，祭之必于泽中圜丘云"（《封禅书》《郊祀志上》"下"下多"畤"）[6]。学者多把此

---

[1] 如《封禅书》有渭阳五帝庙（在陕西咸阳）。《地理志上》有泰山庙（在山东泰安）、太室山庙（在河南登封）、少室山庙（在河南登封）、沛庙（在山东东阿）、淮庙（在河南桐柏）、天子庙（在山西平陆）。

[2] 段玉裁《说文解字注》说畤字"不见于经"，但先秦古籍还是提到过这个字，如下引《左传》《韩非子·外储说左上》："庸客致力而疾耘耕者，尽巧而正畦陌畤者，非爱主人也，曰：如是，羹且美，钱布且易云也。"孙诒让认为"畦畤"是"畦埒"之误，参看陈奇猷《韩非子集释》，上海人民出版社，下册，1974年，638～640页。

[3] 古书讲祭祖之礼，有禘、祖、郊、宗等不同层次，见《国语·鲁语上》展禽语，《史记》《汉书》统称郊祀。

[4]《封禅书》："或曰：'自古以雍州积高，神明之隩，故立畤郊上帝，诸神祠皆聚焉。盖黄帝时尝用事，虽晚周亦郊焉。'其语不经见，缙绅者不道。"司马迁对黄帝发明说持保留态度。

[5]《封禅书》提到"是故作畦畤栎阳而祀白帝"（《郊祀志上》同），《集解》引晋灼说："《汉注》在陇西西县人先祠山下，形如种韭畦，畦各一土封。"《索隐》引《汉旧仪》："祭人先于陇西西县人先山，山上皆有土人，山下有畤，埒如菜畦，畤中各有一土封，故云畦畤。"又引《三苍》："畦，埒也。"《汉注》《汉旧仪》即卫宏《汉官旧仪》，也叫《汉仪注》。

[6]《集解》引徐广说："一云'之下（上）畤命曰畤。'"《索隐》："此之'一云'，与《汉书·郊祀志》文同也。"

语当时的定义，不一定合适。

我理解，这段话是针对禅梁父，并不是给畤下定义。古代封禅，祭天在泰山上，封土为坛，叫封；祭地在泰山下，除地为场，叫禅[1]。这话主要是讲禅礼的选址。所谓"畤"就是司马迁两言"泰山下阯"的"阯"[2]。"天好阴"句，指除地为场，与登封报天相应，应该把行禅礼的地点选在高山之下、小山之上；"地贵阳"句，也是说祭地要与天相应，虽在低地，照样应该选高一点儿的地方，如泽中圜丘就是这样的地方。禅要选在高山之下、小山之上，但畤未必都在高山之下、小山之上，畤也不仅是禅地之所。

在我看来，畤是一种特殊的考古遗址，既不同于城址或宫庙，也不同于陵墓或窖藏。从物质形态讲，畤是除地为祭的坛场。所谓坛场，往往坛、墠、坎兼具[3]。墠是芟夷草莱、清理地面辟出的一块场子，也叫场。坛设其中，用以陈放牌位、祭品，举行仪式，只占一小块，周围是空地。坎是在这块空地上挖的祭祀坑，一排排，一行行，用来埋牲牢、玉帛、车马等祭品。坛也好，坎也好，都是设于场中，关键是要有一块场子。这块场子就叫畤。

二　文献记载和地理分布

秦汉祠畤，数量很大，秦代有 200 多所，西汉有 683 所。《封禅书》《郊祀志》加《地理志》所载，可考者仍有 200 多所[4]。

（一）陕西省

祠畤最多，首先是汉三辅之地，即关中地区。三辅即京兆尹、左冯翊、右扶风。《郊祀志》的"郊"就是指汉代的三辅之地。

1. 京兆尹

京兆尹是长安所在，辖境略相当今西安市和渭南市的渭水以南部分，并延伸到河南灵宝市。周秦故祠有杜陵（在西安市三兆村）的五杜主祠、寿星祠[5]、沣、镐（在西安市长安区）的昭明祠、滈池君祠[6]、蓝田（在蓝田）的虎候山祠[7]、下邽（在渭南）的天神祠，湖县（在灵宝）的周天子祠。西汉新祠，多在长安，有汉高祖的蚩尤祠、灵星祠和七巫祠[8]、汉文帝的渭阳五帝庙和长门五帝坛[9]、汉武帝的亳忌太一坛和太一五祠[10]，以及汉宣帝的白虎、随侯、剑宝、玉宝璧、周康宝鼎五祠（在未央宫）和岁星、

---

[1]汉武帝第一次登封泰山，先在泰山下东方，后在山上，两封。

[2]一作"禅泰山下阯东北肃然山"，一作"石闾者，在泰山下阯南方"，见《封禅书》。

[3]李零《中国方术续考》，103～106 页。

[4]李零《中国方术续考》，142 页。

[5]杜陵有五杜主，而非三杜主，参看田天《秦汉国家祭祀史稿》，52～53 页。寿星祠，祭南极老人。

[6]昭明祠，祭昭明星。滈池君，见《史记·秦始皇本纪》。滈池，《封禅书》作"周天子璧池"，"璧池"是"璧雍"之误，即辟雍。

[7]虎候山祠，虎候山即今蓝田虎头山。

[8]高祖七巫祠，即梁巫、晋巫、秦巫、荆巫、九天巫、河巫、南山巫所祠。前五祠在长安，但河巫祠河在临晋，南山巫祠秦二世在南山、秦中，临晋在大荔，南山指终南山，不在长安。《集解》引应劭说，以晋巫为范氏仕晋者，秦巫为范氏留秦者，梁巫出大梁刘氏，荆巫出丰县刘氏，不详何据。刘氏、范氏俱出祁姓。应劭强调，四巫同祖，都是刘氏的远亲。

[9]渭阳五帝庙在灞渭之会，长门五帝坛在霸陵，都在长安。

[10]亳忌太一坛在长安东南郊。太一五祠是围绕此坛续修。亳忌即谬忌，谬氏即缪氏，其名为忌。亳忌亦作薄忌，不一定是安徽亳县人。薄也可能是博县的博（今泰安）。薄忌可能是齐人。

辰星、太白、荧惑、南斗五祠（在长安城旁）[1]。华阴（在华阴）有太华山祠，亦汉宣帝立。

2. 左冯翊

左冯翊是咸阳所在，辖境略相当今咸阳、铜川二市和渭南市的渭水以北部分。秦人的祠畤有秦献公畦畤（在西安市阎良区）和临晋河水祠（在大荔），而霸（灞）、产（浐）、长（荆谷水）、沣、涝（潦水）、泾、渭七水，近咸阳，秦亦有祠[2]。西汉新祠，主要有两组，一组是汉武帝泰畤，在云阳（在淳化）；一组是汉宣帝谷口四祠[3]，在咸阳到云阳的途中（在三原）。泰畤包括宽舒太一坛、太一祠（在甘泉宫）和越巫䬋（辜）鄜（禳）祠、通天台（在甘泉宫南）[4]。后来，汉宣帝在云阳还增修了径路神祠、休屠祠、金人祠[5]。鄠县（在西安市鄠邑区）有劳谷、五床山、日月、五帝、仙人、玉女祠，亦汉宣帝立。

3. 右扶风

右扶风是陈仓、雍城所在，辖境略相当今宝鸡市。不仅周人的故土在这一带，秦人的祖庭也在这一带。非子邑秦，秦在汧渭之会，即今宝鸡。秦文公自西犬丘重返汧渭之会，先作鄜畤，后作陈宝祠（在陈仓北阪），都在宝鸡。其后，秦宣公作密畤（在渭水南），秦灵公作吴阳上、下畤（在吴山），也在宝鸡。汉高祖作北畤，合秦四畤，号称雍五畤。

雍，指凤翔塬及其附近[6]。凤翔塬上有雍山、雍水。《封禅书》说，秦时雍地"百有余庙"[7]，而岐山、吴山、垂山、鸿冢和汧水，亦各有祠[8]。《地理志上》说，"雍：秦惠公都之，有五畤，太昊、黄帝以下祠三百三所"，《郊祀志上》作"本雍旧祠二百三所"。秦汉祠畤，雍地几乎占一半，至少也占三分之一[9]。

三辅以北是上郡，即陕北高原，辖境略相当今延安、榆林二市。上郡治肤施（在横山西境）。肤施有汉宣帝的五龙山仙人祠、黄帝祠、天神祠、帝原水祠[10]。阳周桥山有黄帝冢（在子长县高柏山），在肤施南。西河郡鸿门县（在横山境内）有天封苑火井祠（当地富产天然气），在肤施东。天封苑火井祠也是汉宣帝立。

三辅以南是汉中郡，即陕南山区，辖境略相当今汉中、安康、商洛三市。西汉南郑县（在汉中市）有沔水祠。汉中以汉水名，沔水即汉水陕南段。

---

[1] 这十祠是两套祭祀，前五祠祠宝物，后五祠祠星象。白虎是白虎皮。《汉书·宣帝纪》云，元康四年"南郡获白虎、威凤为宝"；《郊祀志下》说，"时，南郡获白虎，献其皮、牙、爪，上为立祠"。随侯是随侯之珠，剑宝是高祖斩蛇剑，玉宝璧是和氏璧，周康宝鼎可能是周康公或周康侯鼎。
[2] 霸水即灞水，产水即浐水，长水即荆谷水、涝水即潦水。
[3] 谷口四祠是天齐公祠、五床山祠、仙人祠、五帝祠。
[4] 宽舒是黄锤史，齐人。黄是黄县（今龙口），锤是腄县（今烟台），皆属东莱郡。《封禅书》载，汉武帝灭南越、东越后，"越人勇之乃言'越人俗鬼，而其祠皆见鬼，数有效。昔东瓯王敬鬼，寿至百六十岁。后世怠慢，故衰耗'。乃令越巫立越祝祠，安台无坛，亦祠天神上帝百鬼，而以鸡卜。上信之，越祠鸡卜始用。"
[5] 径路神祠，径路是匈奴宝刀，也叫径路刀，径路神是司匈奴宝刀的神。休屠祠，是祭匈奴休屠王。金人祠，是祭掳自休屠的祭天铜人。
[6] 广义的雍是九州之一的雍州，狭义的雍是凤翔塬，有时也包括凤翔塬的周边。《封禅书》："自未作鄜畤也，而雍固有吴阳武畤，雍东有好畤，皆废无祠。"注意，宝鸡是"雍旁"，而永寿、乾县一带是"雍东"。
[7] 《封禅书》："而雍有日、月、参、辰、南北斗、荧惑、太白、岁星、填星、[辰星]、二十八宿、风伯、雨师、四海、九臣、十四臣、诸布、诸严（诸庄）、诸逑（诸遂）之属，百有余庙。"
[8] 《封禅书》的岳山是垂山之误。垂山是武功山，参看田天《秦汉国家祭祀史稿》，284～285页。按：岐山在周原，吴山在宝鸡，垂山在武功，鸿冢在凤翔，各有祠。汧水下游有汧水祠，在郁夷（宝鸡的汧渭之会），汧水上游（一说源出甘肃张家川，一说源出甘肃华亭市）有汧渊祠。
[9] 《地理志上》，隃麋（在千阳）有黄帝子祠，陈仓（在宝鸡）有上公、明星、黄帝孙、舜妻育冢，虢（在宝鸡）有黄帝子、周文武祠。
[10] 《郊祀志下》作"宣帝立五龙山仙人祠及黄帝、天神、帝原水，凡四祠于肤施"，《地理志下》作"（肤施）有五龙山、帝原水、黄帝祠四所"，脱"天神"。

（二）山东省

山东的祭祀活动，以封禅泰山和祭祀八主最有名。

1. 封禅泰山

封禅泰山，在西汉的泰山郡，辖境略相当今泰安市泰山区和岱岳区，并包括新泰、莱芜与之交界的地方。封在泰山上，禅在泰山下的小山上。

西汉泰山庙在博县（在泰安市泰山区旧县村），汉武帝明堂在奉高（在泰安市岱岳区范镇故县村），都在泰安市。

泰山下有很多小山，石闾、社首、高里（蒿里）三山在泰山脚下，属西汉博县；亭亭山在泰安大汶口镇马家大吴村，属西汉钜平县（在泰安西南），在泰安市南。梁父、云云二山在泰山东南、徂徕山下。梁父山（今名映佛山）属西汉梁父县（在新泰天宝镇古城村），云云山属西汉柴县（在新泰楼德镇柴城村），在新泰西境。泰山东北，还有肃然山（今名宿岩山）。肃然山属西汉嬴县（在济南市莱芜区城子县村），在莱芜西境。

上古帝王封泰山，传统的禅地之所是梁父、云云、亭亭、社首，见《管子》佚书《封禅篇》。肃然、高里（蒿里）、石闾是汉武帝所禅。

2. 祭祀八主

据《地理志上》，齐地有八主祠，一曰天主祠，在淄博市临淄古城南的天齐渊，属西汉临淄县；二曰地主祠，在新泰市天宝镇的映佛山，属西汉梁父县；三曰兵主祠，在汶上南旺镇，属西汉东平陆县；四曰阴主祠，在莱州市三山岛，属西汉掖县；五曰阳主祠，在烟台市芝罘岛，属西汉腄县；六曰月主祠，在龙口市莱山，属西汉黄县；七曰日主祠，在荣城县成山头，属西汉不夜县；八曰四时主祠，在青岛市黄岛区琅琊台，属西汉琅琊县。临淄县属齐郡，梁父县属泰山郡，东平陆县属东平国，掖、腄、黄、不夜四县属东莱郡。

此外，西汉临朐县（在莱州）有海水祠（后世有海神庙）[1]，曲城县（在招远）有万里沙祠和参（三）山八神祠（疑是一种缩微版的八主祠），在阴主祠附近；黄县有莱山松林莱君祠，黚县（在龙口）有百支莱王祠，在月主祠附近；不其县（在青岛市城阳区）有太一祠、仙人祠和明堂（据说是汉武帝立，可能在崂山），昌县（在诸城）有环山祠，长广县（在莱阳）有莱山莱王祠，在四时主祠附近。这些祠，几乎全在胶东半岛上，不属东莱郡，就属琅琊郡[2]。

（三）陕西以西

1. 甘肃省

商末周初，嬴姓西迁，大骆族居西犬丘（在礼县），周围是西戎所居。周封非子于汧渭之会，号称秦。秦是从大骆族分出。大骆灭于戎，秦襄公伐戎，收复西犬丘，曾作西畤。西犬丘，西汉叫西县，

[1]西汉有两临朐，齐郡临朐和东莱郡临朐，此系东莱临朐。
[2]山东境内的西汉旧祠还有：临邑县（在东阿）的济庙，成阳县（在菏泽）的尧家灵台，蒙阴县（在蒙阴）的蒙山祠，临朐县（在临朐）的蓬山祠（蓬，一作逄），朱虚县（在临朐）的凡山祠（凡山即丸山，今名纪山）、东泰山祠（东泰山即沂山，后世五镇的东镇）、三山祠和五帝祠，即墨县（在平度）的天室山祠，下密县（在昌邑）的三户山祠、驺县（在邹城）的驺峄山祠，以及执期（地点不明）的明年祠。蓬山、天室山、三户山三祠是汉宣帝立。

属陇西郡。西县有很多秦祠,《封禅书》说,"西亦有数十祠"。

2. 宁夏回族自治区

西汉朝那县（在彭阳）有端旬祠、湫渊祠,属安定郡。端旬祠是胡巫祠,湫渊即固原东海子。朝那是乌氏戎所居。

3. 青海省

西汉临羌县（在湟源）有西王母石室、仙海、盐池、弱水、昆仑山等祠[1],临羌在青海湖东,属金城郡,从地名就能看出,周围是羌人所居。

（四）陕西以东

1. 山西省

西汉蒲阪县（在永济）有秦首山祠、尧山祠,汾阴县（在万荣）有后土祠,大阳县（在平陆）有天子庙,皆属河东郡。首山,即雷首山,在永济东南。尧山,在永济南,与首山连麓而异名。二山皆属中条山脉,位于汉武帝东巡的路上。

2. 河南省

西汉缑氏县（在偃师）有延寿城仙人祠,属河南郡;崇高县（在登封）有太室山、少室山、夏后启母石三祠,属颍川郡;平氏（在桐柏）有淮庙,属南阳郡。延寿城仙人祠是公孙卿为汉武帝候神处,即缑氏县治。汉武帝东巡,去嵩山,这里是中转站。

3. 河北省

西汉絫县（在昌黎）有秦碣石祠,属辽西郡;容城（在容城）有秦鸣泽祠,属涿郡;上曲阳（在曲阳）有恒山祠,属常山郡。

（五）南方

1. 江苏省

西汉丰县（在丰县）有枌榆社、蚩尤祠,属沛郡;海陵县（在泰州）有江海会祠,属临淮郡;无锡县（在无锡）有楚春申君历山祠,属会稽郡;江都县（在扬州）有江水祠,属广陵国。枌榆社是丰县当地的神社,蚩尤祠是汉高祖起兵所祭。

2. 浙江省

西汉山阴县（在绍兴）有秦会稽山祠,山上有禹冢、禹井,属会稽郡。今大禹陵在会稽山下。

3. 安徽省

西汉灊县（在霍山）有天柱山祠,属庐江郡。天柱山是汉武帝立的新南岳。

4. 湖南省

西汉益阳（在益阳）有湘山祠,属长沙国。湘山即湘阴县青草山（也叫黄陵山）,而非洞庭君山[2]。湘山是秦始皇南巡的最南点。

---

[1] 1975~1982 年,青海省天峻县二郎洞附近发现汉代遗址,有人推测即西王母石室,但天峻县在青海湖西北,湟源县在青海湖东,相距甚远。
[2] 参看田天《秦汉国家祭祀史稿》,280 页。

5. 四 川 省

西汉湔氐道（在松潘）有渎山祠，成都县（在成都）有江水祠，皆属蜀郡。西汉江水祠有二，成都江水祠在上游，江都江水祠在下游。渎山即岷山。

6. 云 南 省

西汉青蛉县（在大姚）禺同山有金马碧鸡祠，属越巂郡。禺同山，今名紫丘山（在大姚县金碧镇）。金马碧鸡祠是汉宣帝立。滇池县（在晋宁）有黑水祠，属益州郡。黑水，昆明北郊有黑龙潭，相传即黑水祠旧址。

三　祭祀系统和祭祀对象

秦汉祠畤分东西二系，主要集中在陕西、山东二省。陕西又以宝鸡地区最集中。

（一）西系

西土有三大中心：甘泉泰畤、汾阴后土祠和雍五畤。甘泉泰畤是祭天中心，居中；汾阴后土祠是祭地中心（属河东郡，但挨着左冯翊），在东；雍五畤是祭帝中心，在西。其他祠畤是围绕这三大中心。

1. 甘泉泰畤

秦人的祭祀活动是以郊祀为主，所谓郊祀是以帝配天，祭祀各族血缘所出的族神，最最古老的老祖宗。秦六畤，西畤、鄜畤、畦畤祭白帝，密畤祭青帝，吴阳上畤祭黄帝，吴阳下畤祭炎帝。

泰畤是汉武帝的发明，它也祭帝，但五帝围绕太一，只是太一的佐神，与所有秦畤都不一样。

汉武帝有两个太一坛：亳忌太一坛先立，在长安；宽舒太一坛后立，在云阳。都是以太一为主，五帝为辅。

亳忌太一坛，祭太一、三一、五帝、冥羊、马行、赤星，以及从祀的群神，如泽山君地长（《郊祀志上》作"皋山山君"）、武夷君和阴阳使者等。坛作八边形，广三十步（直径约合 42 米），估计太一、三一在坛上，居中，五帝环列其外，其他神在更外一圈。它有八个台阶，八条辐射状通道，号称"八通鬼道"。

宽舒太一坛（也叫紫坛），模仿前者，坛亦八边形，也有八通鬼道。坛三层，估计最上一层是太一、三一所居；第二层，五帝坛环列，青、赤、白、黑四帝坛分置四方，各如其方色，黄帝坛偏居西南（属十二辰的未位）；第三层是四方地，祭从祀群神，亦各有坛。又有赤日白月，可能也在顶层。

宽舒太一坛后立，比亳忌太一坛更显赫。泰畤是从这个坛发展而来，并与汾阴后土祠相配，地位最高。

亳忌所立，宽舒所兴[1]，太祝亲领，比所有祠畤都重要。

2. 汾阴后土祠

汉代祭地有后土祠。立祠与祠河有关，祠河是为了塞河，平水患。

---

[1]《封禅书》："薄忌太一及三一、冥羊、马行、赤星，五，宽舒之祠官以岁时致礼。凡六祠，皆太祝领之。"这段话怎么理解，历来存在争论。我怀疑，薄忌五，不大可能去五帝不数，"五"下可能脱"帝"字，薄忌所立，太一、三一是一祠，冥羊、马行、赤星、五帝各一祠，凡五，而宽舒所兴，包括汾阴后土祠和甘泉泰畤，这里是合并言之，如舍其一，当是汾阴后土祠，而不是甘泉泰畤。

新垣平望气汾阴，预言出鼎，是第一步。汉文帝治庙汾阴南，祠河求鼎，是第二步。汉武帝从宽舒议，正式立汾阴后土祠，是第三步。

宽舒设计的后土祠，是在"泽中圜丘为五坛，坛一黄犊太牢具，已祠尽瘗，而从祠衣上黄"，显然是个坛、墠、坎兼具的坛场，因为土为黄色，牲牢、祠衣皆尚黄。

汾阴后土祠在山陕之间，本来是魏地的一个民祠。汉武帝立汾阴后土祠，把它拔高为最高等级的祭祀，目的是以后土配太一，统领群祀。这也是汉代的发明。

3. 雍五畤

西土十畤，秦居其六。秦人奉少昊为始祖，最尊白帝。他们从西犬丘到陈仓，从陈仓到雍城，从雍城到栎阳，不管把都城迁到哪儿，都要祭白帝。秦襄公作西畤，最早；秦文公作鄜畤，其次；秦献公作畦畤，最晚。这三个畤都祭白帝。

秦文公都陈仓，作鄜畤，鄜畤祭少昊，少昊是秦人始祖，最尊；秦宣公作密畤，密畤祭太昊，太昊与少昊是兄弟氏族，其次；秦灵公作吴阳上、下畤，上畤祭黄帝，下畤祭炎帝，是为周遗民而设，又其次。秦人伐戎继周，不仅接收周的地盘，也包括留居当地的百姓。黄帝是姬姓始祖，炎帝是姜姓始祖，姬姜联姻，长期统治雍岐之地。秦人要想在西土站稳脚跟，离不开周遗民的支持。这四个畤都在宝鸡，是为雍四畤。

汉高祖作北畤，北畤是祭颛顼。秦四畤加汉北畤，即著名的雍五畤。

汉武帝三年一郊祀，主要就是指这三类祭祀。

（二）东系

东土的祭祀，以封禅泰山最隆重。封禅是山东地区祭祀天地的形式，与西土看重族神的传统不一样。泰山是五岳之首，统领天下的名山大川，在秦汉祀谱中地位最高，有如西土的太一。

泰山是山东的祭祀中心，有如太一为众星所拱，八主祠是环绕这个中心。

（1）天主祠，在山东淄博市临淄古城南牛山脚下的天齐渊，旧属齐地。

（2）地主祠，在山东新泰市天宝镇的梁父山。自古禅地，都是在泰山下的小山上。泰山下，小山很多，东南的梁父、云云最有名。地主祠在梁父，位于天主祠的西南，旧属鲁地。

（3）兵主祠，在山东汶上县南旺镇，又位于地主祠的西南，旧属鲁地。

（4）日主祠，在山东荣成市成山头，位于胶东半岛北岸，旧属莱地。

（5）月主祠，在山东龙口市莱山上，位于胶东半岛北岸，旧属莱地。

（6）阳主祠，在山东烟台市芝罘岛上，位于胶东半岛北岸，旧属莱地。

（7）阴主祠，在山东莱州市三山岛上，位于胶东半岛北岸，旧属莱地。

（8）四时主祠，在山东青岛市黄岛区琅琊台上，位于胶东半岛南岸，旧属莒地。

这八个祠，前三祠在西，后五祠在东。西三祠，东北—西南，略呈一线。《鹖冠子·近迭》："人道先兵"，兵是代表人。西三祠代表三才（天、地、人）或三一（天一、地一、太一）。东五祠，日主祠与月主祠，迎日拜月，东西相对，成一轴线；阳主祠在其左，阴主祠在其右，左为阳，右为阴。这四个祠在胶东半岛北岸。四时主祠在胶东半岛南岸，象征四时的起点。

山东半岛四分，齐居西北，莱居东北，鲁居西南，莒居东南。正如王睿指出，这四个地区各有各的祭祀传统，它们最终被整合成一个模仿宇宙模式的大系统，恐怕是战国晚期齐人统一山东半岛后的杰作。齐人航海，最具海阔天空的想象力，这片三面环海的土地，充满寻仙访药的神秘传说，对秦人有巨大吸引力。

秦始皇东巡，沿海北上，先后登会稽山、峄山、泰山、芝罘山、碣石山，刻石铭功，就是被这片沿海地区所吸引。

此外，汉代修明堂，也与山东地区有关。汉武帝初立，曾打算在长安南郊建明堂，但没见过真正的明堂，后来封泰山，有人说"泰山东北阯有明堂处"，地势险要不宽敞，所以按公王带（《封禅书》作"公王带"，《郊祀志下》作"公玉带"）的明堂图，令奉高县作明堂于汶上。这种明堂，"祠太一、五帝于明堂上坐，令高皇帝祠坐对之。祠后土于下房"（《封禅书》），既有点像渭阳五帝庙、长门五帝坛，也有点像亳忌太一坛、宽舒太一坛，特点是"麻雀虽小，五脏俱全"。

汉武帝五年一封禅，主要就是指以泰山为中心，围绕山东半岛和北中国海沿岸的祭祀活动。

上述祠畤，从祭祀对象看，可以分为四类。

第一类是祭天地。

上古天官，见《史记·天官书》，是以日月五星绕斗极旋转，巡行二十八宿为特点。《封禅书》说，雍地"百有余庙"，其中祭"日、月、参、辰、南北斗、荧惑、太白、岁星、填星、〔辰星〕、二十八宿"就属这一类[1]，各地差不多。

秦俗祭星，有一大特色，是祭陈宝。秦文公在陈仓北阪（宝鸡贾村塬）作陈宝祠，"其光景动人民唯陈宝"（《封禅书》）。陈宝是流星坠地的陨石，号称若石。今地宝鸡就是得名于此。

汉兴，高祖起事，在丰县祷枌榆社，祠蚩尤，入关后，除令丰县觋治枌榆社，在长安立蚩尤祠，所兴唯二事，一是立北畤，祭黑帝，与雍四畤相配，二是令郡国县立灵星祠，祭后稷。所谓灵星，指龙星左角，即天田星，所以兴农。

汉武帝立甘泉泰畤和汾阴后土祠，以太一为祭天中心，后土为祭地中心，凌驾于雍五畤之上，这是汉代祭祀的最大发明。

第二类是祭五帝。

五帝是先秦固有。一种是黄帝、颛顼、帝喾、尧、舜，见《大戴礼·帝系》《国语·鲁语上》，一种是青帝（太昊）、赤帝（炎帝）、黄帝、白帝（少昊）、黑帝（颛顼），见《吕氏春秋·十二纪》《礼记·月令》（《左传》昭公二十七年郯子语已具雏形）。前者是周帝系，后者是秦帝系[2]。汉代的雍五畤是继承秦四畤，显然属于后一种。

司马迁说，高祖二年，"东击项籍还入关，问'故秦时上帝祠何帝也？对曰：'四帝，有白、青、黄、赤四帝之祠。'高祖曰：'吾闻天有五帝，而有四，何也？'莫知其说。于是高祖曰：'吾知之矣，乃待我而具五也。'乃立黑帝祠，命曰北畤"（《封禅书》）。或说五色帝是汉高祖立北畤后才有，显然不对。高祖说"吾闻天有五帝"，显然早就知道，天下有五帝，对话者"莫知其说"，只是不明白秦

---

[1]"填星"下，《封禅书》无"辰星"，中华书局校点本据《郊祀志下》补"辰星"。

[2]李零《帝系、族姓的历史还原——读徐旭生〈中国古史的传说时代〉》，《文史》2017年第3辑，5~33页。

人为什么没有为黑帝立畤[1]。

汉文帝重五帝。他祭五帝，分两种，一种是去雍地祭五帝，一种是在长安祭五帝。他立渭阳五帝庙、长门五帝坛是从赵人新垣平说。渭阳五帝庙不是五帝各居一庙，如雍五畤，而是"（五帝）同宇，帝一殿，面各五门，各如其帝色"（《封禅书》），等于五畤的缩微版，有点像后起的明堂。及诛新垣平，交祠官致祭，不再去。

汉武帝祭五帝，也分两种，一种是亲往雍地祭五帝，一种是在太一坛上或明堂类的建筑内，与太一相配祭五帝。

第三类是祭山川。

司马迁讲巡狩封禅，有所谓五岳四渎。五岳是东岳泰山、南岳衡山、西岳华山、北岳恒山、中岳嵩山，四渎是江、河、淮、济，历代祭祀不绝。这是秦系的五岳。

秦合天下为一，东土（崤山以东）以嵩山、恒山、泰山、会稽山、湘山（青草山）为名山，济水、淮水为名川；西土（华山以西）以华山、薄山（即蒲山，雷首山的异名，也叫襄山）、岳山（岳是垂之误，垂山即武功山）、岐山、吴岳（吴山）、鸿冢、渎山（岷山）为名山，河水、沔水（汉水）、湫渊、江水为名川（湫渊是湖，不是河），皆有祠[2]。

此外，陕西关中的灞、浐、泾、渭诸水，因为地近咸阳，亦有祠，很多小山小水也有祠。

汉武帝时期的五岳是以天柱山为南岳，与秦代不同。

天下名山，汉武方士有不同说法。

公孙卿说，"天下名山八，而三在蛮夷，五在中国。中国华山、首山（雷首山）、太室（嵩山太室山）、泰山、东莱（莱山），此五山，黄帝之所常游，与神会"。所谓"三在蛮夷"，疑指衡山、湘山、渎山；所谓"五在中国"，没有恒山和衡山，加了东莱山。

公玉带说，"黄帝时虽封泰山，然风后、封巨、岐伯令黄帝封东泰山（沂山），禅凡山（丸山），合符，然后不死焉"（《封禅书》）。这是他另立的封禅说，汉武帝并未采纳。

秦始皇巡游天下，除封泰山、禅梁父，还祠祭会稽山、峄山、芝罘山、碣石山。

汉武帝巡游天下，除登封泰山，在梁父祠地主，在肃然、高里（蒿里）、石闾禅地，还祠祭太室山、天柱山、恒山，东登东莱山，北登碣石山，西登崆峒山。封泰山"如郊祠太一之礼"，禅肃然"如祭后土礼"（《封禅书》）。

第四类是祭鬼神。

秦汉祠畤，鬼神很多，如秦时雍地祭风伯、雨师、四海、九臣、十四臣、诸布、诸严（诸庄）、诸逑（诸遂）之属，汉高祖七巫祠有东君、云中、司命、九天诸神，汉武帝亳忌太一坛有泽山君地长、武夷君。

秦鬼，名气最大，当属杜主。杜伯被周宣王冤杀，化为厉鬼，本来是周人畏忌的鬼，周人走了，照样流行于秦地，如杜陵有五杜主祠，雍菅庙和秦中也有杜主祠。司马迁说，"杜主，故周之右将军，

---

[1] 凤翔南指挥秦公一号大墓出土石磬，铭文提到"高阳有灵"，高阳即颛顼。或说铭文证明，秦人出自颛顼，不对。女脩出颛顼，生子大业，她只是秦人的女祖先。秦出少昊，并不属于颛顼系统。秦人不为颛顼立畤，恐怕是因为颛顼之后多在东方，当地很少。当地不祭这个帝，也就没必要立畤。

[2] 这一名单中的会稽山是后世的南镇，吴山是后世的西镇。其中没有后世的医巫闾山（北镇）、霍山（中镇）和沂山（东镇）。但沂山也叫东泰山，见于《封禅书》讲汉武帝的部分。

其在秦中，最小鬼之神者"（《封禅书》）。意思是秦中小鬼，属杜伯最灵验。此外，汉高祖七巫祠有"南山巫祠南山、秦中，秦中者，二世皇帝"（《封禅书》），南山是秦岭，秦中是关中平原[1]。秦二世自杀，也是秦中著名的凶鬼。

汉鬼，则有汉武帝神君祠（在上林苑蹏氏观）的长陵女子。

物怪，秦文公"伐南山大梓、丰大特"，见《史记·秦本纪》。《水经注·渭水》引魏文帝《列异传》，说秦于故道县立怒特祠，就是祭这种牛怪。西汉故道县在陕西凤县，位于宝鸡西南。

此外，秦皇汉武迷求仙访药。武帝冀遇神仙，从公孙卿言，立缑氏延寿城仙人祠、长安蜚廉桂观和甘泉益延寿观、通天台，作为候神之所，也是祭祀活动的一部分。

四　考古发现和有待探索的地点

上述祠畤，很多仍有古代遗迹、自古沿用的地名，甚至香火不断，保持着带有复古性质的现代祭祀，值得深入调查，综合研究。下面，我举一些例子，供大家参考。

1. 好畤河遗址

西土十畤，吴阳武畤和雍东好畤年代最早。吴阳武畤可能在吴山遗址附近，现在没有任何线索。雍东好畤在雍地以东，是个从秦代到现在一直使用的地名。《地理志上》右扶风有好畤县，班固注："垝山在东，有梁山宫，秦始皇起。"唐以前的好畤县在陕西乾县东好畤村，梁山宫遗址在乾县西北梁山镇三合村的瓦子岗上。唐以来的好畤县，则在乾县西部永寿县的飞地，店头镇的好畤河村一带。

宋真宗咸平三年（1000年），好畤令黄郓获方甗以献，宋代著录称"中信父甗"或"史信父甗"[2]，铭文摹写有误。1962年，永寿县好畤河村出土过一件仲枏父匕、九件仲枏父鬲和两件仲枏父簋[3]。与出土铭文对照，宋人所说的"中信父甗"或"史信父甗"，其实是仲枏父甗[4]。好畤河村位于羊毛湾水库北的台塬上，地势较高。该地频繁发现西周铜器，或与好畤有关。

2018年，曹玮陪我去过永寿好畤河一带。

2. 鸾亭山遗址

遗址位于甘肃礼县西北（城关镇后牌村北）。2004年，早期秦文化联合考古队发掘。据简报介绍，此山山顶有圆坛，圆坛上有夯土围墙1段（西南留缺口，与上山的路相接），房址4处，灰坑19个，灰沟4条，祭祀坑1个，柱洞22个，西南山腰有东西相对的两个夯土台，其中1号房址不晚于西周，4号房址可能属于东周，2、3号房址和围墙、祭祀坑属于汉代。出土遗物：玉器，以圭、璧组合和男女玉偶人为主，共十组，五组出于3号房址，五组出于4号灰沟；砖瓦，3号房址出土"长乐未央"瓦当九件；钱币，3号房址、4号灰沟和3号灰坑各出武帝后期五铢钱一枚，7号灰坑出王莽"货布"币一枚；1号祭祀坑，堆积兽骨，牛、羊、猪、鹿、狗和禽类都有[5]。发掘者判断，

[1]"南山秦中"，南山是秦岭，秦中是关中平原，应该用顿号点开。秦中，本义是秦的核心地区，秦的核心地区是关中平原。秦人占领鄂尔多斯地区后，把该地称为新秦中。

[2]吕大临《考古图》卷二，22页；薛尚功《历代钟鼎彝器款识法帖》卷十六，156页。见《宋人著录金文丛刊初编》，中华书局，2005年，38、400页。

[3]张天恩主编《陕西金文集成》咸阳卷，三秦出版社，2016年，157～184页。

[4]李零《铄古铸今——考古发现和复古艺术》，三联书店，2007年，78～80页。按：近检陈梦家书，发现陈氏已有此说，见氏著《西周铜器断代》上册，中华书局，2004年，208～210页。

[5]早期秦文化联合考古队《2004年甘肃礼县鸾亭山遗址发掘主要收获》，《中国国家博物馆馆刊》2005年第5期，14页。

遗址较早的西周灰坑与祭祀无关，与祭祀有关的遗址主体和出土物属于西汉时期。遗址废弃于王莽时期。

秦畤，西畤最古老，年代可以早到春秋初年，但鸾亭山遗址却缺少春秋战国段的祭祀遗物。梁云认为，它是汉代西畤的一部分[1]。我想，这里是不是还有一种可能，鸾亭山遗址即卫宏《汉官旧仪》提到的人先祠。这个祠未必与西畤是一回事。

简报所说坛，与封土为坛的坛似乎不同，应属除地为场的墠，围墙即古人所谓壝，瘗埋牲牢等物的祭祀坑，古人叫坎。

秦公簋，旧传 1917 年礼县红河乡出土，现藏中国国家博物馆[2]。此器有汉代加刻的铭文，器铭作"西元器，一斗七升拳（登）簋"[3]，盖铭作"西，一斗七升大半升，盖"，郭沫若认为，此器是汉代"西县宗庙之祭器"[4]。

1997 年，礼县石桥镇瑶峪村出土一件铜豆，铭文作"西祠器蠡十，重一斤三两"，铭文字体近于秦代或汉初，也是祠祭用品[5]。

红河乡在礼县东北与天水市交界处，离鸾亭山和西山坪较远，瑶峪村在礼县西南，离鸾亭山和西山坪较近。它们和西畤是什么关系，值得注意。

2005 年，我和李水城、罗泰、傅罗文去过鸾亭山。

3. 西山坪遗址

遗址在礼县西，与鸾亭山南北相望。2005 年，甘肃省文物考古研究所等单位组成"早期秦文化调查、发掘和研究"课题组，对遗址东北部发掘，发现春秋城址和祭祀遗址。

祭祀遗址包括马坑 7 座、牛坑 1 座、狗及其他动物坑 3 座。其中 K404～K407 位于遗址东部的一处夯土平台上。夯土台南北长约 17.5 米，东西宽约 18 米。台近南沿处有四个长方形浅坑，每坑各埋一马。该组马坑旁有一直径 1.6 米的圆坑，编号为 K408，坑中埋羊头、马肢骨与牛肢骨。K403 是个大坑，坑底有两个小坑，各埋一马。经鉴定，这些马都是接近成年的马驹[6]。

有学者推测，城址即西犬丘，祭祀遗址即秦西畤。换言之，西畤是一畤两址，秦西畤在西山坪，汉西畤在鸾亭山[7]。问题存在争论。

4. 血池遗址

遗址在陕西凤翔柳林镇血池村东。2016 年，陕西省考古研究院雍城队对血池遗址进行发掘，被评为 2016 年度全国十大考古发现之一[8]。

遗址包括"夯土台"和"祭祀坑"。发掘者认为，此即汉高祖北畤。

"夯土台"建在一个小山头上，台下土坡，呈梯田状，发掘者比为宽舒太一坛的"台三垓"，但

[1] 梁云《对鸾亭山祭祀遗址的初步认识》，《中国国家博物馆馆刊》2005 年第 5 期，15～31 页。
[2]《殷周金文集成》（修订增补本），第四册，2682～2685 页：04315.1～3。
[3] 铭文拳字，声旁与朕字同，相当拯字，并非今拳字。
[4] 郭沫若《两周金文辞大系图录考释》下册，上海书店出版社，1999 年，249 页。
[5] 马建营《"西祠器"铭铜豆考释》，《陇右文博》2013 年 2 期，43～45 转 39 页。
[6] 赵丛苍、王志友、侯红伟《甘肃礼县西山遗址发掘取得重要收获》，《中国文物报》2008 年 4 月 4 日第 002 版。
[7] 王志友、刘春华《秦、汉西畤对比研究》，收入《秦文化探研——甘肃省秦文化研究会第二次学术研讨会论文集》，甘肃人民出版社，2015 年，285～300 页。
[8] 国家文物局主编《2016 中国重大考古发现》，文物出版社，2016 年，88～89 页。

已经发掘的工作面只是"夯土台"所在的地面，下面的土坡是否属于坛台类建筑的台阶，还有待证实。其北侧还有一个比它高一点的小山头。发掘者认为，这正符合"高山之下，小山之上"的定义，以此定其所以为"畤"。这个定义，我们在前面讨论过。

"祭祀坑"分三类，A类为车马祭祀坑，大坑埋真车、真马，小坑埋偶车、偶马；B类埋牲，包括马、牛、羊三种；C类是空坑。出土物，包括璧、琮、圭、璋、珩、玉偶人，以及青铜车马器、铜铃、弩机、铜镞等，很多都是小型明器。

这个遗址，我去过两次，一次是2015年，一次是2016年。

5. 吴山遗址

遗址在宝鸡陈仓区新街庙镇，可能与吴阳上下畤有关。中国国家博物馆和陕西省考古研究院等单位组成联合考古队，2016年调查，2018年发掘。目前清理祭祀坑八座，每坑瘗埋一车四马，出土玉琮、玉偶人、箭镞和铁锸[1]。

吴山遗址与血池遗址隔河相望，形制规格、遗址内涵彼此接近，年代也相近，都属于西汉时期，更早的遗址尚未发现。

比较鸾亭山、血池和吴山的发现，我有一个想法，秦汉祠畤，往往是在有关地点，除地为场，圈定兆域，掘地为坎，瘗埋祭品，祭品一如《封禅书》《郊祀志》所述[2]。这类祭祀活动往往定期举行，历年开掘的祭坎成行成列，有如田畴，一片占满，再开辟另一片，若今墓地。因此，早期的祠畤恐怕还在上述发现之外。

雍五畤、鄜畤、密畤尚未发现，据说正在调查。或说鄜畤在凤翔长青镇马道口村，主要是因为该处宫观密集。但祠畤和宫观是两个概念，多半不在人口密集区。文公都陈仓，我怀疑，他立的鄜畤可能在宝鸡西山一带。

吴山，我去过两次，一次是2010年，一次是2016年。

6. 甘泉宫遗址

遗址在陕西淳化铁王乡凉武帝村，面积很大，陕西省考古研究院对遗址进行勘探，有很多重要发现。2014年，厘清甘泉宫外墙的范围。2015年，完成航拍、航测，确定通天台和秦汉云阳城的位置[3]。

云阳是秦直道的起点，汉胡来往都走这条道，战略位置十分重要。汉武帝选择此地作汉代最高的祭祀中心，大有深意。秦杀义渠王，夺甘泉，作林光宫。汉甘泉宫是在秦林光宫的基础上修建，武帝在此朝会诸侯和匈奴使者，有如清代热河的避暑山庄和外八庙[4]，祠寿宫神君，寿宫也在甘泉宫。

2012年，曹玮陪我和唐晓峰、赵丽雅去过这个遗址。

7. 天井岸遗址

遗址在三原县嵯峨乡天井岸村。1993年陕西省文物保护技术中心文物调查研究室对该遗址进

---

[1]《陕西宝鸡陈仓吴山祭祀遗址2018年发掘收获》，国家文物局主编《2018中国重要考古发现》，文物出版社，2019年，91~94页。

[2] 秦人用牲，主要是马、牛、羊，而不是牛、羊、豕，特别是驹。《封禅书》："春夏用骍，秋冬用骝。畤驹四匹，木禺（偶）龙栾（鸾）车一驷，木禺（偶）车马一驷，各如其色色。""乃令祠官进畤犊牢具，色食所胜，而以木禺（偶）马代驹焉。独五月尝驹，行亲郊用驹。及诸名山川用驹者，悉以木禺（偶）马代。行过，乃用驹。"《郊祀志上》"禺"作"寓"。鸾车，或称鸾路，是送葬的车。

[3] 肖健一等《陕西咸阳秦汉甘泉宫遗址调查获重要发现》，《中国文物报》2015年12月18日第008版。

[4] 李零《避暑山庄和甘泉宫》，收入氏著《我们的中国》第四编《思想地图——中国地理的大视野》，三联书店，2016年，159~175页。

行调查，指出遗址即《地理志上》谷口四祠。天齐公祠的天齐，是个南北 315 米、东西 260 米、深 32 米，北边带豁口的大坑，当地叫天井壕。五床山即该村西北的嵯峨山[1]。五床山祠和仙人祠可能在嵯峨山附近。五帝坛即天井壕东面的五个夯土台[2]。四祠皆在西汉谷口县境内。

2015 年，西北大学文化遗产学院、咸阳文物考古研究所对这一遗址进行考古调查和局部钻探，证明遗址年代确属西汉晚期[3]。谷口四祠见《汉书·宣帝纪》，乃汉宣帝所立，年代吻合。

2012 年，曹玮陪我和唐晓峰、赵丽雅去甘泉宫遗址，先到这个遗址。

8. 联志村遗址

1971 年，西安北郊大明公社联志村出土玉器 85 件，包括璧、琮、圭、璋、虎、璜和男女玉偶人等，玉质和制作工艺与鸾亭山、血池、吴山等遗址所出相似，出土玉器的土坑，坑底距地表约 80 厘米[4]。梁云推测，这个祭祀坑属于长安东南的亳忌太一坛[5]。

9. 芦家口村遗址

1980 年，西安西北郊芦家口村出土 100 件玉器，玉器种类与联志村相近，但多出一件用玉璧改制的玉猪[6]。出土玉器的土坑，坑底距地表约 1 米。梁云推测，这个祭祀坑在未央宫遗址的范围内[7]。

汉代礼玉，与墓葬不同，多用玉璧改制，往往草率急就，有如冥币，推其原因，盖祭祀繁而用量大，不得不耳。

祭祀用玉，玉偶人是特色。年代较早的类似偶人，灵寿古城已有发现（图一）。

10. 黄甫峪遗址

1995 年，在华山脚下、黄甫峪口西侧、华山索道进口处附近，曾经出土过两件刻有战国秦文字的玉版（图二），铭文长达 298 字，内容是讲一个叫秦骃的人到华山祷病，同出的文物被村民瓜分。秦骃祷病玉版，曾在私人手里，现藏上海博物馆。我曾写文章介绍这一发现并考释其铭文[8]。同出玉璧，现藏西岳庙文物管理处[9]。陕西省考古所对出

图一　出土偶人

1.灵寿古城出土石偶人　2、3.鸾亭山遗址出土玉偶人

[1] 此山五峰并峙，盖即所谓"五床"。汉宣帝在鄠县也立过五床山祠。
[2] 秦建明等《陕西发现以汉长安城为中心的西汉南北向超长建筑基线》，《文物》1995 年第 3 期，4～15 页。
[3] 西北大学文化遗产学院、咸阳文物考古研究所《陕西三原县天井岸村汉代礼制建筑遗址调查简报》，《考古与文物》2017 年第 1 期，45～51 页。
[4] 西安市文物考古研究所《西安市文物精华——玉器》，世界图书出版公司，2004 年，11、14～16、26、45 页；刘云辉《陕西出土东周玉器》，文物出版社，2006 年，195 页：GW1；196 页：GW3；197 页：GW5；199 页：GW10；200 页：GW11～12；201 页：GW14；203 页：GW17；204 页：GW19；205 页：GW22。按：刘云辉把这批玉器定为战国晚期物，现在看来，似乎过早。
[5] 梁云《对鸾亭山祭祀遗址的初步认识》，《中国国家博物馆馆刊》2005 年第 5 期，24～27 页。
[6] 刘云辉《陕西出土东周玉器》，195 页：GW2；196 页：GW4；197 页：GW6；198 页：GW7～8；199 页：GW9；200 页：GW11、12；201 页：GW13；202 页：GW15、16；203 页：GW18；204 页：GW20；205 页：GW21。按：刘云辉把这批玉器定为战国晚期物，现在看来，似乎过早。
[7] 梁云《对鸾亭山祭祀遗址的初步认识》，《中国国家博物馆馆刊》2005 年第 5 期，27～28 页。
[8] 参看李零《秦骃祷病玉版的研究》，收入氏著《中国方术续考》，343～361 页。
[9] 刘云辉《陕西出土汉代玉器》，文物出版社，2009 年，94 页；图版 59、60。

1

2

4

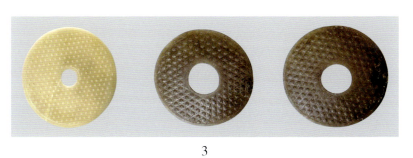

3

图二　黄甫峪遗址及其出土玉器

1. 黄甫峪　2. 玉器出土地点黄甫峪停车场　3. 出土玉璧　4. 秦骃祷病玉版

图三　五龙山

土地点做过调查，发现建筑遗址，出土"与华无极"瓦当，是为黄甫峪遗址[1]。

　　秦德公始都雍，直到秦惠文王才打到华山脚下，雍为都城，长达294年。华阴古称阴晋，秦惠文王六年（前332年）占领华阴，改名宁秦。黄甫峪遗址可能即太华山祠所在[2]。

　　2010年，我带田天去过这个遗址。村民说，出土玉版的土坑在停车场的一棵树旁。

　　11. 肤施四祠和桥山黄帝冢

　　肤施有五龙山仙人祠、黄帝祠、天神祠和帝原水祠。五龙山（图三）在陕西横山县殿市镇五龙山村东北，山上有五龙山庙（前身是唐法云寺），山下有黑木头川。黑木头川自西南向东北流，注入无定河，是无定河南岸的支流，五龙山在其中游。郦道元说帝原水"西北出龟兹，东南流，县因处龟兹降胡著称，又东南，注奢延水。又东，迳肤施县南"（《水经注》卷三），学者多以今榆西河为帝原水，把肤施定在今无定河北。我也曾经认为帝原水和肤施在无定河北，现在考虑，恐怕有问题。既然班固以五龙山为肤施地标，而五龙山在无定河南，若把帝原水和肤施定在无定河南，显然不合理。我很怀疑，"五龙山"三字既然冠在四祠之前，最好的解释就是，它们是表示这四祠的地点，四祠都在五龙山或其附近，帝原水即黑木头川，所谓"帝原"可能就是黄帝祠所在的某个塬。汉武帝北巡

［1］陕西省考古研究院、西岳庙文物管理处《西岳庙》，三秦出版社，2007年。
［2］参看李零《西岳庙和西岳石人》，收入氏著《万变》，三联出版社，2016年，175～201页。

1

2

3

4

图四　朝那湫

1. 朝那古城　2. 湫渊（东海子）　3. 朝那湫龙神庙遗址　4.《湫渊文》

朔方，"还祭黄帝冢桥山"（《封禅书》）。西汉桥山黄帝冢在子长县高柏山，正好位于五龙山正南略向西偏，亦与黄帝祠有关。这五个地点很重要，值得今后探索。它说明，汉代的肤施应在横山西境，而非榆林南境。

2018 年，我专门到横山跑过，去过五龙山。

12. 朝那湫

宁夏固原市有两个海子，西海子在固原西南，原州区红庄乡；东海子在固原东南，原州区开城镇马场村。东海子即汉代湫渊，因为地近西汉朝那县（在彭阳县西古城镇古城村），也叫朝那湫（图四）。这个海子，四面环山，很小，但《封禅书》以湫渊为华山以西的四大名川之一，与江、河、汉水并列，唐宋年间出土的秦《诅楚文》，其中的《湫渊文》就是祠告湫渊之神，可见很重要。海子东岸凉马台有宋元以来的庙址，2007 年出土过一块残碑，铭文提到"〔朝〕那之湫"[1]，元李政《重修朝那湫龙神庙记》说湫东有祠，祭"盖国大王"，即凉马台之庙。所谓"盖国大王"，即"齐天圣烈显应盖国大帝黑池龙王"[2]。早期的湫渊祠在哪里，仍值得探讨。

2009 年，罗丰陪我、信立祥、栾丰实、王睿去过朝那古城和东海子、西海子。

14. 要册湫

亚驼祠，《封禅书》未见，但《诅楚文》有《亚驼文》（图五，1）。亚驼即滹沱，乃要册湫之神[3]。要册湫（图五，3）在甘肃正宁县东南湫头乡。正宁县博物馆藏宋宣和三年《重修孚泽庙碑》即出土于要册湫（图五，2）。碑文云："县之部有镇，曰要册，镇有庙，曰孚泽，为昭祐显圣王之祠。"所谓"昭祐显圣王"，亦"齐天圣烈显应盖国大帝黑池龙王"。这个地点也值得注意。

2016 年，王辉陪我和李水城在庆阳、平凉地区考察，顺便去过要册湫[4]。

14. 嵩山三阙和中岳庙

秦汉封禅，主要是祭泰山。华山、雷首山、嵩山在东巡的路上。嵩山在河南登封东。登封有中岳庙。庙前有一对石翁仲，翁仲南有太室阙，太室阙西北有启母阙，启母阙西有少室阙，即太室山祠、少室山祠和夏后启母石祠的东汉遗迹[5]。

2004 年，我去登封，专门跑过这三个地点。

15. 汾阴后土祠（魏脽遗址）和阎子疙瘩遗址

汾阴后土祠（图六，1）是汉武帝郊祀的三大中心之一，至今香火不断。巫锦发现的鼎是从旧庙附近出土。旧庙位于汾水入河处，乃魏国墓地，河水冲刷，历代常有铜器发现。

2004 年，我和唐晓峰、赵丽雅、马保春对庙址和 1930 年卫聚贤等人发掘的阎子疙瘩遗址（图六，2～4）进行考察，回来写过一份调查报告[6]。报告确认，孤山东侧的阎子疙瘩遗址是一座汉代行宫遗址，很可能就是《三辅黄图》卷三、《水经注·河水四》提到的汾阴万岁宫。2016 年，故地重游，我还对汾阴渡口和周边的地理形势做过考察，上过孤山。

16. 东更道遗址

秦汉封禅泰山，禅地之所七，石闾、蒿里、社首在泰山南，最近。石闾在山脚下，蒿里在泰安火车站，社首在蒿里东。蒿里山出土过唐玄宗、宋真宗禅地玉册，现藏台北故宫。社首山已不存在，1951 年，因修铁路被炸毁。

1954 年，泰安东更道村出土过六件盨缶和一件铁盘，现藏中国国家博物馆和山东省博物馆。东更道在社首山以东，灵应宫南，今九州家园附近。当年，这七件器物出土于一个 3.9 米深的土坑，东西一横排，上面盖石版。

东更道七器是现已发现祭祀泰山的最早实物，但当年只有非常简短的报道，没有留下什么记

[1] 高万伟《朝那湫考》，《宁夏社会科学》2005 年第 4 期，99～102 页；张有堂、杨宁国《湫渊探究》，《宁夏师范学院学报》2010 年第 4 期，23～26 页；胡永祥、杨芳《朝那湫和东海子遗址》，《宁夏师范学院学报》2010 年第 4 期，27～28 页。
[2] 盖国大王，即民间祈雨供奉的"齐天圣烈显应盖国大帝黑池龙王"，俗称雷王保。西北地区，干旱少雨，类似湫池，也见于宁夏隆德、甘肃会宁、庄浪、平凉、华亭、镇原、泾川等地，有些也叫朝那湫。
[3] 裘锡圭《诅楚文"亚驼"考》，收入《裘锡圭学术文集》，复旦大学出版社，2012 年，320～325 页。
[4] 正宁县博物馆赐赠《重修孚泽庙碑》拓片和出土现场的照片给我，谨致谢忱。
[5] 吕品《汉中岳三阙》，文物出版社，1990 年。
[6] 参看李零《汾阴后土祠的调查研究》，收入氏著《我们的中国》第二编《周行天下》，177～265 页。

1　　　　　　　　　　　　　　　　2

3

图五　要册湫

1.《亚驼文》　2.宋孚泽庙碑　3.要册湫遗址

图六　后土庙和万岁宫遗址

1. 后土庙　2. 阎子疙瘩遗址　3. 遗址出土砖瓦　4. 聚贤亭

录。很多年前，我去过出土地点，眼前是一片楼群。最近，我对这批铜器和它们的出土地点做过详细调查[1]。

17. 八主祠遗址群

请看本书，作者有详细介绍。

18. 秦皇岛—绥中遗址群和碣石山

秦始皇五次巡游，四次巡海。沿海巡行，路线分三段，绍兴到连云港是南段，八主祠一带是中段，碣石以北是北段，沿海有许多行宫遗址。秦刻石多沿途所立。今秦皇岛—绥中遗址群属于北段。

苏秉琦说，绥中遗址是碣石宫、秦东门，恐怕值得商榷。绥中岸边的海中礁石，沿海多有，恐怕不能指为碣石宫。文献记载，碣石山在河北昌黎，碣石宫在河北蓟县，秦东门在江苏连云港附近

----

[1] 参看李零《东更道七器的再认识》,《中国国家博物馆馆刊》2017 年第 10 期，117～129 页。

的赣榆县。我想，碣石祠还是应该在河北昌黎的碣石山附近[1]。

2009 年，我和叶南、颜涿、马保春，专门跑过昌黎、秦皇岛和绥中，上过碣石山。

五　总结

综上讨论，我的总体印象是，秦汉祠畤分东西二系，《史记》《汉书》说的封禅主要指山东境内封禅泰山、祭祀八主和巡行海上的活动，郊祀主要指陕西境内围绕甘泉泰畤、汾阴后土祠和雍五畤的祭祀（汾阴后土祠已出三辅，但与陕西邻近）。

雍五畤是在西土故畤的基础上发展而来，它是以雍四畤加汉高祖的北畤而形成，以帝为主，配天而祭，代表的是秦地的祭祀传统。汉武帝对这一传统的改造分两步走，第一，立汾阴后土祠，以地配天；第二，立泰畤，把天地、五帝和周秦故地的山川鬼神，围绕太一、三一，整合成一个大系统，这是受齐地儒生和燕齐方士的影响[2]。

同样，受齐地儒生和燕齐方士影响，秦汉两代封禅泰山和祭祀八主的活动是继承齐地的祭祀传统。这个传统是战国晚期，齐人统一山东半岛后，整合齐、鲁、莱、莒四大传统而形成，特点是模仿宇宙模式，以三才配日月、阴阳、四时。明堂也是配合儒籍礼书的设计，发轫于齐地，后来移植到秦地。这种微缩式的设计，最终成为王莽郊祀改革之源头。

这两大系统的结合，便是《封禅书》《郊祀志》的主要内容。秦皇汉武候神西土，求仙海上，追求不死，也是这类祭祀活动的一部分。他们追求的不仅仅是个人的不死，也是秦汉帝业的垂之久远。

秦汉之天下，既是南北整合的结果，也是东西整合的结果，但宗教大一统主要是东西整合的结果。

2019 年 2 月 4 日写于北京蓝旗营寓所

补记

古人用什么传递历史记忆？主要靠祭祀活动。祠畤与城址、宫庙、墓葬把人与神、活人与死人组合成一个大系统，分别代表它的四个不同侧面。

最近，北京大学人文社会科学研究院举办的研讨会：《考古发现与历史记忆——秦汉祠畤的再认识》（菊生论坛第 13 期，2019 年 3 月 23～24 日）就是邀请来自各地的考古学家讨论这类问题。参加此会，听学者发言，有几点印象，可以补充。

1. 鸾亭山遗址的主体建筑是四座房址和一道带檐瓦的围墙，只有祭祀坑，没有坛，似是山顶小祠，我怀疑是人先祠，并非西畤。

---

[1] 参看李零《从船想到的历史——以东周、秦汉时期的考古发现为例》，收入氏著《我们的中国》第二编《周行天下》，267～301 页。
[2] 李少君、谬忌、宽舒、少翁、栾大、公孙卿、丁公、公玉带，几乎全是齐人。

2．西山坪遗址是否为祭祀遗址，学者有争论，也不能肯定是西畤。

3．血池遗址的夯土台，所谓坛壝，乃是围沟。这种土台在雍山附近不止一处，学者怀疑是"通权火"的遗迹，并非祭坛。"权火"即"爟火"。

4．血池遗址的祭祀坑，车马坑为方形或长方形，类似汉阳陵外藏坑；马坑作平行的长条形坑，瘗埋后在地面上留下痕迹，最像《汉官旧仪》描述畤时所说形如韭畦、菜畦的沟垄。

5．血池遗址出土"上畤""下祠"陶文。古代岳庙、镇庙倚山势而建，多有上、中、下庙之分，吴阳之畤固分上、下畤，北畤也可以有类似划分，不一定指吴阳上、下畤。

6．继血池遗址和吴山遗址发现后，宝鸡渭水南发现的下店遗址，可能与密畤有关。

7．礼县四角坪遗址和天水西南的平南遗址，是继鸾亭山遗址发现后的另外两处祭祀遗址。

8．东海子遗址发现汉代砖瓦。

绪　论

一　研究缘起

1. "八主"释义与相关文献记载

"八主"在文献中亦称为"八神"，是指"天""地""兵""阴""阳""月""日""四时"八种祭祀对象。祭祀地点分布在今山东半岛，在汉代星野制度中属齐地[1]，天主祠、地主祠、兵主祠在半岛腹地和西南一带，其余五处在东部沿海地区（图0-1）。

八主祭祀见于《史记》《汉书》所录皇帝所参与的祭祀活动中，亲临八主中某些祭祀地点的有秦始皇、秦二世、汉武帝、汉宣帝，汉成帝建始二年（前31年）郊祀制确立后被废止。在秦汉国家祭

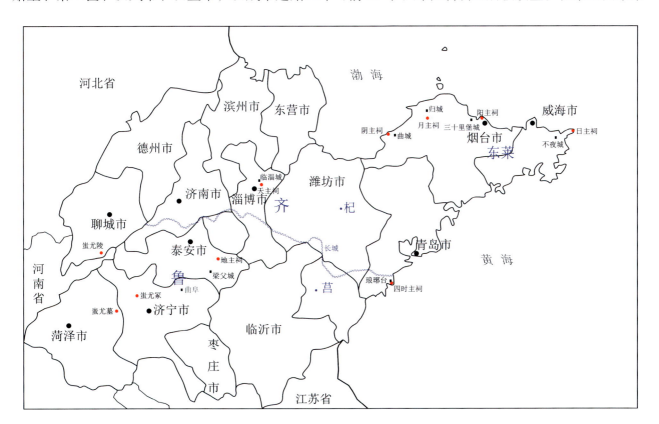

图 0-1　八主祠地点分布图

（以中国社会科学院主办、谭其骧主编《中国历史地图集》第一册图幅39-40"齐鲁宋"为底本，加注了八主祠等相关地点标识，中国地图出版社，1982年）

---

[1]《汉书·地理志》，中华书局，1962年，1659页。

祀体系中，八主祭祀是皇帝驾临时则祀，不至不祀[1]。八主祭祀在正史文献中被载录的时间只有秦、汉两代。

八主祭祀最早出现在《史记·封禅书》："八神将自古而有之，或曰太公以来作之。齐所以为齐，以天齐也。其祀绝莫知起时。八神：一曰天主，祠天齐。天齐渊水，居临淄南郊山下者。二曰地主，祠泰山梁父。盖天好阴，祠之必于高山之下，小山之上，命曰'畤'；地贵阳，祭之必于泽中圜丘云。三曰兵主，祠蚩尤。蚩尤在东平陆监乡，齐之西境也。四曰阴主，祠三山。五曰阳主，祠之罘。六曰月主，祠之莱山。皆在齐北，并勃海。七曰日主，祠成山。成山斗入海，最居齐东北隅，以迎日出云。八曰四时主，祠琅邪。琅邪在齐东方，盖岁之所始。皆各用一牢具祠，而巫祝所损益，珪币杂异焉。"[2]

相关祭祀情况频频出现在《史记》《汉书》中有关皇帝的祭祀活动中，主要见于《史记·封禅书》《汉书·郊祀志》以及两书中的皇帝纪传。

（1）秦始皇

《史记·封禅书》："（前219年）于是始皇遂东游海上，行礼祠名山大川及八神，求仙人羡门之属。"[3]《史记·秦始皇本纪》的记载更为详细："于是乃并勃海以东，过黄、腄，穷成山，登之罘，立石颂秦德焉而去。南登琅邪，大乐之，留三月。乃徙黔首三万户琅邪台下，复十二岁。作琅邪台，立石刻，颂秦德，明得意。"[4]

《史记·封禅书》："其明年（二十九年，前218年），始皇复游海上，至琅邪，过恒山，从上党归。"[5]《史记·秦始皇本纪》记曰："二十九年，始皇东游。……登之罘，刻石。……旋，遂之琅邪，道上党入。"[6]

《史记·秦始皇本纪》："三十七年（前210年）十月癸丑，始皇出游。……少子胡亥爱慕请从，上许之。……还过吴，从江乘渡。并海上，北至琅邪。……自琅邪北至荣成山，弗见。至之罘，见巨鱼，射杀一鱼。"[7]

（2）秦二世

《史记·封禅书》："二世元年（前209年），东巡碣石，并海南，历泰山，至会稽，皆礼祠之，而刻勒始皇所立石书旁，以章始皇之功德。"[8]《史记·秦始皇本纪》："春，二世东行郡县，李斯从。到碣石，并海，南至会稽，而尽刻始皇所立刻石，石旁著大臣从者名，以章先帝成功盛德焉。"[9]

（3）汉高祖

汉朝建立之前，开国者刘邦曾祭蚩尤。《汉书·郊祀志》："汉兴，高祖初起，杀大蛇，有物曰：

---

[1] 八主在秦代国家祭祀体系中的地位和祭祀时间，"诸此祠（指雍地诸祠）皆太祝常主，以岁时奉祠之。至如他名山川诸鬼及八神之属，上过则祠，去则已。"见《史记·封禅书》，中华书局，1959年，1377页；亦见于《汉书·郊祀志》，1209页。八主在汉代国家祭祀体系中的地位和祭祀时间，"至如八神诸神，明年、凡山他名祠，行过则祠，行去则已。"见《史记·封禅书》，1403页；《史记·孝武本纪》，485页；《汉书·郊祀志》，1248页。

[2]《史记·封禅书》，1367～1368页。

[3]《史记·封禅书》，1367页。

[4]《史记·秦始皇本纪》，244页。

[5]《史记·封禅书》，1370页；亦见于《汉书·郊祀志》，1205页。

[6]《史记·秦始皇本纪》，249、250页。

[7]《史记·秦始皇本纪》，260、263页。

[8]《史记·封禅书》，1370页；亦见于《汉书·郊祀志》，1205页。

[9]《史记·秦始皇本纪》，267页。

'蛇，白帝子，而杀者赤帝子也。'及高祖祷丰枌榆社，徇沛，为沛公，则祀蚩尤，衅鼓旗。遂以十月至霸上，立为汉王。因以十月为年首，色上赤。"[1]《汉书·高帝纪》："高祖乃立为沛公。祠黄帝，祭蚩尤于沛廷，而衅鼓旗。帜皆赤，由所杀蛇白帝子，杀者赤帝子故也。"[2]

立国后，"后四岁，天下已定，诏御史令丰治枌榆社，常以时，春以羊彘祠之。令祝立蚩尤之祠于长安。"[3]

按：蚩尤为八主的兵主，高祖为沛公时祭祀蚩尤的地点是沛廷，非《史记·封禅书》所言"东平陆监乡"。祭祀蚩尤是用兵前必行之事，可能蚩尤祠不止一处，高祖立国后即立蚩尤祠于长安。

（4）汉武帝

《史记·孝武本纪》：元封元年（前110年），"东上泰山，山之草木叶未生，乃令人上石立之泰山颠。上遂东巡海上，行礼祠八神。……四月，……天子至梁父，礼祠地主。"[4]

按：参见《汉书·郊祀志》有关汉成帝改革部分，"八神"为武帝立[5]。

《汉书·武帝纪》：元封五年（前106年）冬，"行南巡狩，至于盛唐，望祀虞舜于九嶷。登灊天柱山，自寻阳浮江，……遂北至琅琊，并海，所过礼祠其名山大川。"[6]

按："所过礼祠其名山大川"，琅琊为四时主所在，可能也祠四时主。

《汉书·武帝纪》：太始三年（前94年），"二月，令天下大酺五日。行幸东海，获赤雁，作《朱雁之歌》。幸琅邪，礼日成山。登之罘，浮大海。山称万岁。"[7]同事见于《汉书·郊祀志》："东幸琅邪，礼日成山，登之罘，浮大海，用事八神延年。"[8]

按：在成山祠日主，在琅琊、芝罘也应祠四时主、阳主。

（5）汉宣帝

《汉书·郊祀制》：甘露四年（前50年），"又祠参山八神于曲城，蓬山石社石鼓于临朐，之罘山于腄，成山于不夜，莱山于黄。成山祠日，莱山祠月。又祠四时于琅邪，蚩尤于寿良。"[9]

按：于曲城共祠八神，又在八主的祠祀地点成山、莱山、琅琊、寿良分祠日、月、四时、蚩尤。芝罘山、成山、莱山分别为阳主、日主、月主祠所在地，同时也作为山神被奉祀于属地城邑腄、不夜、黄。

（6）汉成帝

《汉书·郊祀制》：建始二年（前31年），"上始祀南郊，……是岁衡、谭复条奏：'长安厨官县官给祠郡国候神方士使者所祠，凡六百八十三所，其二百八所应礼，及疑无明文，可奉祠如故。其余四百七十五所不应礼，或复重，请皆罢。'奏可。本雍旧祠二百三所，唯山川诸星十五所为应礼云。若诸布、诸严、诸逐，皆罢。杜主有五祠，置其一。又罢高祖所立梁、晋、秦、荆巫、九天、南山、

［1］《汉书·郊祀志》，1210 页；亦见于《史记·封禅书》，1378 页；《史记·高祖本纪》，350 页。
［2］《汉书·高帝纪》，10 页。
［3］《汉书·郊祀志》，1210 ~ 1211 页；亦见于《史记·封禅书》，1378 页。
［4］《史记·孝武本纪》，474 ~ 475 页；亦见于《史记·封禅书》，1397、1398 页；《汉书·郊祀志》，1234 ~ 1235 页。
［5］《汉书·郊祀志》，1258 页。
［6］《汉书·武帝纪》，196 页；亦见于《史记·封禅书》，1410、1411 页；《史记·孝武本纪》，480 页。
［7］《汉书·武帝纪》，206 ~ 207 页。
［8］《汉书·郊祀志》，1247 页。
［9］《汉书·郊祀志》，1250 页。

秦中之属，及孝文渭阳、孝武薄忌泰一、三一、黄帝、冥羊、马行、泰一、皋山山君、武夷、夏后启母石、万里沙、八神、延年之属，及孝宣参山、蓬山、之罘、成山、莱山、四时、蚩尤、劳谷、五床、仙人、玉女、径路、黄帝、天神、原水之属，皆罢。"[1]

按：八神即为八主，四时、蚩尤属于八主，参山、芝罘、成山、莱山又分别是阴主、阳主、日主、月主诸祠的所在地，八主祭祀正式从国家祀典中废除。

2. 八主祠地点的认定

八主祭祀从国家祀典中废除后，逐渐沉寂于历史记忆中。在八主祠遗址中，只有位于青岛市黄岛区（原胶南县）的琅琊台遗址确切为四时主的所在地，因为其上的琅琊刻石直到清末才崩毁移位，八主的其他祭祀地点出现衍变异说。

在文献所载的祭祀地点中，由于基建发现了相关祭祀遗迹与遗物，确认了烟台市芝罘岛阳主祠遗址和威海市荣成成山头日主祠遗址。

在烟台市北的芝罘岛上，芝罘山与老爷山之间原有阳主庙，庙内存有元代元贞元年（1295年）重修阳主庙的碑记，后移至烟台市博物馆。1975年，在原庙后殿之前挖土安装自来水管道时，离地表1米左右的长方形土坑内出土玉器二组，间距约1米，均为1璧、1珪、2觿，且均以玉璧居中、觿置两侧、圭置璧好之中[2]。推测与祭祀活动有关，秦汉时期的阳主祠遗址得到确认。

在荣成成山头三山子南峰南侧海边的岩石上，原有底径约20、高约2米的土堆，1980年前后，国家海洋局北海分局在此修建海洋观测站，在施工过程中，发现两组祭祀玉器。A组为1件玉璧、2件玉圭、1件玉珩，B组由1件玉璧和2件玉圭组成，出土时均玉璧居中，圭置两侧[3]。推测与祭祀活动有关，从而确立了日主祠遗址。

考古工作者还根据文献记载对某些祭祀地点进行了考古试掘和调查，确立了月主祠和阴主祠的位置。

1984年4～5月，烟台市博物馆对龙口市归城范围内两处早期遗址进行了试掘、测绘和标本采集，正式确认了庙周家村北的夯土台应为秦汉宫殿遗址，建于莱山西侧一小山包顶端的建筑应为月主祠遗址[4]。

1988年，林仙庭对莱州市三山岛进行了考古调查，在三山的中峰及西峰南坡较平坦处发现了遗迹和周代的鬲足等遗物，确定了阴主祠的位置。

八主祠中天主、地主和兵主的祠祀地点未确认。

3. 研究现状

八主在正史中只有《史记》和《汉书》载录，在国家祀典中也只存续了秦汉两代。对八主祭祀的研究长期以来被忽视，即使是在秦汉时期的宗教专题研究中，也常被一笔带过，很少有学者深究其理。

在思想史方面的研究，只有胡适曾简单提及，齐地宗教经过整理，把各地的拜物拜自然的迷信，

[1]《汉书·郊祀志》，1257～1258页。
[2]《烟台芝罘岛发现一批文物》，《文物》1976年第8期，93～94页。
[3] 王永波《成山玉器与日主祭——兼论太阳神崇拜的有关问题》，《文物》1993年第1期，62～63页。
[4] 李步青、林仙庭《山东黄县归城的调查与发掘》，《考古》1991年第10期，918页。

加上一点系统，便成了天地日月阴阳兵与四时的系统宗教了。在初期只有拜天脐，拜某山而已[1]。对于八主祭祀中把兵主蚩尤与自然崇拜祭祀对象混同，李零指出，天地人三者并称和相互关联在战国时期很流行，称为"三才"（也叫"三仪""三极""三元"），就是用天地所代表的自然法则作为人间秩序的终极依据，把天、地、人贯穿起来[2]。三者的关系当是比照"夫人生于地，悬命于天，天地合气，命之曰人"[3]。三者之中，人最重，"天地之性（生）人为贵"[4]。军事是立国治民之本，"国之大事，在祀与戎"[5]。人道依存于兵道[6]，"兵主"祭战神蚩尤，就是相当于祭祀"人主"[7]，兵主纳入八主祭祀系统，是当时政治思想观念的反映。

有关八主祭祀遗址的考古工作，主要是根据工程建设破坏的遗迹线索，对遗迹及其周围区域进行调查和试掘工作，并对遗址性质进行初步推定。在20世纪七八十年代的基础建设中，日主祠和阳主祠出土了祭祀用玉，考古工作者根据相关线索对遗址进行了清理。在日主祠所在的成山头，除了出土两组祭祀用玉外，在三山子西南麓现代建筑始皇庙下面一片较平坦的区域（庙西遗址），发现了大量秦汉时期的砖瓦残片和"千秋万岁"瓦当。据说，整大寨田时，此处曾发现两处面积分别约六七十平方米的汉代方形建筑基址，都铺有方砖和陶质排水管道。在玉器发现地点一侧的沟坡上，发现并清理了一处烧沟遗迹，沟内出土有少量秦汉时期的砖瓦和陶器残片等。对于出土玉器的性质，孙善德认为A组玉器为战国时期的随葬品[8]，王永波认为出土玉器的土堆为"祭日之坛"，"B组玉器很可能就是秦始皇奉祀日主的遗物；A组玉器，年代略晚，应属汉武所为；祭坛西北方向的建筑遗址，则可能是汉宣帝所设立的常祠。……成山既有常设日祠，当有常规的祭礼，基址前面的烧沟，可能就是这种祭礼的遗存。"[9]对于芝罘岛上阳主庙所出玉器，简报作者认为"出土的这批青玉器可能是秦始皇三登芝罘遗留下来的器物"[10]。

难能可贵的是，林仙庭首次利用考古材料把八主与各自所处的古代文化背景相联系，梳理了八个地点所在区域的考古学文化演变脉络[11]。由于条件所限，考古工作难以覆盖全部祭祀地点，林仙庭多年来对位于烟台地区的月主祠、阴主祠、日主祠等遗址进行实地考察和标本采集。1973年，烟台地区文管会通过实地调查，初步确认了归城城址中的月主祠遗址和秦汉宫殿建筑基址；1984年烟台市博物馆对月主祠遗址进行了揭露和清理，并采集了标本[12]。

综上所述，八主祭祀的研究尚处于初步阶段，八主祭祀出现的时间和兴废原因等基本问题尚未澄清，更谈不上把它纳入秦汉时期祭祀体系中进行整体考察，以探究其形成的社会思想背景。考古

---

[1] 胡适《中国中古思想史长编》，上海世纪出版集团，2014年，147页。

[2] 李零《"三一"考》，《中国方术续考》，东方出版社，2000年，239页。文中认为汉武帝所立"三一"实质是"天一、地一、人一"。

[3] 〔清〕张隐庵集注《黄帝内经·素问宝命全形论》，上海科学技术出版社，1959年，103页。

[4]《孝经注疏》，《十三经注疏》，2553页。

[5] 杨伯峻编著《春秋左传注》（修订本），中华书局，1990年，861页。

[6] "庞子问鹖冠子曰：'圣人之道何先？'鹖冠子曰：'先人。'庞子曰：'人道何先？'曰：'先兵。'"见黄怀信撰《鹖冠子汇校集注》，中华书局，2004年，114~115页。

[7] 李零《花间一壶酒》，同心出版社，2005年，103页。

[8] 孙善德《四件出土玉器》，《青岛日报》1981年11月9日。

[9] 王永波《成山玉器与日主祭——兼论太阳神崇拜的有关问题》，《文物》1993年第1期，68页。

[10]《烟台芝罘岛发现一批文物》，《文物》1976年第8期，93~94页。

[11] 林仙庭《齐地八神与东夷古国》，《齐鲁文博——山东省首届文物科学报告月文集》，齐鲁书社，2002年，372~384页。

[12] 李步青、林仙庭《山东黄县归城遗址的调查与发掘》，《考古》1991年第10期，918页。

工作对八主祠遗址的了解只是停留在零散遗物的研究上，对祭祀遗址的组合形式、历经的时代以及与周围遗址的关系尚不清楚。

二　研究方法与工作过程

鉴于文献记载、祭祀地点的认定情况和研究现状，八主祭祀仍需要进行深入系统的研究。

2007 年夏，北京大学中文系李零教授，山东大学东方考古研究中心（现并入山东大学历史文化学院）栾丰实教授，中国国家博物馆田野考古研究中心（现并入中国国家博物馆考古院）王睿研究员，一行三人，考察了阳主、阴主、月主、日主、四时主等祠祀遗址和当地博物馆所藏历年出土文物，对项目实施的可行性和研究方法等问题进行了讨论，拟定了研究方向和工作分工。

2008 年，"山东八主祠遗址的调查和研究"课题在国家文物局正式立项，由山东大学东方考古研究中心、山东省文物考古研究所（现山东省文物考古研究院）、中国国家博物馆田野考古研究中心共同承担，李零为项目组顾问。参加人员分成两组：一组由栾丰实负责，组织和实施各地点的田野考古调查、勘探和发掘工作；另一组由王睿负责，梳理相关文献记载和各博物馆馆藏文物标本的挑选、绘图、拍照、拓墨、描述和研究等工作。

1. 研究方法

祭祀是由人来施行的，祭祀地点承担着服务于居邑人群的宗教功能。在追寻和理解古人选择的祭祀地点，破译古人的祭祀观念和行为时，有两个重要的线索或切入点：一是这些特殊祭祀的产生和流传，应与当地的历史文化传统和特殊的自然环境密切相关；二是人们选择的祭祀地点不会远离人口聚集的都邑，或者说，每一个特殊的祭祀地点附近，必有一个与其存在内在联系的都邑类中心聚落。基于这一认识，我们在八主祠的研究中主要采用了以下两种田野考古工作方法。

第一种是区域系统调查方法（Regional Systematic Survey）。这一田野考古调查方法首先用于美洲，20 世纪 90 年代引入中国，是一种与聚落考古研究相配套的田野考古工作方法。经过中美联合考古队在鲁东南沿海地区 20 多年的野外实践，证明其有较广的适用性，特别是对于没有文献记载的史前时期。调查时把参加工作的人员分成不同的小组，每组 5 人左右，排成间隔 50 米左右的一排，大家保持队形齐头并进，故也形象地称为拉网式调查。采用这种方法调查的目的，就是要求把调查区域的所有遗址普查出来并加以记录，从小范围内看该地区古代文化遗址的分布、数量、时代和文化内涵，探寻不同遗址之间的内在联系和区域文化的传承与发展，进而认识和理解在这些地区曾登列国家祀典的祭祀遗址的历史文化背景及原因。具体的实施，就是对能够确定或大体确定祭祀地点的祠祀遗址，按地形地貌划定一个大致的范围，按上述要求开展调查工作。实践表明，调查过的六个区域，多数从大汶口、龙山文化时期就有先民在当地繁衍生息，周汉时期遗址的数量普遍增多。

同时，调查过程中也注意考察自然环境，特别是与祠祀活动有关的自然现象。如日主祠位于胶东半岛最东端的黄海之滨，是当地太阳最早升起的地方；再如莱山月主祠，位于莱山环抱的"C"形低地中间，每年农历八月十五从月主祠举目东望，一轮满月从莱山中部一个陡直的窄缝中冉冉升起，堪称人间奇观。这些精妙的自然景观，当然会被生活于此的人们发现并赋予其神圣的意涵。

第二种是重点调查和考古勘探方法。根据历年来考古工作所掌握的资料，地点和位置比较确定的祠祀遗址，其附近均有一处面积较大的中心聚落，从东周到汉代，多为都邑性聚落遗址，如天主与临淄城、地主与梁父城、阴主与曲城、阳主与腄城、月主与归城、日主与不夜城、四时主与琅琊郡等。因此，比较深入地了解这些都邑性聚落遗址，有助于解读八主的祠祀起源和性质，在某种意义上可能是一条便捷有效的途径。

秦汉皇帝亲祠八主，八主各祭祀地点均位于齐地，远离咸阳、长安。皇帝长距离出行是当时政治生活中的一桩大事，牵扯到仪仗、接驾、食宿安排等一系列烦劳杂役，从《汉官》《汉旧仪》等书所记载皇帝出行的准备、车驾仪仗等，可以想象出天子出行的繁难。

"清道，谓天子将出，或有斋祠，先令道路扫洒清净。静室，天子出入警跸，旧典：行幸所至，必遣静室令，先按行清净殿中，以虞非常。离宫，天子出游之宫也。"[1]

"天子出，车驾次第，谓之卤簿。长安时，出祠天于甘泉用之，名曰甘泉卤簿。"[2]

"乘舆大驾仪，公卿奉引，大仆御，大将军参乘，属车八十一乘，备千乘万骑。"[3]

"车驾巡狩幸其国，诸侯衣玄端之衣，冠九旒之冕，其盛法服以就位也。"[4]

要满足接待如此规模和等级的团队，需要大型城邑的补给和帮助，皇帝出行所经之处修整道路、修建驻跸之所。秦统一中国后，为皇帝巡行天下特别修建了专用道路"驰道"和规模宏大的离宫别馆。"（秦）为驰道于天下，东穷燕齐，南极吴楚，江湖之上，滨海之观毕至。道广五十步，三丈而树，厚筑其外，隐以金椎，树以青松"[5]；"治离宫别馆，周遍天下"[6]；"关中计宫三百，关外四百余"[7]。秦始皇行经路线上可见此类遗迹留存，经过考古发掘的有渤海西北沿岸的秦代建筑群，从北到南大致可分为三组，分别为姜女石建筑群、石河口建筑群和金山嘴建筑群。建筑群都位于海滨岬角或岛屿上，分布在南北约 50 千米的区域内，发现了各种房屋建筑及环绕四周的墙垣，有的还有大型的夯筑台基。各建筑群出土的建筑材料大致相同，金山嘴建筑群与姜女石建筑群出土的瓦件上还有相同的戳印文字以及秦都咸阳所见的高浮雕夔纹巨型瓦当[8]。

根据以上的实地考察和研究计划，项目组在区域系统调查的基础上，选择曲城、梁父城、不夜城、琅琊台附近、三十里堡城址等进行了重点调查和勘探，以确定遗址的范围和重要遗迹现象，如是否存在城墙和城壕、有无大型夯土基址等。

为了进一步了解祠祀遗址内部的范围、分区、年代、功能和性质等，项目组选择地点较为明确的祠祀遗址，如月主祠和日主祠，在调查和勘探的基础上进行了小规模的考古发掘。龙口市莱山月主祠在调查和发掘之后，可以划分为祠祀遗迹、大型夯土台基（行宫）和窑址群，从而对区域内各个部分的功能和性质有了较为明确的认识。荣成市成山头日主祠开展的调查、勘探和发掘工作也有相应的收获。

[1] 何清谷《三辅黄图校释》，三秦出版社，2006 年，448～449 页。
[2]《汉官解诂》，〔清〕孙星衍等辑、周天游点校《汉官六种》，中华书局，1990 年，22 页。
[3]《汉旧仪》，《汉官六种》，104 页。
[4]《汉官解诂》，《汉官六种》，22 页。
[5]《汉书·贾山传》，2328 页。
[6]《史记·李斯传》，2547 页。
[7]《史记·秦始皇本纪》，256 页。
[8] 中国社会科学院考古研究所编著《中国考古学·秦汉卷》，中国社会科学出版社，2010 年，67 页。

项目组对不具备工作条件的遗址和以往考古工作很完备的区域，拟借鉴前人的工作成果和结论。如天主祠临近的临淄故城，利用山东省文物考古研究院历年的工作成果；月主祠所在的归城，借鉴中美联合归城考古队的工作成果；四时主祠周围文化环境的调查资料，采用中美日照地区联合考古队成果的相关部分。对于已发表的其他相关材料，本书在采用的同时进行了适当的修改和补充，并注明了出处。

此外，各祭祀地点及周围地区，历年来的考古工作或多或少都有一些新的发现，发掘了一些重要遗迹，采集和征集到一部分不同时期的重要文物标本。这些资料，对于了解和认识各祭祀地点的性质、功能和历史文化渊源等问题，均具有一定的意义和价值。所以，在考古调查和发掘期间，项目组曾与各单位的相关人员合作，对收藏于各博物馆、文管所的发掘资料和相关文物标本，进行了统计、挑选、测绘、拍照和记录，作为关联资料收入本书之中。

2. 工作过程

在项目实施前后，为确保工作的顺利开展和查漏补缺，主要成员曾进行了相关考察。对八主祠各个遗址的区域调查和勘探发掘工作，则是穿插进行以提高工作效率。

2009 年 3 月，栾丰实和魏成敏考察了文献记载的临淄牛山北侧的天主祠所在地天齐渊。天齐渊紧邻淄河的东南岸，坐落在牛山北坡山脚下。30 年前，由于开山取石，已被破坏。据说，未破坏之前，这里有五股泉水，长年不断流，被奉为圣地。

同月，栾丰实和刘延常在新泰市博物馆曲传刚、张勇的陪同下，考察了新泰映佛山刻石、光华寺和梁父城故城，并在城址内采集到东周至汉代的陶片。随后，在济宁市文物考古研究室张骥的陪同下，又前往汶上县，考察了南旺镇蚩尤冢。

2009 年 7 月，李零、栾丰实、王睿又专程考察了汶上县蚩尤冢、新泰市梁父城和映佛山、临淄齐故城和天齐渊故址。在齐故城，考察了传说出土"天齐"瓦当的刘家寨村南遗址和传说与天齐渊有关的淄河以东的齐陵镇龙池村龙池。

2015 年 9 月，栾丰实、王睿等考察了阳谷县、巨野县与蚩尤传说相关的现代地标和建筑。

对八主祠遗址及其周围区域的考古工作，按工作时间的先后分别记述如下。

（1）地主祠

2010 年 3 月中下旬，项目组对新泰市梁父城遗址进行了考古调查和勘探。勘探工作由山东省文物考古研究院刘延常研究员负责，参加人员有山东大学考古系博士生聂政和技工刘志标、闫启新、王可兴、王忠启、于欣标等。勘探确认了梁父城东、北、西三侧城墙和城壕的具体位置、范围和走向，由于城址南侧紧邻柴汶河，南侧城墙已被柴汶河冲毁不存。调查和勘探期间，在城址内采集了较多的以陶片、板瓦和筒瓦为主的周、汉代遗物。

2010 年 3~4 月，项目组对梁父城周边区域进行了区域系统调查，调查区域集中在徂徕山脉东南、柴汶河以北的山前地带。调查工作由栾丰实负责，参加人员有山东大学考古系研究生崔英杰、郭明建、张小雷、聂政、林明昊、黄苑、曹冬蕾、曲新楠、吴文婉、闫凯凯、王永磊等。全部人员先集中调查梁父城遗址，然后分成三个小组，分别由崔英杰、张小雷和郭明建负责，从映佛山东侧的八宝山、黑山、锅头山和西侧的光华寺开始，向南侧的柴汶河地区展开，按 50 米的间距进行拉网式区域调查。

调查期间，栾丰实和王睿专程考察了新泰市楼德镇云云山和泰安东南部的梁父村。

云云山隶属于新泰市楼德镇，位于柴汶河之南，北距梁父城遗址约 10 千米。云云山为东西走向，海拔高度 210 米。山上长满荆棘等灌木，山巅有一座清代修建的寺院，后废弃。遍地散布着晚期砖瓦等碎片，其中有一幢清乾隆三十一年（1766 年）石碑，未见早期遗物。山下西北方向相距不足 1 千米的前柴城村之东，有一东周至汉代时期遗址。遗址为高出周围 1 米左右的方形台地，从形势上看该遗址为城址的可能性很大。

泰安郊区房村镇的梁父村（现写为良父村），现为三个行政村，东距梁父城遗址约 12 千米。在东梁父村西，发现有秦汉时期的筒瓦和板瓦片等，在村北的清代石碑上，有"古梁父马公"的字样，或认为这里的梁父村与新泰的梁父城有联系。在柴汶河南的南梁父村外平地上，有一高于地面的土堆，或认为是梁父台。经考察其时代较晚，与梁父无关。

（2）阴主祠

2009 年 4 月，项目组对莱州三山岛遗址为中心的周边区域进行了区域系统调查。调查工作由栾丰实负责组织，参加人员有山东大学研究生史本恒、郭明建、闫凯凯、王海玉以及本科生龙晓静、孟杰、孙兆峰和安国瑞等。调查工作分两个小组，分别由史本恒和郭明建负责，主要调查了三山岛以南地区。

2012 年 10 ~ 11 月，项目组对曲城城址与三山岛之间的地带进行了补充调查。调查工作由栾丰实负责，参加人员有山东大学考古系研究生姜仕炜、孙启瑞、陆青玉、安延霞、饶小艳、张圆、刘江涛、魏巍、张馨月、武昊等。

在对曲城城址及其以西地区进行考古调查的同时，组织人力对曲城城址进行了考古勘探。勘探工作由林仙庭负责，参加人员有姜仕炜、聂政、郭明建、杜义新、袁育辉、刘西西、甄国新、李文海、韩尊成等。勘探确认了曲城城址南侧和西侧的城墙及壕沟的范围和走向，东、北两侧城墙已被破坏无存。同时，对遗址北部断崖的剖面进行了清理，判明遗址文化堆积的形成过程。同时，对遗址及重点遗迹进行了详细测绘。

2015 年 4 月，项目组对曲城城址东南部的南窑遗址和城址内文化层堆积的范围进行了重点钻探。勘探工作由姜仕炜负责，参加人员有山东大学考古系研究生武昊、郑秀文和技工刘西西、袁育辉等。

（3）阳主祠

2009 年 4 月，项目组对阳主祠所在的烟台市芝罘区芝罘岛进行了区域系统调查。调查工作由栾丰实负责，参加调查的人员有山东大学考古系研究生史本恒、王灿、曲新楠、闫凯凯、曹冬蕾、王海玉、姚娟娟和本科生安国瑞、孟杰、孙兆峰等。调查人员分两组，分别由史本恒和王灿负责，除了芝罘岛大疃村东北的战国至汉代遗址之外，没有新的发现。由于岛上阳主庙一带是军事禁区，调查人员未能进入。

2013 年 11 月初，为了实施对祭祀地点周边重要遗址的调查，项目组对烟台市福山区三十里堡城址进行了调查和测绘工作。田野工作由栾丰实和林仙庭负责，参加人员有山东大学考古系研究生孙启锐、陆青玉、武昊、许晶晶和张馨月等。三十里堡的古城址保存较好，四面城墙大部分尚存数米之高。从调查采集的陶片和近年来在城址周边地区发掘的大量汉代墓葬的情况看，城址为战国至汉代的城址。

（4）月主祠

2009 年 3 月，项目组对龙口市月主祠遗址及归城周边的鸦鹊河流域进行了区域系统调查，调查区域包括鸦鹊河流域及黄水河下游。调查工作由栾丰实负责，参加人员有山东大学考古系研究生张小雷、聂政、黄苑、林明昊、李慧冬、闫凯凯、王灿以及 2006 级考古系本科生刘建宇、戴鹏伦、闫雪、宋嘉丽、王永磊、王鑫、康敬亭、樊榕、仝林明、孙智富等。全部调查人员分成三组，分别由张小雷、聂政和黄苑负责。张小雷组从莱山向北，经月主祠，到归城；聂政组和黄苑组分别从黄水河两侧向上游调查，最后汇合。

2010 年 4~5 月，在区域系统调查的基础上，经国家文物局批准，项目组对月主祠及相关遗址进行了考古发掘，历时 41 天。发掘工作由林仙庭负责，参加人员有山东大学考古系研究生聂政、林明昊，技工刘志标、闫启新、王可兴等。发掘工作分为三部分：一是发掘和测绘位于莱山中部的月主祠遗址，该遗址 20 世纪 80 年代曾经做过发掘，本次发掘原则上只是把建筑遗迹表层的晚期堆积清理掉，暴露出早期的月主祠原貌；二是发掘了庙周家村北路边断崖上暴露出来的一座秦汉时期窑址，从烧剩的器物看可能与当时的大规模建筑工程相关；三是勘探、试掘和测绘了庙周家村北数百米处的秦汉时期夯土台基址。

（5）日主祠

2009 年 4 月下旬，项目组对日主祠遗址所在的成山半岛进行了区域系统调查。调查工作由栾丰实负责，参加人员有山东大学研究生史本恒、王灿、闫凯凯、曹冬蕾、王海玉、姚娟娟，本科生孙兆峰、龙晓静、孟杰等。调查分两组进行，分别由史本恒和王灿负责。

由于成山头一带开辟为旅游景区，并且转让给附近的西霞口村经营，文物部门进入景区内的日主祠遗址手续烦琐。所以，在没有办好进景区手续调查日主祠遗址之前，考古队先行调查遗址外围地区。成山头所在区域是一个向东伸入黄海之中的小半岛，东西长约 10 千米，南北宽不足 2 千米，地形以丘陵为主，平地较少，除了靠近东端日主祠的个别地点发现有秦汉时期的陶片，没有发现其他遗迹遗物。最后，调查了位于半岛东端的区域，遗址分为三区：一是西南侧山脚下的海边一带，包括南马台、水文观测站、始皇庙及其南侧等地点，面积较大；二是成山的主峰峰顶，成山头北侧南北并列着三个小山峰，中峰发现较多大块的砖和瓦，南峰有立石，北峰顶部有一个圆形的圈；三是最东端的海边灯塔区，即通常所说的天尽头处，采集到大量秦汉时期的瓦片。

2011 年 4~5 月，经国家文物局批准，项目组对日主祠遗址进行了考古调查、勘探和发掘。工作区域包括遗址区内南马台遗址、成山三峰、始皇庙南部区域（即前文所称庙西遗址）、海洋观测站玉器出土地点以及东端的灯塔地等。发掘工作主要集中在南马台遗址，发现成片的陶片堆积、铺地砖和地下排水管道设施等遗迹。田野工作由栾丰实、林仙庭负责，参加人员有山东大学考古系研究生聂政、姜仕炜、王清刚和技工邓文山、韩荣福、张书禄、邓文松等。

2013 年 7~8 月，项目组栾丰实、王睿和张启明等调查了不夜城遗址，并组织人员对城址进行了考古勘探，参加人员有中国国家博物馆田野考古中心的郭明建和杜义新等 3 名技工。调查过程中，在成山头管理委员会的大力协助下，邀请不夜村近十位年长者举行了一次专题座谈会，使我们对不夜城遗址的地形地貌、分布范围及不夜村的南移过程情况等有了较为清楚的了解和认识。

（6）四时主祠

四时主祠位于青岛市黄岛区（原胶南县）的琅琊台，史无异议。2008年以来，中美日照地区联合考古队对胶南全境进行了区域系统调查，在琅琊台地区有两项重要考古新发现：一是在琅琊台主峰东侧海边的一座小山包上，发现了一处规模宏大、至今尚高出地面10余米的夯土台基；二是在琅琊台西北的琅琊镇一带，发现了一处秦汉时期的大型遗址，地表陶片的分布面积达24平方千米，疑为琅琊郡旧址，亦即秦始皇"徙黔首三万户琅邪台下"的具体居住地[1]。

为了寻找上述的琅琊郡旧址，2012年11月，项目组对中美联合考古队在青岛市黄岛区琅琊镇一带调查发现的秦汉时期大型遗址进行了勘探。遗址保存情况较差，多数地段并无文化堆积，也没有找到城墙和城壕的线索。随后，鉴于琅琊台主峰在施工中发现了新的排水管道等遗迹，项目组转到琅琊台主峰，对遗址进行了勘探和测绘工作。琅琊台地区的田野工作由王睿负责，参加人员有青岛文物保护考古研究所的郑禄红和彭峪、中国国家博物馆的郭明建以及技工杜义新等。

2010年田野考古和文献查阅两项工作基本完成后，项目组整理采集了地方博物馆所藏相关遗址历年的出土材料。王睿、聂政、郭明建在荣成市博物馆，王睿、郑禄红、张馨月在青岛市黄岛区博物馆，王睿、林仙庭、赵娟、张馨月在烟台市博物馆先后完成了工作。

三　研究目的

《史记》《汉书》正史中八主祭祀成为历史记忆后，相关记载开始散落于碑刻、方志、文人诗作等材料中，有关八主的记述开始分化，祭祀地点发生衍变。围绕《史记》《汉书》有关皇帝祭祀中提到的八主祭祀内容，利用各种文献线索，结合文物出土发现和勘探发掘等考古手段，揭示八主祭祀各个地点的历史样貌，从祭祀地点的地理分布和政治制度的变化来论证八主祭祀的始废时间等基本问题，再深入探讨八主祭祀产生的历史背景及其历史影响，从而说明在特定的历史条件下，思想界影响国家宗教政策的运作方式。

---

[1] 加里·费曼、琳达·尼古拉斯、方辉著，杨谦译《遥远国度里的帝王印迹——琅琊台遗址群调查与阐释》，《东方考古》第7集，科学出版社，2010年，1~14页。

第一章　天主祠

一　地望的考察

《史记·封禅书》："天主，祠天齐。天齐渊水，居临淄南郊山下者。"[1]据《汉书·地理志》，临淄为秦置齐郡的十二县之一，颜师古注："师尚父所封"[2]。师尚父即姜尚，所封为齐，"武王已平商而王天下，封师尚父于齐营丘。"[3]

关于营丘与临淄为一地或相邻二地早有争论：一种是据《汉书》等文献的记载认为临淄即为西周初年太公所封之营丘，如《水经注》"临淄城中有丘，在小城内，周回三百步，高九丈，北降丈五，淄水出其前，迳其左，故有营丘之名"[4]，今人王恩田承其说[5]；第二种观点则据《史记》等文献记载认为齐国先后有营丘、薄姑、临淄三都，如《括地志》"营丘在青州临淄北百步外城中"[6]，现今的临淄齐故城遗址为献公自薄姑所迁之新都城，今人学者中以张学海为代表[7]。

临淄齐故城遗址位于今临淄城的西部和北部，东临淄河，西临系水（俗称泥河），南、北两面为辽阔的原野，北距渤海百余华里。临淄齐故城的考古工作始于20世纪30年代[8]，经过多年的考古调查和钻探，发现城址包括大城和小城两部分。小城在大城的西南方，其东北部伸进大城的西南隅，两城衔接。大城周长14158米，城门6座——东、西门各1座，南、北门各2座；小城周长约7257米，城门5座——东、西、北门各1座，南门2座[9]。资料表明临淄大城营建于西周中期之前，即献公迁临淄之前，后在西周晚期、春秋早中期、春秋晚期或战国早期进行了修补扩建；小城营建于战国早、中期，在战国晚期、西汉初期、西汉中晚期、西汉晚期或迟至东汉时期曾进行过多次增补维修[10]。

临淄齐故城以南7.5千米即为鲁中丘陵山地，属于泰沂山脉中部鲁山余脉。距临淄城最近者为

---

[1]《史记·封禅书》，1367页。

[2]《汉书·地理志》，1583页。

[3]《史记·齐太公世家》，1480页。

[4]〔北魏〕郦道元注，〔民国〕杨守敬、熊会贞疏《水经注疏》，江苏古籍出版社，1989年，2230页。

[5]王恩田《关于齐国建国史的几个问题》，《东岳论丛》1981年第4期，89～91页；王恩田《齐都营丘续考》，《管子学刊》1988年第1期，80～86页。

[6]〔唐〕李泰等著，贺次君辑校《括地志辑校》，中华书局，1980年，139页。

[7]张学海《齐营丘、薄姑、临淄三都考》，《张学海考古论集》，学苑出版社，1999年，342页。

[8]有关临淄齐故城的考古工作，参见王献唐《临淄封泥文字序目》，山东省立图书馆编印，1936年；〔日〕関野雄「斉都臨淄の調査」，『考古学雑誌』第32卷11号，1942年；山东省文物管理处《山东临淄齐故城试掘简报》，《考古》1961年第6期，289～297页；山东省文物考古研究所《齐故城五号东周墓及大型殉马坑的发掘》，《文物》1984年第9期，14～19页；临淄区齐国故城遗址博物馆《临淄齐国故城的排水系统》，《考古》1988年第9期，784～787页；群力《临淄齐国故城勘探纪要》，《文物》1972年第5期，45～54页；山东省文物考古研究所编著《临淄齐故城》，文物出版社，2013年。

[9]山东省文物管理处《山东临淄齐故城试掘简报》，《考古》1961年第6期，289页；群力《临淄齐国故城勘探纪要》，《文物》1972年第5期，45～49页。

[10]《临淄齐故城》，532～535页。

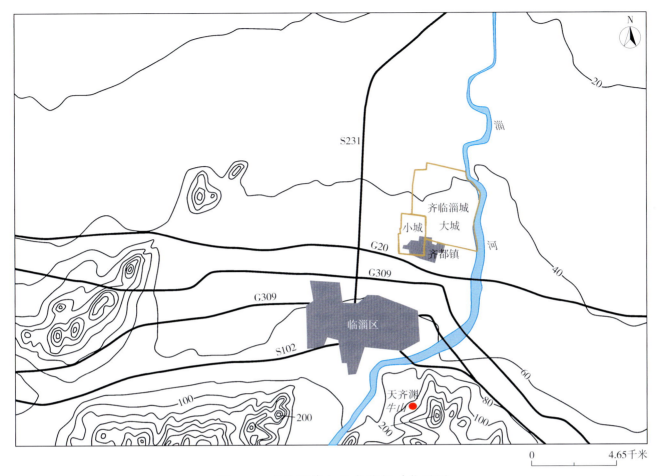

图 1-1　齐临淄城与天齐渊相对位置图

牛山，海拔 174 米，淄河流经其西。牛山为齐国名山，《晏子春秋》"齐景公游于牛山"[1]。明清时期和民国初年，山顶保留有宏伟的庙宇建筑，山北有大型封土墓一座，相传为齐相管仲之墓[2]。牛山西北麓多泉水，其最大一处五泉并出，泉水流入淄河，又称天齐渊（图 1-1）。

　　"天齐"何意？《尔雅·释言》："齐，中也。"[3]晋解道彪《齐记》："临淄城南有天齐泉，五泉并出，有异于常，言如天之腹脐也。"[4]齐国之名来自"天齐"，"齐所以为齐，天齐也。"[5]《水经注》："左思《齐都赋》曰：'牛岭镇其南者也。水在齐八祠中，齐之为名，起于此矣。'《地理风俗记》曰：'齐所以为齐者，即天齐渊名也。'"[6]

　　齐国是否得名于泉水涌出如天之腹脐的"天齐渊"不得而知，但"天齐渊"在齐国都城临淄之南，在早期文献中有明确记载。《齐记》："临淄城南十五里，天齐渊五泉并出，有异于常，故庙屋以同。

［1］吴则虞《晏子春秋集释》（上册）中华书局，1962 年，63 页。

［2］《临淄齐故城》，2 页。

［3］〔晋〕郭璞注、〔宋〕邢昺疏《尔雅注疏》，《十三经注疏》，上海古籍出版社，1997 年，2581 页。

［4］见《封禅书》司马贞《索隐》引 "顾氏案"，《史记》，1368 页。

［5］《史记·封禅书》1367 页。

［6］《水经注疏》，2225 ~ 2226 页。

瓦有天齐字。在齐八祠，祠天于此，故名云。"[1]《水经注》："淄水自山东北流迳牛山西，又东迳临淄县故城南，东得天齐水口，水出南郊山下，谓之天齐渊。五泉并出，南北三百步，广十步，山即牛山也。"[2]

天齐渊的地点还有另说。"天齐池在青州临淄县东南十五里"[3]，后衍变为临淄东南八里的龙池，"此渊（天齐渊）在临淄东南八里，淄水之东，女水之西，平地出泉，广可半亩，土人名曰龙池。"[4]对此说早有批评之语，清咸丰年间的《青州府志》："天齐渊俗名温泉。自方志误以龙池为天齐渊，而此水第沿温泉之名。"[5]杨守敬在《水经注疏》中引吴振棫《天齐渊诗序》："泉在牛山麓最下，奇过趵突泉，北流注于淄，与齐故城南北正相值，则《齐乘》二，以为东南八里之龙池，误。"[6]

现今广布的"天齐庙"，是因为唐玄宗于开元十三年（725年）封泰山神为天齐王后[7]，为泰山神修庙风行各地，在后世道教中发展为"天齐"神，与八主中的"天齐"无关。

二 相关考古材料的收集与整理

天齐渊在临淄故城以南，牛山脚下。由于开山采石，山体遭到严重破坏（图1-2）。经过考古调查与清理，在临淄故城城南淄河南岸，在平整过的岩石层面上，发现了五个凿刻的圆形凹槽，一个独在，四个并联，应为泉眼，并在其西侧发现六个柱洞（图1-3）。在清理中发现有汉代陶片[8]。

1958年，临淄齐故城内调查时曾采集到两枚带字瓦当[9]（图1-4：1），简报中未说明具体地点，据临淄齐故城博物馆朱裕德回忆，应在桓公台北和38号夯土台即今阚家寨附近，督府巷、刘家寨也曾出土有类似瓦当。《秦汉瓦当文字》[10]、《中国考古学研究》[11]、《临淄齐故城》[12]等书中也收录有此类瓦当（图1-4：2~6）。临淄齐故城博物馆（图1-5：1、2）、山东青州博物馆（图1-5：3）收藏有此类文字的瓦当[13]。私人藏家中也有此类瓦当的收藏，据临淄齐故城的发掘者魏成敏相告，同类瓦当曾有二十几块过手，但出处不详。

[1]〔宋〕李昉等《太平御览·礼仪部》，中华书局，2000年，2389页。
[2]《水经注疏》，2225页。
[3]《括地志辑校》，140页。
[4]〔元〕于钦《齐乘》卷二，六页，清乾隆四十六年（1781年）刻本。后沿用此说者，明嘉靖《青州府志》："天齐渊水居临淄南郊山下，……魏齐之间，每浮出异木，神应莫知。相传谓此渊出物则文运必昌，屡有征验。云泉流混混，无有盈竭，波月澄映亦郊都之胜迹也。今俗呼龙池，为临淄一景，曰'龙池秋月'。"杜思修《青州府志·山川》卷六，三十~三十一页，明嘉靖四十四年（1565年）刻本，上海古籍书店影印，1965年。《明史·地理志》："临淄，（青州）府西北，南山有牛山。……又有南郊山，其下为天齐渊。"《明史》，947页。清康熙《临淄县志·山川》："天齐渊，县东南八里。……五泉并出，西南入淄水，广半亩。土人呼'龙池渊'。中浮出瓦，有'天齐'字。魏永平中，出木，齐天保中，又出木四，皆五采，类松柏而香。……温泉，县南十五里，牛山下，时出时涸。邑令杨公端本至，适大出。公有碑记之，改曰'瑞泉'。"邓性修《临淄县志》卷一，康熙十一年（1672年）刻本，十五~十六页。民国十三年（1924年）《重修天齐龙王庙碑记》曰："临淄城东有古龙池焉，为县八景之一也，旧名天齐渊。太史公曰：'齐八主渊，其一渊，深无底。'"
[5]〔清〕毛永柏修，李图、刘耀椿纂《青州府志》卷二十二下，七页，清咸丰九年（1859年）刻本。
[6]《水经注疏》，2225页。
[7]《旧唐书·礼仪表》，中华书局，1975年，901页。
[8]材料由山东省文物考古研究院魏承敏先生提供。
[9]山东省文物管理处《山东临淄齐故城试掘简报》，《考古》1961年第6期，296页，图八：1、2。
[10]图1-4：2采自罗振玉《秦汉瓦当文字》，卷三，三四页，1914年。
[11]图1-4：3、4采自〔日〕関野雄『中国考古学研究』，東京大学出版会，1965年，図版第二十九：21；第一〇二図。
[12]图1-4：5、6采自《临淄齐故城》，500页。
[13]青州市博物馆编《青州文明图典》，云南教育出版社，2011年，52页。

图 1-2　临淄故城南牛山遭采石破坏情况（东—西）

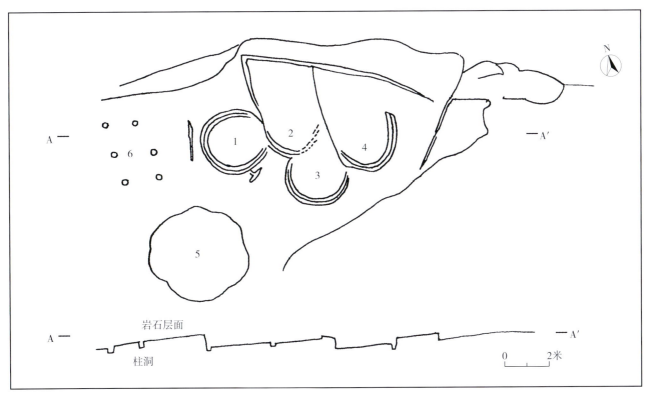

图 1-3　临淄故城淄河南岸发现的建筑遗迹平剖面图

1～5.泉眼　6.柱洞

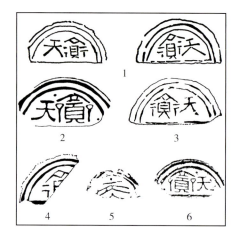

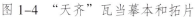

图 1-4 "天齐"瓦当摹本和拓片   图 1-5 "天齐"瓦当照片

罗振玉、陈直根据文字特征将其时代定为汉代，罗释为"大横"，关野雄释为"大賥"[1]，陈直释为"齐天"[2]。赵超认为此类瓦当均应释为"天齐"，并与八主之天主直接联系起来，推测就是齐祭天处建筑所用之瓦[3]。

三　小结

八主中的天主所祠"天齐"之地，应位于齐国都城临淄南的牛山脚下。牛山下原多泉水，泉水涌出如天之腹脐，借喻为天下的中心并因以为祭。此类祭祀也见于古希腊，德尔菲被认为是世界的中心，以"地球的肚脐"为谕，并以一块圆形卵石作为标识，始建年代早到公元前 8 世纪[4]。

八主借用了齐地的"天齐"为天主祭祀之地。从文献和考古调查结果看，在天齐渊附近应该存在祠庙类建筑，因开山采石遭到破坏，现发现的残迹疑为汉代遗存。

临淄城内出土的天齐瓦当应为汉代遗物，说明城中也可能有祭祀天齐的常祀之祠庙。在汉代祭祀传统中，除在原地进行祭祀外，也以名山大川附近的县作为常年祭祀地点，如东岳泰山于博，中岳太室于崇高，南岳潜

图 1-6 "齐祠祀印"
封泥拓片

山于潜，西岳华山于华阴，北岳恒山于上曲阳；河于临晋，江于江都，淮于平氏，济于临邑[5]。临淄故城内刘家寨发掘出土的封泥中有"齐祠祀印"（图 1-6）[6]，是祠祀之事设有职官的直接证据。

秦汉时期皇帝未曾亲临祭祀。

[1]〔日〕関野雄『中国考古学研究』，514 頁。

[2] 陈直《秦汉瓦当概述》，《文物》1963 年第 11 期，29 页。

[3] 赵超《释"天齐"》，《考古》1983 年第 1 期，67 页。

[4] 斯特拉博《地理学》，上海三联书店，2014 年，620 页。

[5] 周振鹤《西汉县城特殊职能探讨》，《周振鹤自选集》，广西师范大学出版社，1999 年，22 页。

[6]《临淄齐故城》，522 页。

第二章　地主祠

一　地望的考察

《史记·封禅书》："地主，祠泰山梁父。盖天好阴，祠之必于高山之下，小山之上，命曰'畤'；地贵阳，祭之必于泽中圜丘云。"[1] 据《汉书·地理志》，梁父县为高帝置泰山郡属二十四县之一[2]。

梁父也为封禅礼中禅的地点之一，"管仲曰：'古者封泰山禅梁父者七十二家'"[3]，从《封禅书》相关内容看，地主的祠祀地点应为泰山下名为"梁父"的小山。

关于梁父山的地点有诸说。一是位于梁父城北的映佛山（图2-1）。清人认为映佛即梁父之音讹，

图 2-1　映佛山远眺（南—北）

[1]《史记·封禅书》，1367页。
[2]《汉书·地理志》，1581～1582页。
[3]《史记·封禅书》，1367页。

图 2-2　映佛山石刻

古梁父当即此山[1]，映佛山的巨石上刻有"冠军将军梁父县令王子椿"（图 2-2），加深了这一认识。映佛山南天宝镇颜前村曾出土北魏孝昌元年（525年）《羊祉夫人崔氏墓志铭》："八月三十日葬于泰山郡梁父县徂徕山阳"，可知北朝时映佛山仍名徂徕山，且映佛山山峰高耸，岩壁陡峭，与《封禅书》所载行禅礼之地的描述不合。

另说见民国十八年（1929 年）《重修泰安县志》："旧志在泰山东南九十里。由大汶口过桥，折而东南八里许，即圣姑堂岭，岭东尽处为南梁父村。村东即梁父岭。岭巅有小庙，后人所建，亦非地主祠。皆在小汶之南，水北有西梁父、东梁父村。汉县故城在东梁父，今无踪迹，更无山可禅。然所谓梁父山者，疑即梁父岭之高处也。"[2]汤贵仁持此说[3]。根据实地调查，仅有现代村名与"梁父"有关，残存有一时代较晚的小型土堆。

清代县志的疆域图中，明确标识有三处分置的羊祉城、梁父城和梁父山[4]，经考古调查也未发现相关遗迹，梁父山的具体地点期待新的发现和研究。

梁父县因梁父山而得名，西汉时梁父县属泰山郡，东汉时为梁甫侯国[5]，北齐时县治尚存[6]，后省入新泰县。《水经注》："汶水又南，左会淄水，水出泰山梁父县东，……淄水又迳梁父县故城南，县北有梁父山。……王者封泰山，禅梁父，故县取名焉。……淄水又西南迳柴县故城北，……世谓之柴汶矣。"[7]此淄水为汶水支流，又称柴汶河。今柴汶河北岸二级阶地上保存有古城址羊祉城。羊祉为晋名臣，"字叔子，泰山南城人也。……诏以泰山之南武阳、牟、南城、梁父、平阳五县为南城郡，封祉为南城侯。"[8]羊祉城之名明代始见[9]，因羊祉与梁父音相近，梁父城讹传为羊祉城[10]。

二　历史文化背景和梁父城城址

2010 年 3~4 月，为了解地主祠所处的历史文化环境和寻找地主祠遗址，项目组以梁父城所在新泰市西北部的天宝镇为中心展开考古调查，调查范围包括从柴汶河北岸至徂徕山余脉之间 50 余平方千米的区域（图 2-3）。

［1］〔清〕孙葆田纂《山东通志》，卷二十三，商务印书馆，1915 年，1114 页。
［2］葛延瑛修，孟昭章等纂《重修泰安县志·舆地·山水》卷二，民国十八年（1929 年）铅印本，二十三~二十四页。
［3］汤贵仁《梁父遗址考》，《泰安文物》2009 年第 1 期，36~37 页。
［4］〔清〕黄钤修，萧儒林、宋圻纂《泰安县志·疆域图》，清乾隆四十七年（1782 年）刻本。
［5］《后汉书志》，《后汉书》，中华书局，1965 年，3453 页。
［6］新泰市天宝镇颜前村出土了北魏孝昌元年（525 年）《羊祉夫人崔氏墓志铭》，上刻有"八月三十日葬于泰山郡梁父县徂徕山阳"。映佛山上有"冠军将军梁父县令王子椿"、"武平元年（570 年）僧齐大众造维□慧游普□"等题刻内容。
［7］《水经注疏》，2068~2069 页。
［8］《晋书·羊祉传》，中华书局，1974 年，1013、1019 页。
［9］"羊祉城即晋羊祉所封之地，距州治东南九十里。"参见〔明〕任弘烈、〔清〕邹文郁增修，朱衣点增纂《泰安州志》卷一，六页。
［10］《山东通志》卷二十三，1114 页。

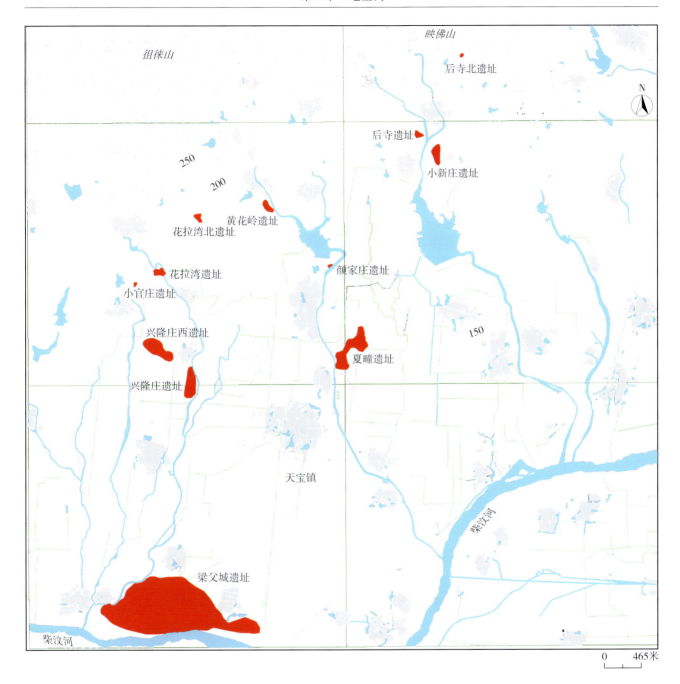

图 2-3 梁父城及周围遗址分布图

（一）周围文化遗址

在本次系统调查中，我们一共发现了近 500 处遗物采集点，年代涵盖大汶口文化、龙山文化、商、西周、东周、汉代直至明清时期。汉代以前遗址共有 11 处，主要分布在柴汶河及其三条支流的两岸，下文将这些遗址进行介绍，遗物编号以采集者姓名拼音大写首字母合以采集顺序号。

1. 兴隆庄遗址

位于天宝镇西北部的兴隆庄村南 50 米，柴汶河支流西部阶地上，沿河流走向呈南北向分布。遗

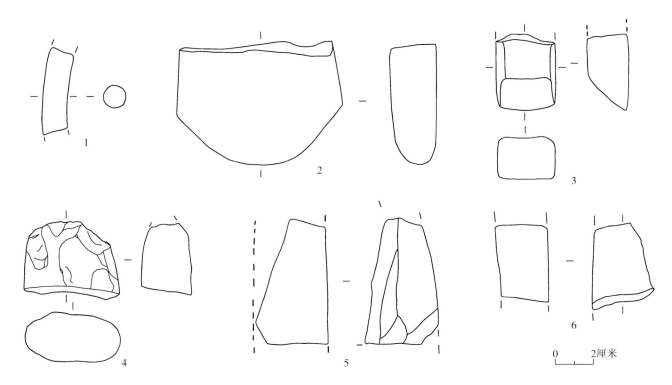

图 2-4　兴隆庄遗址采集大汶口文化石器

址地势平坦，陶片分布范围约为 8 万平方米，包含大汶口文化、东周、汉代三个时期的遗物，大汶口文化遗存为主。东周及汉代遗存也比较丰富，遗物皆为陶片，数量较多，但多较破碎，可辨认器形有盆、罐、板瓦、筒瓦等，未挑选标本。

大汶口文化时期的遗物分布范围较小，面积约为 3.8 万平方米。遗物包括石器和陶器两类。陶器以夹砂红褐陶为主，可辨认器形有鼎、钵、罐、把手等，属于大汶口文化早期。

石环　1 件。CYJ022，残存一段。残长 4.6、径 1.2 厘米（图 2-4：1）。

石钺　1 件。CYJ017，残存刃部。通体琢制而成，刃部呈圆弧形。残长 6.2、宽 9、厚 1.4~2.5 厘米（图 2-4：2）。

石凿　1 件。QXN017，残存刃部。磨制而成，凿身正面微凹，单面刃。残高 4、宽 3.1、厚 2.2 厘米（图 2-4：3）。

残石器　3 件。CYJ010，残存顶端。磨制而成。残高 4、厚 1.4~2.5 厘米（图 2-4：4）。CYJ018，残存一部分。琢制而成，表面经打磨但未抛光。残长 6.6、厚 1.8~3.9 厘米（2-4：5）。CYJ021，残存一侧。磨制而成但未抛光，一面平，一面微凹。残长 4.6、残宽 1.8~3.2、厚 2.5~2.7 厘米（图 2-4：6）。

陶鼎　23 件。QXN010，夹砂黄褐陶。尖唇，侈口，折沿，下残。残高 2、厚 0.4~0.6 厘米（图 2-5：1）。QXN014，夹砂红褐陶。沿部残，折沿，腹壁较直，腹部饰一条附加堆纹泥条。残高 4.5、厚 0.3~0.7 厘米（图 2-5：2）。CYJ020，钵形鼎鼎足。夹砂红陶。铲形足，足底部残。残高 4.5、厚 0.3~1.2 厘米（图 2-5：3）。CDL005，夹砂黄褐陶。长方形柱足，残。残高 4、厚 2.3~3.3 厘米（图 2-5：4）。CDL009，夹砂红褐陶。锥状足，一侧及底部缺失，足根部分有一按压纹。残高 6.1 厘米（图 2-5：5）。CDL013，夹砂黄褐陶。锥状足，足底残。残高 5.6、直径 1.8~2.6 厘米（图 2-5：6）。

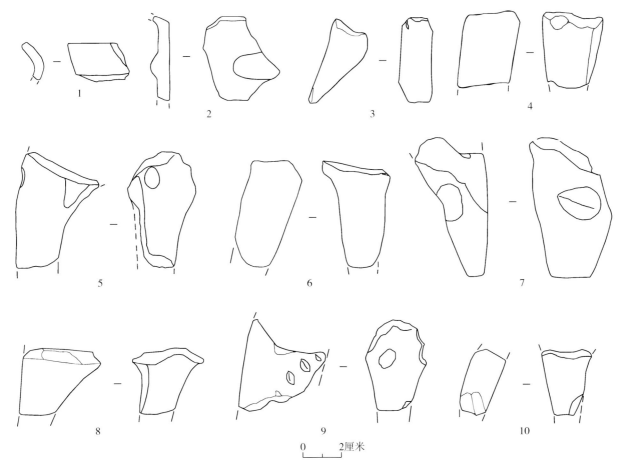

图 2-5 兴隆庄遗址采集大汶口文化陶鼎

CYJ014,夹砂黄褐陶。梯形足,一面平,一面鼓,足根部分残。残高7.5、厚0.8~3.5厘米(图2-5:7)。CYJ021-1,泥质灰陶。方形足,足底残。残高3.6、厚1.6~3厘米(图2-5:8)。CYJ021-2,夹砂红褐陶。锥状足,一面有戳印纹。残高4.8、厚1.7~3.5厘米(图2-5:9)。QXN011,夹砂红褐陶。残存足身部分,正面呈梯形。残高3.5、厚1.4~2.5厘米(图2-5:10)。

陶罐 5件。CYJ016,夹砂灰陶。尖唇,敞口,沿面微卷,下残。残高4、厚0.2~0.8厘米(图2-6:1)。CYJ016-1,夹砂灰陶。近梭形耳,中部横穿一孔。残高5.7厘米(图2-6:2)。CYJ019,夹砂黄褐陶。方唇,侈口,折沿,沿面内凹,下残。残高3.7、厚0.5~0.6厘米(图2-6:4)。CYJ019-1,泥质黄褐陶。器底,腹部斜内收,平底。残高4、厚0.3~1厘米(图2-6:5)。QXN010-1,泥质黄褐陶。方唇,敞口,卷沿,下残。残高2.5、厚0.4~1厘米(图2-6:6)。

陶把手 3件。CDL007,夹细砂红褐陶。角状把手,柄部呈圆柱形,顶部残。残长4、厚0.9~2厘米(图2-6:7)。CDL008,夹砂红陶。残存一段,长方体。残长4.5、厚1.9厘米(图2-6:8)。CYJ020-1,泥质红陶。顶部残,柄部圆柱形,顶部渐扁。残长3.7、厚1~2厘米(图2-6:9)。

陶纺轮 1件。CYJ014-1,夹砂黄褐陶。残存一侧,两面皆平,斜钻孔,剖面呈柱状。直径4.4、厚1.6~1.8厘米(图2-6:3)。

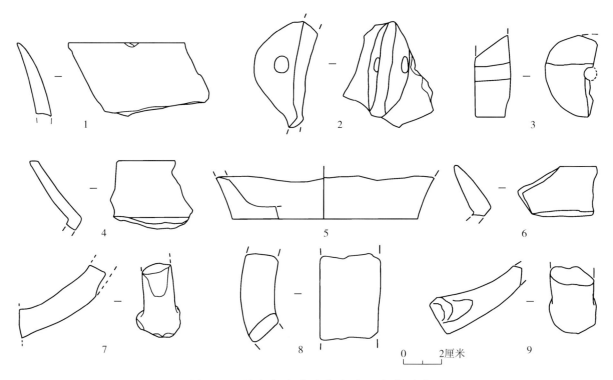

图 2-6　兴隆庄遗址采集大汶口文化遗物

2. 兴隆庄西遗址

位于兴隆庄村西 100 米，柴汶河两条支流之间的山前台地上，地势稍有起伏。陶片分布范围约10.5 万平方米，包含大汶口文化、东周、汉代等时期的遗存，其中大汶口文化遗存较少。该遗址距离兴隆庄遗址较近，大汶口文化遗物极有可能是来自兴隆庄遗址的二次搬运。该遗址采集遗物较破碎，未能挑选出标本。

3. 花拉湾遗址

位于天宝镇西北部的花拉湾村西北 300 米处，柴汶河支流西侧的二级阶地上。该遗址地处山前台地上，地势较周围平坦。陶片分布范围约为 2 万平方米，包含东周及汉代遗存。花拉湾遗址发现较多的筒瓦、板瓦、砖等建筑材料，但都较为破碎，未能挑选标本。

4. 小官庄遗址

位于小官庄村东北 200 米，柴汶河支流东侧的山前缓坡上。陶片分布范围约为 3000 平方米，该遗址仅有三个东周时期遗物采集点，包含物较丰富。发现了数量较多的陶片，可辨认器形有罐、盆等，但未能挑选标本。

5. 花拉湾北遗址

位于花拉湾村北、黄花岭村西南之间的小山上，南距花拉湾村 1 千米。陶片分布范围约为 1.3 万平方米，包含东周及汉代两个时期的遗物，以东周遗存为主，可辨认器形有鬲、罐、豆、盆等。汉代仅有一个采集点，未能挑选标本。

陶鬲　4 件。CYJ006，夹砂红褐陶。袋足，足部较矮。残高 3.6、厚 0.7~2.1 厘米（图 2-7：1）。CYJ008，夹砂红褐陶。矮袋足。残高 3.5、厚 0.9~1.8 厘米（图 2-7：2）。CYJ009，夹砂灰陶。矮袋足。残高 5.3、厚 0.7~1.6 厘米（图 2-7：3）。GMJ004，夹砂红褐陶。矮袋足，饰绳纹。残高 3.4

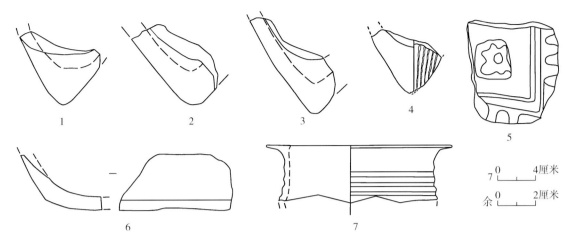

图 2-7　花拉湾北遗址采集东周时期陶器

厘米（图 2-7∶4）。

陶豆　1件。CYJ005，泥质灰陶。残存豆盘局部，浅盘，弧折腹。残高3、厚0.2~1厘米（图2-7∶6）。

陶盆　1件。CYJ006-1，夹砂灰陶。侈口，尖唇，平折沿，腹部弧收，上饰四道瓦棱纹，下残。口径20、残高5.8、厚0.4~1.1厘米（图2-7∶7）。

刻纹陶片　1件。CYJ005-1，夹砂灰黑陶。残存一部分，表面有两道凸棱纹连成锐角，中间有一组纹饰。残长6、残宽5.4、厚1.1~1.3厘米（图2-7∶5）。

6.黄花岭遗址

位于天宝镇北部黄花岭村西南100米处的山前坡地上，地处柴汶河支流西岸的二级阶地。陶片分布范围约为2万平方米，包含商代、东周及汉代三个时期的遗物。未能挑选出东周时期的标本。

（1）商代

遗址上发现了很多商代陶片，可辨认器形有鬲、甗、罐等。

陶鬲　1件。YKK004，夹砂红褐陶。残存袋足部分，实足尖。残高10.2、厚0.5~1.2厘米（图2-8∶1）。

陶甗　1件。YKK004-1，夹砂黄褐陶。甗腰部分，中间有附加泥条抹过，泥条上有数道刻划纹，下腹饰绳纹。残高6.2、厚1~1.6厘米（图2-8∶2）。

陶罐　3件。YKK004-2，夹砂灰陶。口沿部分，方唇，侈口，唇面内凹，卷沿，束颈，颈部饰斜绳纹，下残。口径15.4、残高3.8、厚0.5~0.7厘米（图2-8∶3）。YKK004-3，泥质黄褐陶。口部，尖唇，敛口，溜肩，腹部近直，下残，肩部饰两条凹弦纹。口径8、残高5.5、厚0.2~1.7厘米（图2-8∶4）。YKK004-4，泥质灰陶。罐腹底部分，弧腹内收，平底内凹，腹部饰绳纹。底径13、残高12.8、厚0.8~1.1厘米（图2-8∶5）。

（2）汉代

发现了较多的汉代时期的板瓦、筒瓦等建筑材料，其他器物较少。

筒瓦　1件。YKK003，残存瓦首及筒身一部分。夹砂灰陶。上饰绳纹。残长7.1、厚0.9~1.2厘米（图2-8∶6）。

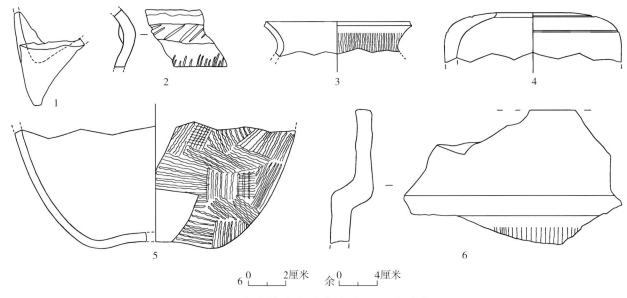

图 2-8 黄花岭遗址采集商代、汉代遗物

7. 颜家庄遗址

位于颜家庄村东北 200 多米处，地处柴汶河支流西岸阶地上，地势较为平坦。陶片分布范围约为 2600 平方米，仅见三个采集点，包含西周及东周时期遗物，未能挑选出标本。

8. 夏疃遗址

位于夏疃村东北 100 米处的山前缓坡上，属于柴汶河支流东岸的二级阶地，遗址地势稍缓，整体呈现北高南低状态。夏疃遗址陶片分布范围约为 15 万平方米，包含东周及汉代两个时期遗物。

（1）东周时期

发现了少量陶片，可辨认器形有盆、豆、罐、筒瓦等。

陶盆 2 件。CDL002-1，夹砂灰陶。方唇，敞口，唇面微凹，折沿，上沿微卷，内壁转折处有一道凸棱，外沿有道凸棱，腹壁较直，腹部有两周凹弦纹，下残。残高 6、厚 0.7~1.4 厘米（图 2-9：4）。YKK002，泥质青灰陶。方唇，侈口，卷沿，腹部弧收，下残，内壁有两道凹槽。口径 50、残高 7.8、厚 0.6~0.9 厘米（图 2-9：7）。

陶豆 3 件。CDL002-2，夹砂灰陶。圆唇，敞口，浅盘，

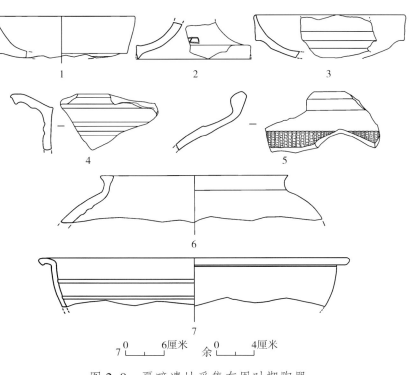

图 2-9 夏疃遗址采集东周时期陶器

折腹较低，上腹斜收，下腹弧收，折腹下有一凹槽，下残。口径16、残高4.4、厚0.4~1.8厘米（图2-9：1）。LMH004-1，夹砂灰陶。喇叭状圈足，圈足残，柄下部有刻划纹。底径12.4、残高3.95、厚0.8~0.9厘米（图2-9：2）。LMH004-2，夹砂灰陶。尖唇，口部近直，浅盘，折腹较高，上腹微凹，下腹弧收，下腹部有道凹槽，下残。口径16.4、残高4.6、厚0.3~1.4厘米（图2-9：3）。

陶罐　2件。ZXL002，泥质灰陶。圆方唇，口部微敛，斜肩，鼓腹，肩腹交界处有一阶状凸起，腹部饰粗绳纹。残高6.4、厚0.6~0.9厘米（图2-9：5）。WYL003，夹砂灰陶。尖唇，侈口，平折沿，短颈，上腹微鼓，腹部内壁有轮制形成的瓦棱状痕迹。口径20、残高4.7、厚0.7~1.3厘米（图2-9：6）。

（2）汉代

遗物遍布整个遗址，调查中采集到了大量的陶片，可辨认出建筑材料有筒瓦、板瓦、花纹砖，陶器有盆、豆、罐、瓮等。

筒瓦　3件。WYL004，夹砂灰陶。内切，瓦身饰绳纹，内壁有布纹。残长8.2、厚1~1.1厘米（2-10：1）。YKK002-2，夹砂青灰陶。瓦首部分，榫头明显，瓦身饰绳纹，内壁有布纹。残长13.8、厚0.8~2.4厘米（图2-10：2）。YKK002-1，夹砂青灰陶。残存瓦尾的一侧，内切，瓦身饰绳纹，内壁有布纹。残长10.1、厚0.8~1厘米（图2-10：3）。

板瓦　1件。CYJ006，夹砂灰褐陶。残存瓦首的一部分，上饰六道瓦棱纹，下饰斜绳纹。残高12.5、厚0.6~1.4厘米（图2-10：4）。

陶盆　3件。CYJ006-1，泥质灰陶。方唇，敞口，唇面内凹，折沿，斜腹内收，腹壁是八道凸棱纹，下部凸棱上饰绳纹，内壁多轮制痕。口径48、残高10.2、厚0.8~1厘米（图2-11：1）。WYL003-2，夹砂灰陶。尖圆唇，敞口，折沿，内沿微凹，上有一凹槽，外沿有一道凸棱，腹部弧收，上饰四道凸棱，内壁有轮制痕迹。口径32、残高10.4、厚0.6~0.8厘米（图2-11：2）。ZXL002-1，夹砂灰陶。方唇外翻，唇面有道凹槽，侈口，卷沿，内壁转折处有道凸棱，腹部较直，上有五道凸棱，下残。口径48、残高8.3、厚0.8~1.1厘米（图2-11：3）。

陶豆　1件。ZXL002-2，泥质黄褐陶。尖圆唇，口部微敞，浅盘，折腹较低，上腹微曲，下腹微弧直收，下腹部有道凹槽，下残。口径16、残高2.9、厚0.8~2厘米（图2-11：7）。

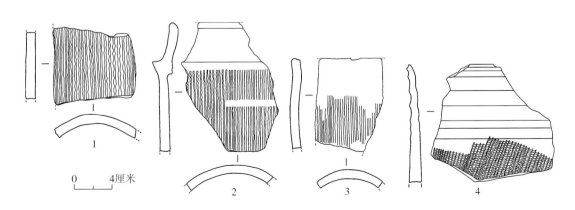

0　　　4厘米

图2-10　夏疃遗址采集汉代筒瓦和板瓦

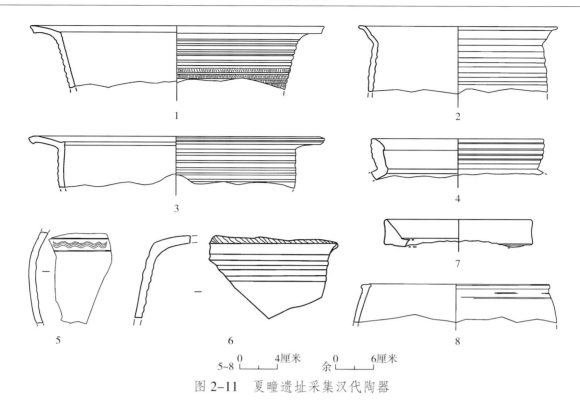

图 2-11   夏疃遗址采集汉代陶器

陶罐　3 件。WYL003-3，夹砂灰陶。残存腹片，鼓腹，下腹弧收，上腹部饰两周凹弦纹，弦纹之间饰水波纹，内壁有轮制痕。残高 9.6、厚 0.7 厘米（图 2-11∶5）。WYL003-4，夹砂灰陶。仅存肩部及上腹部，折肩，肩部饰斜绳纹，腹部较直，斜收，上部有两道凸棱，内壁有轮制痕迹。残高 8.8、厚 0.8~1.4 厘米（图 2-11∶6）。WYL003-1，夹砂褐陶。方唇，敛口，平折沿，沿面微凹，腹部斜出，上部饰两周凹弦纹。口径 20、残高 8、厚 1~2 厘米（图 2-11∶8）。

陶瓮　1 件。WYL004-1，夹砂灰陶。尖圆唇，口部微敞，斜颈内收，颈部饰五条凹弦纹，下残。口径 28、残高 6.6、厚 1.4~2 厘米（图 2-11∶4）。

9. 小新庄遗址

位于柴汶河两条支流交汇处东侧，东距小新庄村约 100 米。位于河边台地上，地势起伏不大。陶片分布范围约为 3.7 万平方米，包含东周及汉代两个时期的遗物。遗址上发现的东周时期遗物较少，未能挑选标本，汉代的标本有盆、豆、罐等。

陶盆　1 件。ZXL006-1。夹砂灰陶。方唇，侈口，唇面微凹，平折沿，沿面内凹，中部有道凸棱，腹部斜收，上部有道小凸棱，下残。口径 46、残高 3.6、厚 0.6~1.1 厘米（图 2-12∶1）。

陶豆　1 件。ZXL006，泥质灰陶。尖唇，口部微敞，浅盘，折腹较低，上腹微鼓，下腹直收，下残。残高 3.9、厚 0.4~1.2 厘米（图 2-12∶3）。

陶罐　1 件。ZXL005，泥质灰陶。口部残，鼓腹，下腹弧收，平底，鼓腹处有条凹弦纹，内壁圜底。底径 10、残高 7.6、厚 0.4~1.2 厘米（图 2-12∶2）。

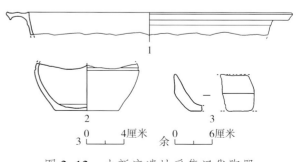

图 2-12   小新庄遗址采集汉代陶器

10. 后寺遗址

位于柴汶河支流西岸的阶地上，南距后寺村约 200 米。位于山前坡地上，地势起伏较大，陶片分布范围约为 1 万平方米，包含东周及汉代两个时期的遗物。

（1）东周时期

发现了少量陶片，可辨认器形有豆、罐等。

陶豆 1 件。ZXL002，泥质黑陶。残存豆柄及底部，柱状柄，至底部微张，底部较平，方唇，内壁唇之上有一道凹槽，素面。柄内壁有轮制痕迹。底径 6.6、残高 6.7、厚 0.45~0.65 厘米（图 2-13：1）。

陶罐 1 件。ZXL002-1，夹砂灰陶。圆唇，敞口，平折沿，沿面微凹，束颈，下残，素面。口径 16、残高 3.8、厚 0.5~1.1 厘米（图 2-13：2）。

（2）汉代

采集到的陶片不多，可辨认器形主要有罐、瓮及板瓦、筒瓦等建筑材料。

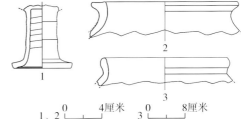

图 2-13 后寺遗址采集东周、汉代陶器

陶瓮 1 件。ZXL001，夹砂灰陶。圆唇，口部微敞，短颈内收，卷沿，下残，素面。口径 28、残高 6、厚 1.1~1.6 厘米（图 2-13：3）。

11. 后寺北遗址

位于后寺村东北 800 米的黑山山顶上。该遗址地处丘陵顶部的平台上，位置特殊，疑为祭祀遗址。遗址陶片分布范围约为 2600 平方米，发现了龙山时期和东周时期遗物。这两个时期的遗物都比较少并且破碎，未能挑选标本。

（二）梁父城城址

梁父城，俗称羊祜城，位于新泰市天宝镇古城村，东距新泰市市区 45 千米。地处徂徕山余脉南侧，柴汶河北岸二级阶地上，地势较为平坦，但呈现出北高南低，西高东低的态势。地面以上只有北墙东段还保留着长 230 米的城墙。城址中有一高台地，高出地表 1.5 米，长约 50 米（图 2-14）。

通过地面调查、考古钻探，并对城墙、壕沟、门道等相关遗存进行重点考古工作，基本搞清楚了城址的形制。

1. 城址形制

城址的平面形状不甚规则，北城墙在中部偏西位置转向南，之后继续向西延伸，城墙西北角呈曲尺状内收。城内文化堆积较厚，最厚处达 3 米以上。

（1）城墙、壕沟与城门

城墙现存总长度约为 1780 米。南城墙和东西城墙的南部可能被柴汶河冲毁不存，仅余北城墙和东西城墙的北侧部分。

壕沟处于城墙外侧，其走向与城墙基本一致，保存状况也基本相似，南壕沟与东西两壕沟的南部已经被柴汶河破坏殆尽。

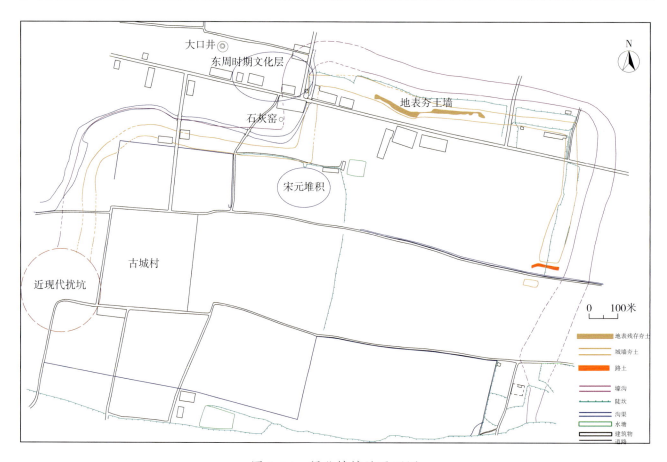

图 2-14　梁父城城址平面图

1）北城墙与北壕沟

北城墙是城墙中保存最好的一部分，可以分为东、中、西三段。东段墙体是北城墙的主体部分，长约 570 米；中段城墙为东城墙折向南部分，南北向，延伸了约 190 米；西段城墙为再向西行部分，延续长度约为 390 米。

北城墙东段中部，地表上尚存墙体，残存长度约为 230 米，宽 1~11 米，最高处超过 3 米。城墙是由黄黏土加粗沙夯筑而成，地表以上部分夯层厚度在 8~14 厘米左右，硬度较大。大量的夯土埋于地表以下，墙体南侧埋藏较浅，地表下 0.3 米即已发现，而墙体北侧上层多为墙体坍塌形成的堆积，墙体埋藏较深，多在 1 米以下才发现夯土迹象。

北城墙地下部分宽 25~35 米，一般在地表下 0.3 米即可发现，部分区域被坍塌的夯土覆盖，距地表稍深。墙体地表以下部分夯土整体厚度在 1 米以上，夯层较厚，每层夯土厚 20~40 厘米，为深黄褐色黏土夹粗沙夯成，部分夯层中夹杂有灰褐色土，结构致密。夯土中偶尔可以发现一些碎陶片等。北墙中段下叠压早期文化层。

北壕沟保存状况最好。同北城墙一样，北壕沟也可以分成东、中、西三个部分，中段与西段地表上还有部分迹象可循。壕沟宽 20~40 米，其东部稍窄，而西部尤其是拐弯处略宽。

壕沟埋藏较浅，地表以下即有发现。壕沟靠近城墙的一侧较深，而远离城墙的一侧稍浅，但深度也在 2 米以上。壕沟内堆积一般可以分为 3 层：第①层距地表 0.3~1.4 米，厚度约为 1 米，为灰褐色黏土，土质较硬，结构致密，基本没有包含物，较为纯净；第②层距地表 1.4~2 米，厚度在 0.5 米左右，该层为偏黄的浅灰褐色土，土质较硬且黏，结构致密，包含有细沙和水锈等；第③层距地表 2~2.5 米，厚度在 0.5 米以上，该层为深灰褐色土，结构致密，土质较硬，含有水锈等，较为纯净。

2）东城墙、东壕沟与东城门

整体保存情况较差，地表以上部分已被破坏，南半部被柴汶河冲毁。北部相对来说保存稍好，残存长度约 300 米，地表上可以观察到一些迹象，农田平整时利用了城墙坍塌的夯土，修整成了三级小梯田，第二级梯田的东缘基本就是城墙的东界。东城墙南部发现有一个缺口，疑为东城门。

东城墙夯土埋藏较深，多在 0.6 米以下，部分区域埋藏于 1 米以下。地表以下部分宽 25~45 米，北部与北城墙相连接部分较窄，而南部较宽。夯土同北墙极为相似，也是深黄褐色黏土夹杂粗沙夯筑而成，夯层厚 20~40 厘米，结构致密，夯土的现存厚度多在 1 米以上。

由于经过平整土地，东城墙外的壕沟地表踪迹全无，仅在南侧河边现代取土场底部发现有壕沟堆积。

东壕沟宽 30~50 米，取土场内发现的部分因为接近壕沟底部，宽度仅有 20 米左右。壕沟埋藏也比较浅，耕土以下基本就可发现，壕沟深度多在 2 米左右。东壕沟内的堆积也可以分为 3 层：第①层距地表 0.3~1 米，厚度在 0.5 米以上，浅灰褐色土，结构较为疏松，土质稍软，基本没有包含物；第②层距地表 0.9~1.7 米，厚度超过 0.5 米，灰褐色土，土质稍硬，结构较致密，本层中发现有碎陶片等；第③层距地表 1.5~2.3 米，厚度在 0.5 米以上，深灰褐色土，结构较致密，土壤含沙性较大，多为淤土，较为纯净。

在城址的勘探过程中，在东城墙南端发现一个缺口，在缺口位置探测到一段路土。部分探孔在地表下 0.3 米、另有几个探孔在地表下 0.6 米发现路土，呈东西走向，残存长度约 60 米，宽度 5~7 米；堆积厚度 10~30 厘米。这一段路土应该延续了较长的使用时间。该处可能是梁父城的东门所在。

东门以南的城墙破坏较为严重，目前仅残存一小部分。城墙与壕沟之间有 25 米的距离，此处应该是沟通城内外的重要通道，由于此处的城外壕沟并没有间断，推测可能有木桥之类架构于壕沟之上。

3）西城墙与西壕沟

西城墙处在古城村西及西北侧，整体保存状况较差。墙体地表以上已经被完全破坏，而且西城墙范围内多数已经开辟为塑料大棚，对地表以下的部分墙体破坏十分严重。西城墙的南部也被柴汶河冲毁，仅存北半部，现存长度约为 330 米，其南缘勘探发现一个规模极大的近现代扰坑，将城墙完全截断。

西城墙多数处在塑料大棚之下，仅对部分区域进行了勘探。城墙地表以下部分大多距地表较浅，0.4 米以下即可发现，宽度 20~30 米，厚度多在 1 米以上，夯层不明显。夯土亦为黄褐色黏土夹杂粗沙夯筑而成，但同时也发现了较多的细沙土，结构致密，较为坚硬。

城址的北部西侧及西部，壕沟与城墙相接。西城墙外侧的壕沟处于古城村西侧，西壕沟之上有一条小水沟，似是壕沟的残留。小河沟的东缘，整体保存状况较差。

勘探结果显示，西壕沟宽25~50米，埋藏较浅，耕土下即可发现。壕沟堆积较深，一般可达2米以上。壕沟内堆积也可分为3层：第①层距地表0.3~1.2米，厚度在0.5米以上，浅灰褐色黏土，结构较致密，较为纯净；第②层距地表1~2米，厚约1米，灰褐色黏土，结构较致密，该层中包含有碎陶片等；第③层距地表2~2.5米，厚约0.5米，深灰褐色黏土，较硬，结构致密，较为纯净。

（2）间隔地带

北城墙东段及东城墙，与其外围的壕沟之间相隔一段距离，形成了间隔地带。北城墙东段与壕沟间的距离为18~45米，而东城墙与壕沟之间的距离为20~30米。

间隔地带内地层较浅，且几乎不包含有遗物。靠近城墙一侧，其上层多为城墙倒塌之后的堆积，下层为灰褐色土，较为纯净；而靠近壕沟一侧，其生土之上堆积则仅见灰褐色土。

2. 文化堆积与采集遗物

在城址内外发现了大量的各个时期的遗物，本书的资料介绍截至汉代。

（1）城址内文化堆积

为探明城址的形制和文化堆积情况，对城内堆积进行了十字形解剖勘探，从各探孔的情况来看，城址内堆积大致可分为宋元时期、东汉时期、西汉时期和东周时期四个阶段，其中西汉时期遗存最为丰富，分布于整个城内，其他时期文化堆积仅在部分区域有所发现。

1）宋元时期

宋元时期遗存主要发现于城内中部偏西的小台地附近，以黄褐色淤土层为主，层内发现了少量宋元时期瓷片。此处原是大觉寺所在地，推测这一带的堆积可能就是已经毁坏的寺院遗址或者更晚时期的遗迹。

2）东汉时期

东汉时期遗存主要发现于城址东部靠近东城墙的位置，在勘探中发现有打破夯土的灰坑，出土有东汉时期的陶片。调查时在此区域也发现了大量的东汉时期建筑垃圾，且叠压于城墙之上，可能是在城墙损毁后形成的。

3）西汉时期

城址内主要的堆积都是西汉时期的遗存，遍布全城。西汉时期的堆积大多呈浅灰褐色，内含有红烧土、陶片、草木灰等，个别区域发现有灰坑等遗迹。

4）东周时期

东周时期遗存主要分布于城址西北部，且叠压于城墙夯土之下，少量遗迹延伸到城内。东周时期的堆积多为灰褐色，发现个别的灰坑，采集到较多的遗物。

（2）城址外文化堆积

城址外文化堆积主要发现于遗址西北部，北城墙中段以西部分。在对北城墙中段进行勘探时，即在城墙夯土下发现有早期堆积延伸到城外，对西北部城墙外侧进行勘探时，也发现了较大范围的文化层堆积。

在耕土层下即发现文化层，堆积多在2米以上。从土质土色来看，此处的堆积大致可以分为4层：第①层，距地表0.3~0.6米，厚约0.3米，呈黄褐色，多为沙土，较为纯净；第②层，距地表0.5~1.2

米，厚度在 0.5 米以上，为灰褐色堆积，结构较疏松，土质稍硬，该层内发现有陶片、烧土和草木灰等；第③层，距地表 1~1.6 米，厚约 0.5 米，为灰土堆积，结构较为疏松，包含有陶片、草木灰、烧土、兽骨等；第④层，距地表 1.5~2.2 米，厚度在 0.5 米以上，浅灰褐色土，包含有少量草木灰和烧土粒等。

从探孔及地表采集到的遗物分析，此处堆积可能属于东周时期，与此区域城墙夯土下叠压的遗存时代相同，彼此连成一片，时代早于城址年代。

此外，在城址西部及东部还发现了东汉时期堆积。

（3）遗物

在城址内发现了大量的各个时期遗物，采集的标本较多，本书重点介绍汉代以前的遗物情况。

1）龙山时期

系统调查时，在城址内发现两个龙山时期采集点，遗物皆为陶器，可辨认器形有陶鼎足和罐等。

2）东周时期

东周时期遗存的采集点几乎遍布整个遗址范围，灰坑等遗迹集中在遗址西北部，其地表上发现了大量遗物，有建筑材料、生活用品、生产工具等，生活用品中可辨认出的陶器有豆、盆、盂、罐、瓮等。在勘探时也发现了部分东周时期遗物，包括陶豆和瓮等。

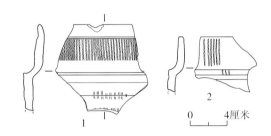

图 2-15　梁父城城址采集东周时期筒瓦

筒瓦　2 件。GMJ009，瓦首部分。泥质夹细砂灰陶。榫头较短，外切，表面饰绳纹，瓦身有两道凸棱。残长 9.6、厚 0.7~1.1 厘米（图 2-15:1）。QXN020，瓦首部分。夹砂红褐陶。上饰绳纹。残长 6、厚 0.6~0.9 厘米（图2-15:2）。

陶盆　4 件。CDL012，夹砂黑陶。圆唇，敞口，折沿，腹部弧收，上饰两道凸棱纹，下残。口径 17.6、残高 7、厚 0.5~1 厘米（图

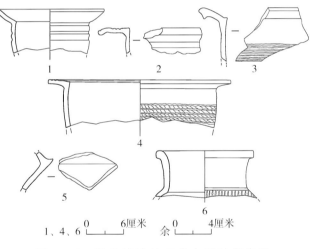

图 2-16　梁父城城址采集东周时期陶器

2-16:1）。HY010，夹砂青灰陶。圆唇，侈口，平折沿，沿面上有四条凹弦纹，口部极短斜收，腹部近直，下残。残高 2.8、厚 0.5~0.7 厘米（图 2-16:2）。HY013，泥质灰黑陶。方圆唇，敞口，唇面内凹，卷沿，口沿转折处有道凸棱，腹壁较直，上饰横绳纹，下残。残高 5.8、厚 0.5~1 厘米（图 2-16:3）。QXN015，夹砂灰黑陶。圆唇，敞口，折沿，沿面有两道凹槽，腹部弧收，上饰横绳纹。口径 30、残高 7.6、厚 0.6~0.8 厘米（图 2-16:4）。

陶盂　2 件。CDL001，夹砂黄褐陶。口部残，折沿，沿面内凹，转折处有道凸棱，上腹微鼓，下残。残高 4、厚 0.4~0.8 厘米（图 2-16:5）。YKK005，夹砂灰陶。方唇，口部微敞，沿微卷，高直

颈微曲，斜肩，肩部饰细绳纹。口径 16、残高 7.5、厚 0.8~1.1 厘米（图 2-16：6）。

　　陶豆　13 件。LFC13，夹砂灰陶。尖唇，口部近直，浅盘，折腹较高，上腹微曲，下腹折收，有一道折痕，细高柄，下残。口径 15.8、残高 6、厚 1.2~2 厘米（图 2-17：1）。CDL010，豆盘。泥质灰陶。圆唇，敞口，浅盘，折腹较低，上腹微曲，下腹弧收，折腹处内凹。口径 18.6、残高 4.6、厚 0.4~0.6 厘米（图 2-17：2）。CDL012-2，豆盘。泥质灰黑陶。方唇，敞口，腹部较深，折腹位置较低，上腹斜收，下腹弧收，折腹处下有一凹槽，下残。口径 16、残高 5.4、厚 0.5~2 厘米（图 2-17：3）。CDL012-1，豆盘。泥质青灰陶。尖唇，敞口，折腹较高，上腹微凹，下腹折腹处有一凹槽，下残。残高 3、厚 0.5~1.2 厘米（图 2-17：8）。GMJ009，豆柄。夹砂灰陶。上有两道凸棱，有陶轮拉坯时形成的扭转痕迹。残高 9.3、厚 0.8~2 厘米（图 2-17：13）。HY012，豆盘。泥质青灰陶。圆唇，口部微敞，豆盘较深，折腹较高，上腹下部有道凸棱，下腹弧收，下残。口径 18、残高 4.2、厚 0.3~0.8 厘米（图 2-17：5）。QXN015-1，圈足。夹砂灰陶。柱状柄，喇叭状底。底径 8、残高 6、厚 0.6~1 厘米（图 2-17：11）。WYL007，豆盘。泥质黄褐陶。方唇，口部微敞，浅盘，折腹较低，上腹斜直，下腹弧收，柄部较细，下残，内壁多轮制痕。口径 14.4、残高 6.6、厚 0.3~1.1 厘米（图 2-17：4）。YKK005-1，豆柄。泥质灰陶。细高柄，底部微张成喇叭状。残高 14.9、厚 0.7~1.4 厘米（图 2-17：7）。YKK005-2，豆盘。泥质灰陶。尖圆唇，口部微敞，浅盘，盘底较平，折腹较低，上腹弧收，下腹微凹，折收，下残。口径 14、残高 3.8、厚 0.4~0.8 厘米（图 2-17：6）。YKK005-3，豆盘。泥质灰陶。圆唇，敞口，平沿，沿面有道凹槽，浅盘，弧腹，下残。残高 4、厚 0.7~1.1 厘米（图 2-17：9）。YKK015，豆盘。泥质灰陶。方唇，敞口，浅盘，

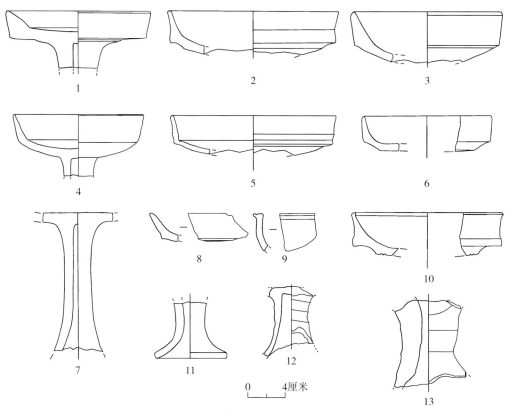

0　　　4厘米

图 2-17　梁父城城址采集东周时期陶豆

折腹较低，上腹内凹，下腹内曲后直收，上有两条凹弦纹。口径 16、残高 4.6、厚 0.5~2.4 厘米（图 2-17：10）。ZXL005，豆柄。泥质灰陶。喇叭状柄，柄身有三道螺旋状凸棱纹。残高 7.5、厚 0.3~1.4 厘米（图 2-17：12）。

陶罐　7 件。CDL010-1，泥质灰陶。残存肩及腹部。溜肩，腹部微鼓，肩腹相接处横抹了一条凹槽，肩腹部都饰有绳纹。残高 4.4、厚 1~1.4 厘米（图 2-18：1）。CDL011，夹细砂灰陶。方唇，口部微侈，折沿，沿面内凹，短颈，斜肩，肩部饰绳纹。口径 20、残高 6、厚 0.8~1.8 厘米（图 2-18：4）。CDL012-3，夹砂黄褐陶。方唇，侈口，平折沿，沿面内凹，短颈，折肩，上腹微鼓，肩部及腹部饰绳纹。口径 22、残高 7.4、厚 0.6~1 厘米（图 2-18：6）。CDL012-4，泥质黑陶。圆唇，敛口，唇面内凹，粗短颈，上腹微鼓，颈腹相接处有一阶状凸起，腹部饰粗绳纹，颈部有一刻划纹。口径 28、残高 7.4、厚 0.5~1.7 厘米（图 2-18：3）。GMJ007，夹砂灰陶。方圆唇，口部微敛，平沿，沿面微内凹，短颈，斜肩，肩部饰绳纹。口径 24、残高 4.4、厚 0.8~1.3 厘米（图 2-18：5）。HY003，夹砂青灰陶。方唇，敞口，唇面微凹，卷沿，下残。残高 4、厚 0.3~1 厘米（图 2-18：2）。YKK018，泥质灰陶。圆唇，口部微敞，卷沿，短颈，颈部有一凹弦纹，颈肩相接处有一阶状突起，斜肩，肩部饰绳纹。口径 20、残高 7.4、厚 1~2 厘米（图 2-18：7）。

陶瓮　1 件。LFC11，泥质灰陶。圆唇，口部近直，短颈微束，颈部内侧曲收至肩部折收，圆肩，肩部饰细绳纹。残长 45、残高 18、厚 1.2~2.2 厘米（图 2-18：9）。

陶拍　1 件。CDL010-2，夹砂青灰陶。蘑菇状，柄残，拍面较圆，微凸。残高 5.6、厚 1.7 厘米（图 2-18：8）。

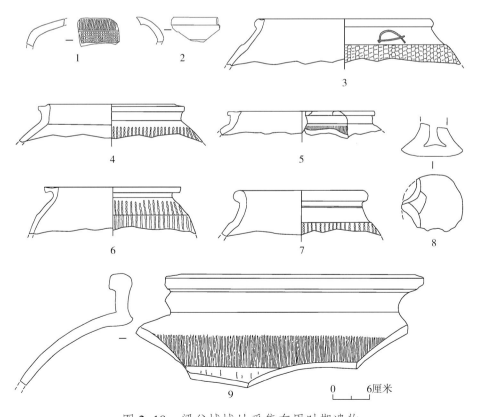

图 2-18　梁父城城址采集东周时期遗物

3）汉代

汉代遗存的采集点遍布整个遗址，遗物有建筑材料和生活用品等，建筑材料以筒瓦、板瓦为多，生活用品皆为陶器，可辨器形有钵、盆、豆、罐、瓮等。

长条砖　3件。有绳纹和穿璧纹。

绳纹长条砖　2件。GMJ013，夹砂灰陶。一端残，两面饰辫状绳纹。残长10.1、宽10、厚2.4~2.5厘米（图2-19：1）。CDL011-1，夹砂灰陶。两面饰辫状绳纹。厚2.2厘米（图2-19：2）。

穿璧纹长条砖　1件。LFC12，夹砂红褐陶。长条状带榫卯，正面饰粗绳纹，侧面饰三组穿璧纹。长36.4、宽13.6、厚5.6厘米（图2-19：3）。

瓦当　3件。CDL012-5，泥质灰陶。当面残，边轮内有一周凸棱纹，当面四界格，界格线为双线，穿过当心，每个界格内饰三组卷云纹，在卷云纹与

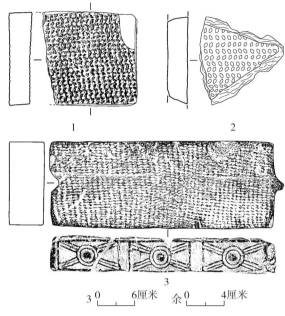

图2-19　梁父城城址采集汉代长条砖

界格线相接处有多个小乳丁，各界格纹饰皆对称。厚1~1.8厘米（图2-20：1）。CDL013，泥质黄褐陶。云纹瓦当，边轮内饰一周凸弦纹。当面四界格，当面界格线为双线，界格线不穿过当心，当心为一大乳丁，其外置卷云纹。直径16、厚1.35~3.2厘米（图2-20：2）。CYJ008，夹砂灰褐陶。残存当面一部分，上饰树叶卷云纹。厚1.7厘米（图2-20：4）。

筒瓦　4件。CYJ009，夹砂灰陶。凸面饰菱形纹。残长4.2、残宽4.5、厚1.1~1.5厘米（图2-20：5）。

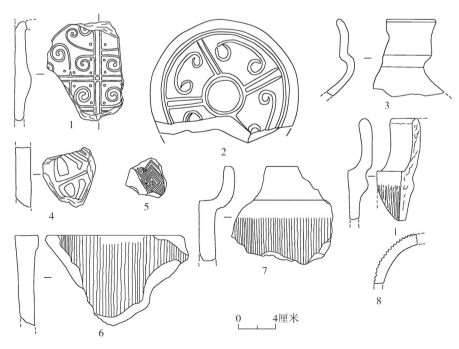

图2-20　梁父城城址采集汉代建筑材料

HY017，残存瓦首一部分。夹砂灰陶。表面饰绳纹。残长 10.5、厚 1~2 厘米（图 2-20：7）。LFC1，筒身残，仅存瓦首部分。夹砂灰褐陶。圆唇，沿部较浅，素面。沿部口径 13、残长 8、厚 0.7~0.8 厘米（图 2-20：3）。LFC5，筒身残，仅存瓦首部分。夹砂灰陶。圆唇较直，筒身饰绳纹。残长 10.8、残宽 4、厚 1~2 厘米（图 2-20：8）。

　　陶井圈　1 件。HY002，夹砂灰陶。方唇，口沿近直，直壁，一面饰绳纹。残高 9.6、厚 1.8~2.6 厘米（图 2-20：6）。

　　陶钵　1 件。LFC9，夹砂灰褐陶。方唇，口沿微凹，敛口，束颈，下腹部微凸，大平底内凹，素面。口径 11、底径 12.2、高 5.2、厚 0.6~1 厘米（图 2-21：1）。

　　陶盆　10 件。HY012，泥质灰陶。方圆唇，侈口，唇面微凸，上有一周凹弦纹，折沿，沿面微凹，口腹转折处有道凹槽，腹壁斜直，下残。口径 48、残高 4.6、厚 0.4~1 厘米（图 2-21：3）。HY012-1，夹砂青灰陶。方圆唇，敞口，唇面内凹，卷沿，沿面有两道凹弦纹，口腹转折处有一道凸棱，腹壁较直，下残。残高 4、厚 0.6~1.2 厘米（图 2-21：2）。ZXL003，夹砂青灰陶。方唇，侈口，平折沿，沿面有四道凸棱，口腹转折处有道凸棱，斜直腹，上腹部有道凸棱，下部饰横绳纹，下残。口径 46、残高 8、厚 0.5~1.3 厘米（图 2-21：6）。ZXL003-1，泥质灰陶。方唇，侈口，折沿，沿面内凹，上有四条凹弦纹，口腹转折处有道尖凸棱，弧腹内收，上腹饰三条凸弦纹，下残。口径 56、残高 6.8、厚 0.6~1.9 厘米（图 2-21：8）。ZXL004，夹砂灰陶。方唇，敞口，卷沿，腹部弧收，上腹有两道凸棱，下残。残高 6.8、厚 0.7~1.1 厘米（图 2-21：4）。CDL003，泥质灰褐陶。方唇，敞口，唇面内凹，折沿，沿面微卷，口腹转折处有道凸棱，腹壁近直，下残。口径 40、残高 4、厚 0.8~1.6 厘米（图 2-21：11）。CYJ003，夹细砂青灰陶。方唇，侈口，唇面内凹，折沿，

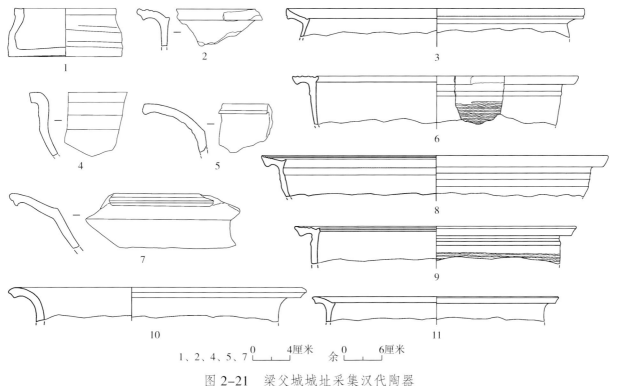

1、2、4、5、7 ⊢0——4厘米⊣　余 ⊢0——6厘米⊣

图 2-21　梁父城城址采集汉代陶器

沿面有三道凸棱、一条凹弦纹，弧腹，腹部有两道凸棱，并饰有横绳纹，下残。口径 46、残高 6、厚 1~1.6 厘米（图 2-21：9）。WWW002，泥质灰陶。方唇，敞口，唇面微凹，卷沿，下残。口径 48、残高 5.4、厚 1.2~1.6 厘米（图 2-21：10）。LFC2，夹细砂灰陶。残存口部，方唇，唇部外凸，敞口，大卷沿，口腹转折处微折，素面。残高 5.2、厚 0.9 厘米（图 2-21：5）。LFC4，夹砂灰陶。方唇，唇面有道凹槽，大敞口，折沿，斜腹，下残，素面。残高 5.7、厚 0.8~1 厘米（图 2-21：7）。

陶豆 3 件。LFC8，残存盘底及豆柄部分。泥质灰胎黑皮陶。粗矮喇叭状柄，素面。残高 5、柄径最细处 4.9、厚 0.7~1.1 厘米（图 2-22：1）。LFC10，豆柄。泥质灰陶。细长喇叭状柄，上部有两道小凸棱，素面，内壁有轮制拉坯痕迹。残高 7.2、厚 0.8~1.8 厘米（图 2-22：4）。CDL009，夹砂青灰陶。残存器底。底径 10、残高 3.4、厚 0.7~2 厘米（图 2-22：7）。

陶罐 6 件。WYL008，夹砂灰陶。方唇，侈口，唇面内凹，卷沿，口腹转折处有道凸棱，上腹微鼓，下残。口径 29.4、残高 4.9、厚 0.6~1 厘米（图 2-22：2）。WYL009，夹砂灰陶。方圆唇，口部微侈，束颈，上腹微鼓，下残。口径 29.2、残高 4、厚 0.7~1.7 厘米（图 2-22：5）。YKK005-4，泥质灰陶。方唇，侈口，唇面有道小凸棱，斜沿内扬，短颈，内壁内凹，外壁有道凸棱，溜肩，肩部饰粗绳纹，下残。口径 16、残高 8.3、厚 0.5~1.4 厘米（图 2-22：3）。ZXL004-2，夹砂青灰陶。方唇，侈口，折沿，沿面有两道凹弦纹，短颈，颈部有一凹弦纹，上腹微鼓，腹部饰绳纹。口径 18、残高 4.7 厘米（图 2-22：6）。ZXL004-1，夹砂灰陶。方圆唇，侈口，折沿内凹，颈部较直，下残。口径 14、残高 4.3、厚 0.4~0.8 厘米（图 2-22：8）。CYJ003-1，夹砂黄褐陶。圆唇，敞口，卷沿，束颈，下残。口径 20、残高 5、厚 0.6~1.2 厘米（图 2-22：9）。

陶瓮 8 件。CYJ028，夹砂青灰陶。方唇，口部微敞，粗颈，颈肩处有一凸棱，斜肩，下残。残高 6、厚 0.5~1.8 厘米（图 2-23：1）。NZ012，泥质灰陶。方唇，口部微敞，颈部斜内收，上有一道凸棱，下部一道浅凹槽，下残。口径 34、残高 6、厚 1.3~2.1 厘米（图 2-23：2）。WR001，夹砂灰陶。圆唇，口部微敛，颈部微鼓，内壁转折处有一道凸棱，斜肩，下残。残高 5、厚 1.1~2.2 厘米（图 2-23：4）。YKK009，夹砂灰陶。唇部残，口部近直，平沿，直颈，内壁微凹，斜肩。残高 4.7、厚 0.6~1.4 厘米（图 2-23：3）。YKK015-1，夹砂灰陶。方唇，口部近直，短颈，内壁微凹，外壁有道凸棱，下残。口径 36、残高 5.1、厚 1.5~2.8 厘米（图 2-23：5）。CYJ003-2，夹砂红褐陶。

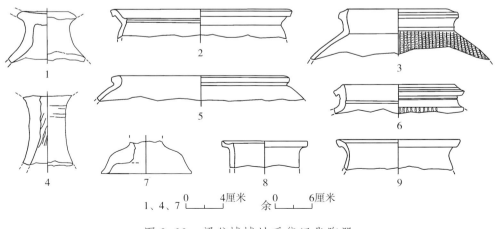

图 2-22　梁父城城址采集汉代陶器

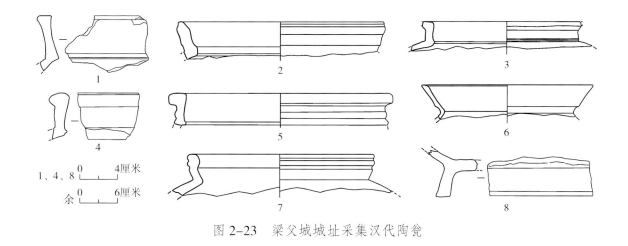

图 2-23　梁父城城址采集汉代陶瓷

尖圆唇，敞口，折沿，颈部斜内收，下部内凹，下残。口径 28、残高 5.6、厚 0.5~1 厘米（图 2-23：6）。HY003-1，泥质黄褐陶。圆唇，口部微敞，短颈，颈部有两道凹弦纹，内壁内凹，斜肩，下残。口径 30、残高 6.6、厚 1.4~2 厘米（图 2-23：7）。LFC3，夹砂灰陶。残存圈足部分，素面。残高 4.2、厚 0.8~1.6 厘米（图 2-23：8）。

陶把手　1 件。CDL007，夹砂黄褐陶。角状把手，上有四周凹弦纹，弦纹之间有一周涡纹。残长 4.4、直径 1.2~3.2 厘米（图 2-24：1）。

陶器座　2 件。LFC6，夹砂灰陶。方唇，唇面有道凸棱致使唇部外翻，大敞口，折腹，下腹部近直微斜收，素面。高 5.5、厚 0.9~1.3 厘米（图 2-24：2）。LFC7，夹细砂灰陶。喇叭形器座，方唇，唇部有两道凹槽，敞口曲收，上腹部内侧有多道细弦纹，下腹部有道小凸棱。高 6.4、厚 1.1~1.4 厘米（图 2-24：3）。

刻符陶片　1 件。WWW002-1，夹砂灰陶。腹片，一面有绳纹，一面有刻符。厚 1 厘米（图 2-24：4）。

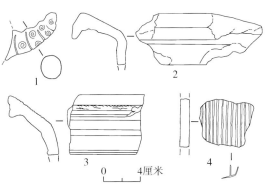

图 2-24　梁父城城址采集汉代陶器

3. 城址年代

调查勘探工作在夯土城墙内发现了较多陶片，有鬲、盆、豆、罐等生活用品和建筑材料等，属于春秋晚期、战国早期阶段。西北部的城墙夯土下叠压有灰褐色文化堆积，其中包含有陶盆、瓦等器物残片，应为东周偏早时期。由此我们推断，梁父城的城墙建筑和使用年代应晚于战国早期。

东城墙中段发现有打破城墙夯土的灰坑，出土东汉时期花纹砖、盘口壶的口沿及圈足等，在北城墙发现了打破城墙夯土的东汉时期残墓，出土了花纹砖。另外，遗址西部、西北部和东部，东汉时期的堆积均超出城墙范围，古城村群众在遗址南部柴汶河北岸曾发现东汉砖椁墓，出土五铢钱、四乳四神兽纹铜镜及榫卯花纹砖等。综合上述证据，我们推断该城址使用年代应早于东汉时期。

三　小结

梁父应为泰山下名为梁父的小山，为封禅中禅的地点之一，八主祭祀因以为地主的祠祀地点。

梁父城因梁父山而得名，建于战国中晚期，东汉时期城邑废弃。

秦始皇和汉武帝都亲临致祭。秦始皇"二十八年（前 219 年），……乃遂上泰山，立石，封，祠祀。下，风雨暴至，休于树下，因封其树为五大夫。禅梁父，刻所立石。"[1]汉武帝元封元年（前 110 年），"东上泰山，山之草木叶未生，乃令人上石立之泰山颠。上遂东巡海上，行礼祠八神。……四月，……天子至梁父，礼祠地主。"[2]

---

［1］《史记·秦始皇本纪》，242 页；亦见于《史记·封禅书》，1367 页。

［2］《史记·孝武本纪》，474 ~ 475 页；亦见于《史记·封禅书》，1398 页。

第三章　兵主祠

一　地望的考察

《史记·封禅书》："兵主，祠蚩尤。蚩尤在东平陆监乡，齐之西境也。"[1]据《汉书·地理志》，秦置东郡下辖的寿良，颜师古注："蚩尤祠在西北（涑）[沛]上。有朐城。"[2]

蚩尤祠的地点看似分为东平陆、寿良两地。据《汉书·地理志》，"东平陆"为"东平国"下辖七县之一[3]。《续汉书·郡国志》载，东平国下辖七城中有东平陆和寿张，后者春秋至西汉时期称寿良，东汉因避光武帝叔父讳，改曰寿张[4]。由此分析东平陆和寿张（寿良）同属东平国，所指蚩尤祠实为一地。

三国时期类书《皇览》云："蚩尤冢在东平郡寿张县阚乡城中，高七丈，民常十月祀之，有赤气出如匹绛帛，民名为蚩尤旗。肩髀冢在山阳巨野县，重聚，大小与阚冢等。传言黄帝与蚩尤战于涿鹿之野，黄帝杀之，身体异处，故别葬之。"[5]据《史记》索隐，"监音阚，韦昭云：'县名，属东平'"[6]，阚城即监乡。北魏《十三州志》载"寿张有蚩尤祠"[7]，亦见引于《水经注》[8]。宋人王奕做七律，题为"九月申屠伯骥同饮寿张蚩尤冢上"[9]，清《寿张县志》"蚩尤冢在县南五十里"[10]。

《皇览》提及的山阳郡巨野县的肩髀冢在明代的方志中承继下来，"蚩尤冢，在城东北八里冢"[11]。从上述文献考察，蚩尤祠、蚩尤冢或祠冢合一在寿张县阚城中，山阳郡巨野县有蚩尤冢或其肩髀冢。文献记载汉高祖刘邦曾在沛廷祭祀蚩尤[12]，汉宣帝曾到寿良祭祀蚩尤[13]。

二　现代蚩尤祠冢的调查

鲁西地区历史上苦于黄河的肆虐。金元时期，水患迫使寿张县治屡迁，"金大定河决，迁于竹口

[1]《史记·封禅书》，1367页。

[2]《汉书·地理志》，1557页。

[3]《汉书·地理志》，1637页。

[4]《后汉书志》，见《后汉书》，3452页。

[5]孙冯翼辑《皇览》，中华书局，1985年，3页。

[6]《史记·封禅书》，1368页。

[7]〔北魏〕阚骃撰，〔清〕张澍、王谟辑《十三州志》，清光绪十六年（1890年）刻本，十六页。

[8]《水经注疏》，722页。

[9]王奕撰《玉斗山人集》卷二，民国刻枕碧楼丛书本。

[10]滕永祯撰《寿张县志·方舆·古迹》卷一，清康熙五十六年（1717年）刻本，九页；刘文煊撰《寿张县志·方舆·古迹》卷一，清光绪二十六年（1900年）刻本，十一页。

[11]〔明〕吕鹏云修、吕封齐纂《巨野县志》，明天启三年（1623年）方时化刻万历本，清康熙四十一年（1702年）章弘增修抄本，一三七页。

[12]《汉书·高帝纪》，10页。

[13]《汉书·郊祀志》，1250页。

镇，嗣仍旧治。元至正三季，河又决，县废。明洪武元年移置梁山之东，十四年复置王陵店，则今寿张也。"[1]明代，寿张的阚城归属至汶上县，在《汶上县志》的《四境总图》中，县城西南的南旺湖中标有蚩尤冢。"阚城，在县西南，南旺湖中。故在寿张境内，寿张北徙，今为县境。"[2]清《春秋地理考实》桓公十一年"阚"条下云："今兖州府汶上县西有阚亭，在南旺湖中。"[3]汶上县博物馆现存"蚩尤祠"石匾额，背后刻有"元和"两字（图3-1）。"元和"曾为东汉章帝和唐宪宗的年号，从字体观察，年代上均难相属，有人认为匾额为明嘉靖时期[4]。

图 3-1　汶上县博物馆藏石匾额

1964年撤销寿张建置，以横亘于原县境中部的金堤河为界，南划归河南省范县（后属台前县），北入阳谷县。由于行政区划的调整，阳谷县与蚩尤也有了联系。

徐旭生对蚩尤的族属和地望曾详细考证，确认蚩尤为东夷集团的首领，主要活动在鲁西古济水流域[5]。张学海通过文献记载与考古资料分析印证，推测古济水两侧，今东平、东阿、阳谷、台前、梁山等县一带，即阳谷史前古文化中心，曾是蚩尤族的中心活动地区[6]。这一地区屡遭河患，宋人王奕"同饮寿张蚩尤冢上"，与朋友推杯换盏处的蚩尤冢也非汉代原建。同治年间，黄河夺济入海，对当地地貌影响更为巨大。巨野县建于北宋年间的七级永丰塔，现有两级已沉没于水下（图3-2）。当地与蚩尤有关的遗迹或传说已沉淀为历史记忆，也给历史记忆的利用和再创造提供了想象的空间。

图 3-2　巨野县宋代永丰塔

[1] 张宏俊撰序文、滕永祯撰《寿张县志》，清康熙五十六年（1717年）刻本。
[2]〔明〕栗可仕修、王命新纂《汶上县志·杂志》卷七，清康熙五十六年（1717年）补刻本，六页。
[3]〔清〕江永《春秋地理考实》卷一，《钦定四库全书·经部五》。
[4] 济宁市文物管理局编《第三批全省文物保护单位推荐材料·蚩尤冢》，2004年11月15日。
[5] 徐旭生《中国古史的传说时代》，文物出版社，1985年，48~54页。
[6] 张学海《鲁西两组龙山文化城址的发现及对几个古史问题的思考》，《华夏考古》1995年第4期，51页。

鲁西的阳谷、巨野、汶上三县分别属于聊城、菏泽、济宁三个地区。2008 年和 2014 年项目组进行了两次实地调查，三县各有一处与蚩尤有关的纪念性地标（图 3-3）。

汶上县的蚩尤冢（图 3-4）位于县城西南 19 千米的南旺镇，坐北朝南，高 8 米，蚩尤冢前有石

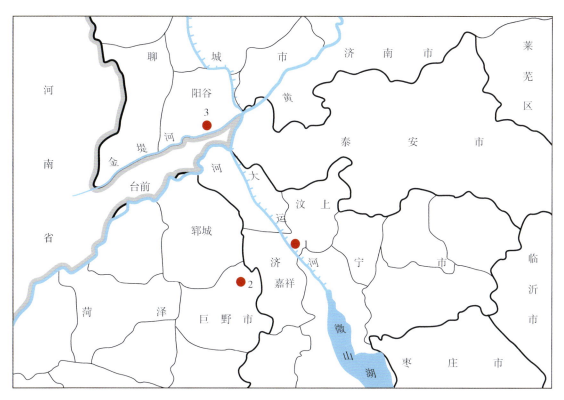

图 3-3 汶上、巨野、阳谷三县与蚩尤相关的现代地标分布图

1. 汶上县蚩尤冢 2. 巨野县蚩尤墓和蚩尤广场 3. 阳谷县蚩尤陵

图 3-4 汶上县蚩尤冢

图 3-5　巨野县蚩尤广场　　　　　　　　　图 3-6　巨野县蚩尤墓

碑两幢，石碑高 2.3、宽 1.5、厚 0.3 米。冢为 20 世纪 80 年代挖沟渠堆土所成，已收入《汉书地理志汇释》，"今汶上县西南三十里南旺湖中"[1]。

巨野县东北堌堆庙村南原有一长方形土堆，清代建有碧霞娘娘行宫，并有道士居住。1947 年被拆毁，道士云散，现尚存阴线刻装饰纹样的八棱柱等清代石质建筑构件。2002 年，土堆被削整成半径 26 米的圆形，底部垒砌石墙，两侧有台阶可供登爬，称为蚩尤墓。2004 年在蚩尤墓北修建蚩尤广场，并立蚩尤像（图 3-5）。2007 年，由于修路，蚩尤墓被移置于堌堆村北，改为半径 20 米、底部为全封闭石墙的圆形墓冢（图 3-6）。蚩尤的肩髀冢定点于巨野县城东北 2.5 千米的堌堆庙前[2]。

蚩尤墓护墙上砌筑的《重修蚩尤墓记》道出了蚩尤墓的修筑原委，"中华民族是古老勤劳勇敢而智慧的伟大民族，约四千五百年前，黄帝战蚩尤于涿鹿之野，蚩尤兵败被杀，身首异处，其部属或被俘归顺或南逃东奔或遁迹海外。据《皇览·冢墓记》等记载，蚩尤肩髀冢在山阳郡巨野县，其冢原高七丈，历夏商周秦汉相连，代有兴废，岁月荒远，怎奈唐宋以降，黄河多患，地貌淤积，墓冢沦湮更甚，草莽丛生，颓废凄然。二千零二年，巨野县书记王庆松、县长朱保华多次莅临视察，睹古迹之荒凉，慨然而断：重修蚩尤肩髀冢。壮其观瞻，增强民族凝聚力，爱我中华。"

2007 年，阳谷县立蚩尤碑。2010 年，在距阳谷县城 7.5 千米的元镇叶街村村东皇姑冢遗址上建蚩尤陵（图 3-7）。皇姑冢遗址，1994 年

图 3-7　阳谷县蚩尤陵

［1］周振鹤编著《汉书地理志汇释》，安徽教育出版社，2006 年，102 页。
［2］林仙庭《齐地八神与东夷古国》，《山东首届文物科学报告月文集》，齐鲁书社，2002 年，375 页。

山东省文物考古研究院勘探确认为呈东北—西南向的圆角长方形龙山文化城址，长 1150、宽 300 ~ 400 米[1]。

蚩尤冢建于遗址之上，主要因为皇姑冢龙山文化城址东北距景阳冈龙山文化城址 8 千米，结合蚩尤与黄帝大战后的惨烈情形，为遗址的用途作不同安排，景阳冈龙山时期的城址为当时都城，皇姑冢城址为邑城，蚩尤被杀后，都城被占领，首级埋在邑城供族人祭祀[2]。

上述汶上、巨野、阳谷三县有关蚩尤的现代地标建筑，所依据的是汉代文献中寿张有蚩尤祠和三国时期《皇览》中对蚩尤身后的生动描述。由于寿张行政区划的变化，三县在历史记忆的遗产中各分一杯羹，出于附会的需要，在古代遗址上大兴土木，为当代的复建增加说服力。

[1] 山东省文物考古研究所、聊城地区文化局文物研究室《山东阳谷县景阳岗龙山文化城址调查与试掘》，《考古》1997 年第 5 期，11 ~ 14 页。
[2] 曹保国《确认蚩尤首级冢的考古佐证》，杜梦华编著《告诉您一个真实的蚩尤》（续），山东新闻出版局，2009 年 12 月，103 页。

第四章 阴主祠

一 地望的考察

《史记·封禅书》："阴主,祠三山。"[1]据《汉书·地理志》,"曲成"为高帝置东莱郡十七个属县之一,颜师古注"有参山、万里沙祠。"[2]汉宣帝"祠参山八神于曲城"[3]。

曲城在文献中出现很早。《竹书纪年》:"(周成王)十四年,秦师(清孙渊如校正本作齐师)围曲城,克之。"[4]据清《一统志》,曲城曾分属过不同县治,"汉置曲成县地……隋及唐宋皆为掖县地,金天会二年,刘豫析置招远县。"[5]关于城址地点,"曲成城,城东北六十里,汉县属东莱郡,……曲成城旧址在金华山南。"[6]

关于三山的地点有以下几说。明代的《莱州府志》记:"三山岛,在府城北六十里为海之南岸,史记封禅书云八祀三山为阴主即此,祀址尚存。"[7]《四续掖县志》:"三山岛,城北六十里在四区三山乡三山村。村北里许山峰突起,海潮由西南至,则村与山隔断故名曰岛。"[8](图4-1)

《汉书·地理志》中琅琊郡属县朱虚县,班固自注:"有三山、五帝祠。"[9]据明《一统志》,朱虚县在临朐县境[10]。《史记·封禅书》所论八神的祠祀地点与位于山东半岛腹地的朱虚有异。民国时期编纂的《福山县志稿》认为"阴主祠在磁山下,八主居四"[11],此说清代才出现,是当地士大夫为添地方景致而撰,阳主在福山境内,修建阴主祠以达阴阳平衡之理[12]。20世纪中期被毁。

二 祠祀遗址的调查

今莱州市(1988年撤掖县建制,改为莱州市)三山岛街道的三山岛,为矗立在渤海海岸东西排列的三座山峰(图4-2)。山上野草荆棘丛生,山顶端有很多裸露的岩石。东峰是一座圆锥形的小山,石灰岩上覆有薄土,没有发现遗迹遗物。中峰最为高大,也是圆锥形。西峰最小,是一座纯花岗岩

[1]《史记·封禅书》,1367页。
[2]《汉书·地理志》,1585页。
[3]《汉书·郊祀志》,1250页。
[4]〔南朝〕沈约撰《竹书纪年注》卷下,《四部丛刊》景明天一阁本。
[5]〔清〕穆彰阿、潘锡恩等纂修《大清一统志》卷一百七十三,商务印书馆,民国二十三年(1934年)影印本,二、三页。
[6]〔清〕张思勉修、于始瞻纂《掖县志》卷一,清乾隆二十三年(1684年)刻本,二十五页。
[7]〔明〕龙文明修《莱州府志·山川》卷二,见《重刊万历莱州府志》,民国二十八年(1939年),东莱赵琪永厚堂,七十一页。
[8]刘国斌修、刘锦堂纂《四续掖县志》卷一,民国二十四年(1935年)铅印本。
[9]《汉书·地理志》,1585页。
[10]〔明〕李贤、彭时等纂修《大明一统志·青州府·古迹》卷二十四,明天顺五年(1461年)刻本,1965年影印本,1672页。
[11]王陵基修《福山县志稿·寺观古迹》卷一之二,烟台福裕东书局,民国二十年(1931年)铅印本,十二页。
[12]〔清〕王鹜《移建阴主庙记》,《福山县志稿·文翰》卷六之三,十四～十六页。

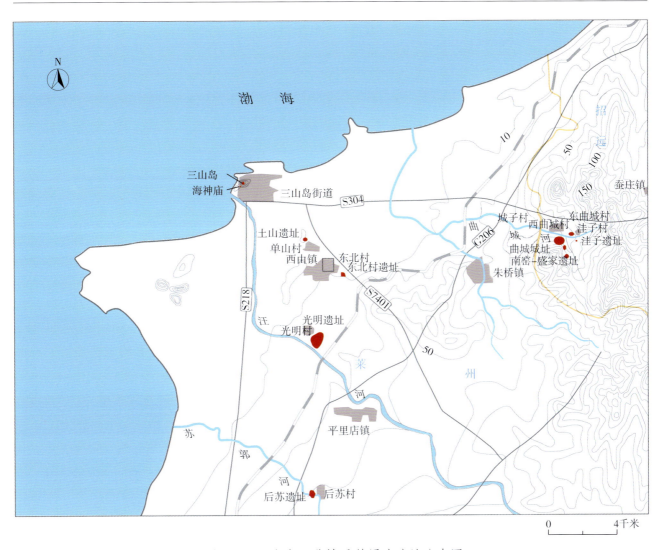

图4-1　三山岛、曲城及其周边遗址分布图

图4-2　三山岛远眺（北—南）

的山峰，岩石嶙峋，岩面有许多雨水蚀成的凹坑。

1988 年，林仙庭对三山岛进行过考古调查，在三山中峰及西峰南坡发现过遗迹遗物。在中峰的土层中发现周代的鬲足等陶片，但没有发现文化层。西峰南坡略显平整的区域，堆积中发现有汉代建筑材料，采集到汉代板瓦及北朝的一件圆瓦当、一件陶塑残块。

2009 年 4 月，项目组又对三山岛进行了系统调查，确认三山岛中峰顶端为一处遗址，面积 80 余平方米，有明清烽火台遗迹，发现有周代、汉代、唐宋时期的陶片，未发现文化层。西峰南坡，即今海神庙处，发现东西长 100 米、南北宽 170 米、总面积约 1.7 万平方米的遗址。遗址内坡度较缓，植被主要是松树和杂草。发现汉代、唐宋时期陶片，未见文化层。

现把三山岛遗址两次调查采集的遗物介绍如下。器物前的"88"表示采集于 1988 年，余采集于 2009 年。

（1）周代

88 陶鬲足　夹砂红褐陶。质地较硬。足尖较尖锐，有较深的手指捏窝。器壁厚 1 厘米（图 4-3：1）。

（2）汉代

板瓦　夹砂灰陶。方唇，直壁，瓦舌短，凸面饰斜绳纹和弦纹，凹面饰麻点纹。残长 17.5、残宽 13.9、厚 1.5 厘米（图 4-3：2）。

陶罐　夹砂灰陶。方唇，侈口，唇面微凹，斜卷沿，短束颈，斜肩，素面。口沿内侧有轮制痕迹。残宽 10、残高 4.8、壁厚 0.6~0.9 厘米（图 4-3：3）。

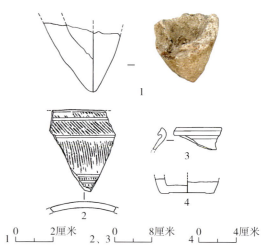

图 4-3　三山岛遗址采集周代、汉代遗物

88 陶杯　夹砂红褐陶。质地较硬，平底内凹。底径 6.2、器壁厚 1 厘米（图 4-3：4）。

（3）北朝

88 瓦当　泥质灰白陶。造型不很规整，呈扁圆形。瓦当与筒瓦相连接的两侧较宽，瓦当背面不平，背面留有加固筒瓦的敷贴泥片痕迹，背面上缘有 13 道齿形沟槽，应该是加固筒瓦的做法。瓦当正面是一个正面的神兽头部图像，兽面正中凸起，张口露齿，阔鼻深目，双耳竖立，两颊与前额肌肉暴突，须发乍起，有如雄狮。兽面图案周围为稍高的瓦当外廓，外廓与筒瓦相连的一段饰有一行联珠纹。长径 16.5、短径 15、厚度 1.6~2.2 厘米（图 4-4：1）。

88 陶塑残块　泥质灰陶。稍硬，形似羊角，一端略粗，一端收细，两端均有残断，一侧面可见三个大小相次的圆钻孔，余部有刻痕，可能是立体雕塑上的兽角部位。长 10、宽 6 厘米（图 4-4：2）。

（4）唐代

瓦当　夹砂灰陶。当面饰莲花，内壁有布纹。直径 12.8、残长 4.8 厘米（图 4-4：3）。

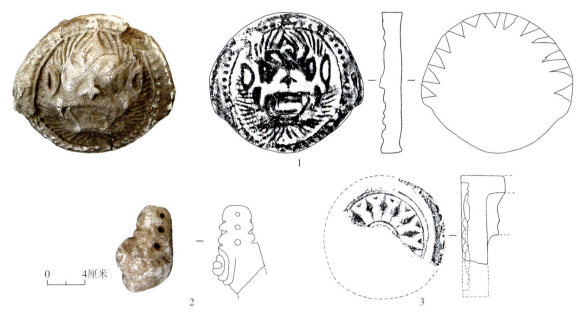

图 4-4　三山岛遗址采集北朝、唐代遗物

三　历史文化背景和曲城城址

莱州市位于山东半岛西北部的莱州湾东南侧。为搞清阴主祭祀存续前后的历史文化背景，项目组于 2009 年 4 月和 2012 年 11 月两次在三山岛与曲城之间的展开区域系统调查，调查范围涵盖了莱州市北部的三山岛街道、西由镇大部和平里店镇小部分地区，向东延伸到招远市西部蚕庄镇部分地区。此区域地貌大多为沿海滩涂，只是在东、南部有几座低矮的小山。通过调查，基本搞清了上述区域中史前、商末周初至汉代的遗址分布情况（见图 4-1）。下面的介绍中，采集器物编号，2009 年的以 "L" 代表莱州，合以遗址名称的第一字或继以采集者姓氏拼音大写首字母，或采集日期合以采集者姓名拼音大写首字母，再加采集袋、采集顺序号组成。2012 年、2015 年的以采集者姓名拼音大写首字母合以采集顺序号组成，2012 年的或以采集者姓名合以遗址名称拼音大写首字母，再加以采集顺序号而成。

（一）周围文化遗址

1. 土山遗址

位于西由镇单山村北的土山山顶周围（见图 4-1）。遗址东西、南北各长约 200 米，总面积约 2.8 万平方米。在遗址东部和南部长约十几米的断崖上，可见文化层厚 0.5~0.7 米，为灰黄色土，土质较硬，结构致密，包含物不很丰富，有泥质灰陶片和夹滑石红陶片，另含少量贝壳、蛤、螺等。可辨器形有簋、盆、罐等，均为周代。

陶簋　4 件。09LT-2-2，泥质灰陶。喇叭形圈足外撇，内底近平。素面。圈足径 15、残高 4.5 厘米（图 4-5：1）。09LT-13-3，夹砂灰陶。喇叭形矮圈足外撇，内圜底。近底部残留少量绳纹，圜底外壁有浅绳纹，圈足接底部有轮制痕迹。圈足径 14.6、残高 4.5 厘米（图 4-5：2）。09LT-10-1，夹砂灰陶，局部红褐。喇叭形矮圈足外撇，内底近平。素面，圈足内侧有轮制痕迹。圈足径 15、残

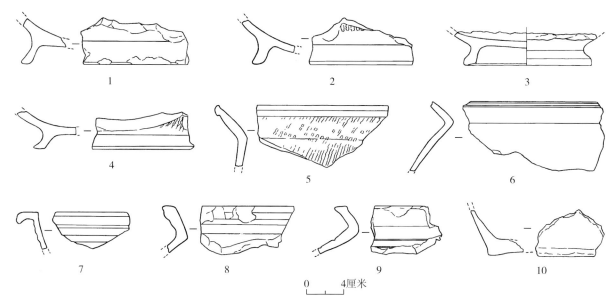

图4-5　土山遗址采集周代陶器

高3.5厘米（图4-5：3）。09LT-1-1，夹细砂灰陶。喇叭形圈足外撇，内底近平。近底部残留少量绳纹，圈足接底部有轮制痕迹。圈足径16、残高4厘米（图4-5：4）。

　　陶盆　1件。09LT-7-1，泥质灰陶。圆唇，敞口近直，平折沿，斜弧腹，腹部饰瓦棱纹，外壁口沿下有轮制痕迹。残宽8.3、残高4、壁厚0.6~0.7厘米（图4-5：7）。

　　陶罐　5件。09LT-2-1，泥质灰陶。圆方唇，侈口，宽折沿，束颈，溜肩。外壁唇下饰麦粒状斜粗绳纹，有手抹痕迹，口沿内侧有轮制痕迹。残宽14，残高6.6，壁厚0.8~1厘米（图4-5：5）。09LT-13-1，夹砂红褐陶。方唇，侈口，唇面微凹，斜折沿，束颈，斜肩，鼓腹。素面。残宽14、残高7.8、壁厚0.7厘米（图4-5：6）。09LT-13-4，夹细砂灰胎黑皮陶。厚方唇，侈口，折沿，束颈，斜肩。素面，外壁口沿下有轮制痕迹。残宽10.2、残高5.1、壁厚0.9~1.2厘米（图4-5：8）。09LT-16-1，泥质黄褐胎灰皮陶。方唇，侈口，窄平沿，束颈，斜肩。肩部残留两道凹弦纹，口沿内壁有磨光，口沿外侧有轮制痕迹。残宽7.3、残高5.1、壁厚0.6~1.5厘米（图4-5：9）。09LT-22-1，夹粗砂红褐陶。斜弧腹，平底内凹。素面。残宽7、残高5、壁厚0.5~1.5厘米（图4-5：10）。

　　2. 光明遗址

　　位于西由镇南部，光明村东南，西南至汪河边，局部被现代村庄占压（见图4-1）。遗址东西、南北范围各为1400米，总面积约150万平方米。遗址呈比较规整的正方形，只有南端可能已被汪河冲蚀掉一部分，不排除为城址的可能性。遗址东南部有一较深的现代取土坑，在坑壁上能看到文化层和灰坑。1998年，在配合大莱龙铁路建设时，烟台市博物馆曾经发掘过这一遗址，发现和清理过部分汉墓。调查发现数量较多的周代和汉代遗物，其中汉代遗物比较丰富，均为陶器等生活用品。

　　（1）战国时期

　　陶豆　1件。09LG-V1-1，泥质灰陶。尖圆唇，敞口，浅盘折腹。素面。残宽11.3、残高4.3、壁厚0.5~1厘米（图4-6：1）。

　　陶罐　1件。09LG-V1-2，夹细砂黄褐陶。圆唇，口微侈，沿微卷，束颈较长，折肩。肩下残

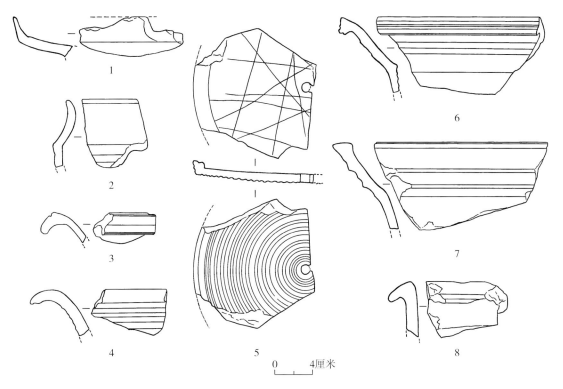

图4-6 光明遗址采集战国时期、汉代陶器

留一周凹弦纹，颈部外侧有轮制痕迹。残宽6.9、残高7.3、壁厚1厘米（图4-6：2）。

（2）汉代

陶盘 1件。09LG-B1-1，泥质灰陶。方唇，唇面两周凹槽，浅直腹，平底，底部近中心处残留一个圆形镂孔。盘内底刻划纹近方形，外底多周同心凹槽。底径23、高1.8厘米（图4-6：5）。

陶盆 5件。09LG-Z3-3，泥质灰陶。方唇，敞口，唇面一周凹绳纹，宽折沿。腹部内侧残留少量瓦棱纹，外壁有轮制痕迹。残宽18.8、残高8.4、壁厚0.8~1.2厘米（图4-6：6）。09LG-W2-1，泥质灰陶。方圆唇，敞口近直，平沿，斜折腹。腹外壁残留四周凸棱，内外壁皆有轮制痕迹。残宽19.8、残高9.3、壁厚1.2厘米（图4-6：7）。09LG-M3-1，泥质灰陶。方圆唇，敞口，卷沿，斜弧腹。沿面一周凹绳纹。残宽7、残高3.3、壁厚0.9厘米（图4-6：3）。09LG-I2-1，夹细砂灰陶。尖圆唇，敞口，卷沿，斜弧腹。腹外壁饰浅瓦棱纹。残宽8.2、残高4.9、壁厚1.4厘米（图4-6：4）。09LG-I2-2，泥质灰陶。圆唇，口近直，外斜沿，近直腹。素面。残宽8.8、残高6、壁厚1.4厘米（图4-6：8）。

陶罐 6件。09LG-M3-4，夹粗砂红褐陶，内壁灰黑。圆唇，敛口，圆肩。素面，口沿外侧有轮制痕迹。残宽7.5、残高4.2、壁厚1.1厘米（图4-7：1）。09LG-Z4-3，泥质灰陶。近直口，外斜沿，束颈。素面。残宽6.7、残高6.6、壁厚1厘米（图4-7：2）。09LG-Z4-1，泥质灰陶。方唇，侈口，唇面微凹，卷沿，束颈，广肩。素面，内外壁皆有轮制痕迹。残宽14.5、残高5.9、壁厚0.9厘米（图4-7：4）。09LG-G5-2，夹粗砂红褐陶，内壁灰黑。厚方圆唇，敛口，卷沿，斜肩。素面。残宽7.5、残高5.4、壁厚1.2厘米（图4-7：5）。09LG-W1-2，泥质灰陶。方唇，侈口，唇面微凹，卷沿，束颈，斜肩。颈部一周凸棱，肩下残留少量竖绳纹。残宽16.1、残高7.8、壁厚1.2厘米（图4-7：7）。09LG-Z4-2，泥质灰陶。方唇，近直口，高领，颈微束。领部饰瓦棱纹。残宽8.8、残高11.6、壁厚

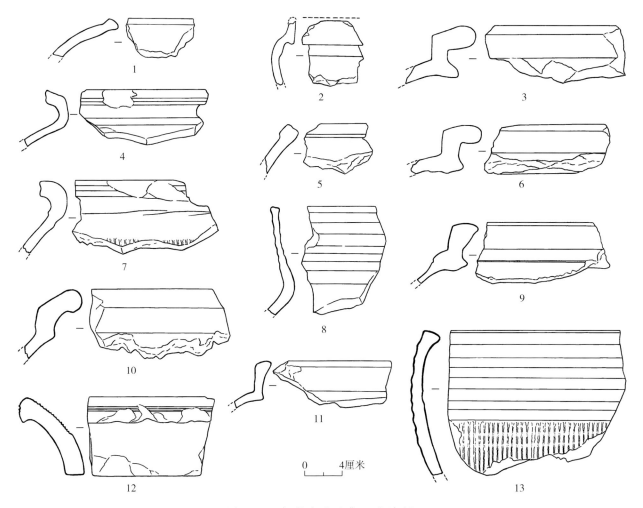

图 4-7　光明遗址采集汉代陶器

0.6~1.5 厘米（图 4-7：8）。

陶瓮　5 件。09LG-D1-1，泥质灰陶。厚圆唇，敛口，内卷沿，矮直颈，广肩。素面。残宽 15.2、残高 6.4、壁厚 1.5 厘米（图 4-7：3）。09LG-W2-4，泥质灰陶。厚圆唇，敛口，内卷沿，矮直颈，广肩。素面。残宽 13.5、残高 5.3、壁厚 1.8 厘米（图 4-7：6）。09LG-B2-1，泥质灰陶，胎心疏松多孔。厚方圆唇，敛口，内卷沿，矮直颈，溜肩。肩部一周凹弦纹，口沿内侧有轮制痕迹。残宽 14.4、残高 6.4、壁厚 0.6~2.5 厘米（图 4-7：9）。09LG-M3-5，泥质灰陶。厚圆唇，敛口，内卷沿，矮直颈。素面。残宽 15.6、残高 7.2、壁厚 1.2~2.2 厘米（图 4-7：10）。09LG-W1-1，泥质灰陶。方圆唇，敛口，内卷沿，矮直颈，广肩。素面。残宽 13、残高 5、壁厚 1 厘米（图 4-7：11）。

陶缸　1 件。09LG-Z3-4，泥质灰陶。圆唇，敛口，圆弧腹，上腹部饰瓦棱纹，下腹部饰竖绳纹，内外壁皆有轮制痕迹。残宽 19.2、残高 15.5、壁厚 1.2~1.6 厘米（图 4-7：13）。

陶器座　1 件。09LG-W2-8，泥质灰陶。圆唇，敞口。唇面一周凹槽，内壁上部多周凹槽，内外壁皆有轮制痕迹。残宽 13.5、高 8.4、厚 2 厘米（图 4-7：12）。

3. 后苏遗址

位于平里店镇西南的后苏村西，跨苏郭河两岸，一部分被后苏村占压（见图 4-1）。遗址东西宽

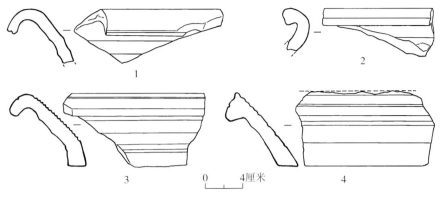

图 4-8　后苏遗址采集汉代陶器

800、南北长 1000 米，总面积约 75 万平方米。在遗址范围内没有文化层和遗迹暴露，发现龙山文化石刀、周代和汉代陶片等。只有汉代陶器等生活用品可挑选为标本。

陶盆　1 件。09LH-N10-3，泥质灰陶。圆方唇，敞口，唇面一周凹槽，卷沿，斜弧腹。腹部内外壁数周凸棱。残宽 16、残高 5.5、壁厚 1.5 厘米（图 4-8：1）。

陶罐　1 件。09LH-A12-1，泥质灰陶。圆方唇，侈口，卷沿，束颈。素面，颈部外侧有轮制痕迹。残宽 12、残高 3.2、壁厚 2 厘米（图 4-8：2）。

陶器座　2 件。09LH-N10-6，泥质灰陶。圆唇，敞口，折腹。内壁上部多周凹槽。残宽 15.2、高 7.7、厚 1.6 厘米（图 4-8：3）。09LH-N10-1，夹砂灰褐陶。方唇，敞口，唇面一周凹槽，内壁多周凹槽。残宽 15.2、高 7.8、厚 1.3~2 厘米（图 4-8：4）。

4. 东北村遗址

位于西由镇东北村东南（见图 4-1）。遗址东西长 135、南北宽 80 米，总面积 1.3 万平方米。有一条大沟穿过遗址西南部，可能为古河道。遗址内发现一人头骨，较完整，但牙齿不存。发现大汶口文化早期、周代和汉代遗物。大汶口文化、周代的遗物可挑选标本。

（1）大汶口文化

陶鼎　4 件。090408SZF003-2，夹粗砂红褐陶。盆形鼎鼎腹，折沿，弧腹。素面。残宽 4.4、残高 5.3、壁厚 0.7 厘米（图 4-9：1）。090408SBH004-1，夹滑石红褐陶，局部灰黑。锥状足，截面呈圆角三角形。素面。残高 7.6 厘米（图 4-9：4）。090407LXJ007-1，夹滑石红褐陶。锥状足，截面呈圆形。素面。残高 6.6、最大宽 2.7 厘米（图 4-9：5）。090408SZF001-3，夹蚌壳红褐陶。锥状足，有捺窝。素面。残高 6.3 厘米（图 4-9：6）。

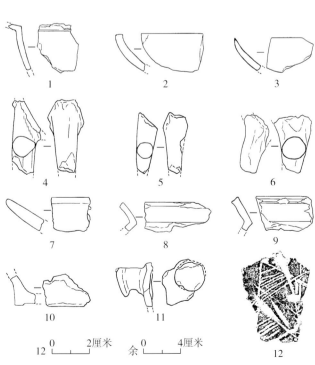

图 4-9　东北村遗址采集大汶口文化陶器

陶钵　2件。090408SZF003-3，泥质灰陶。方唇，敞口近直，弧腹。素面。残宽6.8、残高4.1、壁厚0.8厘米（图4-9：2）。090408SZF003-1，泥质黄褐陶。尖唇，敞口，弧腹。素面。残宽4.7、残高3.7、壁厚0.8厘米（图4-9：3）。

陶盆　1件。90408SZF003-4，夹粗砂夹云母灰褐陶。圆唇，敞口。素面。残宽4、残高3.6、壁厚1.5厘米（图4-9：7）。

陶罐　4件。090408SZF001-7，夹蚌壳红褐陶。方唇，侈口，折沿，束颈。素面。残宽7.2、残高3.1、壁厚0.8厘米（图4-9：8）。090408SZF001-6，夹云母红褐陶。方唇，侈口，唇面内凹，折沿，束颈。素面。残宽5.8、残高3.6、壁厚0.7厘米（图4-9：9）。090407LXJ007-3，夹滑石红褐陶。矮圈足。素面。残宽5、残高3.4、壁厚1.3厘米（图4-9：10）。090407LXJ007-2，泥质红褐陶。蘑菇状把手。素面。在把手与器物连接处，从腹壁内侧插入泥条进行加固并抹平。残高4、最大宽4.3厘米（图4-9：11）。

不明陶器腹片　1件。090408SZF001-5，夹滑石红褐陶。刻划纹。残长4.8、残宽3.6、壁厚0.7厘米（图4-9：12）。

（2）周代

陶鼎　1件。090408SZF003-5，泥质灰褐陶。扁凿形足，截面呈圆角长方形。素面。残高5.3厘米（图4-10：1）。

陶簋　1件。090408SZF001-1，泥质灰陶。喇叭形圈足外撇，内底近平。素面，圈足接底部有轮制痕迹。圈足径15、残高5.2厘米（图4-10：4）。

陶罐　3件。090408SZF001-4，夹细砂灰陶。方唇，侈口，口部内侧一周凸棱，卷折沿，束颈。素面，口沿内外有轮制痕迹。残宽7、残高5.2、壁厚0.7~1厘米（图4-10：2）。090408SZF001-2，泥质灰皮陶，胎色由内而外为灰、红褐。方唇，侈口，卷沿，束颈，斜肩，颈部外侧有轮制痕迹，素面。残宽10.6、残高5、壁厚0.7~1厘米（图4-10：5）。090408LXJ006-1，泥质灰褐陶。方唇，侈口，唇面两周凹槽，折沿，束颈。素面。颈部一周凹槽，口沿外侧有轮制痕迹。口径20、残高3.6、厚0.7~1.2厘米（图4-10：3）。

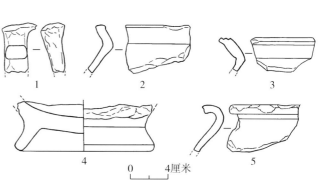

图4-10　东北村遗址采集周代陶器

5. 洼子遗址

位于洼子村西，西距东曲城村1.5千米，西南1千米为曲城城址（见图4-1）。遗址南临自东向西流的小河，坐落在河北岸的高台地上。临河的黄土断崖高3~4米，东段暴露有文化层和建筑遗迹等，出土较多板瓦、筒瓦、素面瓦当等建筑材料，生活用品有豆、罐等；西段分布有墓葬，墓葬打破遗址文化层及生土。共发现3座墓葬，其中两座连在一起，尺寸相近，东西宽2、墓深1.8米。墓葬形制为土坑竖穴，墓内填土为深褐色。墓中采集到陶豆柄1件。据采集的遗物分析，遗址年代从春秋至汉代时期。

（1）东周时期

铜剑　1件。ZYWZ9，完整。剑身细长，锋尖锐，前段收细，近剑格处最宽，銎式柄，銎中部

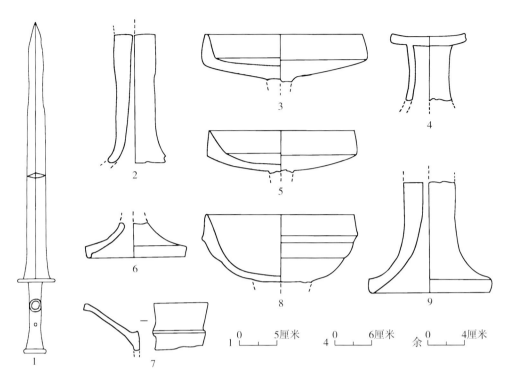

图 4-11　洼子遗址采集东周、汉代遗物

有小孔，用以插销固定木柄。全长 44、最宽 3 厘米。时代为春秋时期（图 4-11:1）。

陶豆　2 件。ZYWZ5，泥质黑皮陶。豆柄，粗柄，内孔较大，直抵盘底。残高 13.8 厘米。时代为春秋时期（图 4-11:2）。ZYWZ7，泥质青灰陶，质地硬。豆柄底部，底口喇叭形，底缘直立内敛。器壁薄，厚度为 0.6 厘米。时代为战国时期（图 4-11:6）。

（2）汉代

陶豆　5 件。ZYWZ1，泥质灰陶，质地硬。豆盘，器壁厚，圆唇，立沿直，浅盘，内底微弧。口径 16.8 厘米（图 4-11:3）。ZYWZ2，泥质青灰陶，质地硬。豆盘，器壁厚，圆唇，立沿直，浅盘，内底微弧。口径 15.6 厘米（图 4-11:5）。ZYWZ3，泥质灰陶，质地稍硬。豆盘，器壁厚，圆唇，豆盘较深，内底弧，外有折棱。口径 16 厘米（图 4-11:8）。ZYWZ4，泥质青灰陶。豆柄，柄较高，较直，中部微鼓，底部喇叭形，内孔向上收细。残高 11 厘米（图 4-11:4）。ZYWZ6，夹细砂青灰陶，质地硬。豆柄底部，粗矮柄，喇叭形，底缘直立，内孔向上收细。残高 11.6、底缘厚 0.8 厘米（图 4-11:9）。

陶宽折沿盆　1 件。ZYWZ8，泥质灰陶，质地硬。盆口沿，仅有口沿至折棱部分，方唇，折棱凸起，腹壁直。外壁素面，内磨光，有明显同心圆刮痕。斜折沿宽 5.8、厚 0.4~0.6 厘米（图 4-11:7）。

6.城子村文物采集点

城子村文物采集点（见图 4-1）虽不是遗址，但采集到时代特征明显的遗物。

（1）岳石文化

陶器纽　1 件。SQR001，泥质灰胎黄褐陶。蘑菇形，近外沿处有一道凹槽。残高 1.6、直径 3.7 厘米（图 4-12:1）。

（2）东汉时期

长条砖　1件。LJT011，夹粗砂灰陶。长方形，一侧装饰有菱形纹。残长 20.6、残宽 12.6、厚 5 厘米（图 4-12：2）。

7. 西店子村文物采集点

铜鼎　早年采集于金岭镇西店子村[1]。直口鼓腹，口沿外折，沿上立对称桥耳，沿下饰一周蟠螭纹，腹上饰两道凸弦纹，三象鼻足，足根部饰象面纹，器内壁铸有铭文"白作鼎"。通高 19.2、口径 17.2、最大腹径 19、腹深 10.5、足高 7.5 厘米（图 4-13）。时代为西周中期。

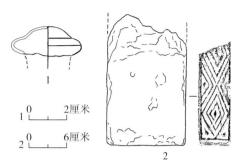

图 4-12　城子村采集岳石文化、东汉时期遗物

（二）曲城城址

曲城城址发现于 1955 年，位于招远市城西 20 千米处的蚕庄镇东曲城村南，北距渤海约 10 千米，西距莱州三山岛约 15 千米。

曲城城址的考古调查工作先后进行过四次。20 世纪 80 年代初第二次全国文物普查中进行了调查，由王吉道执笔写成《曲城故城址调查记录》。1988 年，针对第二次全国文物普查的缺项进行了重点补查，主要调查人员为烟台市博物馆的林仙庭、侯建业和招远县图书馆文物组的杨文玉等，重点调查了曲城河北岸的文物出土地点（今东曲城村内），在遗址东部清理了一座西周墓葬并发表了相关材料[2]，新发现了盛家遗址和洼子遗址。2012 年 10～11 月，项目组对曲城城址进行了考古勘探，了解了城址形制和文化堆积情况，并进行了详细测绘。2014 年 4 月，为制订曲城城址文物保护规划进行了勘探，重点了解了附属于城址的南窑遗址的分布范围及文化堆积情况（图 4-14）。

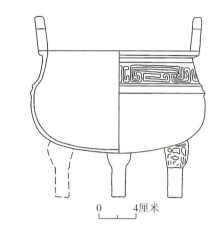

图 4-13　西店子村出土西周中期铜鼎

城址北、东、南三面环山，北有望儿山、金华山，东为灵山，南为米山，西面平缓，曲城河从遗址东部和北部流过，向西注入渤海。米山是一座海拔仅 130 米的小山，也有东西排列的三个小山头，有人认为此即"三山"所在，经多次地面调查，除了在米山北坡中部发现花纹砖垒砌的墓葬外，三个小山上未发现古代遗存。

城址位于米山北麓、曲城河南岸，坐落在一块依山傍水的黄土台地上。依山就势建成的城址南高北低，城址的南城墙建在米山北坡的底部，是城址的最高点。曲城河环城而流，在城址东部由南向北流，转而向西，成为护城河的一部分。

［1］杨文玉《白作鼎》，招远市政协文史委、招远市文物管理所编《招远文物》第八辑，1999 年，64 页。
［2］《山东招远出土西周铜器》，《考古》1994 年第 4 期，377～378 页。

图 4-14　曲城城址平面图（姜仕炜绘制）

现存的文化堆积可分为城址内和城址东南的南窑遗址两部分。城址内的文化堆积范围，东到东
机耕路以东的台地边缘，西到西机耕路附近，北到曲城河的南岸，南到保护碑以南约 160 米处（图
4-14）。

城址破坏严重，20 世纪 70 年代调查时，地面尚残存城墙（图 4-15）。城址北半部由于洪水和农
田改造破坏，现已形成东西 400 余米长的黄土断崖，断崖高 2~2.5 米不等，断面上暴露出多处灰坑、
墓葬及西城墙断面等。断崖以北仅残留零星文化层，城址东北部的文化层堆积所剩无几；断崖以南
的文化层堆积较厚，文化层保存较好。

图 4-15　曲城城址地面上残存的南城墙（南—北）　　图 4-16　曲城城址南城墙夯土层（东—西）

1. 城址形制

曲城故城平面略呈长方形，东西长度大体代表了城址的原貌，南北宽度不详。

（1）南城墙、南城门及南壕沟

1973 年，村民在曲城故城的东南角挖出一段夯土墙，夯土筑在生土基槽中，东西长 12 米，南北宽度不清，高 0.8 米。夯土坚硬，夯层明显。夯土墙中还留有一些土洞，洞内有木柱残痕（图 4-16）。据其位置看，这处夯土墙应该是南城墙接近东断崖的一段。

南城墙现只存有西段。夯土墙基距地表约 0.3 米，长 545、残宽 7~15、高 0.6~1.8 米。

南城墙与西城墙相交形成 76° 的内角后，继续向西延伸了 26.5 米，经过一个稍凹的地带到达小山包东侧结束。这段夯土墙宽 14 米，向西随着地形夯筑，最深处距地面 1.8 米，小山包东侧则仅深 0.4 米，因为此处地面以下 0.5 米左右就是坚硬的花岗岩及风化层。

西部小山包的地势高于城址所在的台地，是城址附近的制高点，有人工开凿痕迹的河道壕沟从西南向西北包围了大半圈。这段多延伸出来的南城墙，可能在功能上类似于"马面""斥堠"之类的军事设施，是因地制宜的一种防御性结构。

南城墙中部偏东位置，距南城墙东端约 112 米处，勘探到 2 块大石头，东西摆放，二者相距约 3 米，可能为南城门。

南壕沟现存西段，距地表 0.3 米，残长 380、残宽 24~33 米，壕沟内的堆积厚 1.3~2.4 米，以淤土为主。根据土质土色及包含物的差别，可把沟内淤土分为两类：上部为黄褐色含细沙淤土；下部为灰褐色含细沙淤土，包含有烧土粒、陶片、碎砖块等遗物。

（2）西城墙及西壕沟

西城墙仅存南段，南端与南城墙相接，现存长度约 120、宽约 10 米。城墙距地表约 0.3 米，高度在 0.5~2.2 米之间。

1981 年曾清理过北部断崖上西城墙的东西剖面，2009 年项目组重新清理并记录（图 4-17、4-18）。

剖面的地层堆积：

第 1 层，耕土层。黄褐色土，厚 35 厘米。

第 2 层，扰土层。黄褐色土。此层在夯土墙东侧有一个深褐色土的大坑，坑底有清代的条砖。

图 4-17　曲城城址西城墙北部断崖断面照片（北—南）

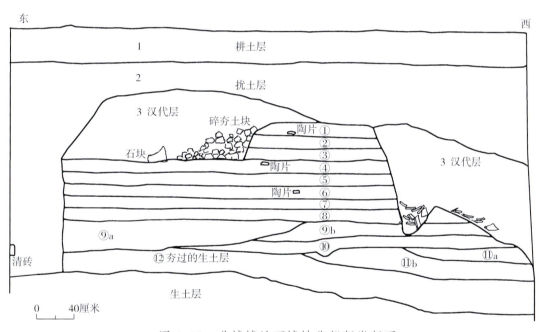

图 4-18　曲城城址西城墙北部断崖断面

第 3 层，汉代层。浅黄褐色土，夹杂大量杂乱的夯土块，是城墙倒塌的堆积。城墙西侧的堆积中有较多碎瓦，均为汉代。此层应是城址废止时期的堆积，下压城墙墙体。

城墙墙体残高 210 厘米，全部为夯土筑成。现有夯土 11 层。上部①～⑧层夯层整齐，夯土主要是深黄褐色黏土夹杂一些淡黄色生土粒，夯层厚 10~14.5 厘米，夯打紧密，硬度大。⑨层以下的夯层不规整。⑨层厚 13～35 厘米，极少有生土颗粒，夯层厚薄不均，夯打紧密程度不如上层。⑩层厚 12~19 厘米，夯打更松，并有全是生土的小段夹层。⑪层是一层向西（城外方向）逐渐加厚的垫层，经过着力夯打，尤其西端夯打紧密。⑫层东端主要为黄色生土，仅夯窝中可见深褐色土；西端为深黄褐色黏土，夯打紧密，夯窝密集且杂乱，夯窝直径11厘米。底部夯土有翻动迹象，但夯层清楚，可能是夯打此处时将已夯打过的土翻动并反复夯打所致。

从剖面看，城墙修建前，此处的地表为东高西低的坡状，先进行挖高填低的平整工作，城墙东侧的生土被垂直挖下105厘米，西半部的低处填土经过反复夯打，⑨层之上才进行常规的成层夯打。

西壕沟现只存北段，距地表约0.3米。残长114、宽21~26米，沟内堆积厚0.8~2.2米。壕沟内填土以淤土为主，淤土的性质与南壕沟类似。

（3）城墙夯土内采集遗物

夯土内夹有陶片，但数量很少。采集了三片陶片，均为西汉时期。

陶罐 1件。12ZQ（H）:130，腹或肩腹相接的部分，边缘已磨损得无棱角。泥质灰陶，质硬。表面有错向细绳纹，内面有手捏的指窝痕迹，也有横向抹痕。长6.5、宽6、厚0.8厘米（图4-19:1）。

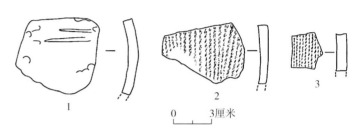

图4-19　夯土内采集西汉时期陶片

陶壶 2件。12ZQ（H）:137，腹片。泥质灰陶，质硬。陶片向底部渐减薄，表面饰向下斜收的绳纹，内面打磨光平。长6.8、宽4.5、厚0.6~0.8厘米（图4-19:2）。12ZQ（H）:138，腹片。泥质灰陶，质硬。表面饰绳纹，内面磨光。长2.6、宽2.5、厚0.8厘米（图4-19:3）。

2. 遗迹

曲城故城内外历年发现了许多遗迹，有墓葬、殉马坑、水井和窑址等。

（1）墓葬

曲城城址发现了7座墓葬，其中M4、M5、M6为2012年考古勘探及调查过程中发现，其余4座是以前调查或是当地村民平整土地时发现的。下面按照墓葬的时代顺序予以介绍。

M7 在东曲城村村南、曲城河北岸约150米的台地上（见图4-14）。1958年，在距地表深约1米处，出土了一批青铜器和陶器。烟台地区、招远县文物部门工作人员闻讯后赶赴现场，只将出土青铜器收回。

青铜器共10件：鼎2件、簋2件，壶、盆、盘、匜、甗、椭各1件。根据调查情况和器物特征，这批器物可能不属于同一座墓葬（现均暂归于M7）。带铭文的1件簋和1件壶收藏于烟台市博物馆（器物号QCYG），其余收藏于招远市文物管理所（器物号QCZS）。现将这批青铜器介绍如下。

铜簋 2件。形制、尺寸相同。藏于招远市文物管理所的一件口沿大部分残缺，藏于烟台市博物馆的一件比较完整。58QCYG:1，侈口，口沿微外卷，垂腹，浅圜底，口沿下有一条装饰纹带，居中为高浮雕兽头，两侧为凤鸟纹。腹部两侧设双耳，饰兽头、勾线纹，耳下又有钩形珥。圈足，饰两道凸弦纹。圈足下又三足，足根饰兽面纹，足尖为较宽大的马蹄形。簋内底铸有铭文，二行五字："齐中乍（作）宝簋"。通高19.5、口径18厘米（图4-20:1；图4-21:1）。藏于招远市文物管理所的58QCZS:1与其铭文相同，但字形稍异，锈蚀严重。

铜鼎 2件。58QCZS:23，腹部残破。方唇平折，垂腹，圜底近平，有烟炱，抹角方形立耳，口沿下饰两道凸弦纹，柱足内凹。腹内壁近口沿处有铭文，阴文，纵书，一行四字"姜乍（作）宝鼎"。

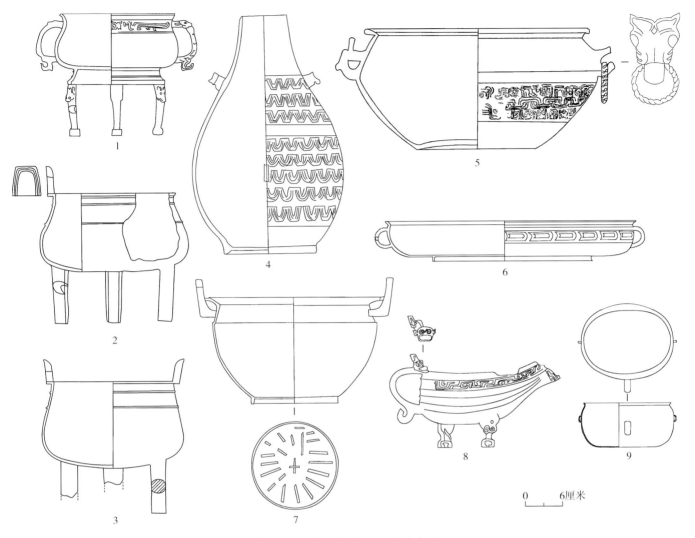

图 4-20　曲城城址 M7 出土铜器

高 24.6、口径 20.4 厘米（图 4-20：2；图 4-21：2）。58QCZS：22，一耳及二足残断。垂腹、浅圜底，抹角方形立耳，耳外侧饰两道凹线，口沿下饰两道凸弦纹，柱足。通高 24.5、口径 21.3 厘米（图 4-20：3；图 4-21：3）。

　　铜壶　1件。58QCYG：2，长圆腹，向上收细成小口，口沿不平整，平底下有极矮的圈足。肩部设有对称的两贯耳，与贯耳不同侧的腹中部设一桥形小横耳，腹部饰八条带状垂鳞纹。通高 38.2、腹最大径 24.5 厘米（图 4-20：4；图 4-21：4）。

　　铜盆　1件。58QCZS：24，一只耳残断。大口，宽沿斜折，折肩，弧腹，底上凹，腹部饰蟠螭纹，锈蚀严重。肩部设一对带有绞索纹圆环的横耳。高 20、口径 34.5 厘米（图 4-20：5；图 4-21：6）。

　　铜盘　1件。58QCZS：25，方唇，斜折沿，浅腹，大平底，矮圈足，腹部饰一道重环纹带，两环形横耳。高 6.5、口径 40.6 厘米（图 4-20：6；图 4-21：5）。

　　铜匜　1件。58QCZS：26，四足，两足残，流口和鋬手的兽头也有残损。长圆腹，浅圜底，外饰瓦棱纹，腹上部饰一道窃曲纹带，尾部鋬手为一头细长的小兽，兽头咬住匜的上沿，兽尾向下勾卷。通高 14.8、通长 27 厘米（图 4-20：8；图 4-21：7）。

图 4-21　曲城城址 M7 出土铜器照片

铜甗　1 件。58QCZS：27，方唇，宽沿斜折，方形附耳，内凹领，深腹，平底，矮圈足，箅上分布着条形箅孔，通体素面。通高 20.4、口径 30 厘米（图 4-20：7；图 4-21：9）。

铜椭　1 件。58QCZS：28，椭圆体。尖唇，口沿外卷，弧腹，平底，长侧一边有一只宽扁形横耳，两短侧边各有一小桥形横耳。高 7、口长径 15.2、短径 10.2 厘米（图 4-20：9；图 4-21：8）。

这批青铜器中，簋、鼎属于西周中晚期，余为春秋时期。

M1　1988 年春，烟台市博物馆、招远县文物管理所进行考古调查时，于曲城城址东南机耕路西侧的北断崖上发现该墓（见图 4-14）。M1 为土圹竖穴，被耕土层、汉代层所叠压。由于农田设施影响，M1 没有进一步发掘，仅将陶器取回。共 20 件，器形有簋、豆和双耳罐等。

　　陶簋　8 件。88ZQM1：14，灰黑陶，质地较硬。宽折沿，高圈足。腹部饰绳纹。口径 25、高 18.4 厘米（图 4-22：1；图 4-23：1）。88ZQM1：8，黄褐色陶。大敞口，宽折沿，收腹，喇叭形圈足。

图 4-22　曲城城址 M1 出土陶器

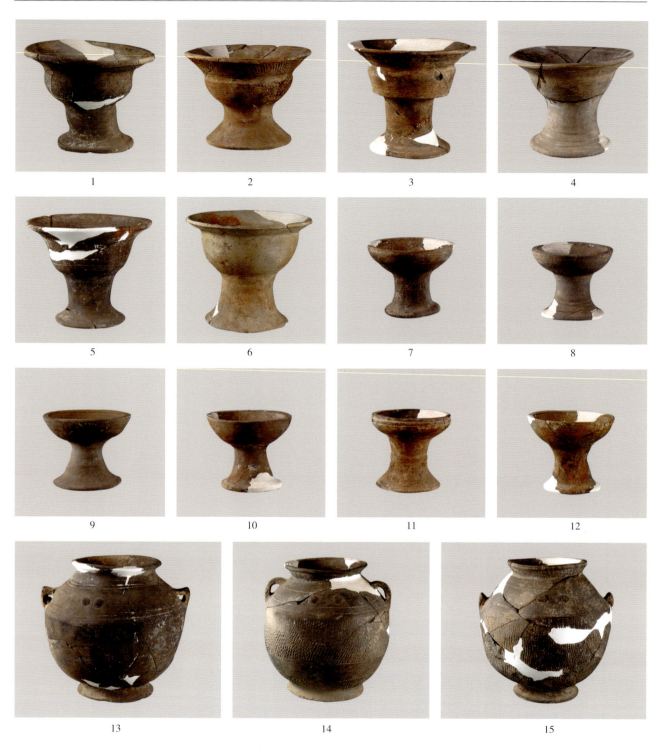

图 4-23　曲城城址 M1 出土陶器照片

折沿处饰以绳纹。口径 23.8、高 17 厘米（图 4-22：2；图 4-23：2）。88ZQM1：12，黑陶。大敞口，宽折沿，深腹，圈足。圈足处有凸棱纹。口径 22.2、高 18 厘米（图 4-22：3）。88ZQM1：10，灰陶，质地较硬。大敞口，宽折沿，折腹，圈足。腹部有两道凹弦纹。口径 22.6、高 19.6 厘米（图 4-22：4；图 4-23：3）。88ZQM1：9，红褐陶。大敞口，宽折沿，圈足。口径 22.8、高 18.6 厘米（图 4-22：5）。88ZQM1：7，灰陶。大敞口，宽折沿，浅腹，圈足。圈足上有凸棱。口径 21.4、高 15.6 厘米

（图4-22：6；图4-23：4）。88ZQM1：13，黄褐陶。大敞口，宽折沿，深腹，圈足。口径24.5、高21.5厘米（图4-22：7；图4-23：5）。88ZQM1：11，灰黄陶。大敞口，宽折沿，深腹，圈足。圈足上有棱纹。口径24.8、高20.4厘米（图4-22：8；图4-23：6）。

陶豆　8件。88ZQM1：18，灰黑陶，质地较硬。盘较深，喇叭形圈足，器形不规整。口径14.6、高13.4厘米（图4-22：9；图4-23：7）。88ZQM1：15，灰陶，质地较硬。浅盘，圈足上有凸棱纹。口径15、高12.5厘米（图4-22：10；图4-23：8）。88ZQM1：22，灰陶，质地较硬。浅盘，方唇，喇叭形圈足。口径14.8、高12厘米（图4-22：11；图4-23：9）。88ZQM1：23，灰陶，质地较硬。盘底较平，豆柄为圆柱形，底座较小。口径13.8、高12.4厘米（图4-22：12；图4-23：10）。88ZQM1：16，灰褐陶。豆盘较浅，喇叭形圈足。口沿、柄、圈足处各有两道凹弦纹。口径13、高12厘米（图4-22：13；图4-23：11）。88ZQM1：17，黑皮陶，大部分因陶皮脱落呈红褐色。盘底较平，喇叭形圈足。口径14、高12.2厘米（图4-22：14；图4-23：12）。88ZQM1：24，灰黑陶。柄上粗下细。口径13.2、高11.2厘米（图4-22：15）。88ZQM1：20，黑陶。盘较浅，圈足。口径14.8、高10.6厘米（图4-22：16）。

陶双耳罐　4件。88ZQM1：3，灰褐陶，局部黑色或红褐色。圆唇，侈口，肩部两三角形耳，一边两个乳丁，圈足，器表较光滑，有四道弦纹。口径16、腹径28.4、高24.4厘米（图4-22：17；图4-23：13）。88ZQM1：5，灰黑陶。圆唇，敞口，肩部二桥耳、二乳丁。三道弦纹，腹下部两道弦纹，弦纹上下均饰绳纹。口径16、腹径24.5、高24.7厘米（图4-22：18；图4-23：14）。88ZQM1：4，灰黑陶，质地较硬。方唇，敞口，圈足。肩部两盲鼻，一边两个乳丁。领部有绳纹，肩有四道弦纹，腹部饰三道弦纹，饰绳纹。口径14.4、高24.4厘米（图4-22：19；图4-23：15）。88ZQM1：6，灰黑陶，质地较硬。折肩，肩部两耳，圈足。肩部、腹部有弦纹。口径12、腹径20.8、高20.6厘米（图4-22：20）。

时代为西周中期。

M4　位于西距西城墙剖面约60米的断崖上，上部被地层和灰坑叠压。

墓葬之上的堆积共有四层。①层，耕土层，黄褐土，厚20～25厘米。②层，晚期扰土层，深黄褐土，内有清代灰砖，此层底部有较厚的淤土层，厚约200厘米。③层，沉积土层，黄褐土，最厚约150厘米。此层底部有灰坑，灰坑底部下陷，可能与下面的墓葬葬具朽塌下沉有关，灰坑的时代约当东汉至北朝时期。④层，灰土夹层，浅灰褐土，较松软，有个别西汉瓦片，此层底部局部有灰烬堆积，厚约50厘米。④层下为M4的填土。

墓内填花土，没有盗掘迹象。墓圹可见宽度240厘米。南、北两侧的墓圹壁均挖在生土上。南侧生土圹壁高110、北侧生土圹壁高130厘米（图4-24）。

此墓的时代为周代。

M2　位于距曲城河北岸200余米处的东曲城村内（见图4-14），村民从房屋的南侧墙基下发现6件陶器，鼎1件、钵1件、盘1件、豆3件。

陶鼎　1件。仅见一盖、一耳、一足。据器形和陶质看，此鼎是附耳鼎，应属于一件仿铜陶礼器。12ZQM2：3，盖。泥质灰陶，质地硬。浅圜顶，顶面不匀称地分布有三个孔眼，应为盖钮插孔，钮已失。制作较粗。直径24厘米（图4-25：1；图4-26：1）。12ZQM2：2，耳。泥质灰陶，质地硬。近方形薄板，中间为长圆孔，制作不规整，其底边一侧有残断痕，应是与鼎腹插接的部分。高9.2、宽7、厚1厘米（图4-25：2；图4-26：3）。12ZQM2：1，足。泥质灰陶，质地硬。鼎足截面近圆形，为弯曲的兽足，

上端有泥孔，可与鼎腹插接，下端残断。手
制。残高约9厘米（图4-25：3；图4-26：2）。

　　陶钵　1件。12ZQM2：4，泥质青灰陶，
质地极硬。钵口为内敛式子母口，可能原
来有扣合的外盖，钵腹较直，下部收小，
小平底。外壁磨光，其上部有四道"之"
字形暗纹，内壁可见密集的轮旋痕。通高
10、口径17.2、底径7、器壁厚0.8厘米
（图4-25：4；图4-26：4）。

　　陶盘　1件。12ZQM2：5，泥质灰陶。
大口，浅腹，口沿外折，口沿内侧有凸棱，
浅腹，腹壁略直，底为两部分，外周为浅
圜底，中心为直径12.3厘米的小平底。通
体磨光，盘内从盘底、腹壁到外折沿顶部
饰有十五道同心圆暗纹。口径32.3、通高
7.4厘米（图4-25：5；图4-26：5）。

　　陶豆　3件。形式统一。泥质青灰陶，
质地极硬。器壁较厚，浅盘，盘外缘直立，
内缘斜直，豆盘部分经磨光，豆柄细而高，
柄内孔细小，底座壁减薄，呈喇叭形（图
4-26：6~8）。12ZQM2：7，高24.2、口径21.6厘米（图4-25：6）。

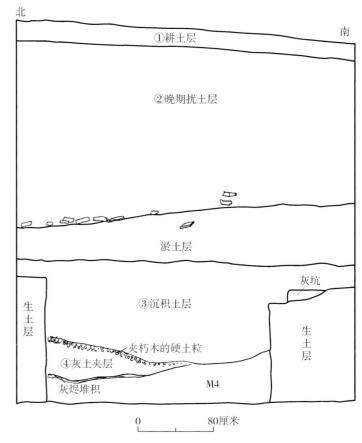

图4-24　曲城城址M4层位示意图

　　据以上器物的形制和组合判断，M2为战国时期。

　　M3　村民发现于1962年，位于城址以西的小高岗上（见图4-14）。墓葬形制为土圹竖穴，出土
有铜鼎2件、铜壶2件、直径50厘米的大铜盘1件，这批铜器后下落不明。陶器中仅1件大陶瓮被
取回，现藏于招远市文物管理所。

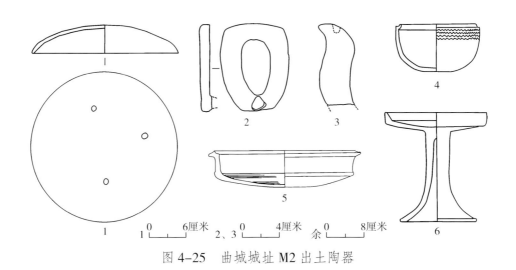

图4-25　曲城城址M2出土陶器

图 4-26 曲城城址 M2 出土陶器照片

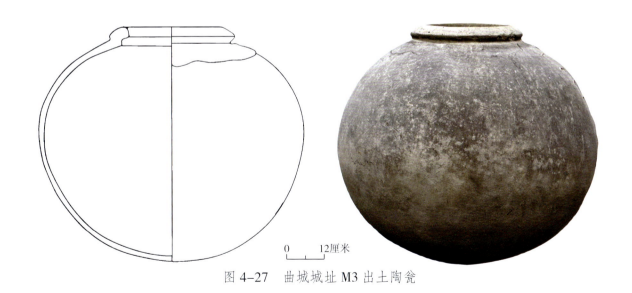

图 4-27 曲城城址 M3 出土陶瓮

陶瓮 QCZS：13，完整。出土后经锔钉修复。夹砂浅灰陶，质地坚硬。腹为球形，圜底，小口，器壁较薄，口部厚重，圆唇，内敛口，无领。高 73 厘米（图 4-27）。

时代为西汉。

M5 2012 年钻探时发现，位于南城墙的北侧、城址中部冲沟内（见图 4-14）。推测其形制为土坑竖穴。钻探得知该墓长约 2.5、宽约 1.3 米，墓口距地表 0.3、墓底距地表 2.5 米，墓内填黄褐色花土，土质较硬。

M6　2012 年钻探时发现，位于南城墙东端以南，紧靠城墙（见图 4-14）。土坑竖穴，长约 5、宽约 4 米，墓口距地表 0.3、墓底距地表 2.2 米。填土为黄褐和灰褐相杂的花土，土质坚硬。

图 4-28　曲城城址殉马坑出土铜马衔

（2）殉马坑

1973 年发现于城址以南 200 米处，今名为"马鞍子地"（见图 4-14）。村民在此地挖出一殉马坑，马嘴里有铜马衔（图 4-28）。

（3）水井

共发现 3 眼。J1、J2 位于城址内，J3 位于城址的东南 300 米。

J1　1973 年发现，未做发掘，位于城址东部，南城墙北侧（见图 4-14）。圆形，井筒直径约 70 厘米，井壁用菱格纹条砖砌成。时代为东汉时期。

J2　1979 年发现，位于西城墙以东（见图 4-14）。圆形，由菱格纹长条砖砌成。时代为东汉时期。

J3　2012 年调查时发现，位于殉马坑东侧的断崖上（见图 4-14）。井口为圆形，井壁是土壁，直筒形。井口直径 92 厘米，井内填灰色土，其中夹杂有战国时期的陶片。

（4）城址内瓦砾和陶片密集区

曲城城址的北半部被洪水冲毁，形成东西 400 余米长的黄土断崖。断面上暴露出多处灰坑、墓葬及西城墙的墙体等，特别是瓦砾、陶片堆积分布很广，陶片数量很大。陶片堆积比较集中的主要有 A、B、C、D 四个地点（见图 4-14）。

A 地点　在城址的最东端，东机耕路以东。此地以东、以北原为河道，由于河流的冲刷，在其东、北侧形成高 2.5 米的断崖。发现的遗迹有南城墙东端的夯土城墙、水井、土坑墓等。这一带陶片最为集中，临断崖处有一道高出城内地面 1 米的土埂，里面夹杂着大量瓦砾、陶片等。陶片破损程度较轻，应没有经过反复搬动。陶器种类多样。此地点应是一处颇具规模的建筑基址。

B 地点　东机耕路以西，此处曾是一处西周墓地，M1 发现于此。北断崖发现汉代建筑材料等。

C 地点　在 B 地点以西 70 米处，中间相隔一条较宽的南北向自然冲沟。此处断崖高 2 米，建筑材料、陶片密集，瓮、盆等大型器皿残片较多。从西侧断崖暴露出的砖室墓和被汉代文化层叠压的一座土坑墓看，此地点一直为晚期墓地。

D 地点　在 C 地点之西，此地点的断崖南端暴露有清晰的西城墙断面。这里的陶片主要是建筑瓦砾，陶器较少。西城墙的东侧断崖有一段十分整齐的瓦砾堆积，长 10 米，存在建筑倒塌于地面的迹象，但钻探未发现台基、建筑地面、道路等遗迹。

（5）城址附近的窑址

位于曲城城址南 80 米的南窑遗址，向南 250 米为盛家遗址，二者时代相同，地层堆积与土质土色也都相同。可能古代本是一处较大规模的遗址，后来渐渐被烧窑取土分为两处（见图 4-14）。

遗址坐落在曲城河西岸黄土台地上，南北长约 255 米，东西最宽处 130 米。遗址东部为黄土断崖，

图 4-29　南窑遗址发现的窑壁（东—西）

断崖高度为 2.5~4.5 米。断面上暴露出墓葬、窑址等遗迹。断崖上砖瓦、陶片堆积分布广泛，并有从北到南由疏到密的趋势。

南窑遗址南部现保存一处残窑壁，嵌于断崖之中。整个窑壁较为平整，表面呈浅灰色，壁面之内为经过高温烧烤的砖红色烧土，在其附近散落有较多的碎砖块（图 4-29）。

从窑址出土的器物特征看，主要有两个时代：一是战国至西汉时期，另一是宋元时期。该遗址断崖上可见一种灰白色的黏土，疑与曲城城址中出土的一类浅灰、泛白、微红色质地坚硬的特有陶片相关，可能为曲城生产陶器、砖瓦的场所，宋元时期还在使用。战国—西汉时期器物介绍如下。

陶鼎　1 件。15ZQN5，足。足根处可见鼎腹内壁，足尖底部可见残留的使用磨痕。浅灰陶，陶土中夹极多粗砂，陶质坚硬。器形粗大，足根向外凸起，足尖稍微加大，与青铜器的兽足相似。鼎足为手制，表面布满陶拍交错拍打的绳纹。高 16 厘米（图 4-30：1；图 4-31：1）。

陶豆　3 件。15ZQN1，豆盘。泥质黄褐陶，质地稍软。圆唇，矮立沿，盘壁内弧，外壁有折棱。口径 13.3 厘米（图 4-31：2）。15ZQN2，豆柄底座。泥质青灰陶，稍硬。较小的喇叭口，底缘加厚，外表有轮弦痕。底径 9 厘米（图 4-31：3）。15ZQN3，豆柄，浅

1　　　　　　　　2　　　　　　　　3

图 4-30　南窑窑址采集战国—西汉时期陶器照片

灰陶，内层泛黄。豆柄高直，中孔细小，底呈喇叭形。陶豆柄中部直径4厘米（图4-30：2；图4-31：4）。

陶罐 1件。15ZQN4，口沿。浅灰陶，质地坚硬。直口平沿外折，矮领。口径18.2厘米（图4-30：3；图4-31：5）。

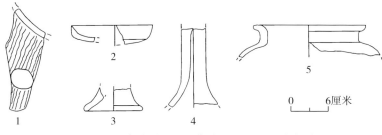

图4-31 南窑窑址采集战国—西汉时期陶器

3. 遗物

本次城址调查和勘探工作的成果与历年征集的文物一并介绍。

A、B、C、D四个地点的出土遗物包括建筑材料和生活用品等，种类基本类似。遗物时代上大致可以分为（1）西周时期；（2）东周时期；（3）西汉时期；（4）东汉至北朝时期。

建筑材料的年代均为西汉以降，有砖与瓦等。砖分平板铺地砖、菱格纹长条砖两大类。平板铺地砖，分模印花纹和素面两种，A地点出土较多。菱格纹长条砖各个地点都有发现，A地点发现的四块都是半块长条砖，砖平面被凿了一个凹窝，应该是做木柱的柱础之用，属于建筑构件。

瓦分筒瓦、板瓦。西汉时期的筒瓦其底面多为素面，有较多手抹痕迹。东汉以后筒瓦底面多有布纹。时代特征明显的瓦当残片全部采集，瓦当在陶片总数中所占比例并不大。数量以A地点最多，文字瓦当在各地点都有发现。瓦当共19件，1988年烟台市博物馆调查获得6件、2012年采集12件、招远市文物管理所藏1件。其中5件纹饰不清。素面瓦当3件，可能是汉代档次较低的房屋所用。6件文字瓦当，2件为汉隶书体，为东汉前期，其余为篆隶，笔画生硬，为东汉至北朝时期风格。

A、B、C三个地点出土的陶器种类更为接近，如都有大型陶瓮、宽斜折沿大盆等。数量较多的是矮领的小罐、高柄豆、矮柄豆。白陶有扁壶、直口壶、罐等，但数量较少。A、C地点还发现一些较粗疏的手制陶器残片，陶质为夹粗砂红褐陶，器形有鼎足、鬲足和泥质灰陶的蘑菇形纽等，明显带有商周时期胶东地区土著文化的风格。曲城遗址中出土的泥制浅灰泛白色陶，是东汉以后陶器的一个特点，其烧造火候较高，硬度甚大。另外，A地点还发现一件陶钱范，提示A地点或曾有铸币作坊。

（1）西周时期

此时期的遗物主要是陶器，器类有鼎、鬲、豆、罐、器纽等。

陶鼎 2件。12ZQ（C）：174，足。夹滑石红褐陶，质地粗疏。兽足，较矮。高7厘米（图4-32：1）。12ZQ（C）：173，足。夹砂红褐陶，质地粗疏。足根粗，以下柱足。高8厘米（图4-32：2）。

陶鬲 3件。QCZS：11，泥质灰陶，质地坚硬。斜折沿，较宽，矮腹，微呈瘪裆，袋足较浅，足尖收细成实足，足尖磨损较重。整体造型规整，口沿内有一道凹弦纹，外壁上半光素，下半饰错杂的粗绳纹。其二足外侧可见烟炱，但裆内则不见。因其形体小，不含砂，可能是明器，但属于制作精致的一类。口径24.2、高21.3厘米（图4-32：6；图4-33：1）。12ZQ（C）：170，鬲足尖部。夹滑石红褐陶，质地粗疏。手制痕迹重，肥足、低裆。器壁厚1.3厘米（图4-32：3）。12ZQ（A）：75，鬲足尖部。夹滑石红褐陶，质地稍硬。肥足、低裆，足尖内不光滑，制作粗糙。器壁厚1厘米（图4-32：4）。

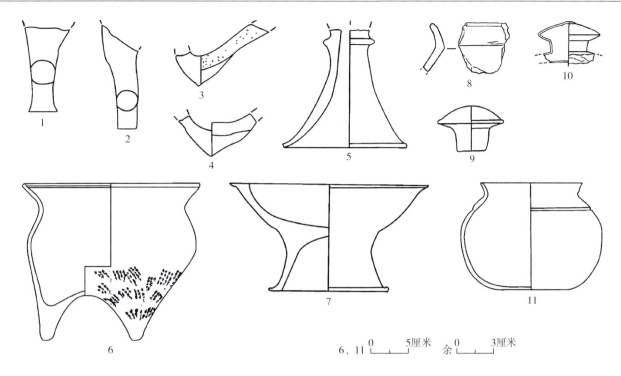

图4-32　曲城城址采集西周时期陶器

图4-33　曲城城址采集西周时期陶器照片

陶豆　2件。12ZQ（C）:167，豆柄。夹细砂深灰陶。器形规整，豆柄中部有较尖锐的凸棱，底座喇叭形。表面有细密的轮旋痕迹。器壁厚0.8、底座厚0.6厘米（图4-32:5）。QCZS:10，矮柄豆。泥质灰陶。豆盘为大敞口，壁斜直，器壁薄，矮柄，束腰，喇叭形底口。素面。高8.8、豆盘口径16.8厘米（图4-32:7；图4-33:2）。

陶罐　2件。QCZS:12，泥质黑皮陶，胎呈淡灰色。尖唇，小矮领，斜沿外卷，有肩，矮腹、大圜底，通体无纹饰，仅在肩部有一道不规则的抹划凹纹。高14.6厘米（图4-32:11；图4-33:3）。20121111JSW007，夹粗砂红褐胎灰陶。方圆唇，侈口，束颈，素面，轮制，颈部外壁轮制痕迹明显。残高4.3、厚0.7~0.9厘米（图4-32:8）。

陶蘑菇形器纽　2件。12ZQ（A）：78　泥质灰陶，质地坚硬。制作规整。磨光。纽直径5.9、残高3.8厘米（图4-32：9）。20121112LQY017，泥质灰陶。顶部有一周凹弦纹，轮制，捉手下部残留有明显的轮制痕。素面，表面存留有磨光痕迹。残高3.3、直径5.2厘米（图4-32：10）。

（2）东周时期

主要包括兵器、陶器等。

铜剑　2件。QCZS：15，剑茎薄，前窄后宽，中脊凸棱，有剑格，筒式剑柄。长44厘米（图4-34：1；图4-35：1）。QCZS：16，剑茎宽直，坡刃，前段有血槽，中起脊，无剑格，剑柄扁柱形。长49.8厘米（图4-34：2；图4-35：2）。

铜削　2件。QCZS：17，完整，刃部锈残。厚背薄刃，前窄后宽，柄实心，前细后粗，饰双股缠线纹，间以散点乳丁纹。通长32厘米（图4-34：17；图4-35：5）。QCZS：18厚背薄刃，锋微翘，扁柄，柄首扁环形。通长25.1厘米（图4-34：18；图4-35：6）。

铜镞　1件。QCZS：19，扁薄体，中起脊，两侧翼带倒钩，圆柱铤。通长5.8厘米（图4-34：3；图4-35：3）。

陶鼎　3件。12ZQ（B）：107，足底部。夹砂浅红陶，质地硬。足为渐收细的圆柱体。足底直径

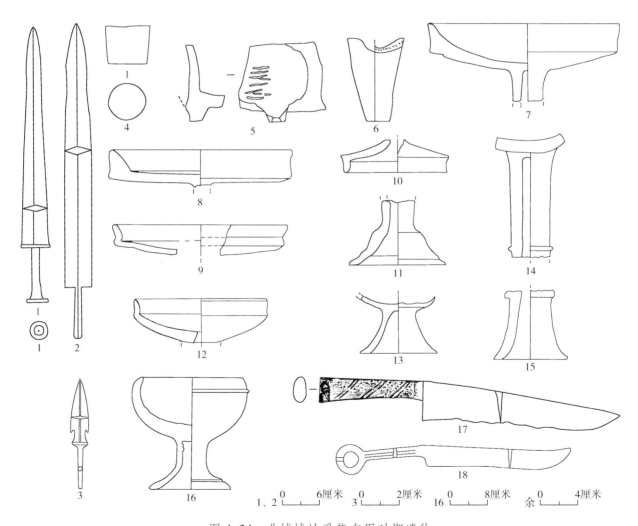

图4-34　曲城城址采集东周时期遗物

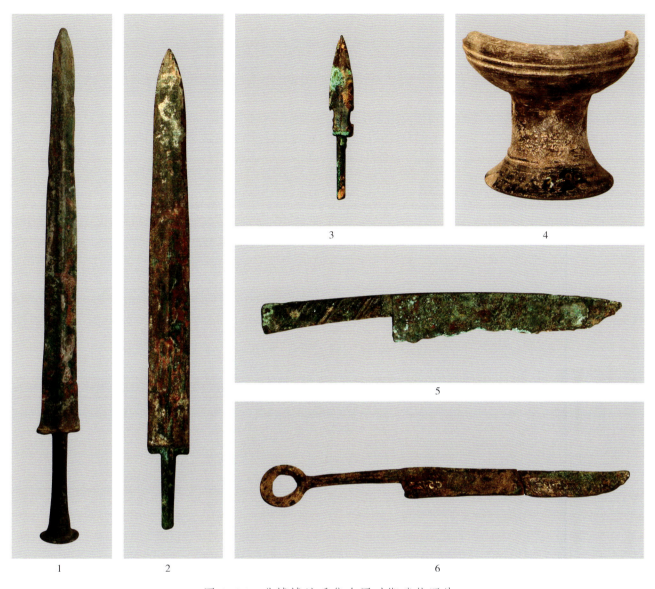

图4-35　曲城城址采集东周时期遗物照片

4.2厘米（图4-34：4）。12ZQ（C）：172，鼎足根部与腹底部相接处，仅余足根痕迹。夹滑石红褐陶。足根处有乳突，其下端经长期使用，磨得光平而坚硬，这可能是较高的足脱落后继续使用所致。在腹部留了数道细长的划痕，以利足与腹的紧密结合。残高8.2厘米（图4-34：5）。12ZQ（A）：77，足。夹砂红褐陶。质地粗疏。圆锥体，足根内有凹窝，为一次性捏制而成。高9厘米（图4-34：6）。

陶豆　10件。12ZQ（A）：70，豆盘。泥质灰陶，质地硬。器形规整，浅盘弧腹，盘外沿直立，圆唇，豆柄细，空心。盘径20.4厘米（图4-34：7）。12ZQ（A）：68，豆盘。泥质灰陶，质地极硬。浅盘，盘底较平，立沿较厚，圆唇，立沿内外磨光，盘内底磨光，并有八周同心圆暗纹。盘径20厘米（图4-34：8）。12ZQ（B）：115，豆盘。泥质黑皮灰白陶。浅盘，较矮，圆唇，外沿凹，内沿内弧。表皮全为磨光。盘径19.5厘米（图4-34：9）。12ZQ（B）：111，豆柄底座。夹砂灰陶，质地稍硬。底口在喇叭口下做成内收的立沿。底径11厘米（图4-34：10）。12ZQ（A）：66，豆柄底座。泥质浅灰陶，质地极硬。豆柄细，空心，底座喇叭形，底座与豆柄拼接处形成较大凸起。底径 10.5 厘米（图 4-34：11）。20121111JSW003，豆盘。泥质灰陶。圆唇，敛口，折腹，圈底。素面，内外壁磨光，轮制，外壁轮制痕迹明显。口径 14.8、残高 4.7、厚 0.9~1.1 厘米（图 4-34：12）。12ZQ（A）：69，矮柄豆的底座。泥质青灰陶，质地硬。底座至豆盘内底高 5.2、底口直径 8.4、壁厚 0.6~0.8 厘米（图 4-34：13）。12ZQ（A）：64，豆柄近豆盘的部分。泥质黑皮陶，质地稍粗疏，豆柄细高，中部有凸棱。豆柄孔径 2.2 厘米（图 4-34：14）。12ZQ（A）：65，豆柄底座至中部凸棱的一段。泥质灰陶，质地硬。器壁厚，粗柄，小喇叭形底座。底径 8 厘米（图 4-34：15）。QCZS：9，深腹粗柄豆。泥质磨光灰陶，质地硬。豆柄近喇叭形，豆盘为深腹，尖唇，内敛口，盘外缘饰一道较粗的凸棱，底口处饰一道凸棱。豆柄中部直径 6.6 厘米（图 4-34：16；图 4-35：4）。

（3）西汉时期

此时期的遗物非常丰富，种类多样。有建筑材料、生活用品和生产工具等。

踏步砖 2 件。QCZS：2，灰色夹砂陶，质地细密，十分坚硬。顶面有花纹、底面表层为一层细沙。顶面稍平，花纹为斜向分布的正方形图案单元，中有多重亚字形纹。花纹深浅有差，可见是用一种方形模子压印而成。厚 3~3.2 厘米（图 4-36：1）。12ZQ（A）：19，夹砂红褐陶，质地粗疏。底面不平，残边增厚，似乎是转角的迹象。顶面有花纹，花纹为斜向分布的正方形图案单元，界格为较宽的凸线，界格内为多重缺角正方形。厚 4.4~4.8 厘米（图 4-36：2）。

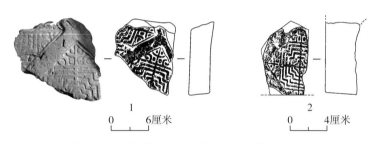

图 4-36　曲城城址采集西汉时期踏步砖

铺地砖 曲城城址中最主要的一种建筑用砖。多数正面有花纹，少数为素面铺地砖。

模印花纹铺地砖 5 件。花纹可见有四种，最多的是斜向分布的正方形图案单元，中为四个小三角形，砖的边缘处则只保留斜方格的二分之一，即大三角形内有两个小三角形，可能这种砖的花纹也是用一个小模子分别捺印而成的。12ZQ（A）：17，砖的一角。夹砂灰陶，质地稍粗疏。厚薄不匀，制作粗糙。厚 4.6~5 厘米（图 4-37：1）。12ZQ（A）：13，夹砂灰陶，陶土中杂有草秸，质地硬。底面略平。厚 4.3 厘米（图 4-37：2）。12ZQ（A）：15，砖的一边。泥质灰陶。底面、顶面均平整，较薄。厚 2.5 厘米，（图 4-37：3）。12ZQ（A）：16，砖的一角。泥质浅灰陶，质地硬。底面平整，呈火烧的红色。顶面花纹几乎不留边廓，可见图案为多重斜线，可能是一种几何纹。厚 2.7 厘米（图 4-37：4）。12ZQ（B）：101，砖的一角。泥质红褐陶，质地硬。做工细致，顶面、底面均平整，厚度均匀，顶面可见宽 2.6 厘米的边廓线，其内花纹不清楚。厚 3.2 厘米（图 4-37：5）。

素面铺地砖 5 件。素面砖顶面、底面均无纹饰，有的底面有绳纹，可能造砖时砖下铺了秸草类编织物。12ZQ（B）：100，砖的一角。夹粗砂红褐陶，陶土内多草秸，质地粗疏。顶面内凹，稍光，底面平而不光，无纹。残宽 12.3、残高 9.6 厘米（图 4-37：6）。12ZQ（B）：105，夹砂泛白色浅灰陶，质地坚硬。可见不整齐的一边，顶面似有残破，底面在一边有高起的边廓，向内为平整面，有绳纹。厚 4.6 厘米（图 4-37：7）。12ZQ（B）：106，夹砂灰陶，质硬。顶面光平，有磨光痕迹，底面平，可见分布方向并不一致的块状绳纹。厚 5.3 厘米（图 4-37：8）。12ZQ（A）：12，夹砂泛白色浅灰

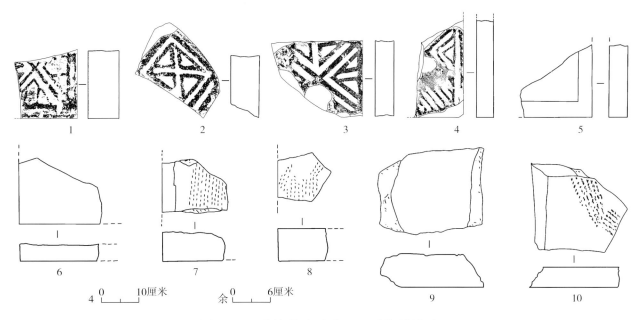

图 4-37 曲城城址采集西汉时期铺地砖

陶，质地坚硬。顶面有光平的磨光面，底面略平，有手捏痕迹和整齐的绳纹。厚 5.4 厘米（图 4-37：9）。12ZQ（A）：11，夹砂灰陶，质硬。顶面光平，有磨光痕迹，底面平，可见分布方向一致的绳纹。厚 3.3 厘米（图 4-37：10）。

瓦当 分为素面半瓦当和卷云纹瓦当两种。

素面半瓦当 3 件。12ZQ（A）：43，半瓦当。夹砂暗灰陶，质极硬。当面磨光，既无花纹，也无边廓。相接的筒瓦较厚，厚 1.2~1.8 厘米，顶面饰绳纹，底面素面，有手捏痕。筒瓦有深 0.3 厘米的外切痕，近当面的筒瓦侧边有直径 0.4 厘米的插钉孔。当面直径约为 16、厚 0.7 厘米（图 4-38：1）。12ZQ（A）：39，半瓦当。夹砂泛白色浅灰陶，质极硬。既无花纹，也无边廓，相接的筒瓦厚 1.2 厘米，顶面不平，有断续的绳纹，底面平整，无纹饰。当面厚 0.7 厘米（图 4-38：2）。

卷云纹瓦当 3 件。12ZQ（A）：48，带有筒瓦的一块。夹砂暗灰陶，质硬。图案有双线界格和

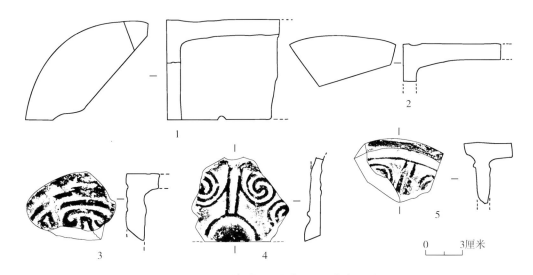

图 4-38 曲城城址采集西汉时期瓦当

单线卷云纹。当面厚 1.9 厘米（图 4-38：3）。88ZQ（A）：79，半瓦当的中心部位。夹细砂灰陶，有半圆形当心，居中为双线界格，两侧为多重卷云纹。厚 0.8 厘米（图 4-38：4）。88ZQ（A）：72，圆瓦当接筒瓦的一边。夹砂浅灰陶。薄胎，当面图案为双线界格，双线卷云纹。边廓宽 0.8、高 0.9、当面厚 0.9 厘米（图 4-38：5）。

筒瓦 4 件。12ZQ（A）：37，完整。夹砂暗灰陶。瓦舌拼接处较平缓，舌尖薄，瓦舌顶面有经抹平的绳纹。瓦身前端直，渐薄，顶面后段饰直向细绳纹，前段为凸起的瓦棱纹，底面瓦棱不明显，前端有较重的手抹痕。全长 37、宽 16.8、拱高 7 厘米（图 4-39：1）。12ZQ（A）：37-1，残，有完整宽度。夹砂灰陶，质硬，制作规整。瓦舌拼接处陡起，舌尖加厚，瓦舌顶面的斜向绳纹上有两道整齐的旋转刮痕。顶面为凸起的瓦棱纹，底面瓦棱稍平缓。宽 16、拱高 9 厘米（图 4-39：2）。12ZQ（B）：107，残。夹砂暗灰陶，质硬。瓦舌有经抹平的斜向绳纹。胎薄，顶面、底面均为凸起的瓦棱纹，顶面的瓦棱纹顶部有深深的斜向绳纹。厚 1.1 厘米（图 4-39：3）。12ZQ（C）：133，夹砂暗灰陶，质硬。顶面满饰不甚整齐的斜向绳纹，底面近前端及侧边部分有较重的手捏痕迹，向内有横向扫纹，一侧边有内切痕。瓦中间厚，前端减薄。厚 0.9~1.3 厘米（图 4-39：4）。

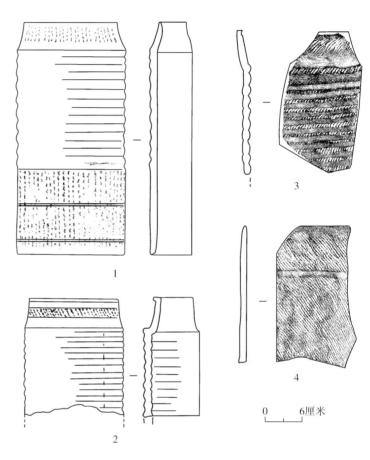

图 4-39 曲城城址采集西汉时期筒瓦

板瓦 9 件。凹面纹饰稍复杂，有瓦棱纹、网格纹、麻点纹、手捏痕迹等多种；一般凸面前半段饰绳纹，凸面后半段瓦棱纹，相接部分有两种纹饰交错现象。12ZQ（C）：135，夹砂浅灰陶，质硬。前端减薄，端沿平，凸面饰直行绳纹，凹面饰大网格纹。厚 1.3 厘米（图 4-40：1）。12ZQ（C）：136，夹粗砂暗灰陶，质硬。端面残，但此段减薄较重，应该为前端。凸面饰直向绳纹及与绳纹相连的少许瓦棱纹，凹面有较深的粗线网格纹，绳纹上有宽 1.2 厘米的横向刮抹纹。厚 1.2~2.1 厘米（图 4-40：3）。12ZQ（A）：35，前端。夹砂暗红陶，质硬。前端略减薄，端面圆钝，厚度均匀，凸面饰斜向绳纹加较密集的横向刮抹纹，凹面为不整齐的麻点纹。厚 1.2 厘米（图 4-40：2）。12ZQ（A）：34，夹砂泛白色浅灰陶，质硬。前端减薄，端面圆钝，凸面饰横向刮抹纹和直向绳纹，绳纹开始与瓦棱纹相接，凹面有整齐的细线网格纹，一侧边有深 0.3 厘米的内切痕。厚 1.2~1.6 厘米（图 4-40：4）。12ZQ（A）：31，绳纹部分与瓦棱纹部分相接的部分，是一种大型板瓦。夹砂暗灰陶。凸面瓦棱纹较浅，绳纹为直向，不整齐，凹面瓦棱不明显，可见密集的横抹修整痕迹，一侧边有深 0.3 厘米的内切痕。残块长 42、宽 28、厚 2 厘米（图 4-40：5）。12ZQ（A）：33，夹砂青灰陶，质极硬。前端减薄，端面圆钝，凸面有较直的

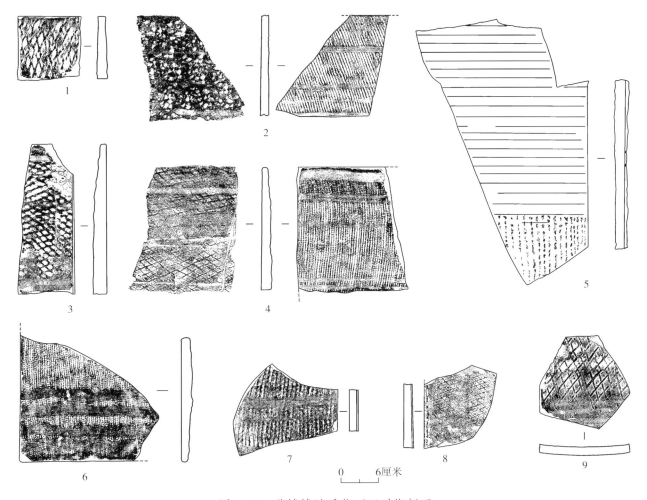

图 4-40　曲城城址采集西汉时期板瓦

细绳纹和横向刮抹纹，凹面素面，有少许横扫纹，一侧边有较浅的内切痕。残宽 20、残高 21.5 厘米（图 4-40:6）。12ZQ（A）:29，泥质泛白色浅灰陶，质极硬。凸面饰直向绳纹和横向刮抹纹，凹面为细沙粒般的凹点，一侧边有深 0.2 厘米的内切痕。厚 1.5 厘米（图 4-40:7）。12ZQ（A）:21，夹砂黑灰陶，质硬。凸面饰瓦棱纹加斜向绳纹，凹面为小网格纹，一侧边有深 0.3 厘米的内切痕。厚 1.4~1.6 厘米（图 4-40:8）。12ZQ（A）:20，夹砂暗灰陶，质极硬。凸面为较深的瓦棱纹加细绳纹，凹面为大网格纹，一侧边有深 0.5 厘米的内切痕。厚 1.4~1.5 厘米（图 4-40:9）。

陶鼎　1 件。12ZQ（C）:169，半环形横耳。泥质浅红陶，质地硬。制作粗糙（图 4-41:1）。

陶豆　5 件。12ZQ（B）:110，较完整。夹细沙灰白陶，质地坚硬。器形不规整，胎粗厚，浅盘弧腹，粗柄，足底突然外撇。高 12.7、盘径 13.2 厘米（图 4-41:2）。12ZQ（B）:112，豆柄中部至豆盘底部的一段。泥质灰陶，质地较硬。器形粗矮。残高 5、壁厚 1.3 厘米（图 4-41:7）。12ZQ（A）:61，豆柄近底座的部分。夹砂黑灰陶，质地稍粗疏。器形不规整，手制痕迹重，豆柄细，空心。是一种形体较小的高柄豆。直径 1.4 厘米（图 4-41:3）。12ZQ（A）:59，豆柄近豆盘的部分。泥质黑陶，质地硬。柄中空，豆柄、豆盘壁厚均为 1 厘米以上，豆柄向下收细，有横向刮抹痕迹。是一种汉代常见的高柄豆。柄孔直径 2.6 厘米（图 4-41:5）。12ZQ（A）:67，豆盘。泥质暗灰陶。浅盘弧腹，盘内面磨光，豆柄细，空心。盘径 18.4、腹壁厚 1.2 厘米（图 4-41:6）。

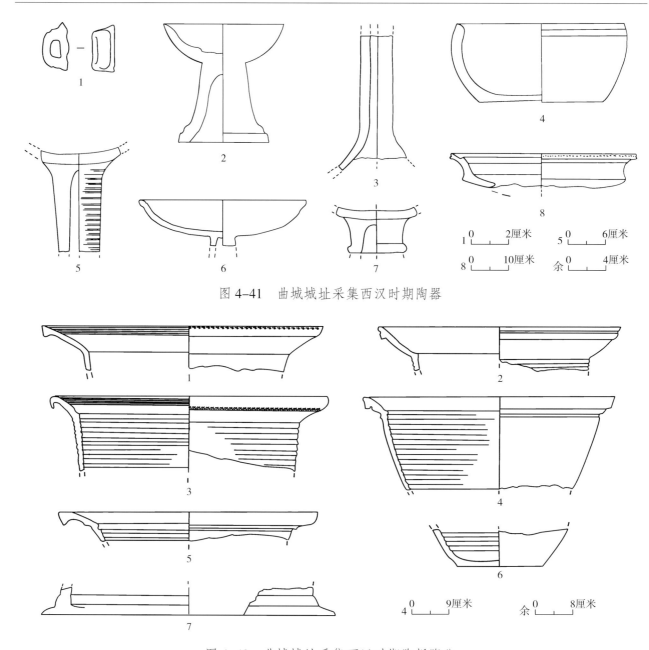

图 4-41　曲城城址采集西汉时期陶器

图 4-42　曲城城址采集西汉时期陶折腹盆

陶碗　1件。12ZQ（A）:81，夹砂白陶，质地硬。大口、平沿、弧壁，平底内凹。内面有轮旋纹，外壁近口处饰两道弦纹。口径18、高8.5、壁厚0.9厘米（图4-41:4）。

陶折腹盘　1件。12ZQ（C）:157，折腹盘的口沿至折腹部分。泥质灰陶，质地硬。大口浅腹，口沿外折。外壁素面，内面磨光，腹内壁有两道折棱。口径50厘米（图4-41:8）。

陶折腹盆　7件。这类器物在陶片中所占比例较大，可能是当时使用的主要陶器之一。盆的种类较多，一般为大型器。12ZQ（B）:119，口沿。泥质浅灰陶，质地硬。斜折沿宽11厘米，呈外弧形，叠唇，唇外侧有一道压印粗绳纹，口沿处七道阴弦纹，腹壁直，内壁磨光。口径61厘米（图4-42:1）。12ZQ（B）:120，口沿。夹细砂暗灰陶，质地极硬。斜折沿宽9厘米，呈内弧形，叠唇，唇外侧有一道凹槽，腹壁稍直，腹外壁瓦棱明显，内壁有细密的轮制细

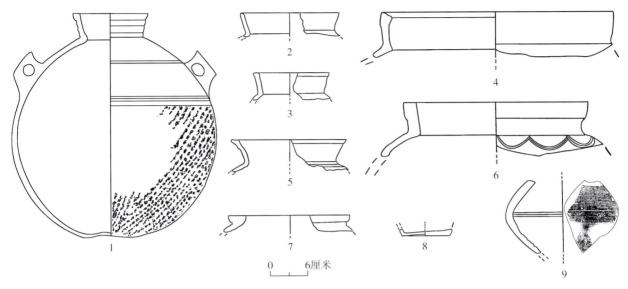

图 4-43　曲城城址采集西汉时期陶罐

线，无磨光。口径 52 厘米（图 4-42：2）。12ZQ（C）：159，口沿。夹砂暗灰陶。斜折沿宽 6.3 厘米，口沿外卷，尖唇，唇外侧有一道压印粗绳纹，口沿内面磨光，有六道凹弦纹，腹壁直，内外壁瓦棱纹明显。口径 60 厘米（图 4-42：3）。12ZQ（A）：42，口沿。泥质泛红白色浅灰陶，质地极硬。斜折沿宽 6.6 厘米，叠唇较厚重，唇外侧有一道绳纹，腹斜直下收，内侧有较密的瓦棱纹。口径 54.6 厘米（图 4-42：4）。12ZQ（A）：47，口沿。泥质浅黄陶，质地极硬。薄胎，斜折沿宽 9 厘米，叠唇，腹斜直，内侧有较细的瓦棱纹。口径 56 厘米（图 4-42：5）。12ZQ（A）：50，底部。泥质青灰陶，质地硬。大平底，下腹斜收。腹外壁素面，内壁有整齐的瓦棱纹。底径 18 厘米（图 4-42：6）。12ZQ（C）：153，底部。夹砂白陶，质地硬。大平底，器形不规整，器壁粗厚。底径 64、厚 1.7 厘米（图 4-42：7）。

陶罐　9 件。QCZS：6，夹细砂淡灰陶，质地坚硬。小口外斜，外折沿，矮领，溜肩，设一对錾形耳，圆腹，腹部多处凹陷，内凹底。肩部以上磨光，饰数道阴弦纹，肩部以下至底满饰规整的斜向绳纹。高 36 厘米（图 4-43：1；图 4-44）。12ZQ（B）：117，罐口。泥质青灰陶，质地极硬。内外磨光，小矮领，口斜直。口径 16 厘米（图 4-43：2）。12ZQ（C）：149，罐口。夹砂白陶，质地硬。口斜直，矮领。口径 13 厘米（图 4-43：3）。12ZQ（C）：148，大罐口。泥质灰陶，质地极硬。直口，口沿内敛。外壁磨光。口径 37.8、残高 7.2 厘米（图 4-43：4）。12ZQ（A）：55，罐口。泥质灰陶。制作精良，侈口，束领，外壁磨光，可见两道凹弦纹。口径 19 厘米（图 4-43：5）。12ZQ（A）：56，大罐口肩部。夹砂白陶，质地硬。叠唇，直口，平沿，

图 4-44　曲城城址采集西汉时期陶罐照片

矮领。外表磨光，领、肩部饰一周手划的连弧纹，具有装饰美感。口径 30 厘米（图 4-43：6）。12ZQ（C）：146，罐口。夹滑石灰陶，质地稍粗疏。叠唇，平沿，无领。口径 20 厘米（图 4-43：7）。12ZQ（C）：154，小罐底。夹砂灰陶。小平底，内凹。表面为横向粗绳纹，内壁有单向粗绳纹。壁厚 0.5 厘米（图 4-43：8）。12ZQ（B）：116，罐腹片。泥质灰陶，质地极硬。器形为溜肩、鼓腹、下腹斜收，下腹部饰细绳纹，腹中部三道绳索纹，肩部素面，近颈部有数道阴弦纹，腹内壁有手捏和轮旋痕迹。壁厚 1.2 厘米（图 4-43：9）。

陶壶 3 件。12ZQ（B）：108，圈足。泥质灰陶，质地稍硬。圈足较矮，下口外撇。壶外壁磨光，内壁粗糙，断茬处可见圈足拼接器底的痕迹。底口直径 10 厘米（图 4-45：1）。12ZQ（C）：150，壶口沿。夹砂白陶，质地极硬。口沿增厚，上平，口略直，微外侈，束领。口径 18 厘米（图 4-45：2）。12ZQ（B）：109，壶的圈足。泥质灰陶，质地稍硬。圈足下口外撇，与壶底相接处可见拼接痕迹，先在壶底划上较深的横、斜交叉的沟槽，然后将圈足加力按压，使二者紧密结合。高 6 厘米（图 4-45：3）。

陶扁壶 1 件。12ZQ（A）：82，口残。夹砂灰白陶，质地硬。底为椭圆形，上凹，外形如假圈足，壶身呈扁圆形，肩部有厚重的细孔贯耳。残高 21、腹部最大径 27、底径 14.6、厚 0.6 厘米（图 4-45：4）。

陶釜 2 件。12ZQ（A）：53，腹片。夹滑石红褐陶，质地稍粗疏。制作较规整，带腰檐，腰檐顶部有一周凹槽（图 4-45：6）。12ZQ（A）：71，口腹部。夹砂，陶色红褐杂驳，质地稍粗疏。制作不规整，厚唇，口部内敛，子母口，圆肩。壁厚 1.2 厘米（图 4-45：9）。

陶器座 1 件。QCZS：14，适用放置瓮、盆一类大型圜底器。夹砂浅灰陶，质地坚硬。器形完整，圆筒形，腰部收细，有四个直径 3 厘米的小孔，底部喇叭口，顶部侈口，口沿加厚。口径 60 厘米（图

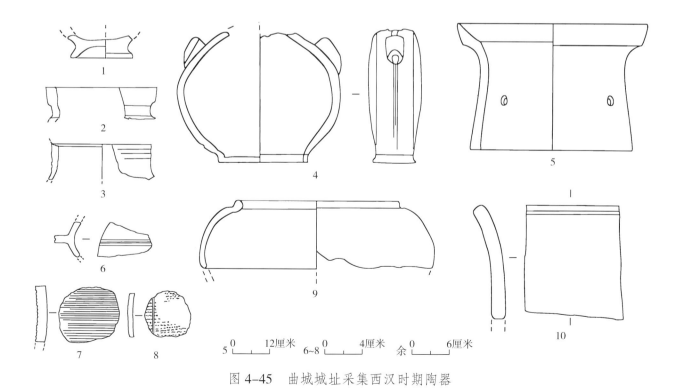

图 4-45　曲城城址采集西汉时期陶器

4-45：5；图 4-46）。

圆陶片 2件。12ZQ（C）：176，泥质灰陶，质地硬。一面光一面为密集的瓦棱纹，系用盆腹片简单打制而成，形状不甚圆。直径约 6 厘米（图 4-45：7）。12ZQ（C）：178，泥质灰陶，质地硬。一面光一面绳纹，系用罐腹片简单打制而成，周边不整齐。直径约 4.8 厘米（图 4-45：8）。

不明器物 12ZQ（C）：156，夹砂灰陶，质地硬，有断面的一端严重翘起，凸面有斜向绳纹，凹面光素无纹，也许是变形的板瓦，也许是一种陶管道的残片。长 18、宽 15、厚 2.1 厘米（图 4-45：10）。

图 4-46 曲城城址采集西汉时期陶器座

陶钱范 1件。12ZQ（A）：44，是钱范不带币文的一合。夹细砂灰褐陶，陶胎内有许多气孔，质地轻，但不疏松。造型整齐，底面略平，但不光滑。顶面有使用磨光痕迹，泛暗红色。顶面近一侧边处可见 4 枚钱模，中间 2 枚完整，两侧 2 枚大部分残缺。钱模为阴纹沟槽，外圆内方，中心有比钱纹更深的如缝衣针粗细的小孔。钱模的外圆直径 2.5、方孔边长 1.2、钱模间距 0.2 厘米（图 4-47：1）。

陶拍 1件。12ZQ（C）：175，柄残断，拍面基本完整。夹砂灰陶，质地极硬。外表磨光，圆饼形，中厚边薄，拍面光滑无纹饰。直径 11 厘米（图 4-47：2）。

陶纺轮 2件。12ZQ（C）：177，泥质灰陶，质地硬。圆饼形，厚薄不匀，两平面及侧面均经使用磨损，中孔一边大一边收细。直径 4.5 厘米（图 4-47：3）。20121112LQY002，泥质灰陶。圆饼形，穿孔，素面。直径 5.1、孔径 1.1、厚 1.9 厘米（图 4-47：4）。

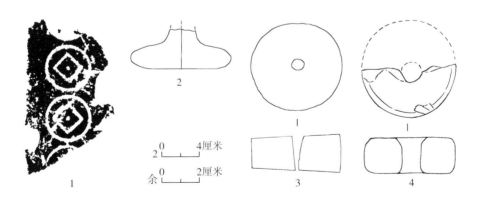

图 4-47 曲城城址采集西汉时期遗物

（4）东汉至北朝

遗物丰富，有建筑材料、生活用品和生产工具等。

铺地砖 4件。2件残损严重，形状不明；2件正方形，图案单元中为穿璧纹，两条线成十字交叉，间以四个 "S" 纹。QCZS：3，砖的一角。暖灰色夹砂陶，质地较坚硬。一面有花纹，仅见一行三个图案单元。中间的大致完整，左右两个仅为残痕。花纹纹路深度均匀，不似其他遗址的同类花纹砖花纹深浅不一，可能是花纹用整模一次印成。厚度 7 厘米（图 4-48：1、2）。12ZQ

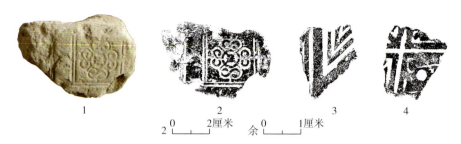

图4-48　曲城城址采集东汉至北朝铺地砖

（C）：132，泥质泛白色浅灰陶，极硬。顶面花纹中的界格线是阴线。厚4.5厘米（图4-48：4）。12ZQ（B）：102，砖的一边。泥质泛白色浅灰陶，极硬。界格线较宽，界格内的花纹可能是多重凸线三角形。厚4.6厘米（图4-48：3）。

　　长条砖　6件。12ZQ（A）：6，夹粗砂暗灰陶，色泽不匀，质地极硬。顶面平，底面有均匀的绳纹，一侧边有四重菱格纹，可能为多组连续，每组间有双线界格。长条砖中尺寸最大者，宽16、厚6.9厘米（图4-49：1）。12ZQ（A）3，夹细砂红陶，质地极硬。底面平，无纹饰，顶面不平，内凹，一侧边有四重菱格纹，每组间无界格，但有二乳丁。宽13.2、厚4.2厘米（图4-49：2）。12ZQ（A）：4，夹砂灰陶，质地稍硬。底面平整，无纹饰，顶面凹，侧边为连续三重菱格纹。宽13.4、厚4.8厘米（图4-49：3）。12ZQ（A）：5，泥质灰陶，稍硬。底面平，无纹，顶面凹，一侧边有两重菱格纹，是较薄的一种。宽13、厚4.5厘米（图4-49：4）。12ZQ（A）：1，泥质浅灰陶。此砖为长条砖的一端，底面平整，无纹饰，顶面不平，内凹，一侧边有花纹，花纹单元以双线界格隔开，第一组为

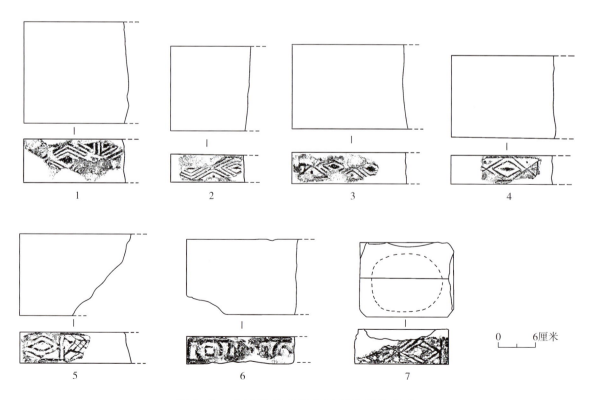

图4-49　曲城城址采集东汉至北朝长条砖

双线无心菱格，另一组为一残缺的斜向方格纹。宽 13、厚 4.8 厘米（图 4-49：5）。12ZQ（A）：2，夹砂灰陶，质地硬。做工粗糙，外形不规整，厚度不匀，底面略平，无纹饰，顶面不平，内凹，一侧边有花纹，但保存不甚完整，第一组为外圆内方的钱币纹，每组间以双线界格。宽 12、厚 4.2 厘米（图 4-49：6）。

　　另，长条砖经加工用作柱础的共发现 4 件。用长条砖的二分之一，在表面凿下凹窝。12ZQ（A）：7，取用侧边带菱格纹一端的灰条砖。在一面下凿深 1.8、直径 8.3 厘米的凹窝，条形錾痕，无研磨痕迹（图 4-49：7）。

　　瓦当　有半瓦当、圆瓦当两种。

　　半瓦当　1 件。QCZS：1，夹砂青灰陶，质地十分坚硬。厚胎，厚薄不均匀，有外切痕。瓦当外缘大部分残缺，两侧可见直径 0.9 厘米的切割圆孔，当面花纹位置不端正。当心为半圆形，圆内为双曲尺线，当面居中为双线界格，底边横向界格一边有残缺，界格之间为双钩卷云纹。据界格线位置，该图案很可能是用圆瓦当图案的模子印在这种半瓦当上，故半瓦当底边才会出现一边无界格一边双界格的情况。当面厚 1.2、筒瓦厚 1.4 厘米（图 4-50：1）。

　　圆瓦当　12 件。12ZQ（A）：51，不与筒瓦相接的部分。夹砂灰陶，质极硬。当面边廓宽 2.6 厘米，当内图案不辨是花纹还是文字。瓦当背面的边缘高 1.2 厘米，有轮切痕迹（图 4-50：2）。12ZQ（A）：49，瓦当的一块残边。夹砂灰陶，质硬。当面有边廓，花纹有双线界格，其一侧有五道直线和一点残留的弧线，其图案可能是树木卷云纹，也可能是文字。当面厚 1.3 厘米，相接的筒瓦厚 1.3 厘米（图 4-50：3）。88ZQ（A）：73，夹砂浅灰陶，质硬。当面平，无高起的边廓，当心为

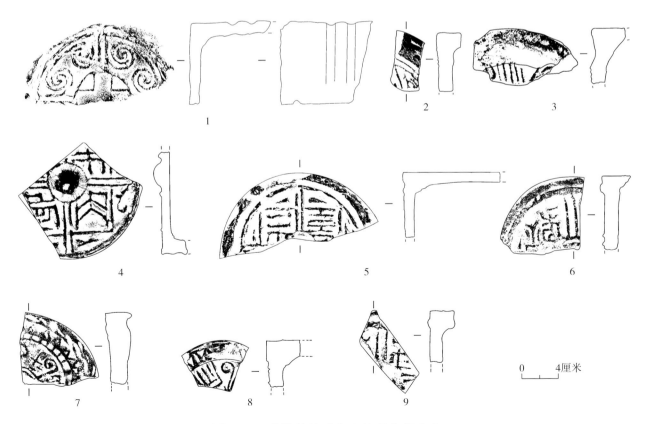

图 4-50　曲城城址采集东汉至北朝瓦当

高起的半球形，双线四界格，加之与界格线垂直相交的一个单线正方形。界格与正方形分隔成的四个框内各有一字，一为"天"字；两字残，另一字失。字笔画直折，有汉隶风格。当面周边空余部分以如意等纹样填充。当面厚1.1、当沿厚1.2厘米，当心比当沿高出1.3厘米（图4–50∶4）。88ZQ（A）∶60，存二分之一，带有筒瓦。夹砂泛白色浅灰陶，质硬。顶面为绳纹，底面素面。厚1.3厘米，与瓦当相接处在底面敷贴加厚。当面有略微高起的边廓和一道边轮，内图案双线界格与正方形垂直相交，当心的半球形残失，仅余外圆。当面应为四字，今存两字：一字完整，为"未"；另一字不识。字笔画直折，有汉篆风格。当面厚1.1厘米（图4–50∶5）。12ZQ（A）∶57，夹砂黑皮陶，瓦当外表黑色，胎心及内面为浅灰色，质硬。当面边廓向内为高起的一道边轮，图案可能为四道双线界格，当心仅余外圆，界格内有一"汉"字，字边缘略残，汉篆书体。当面厚1.5、当沿高3、边廓宽1.7厘米（图4–50∶6）。88ZQ（C）∶138，泥质深灰色陶，质地极为坚硬。瓦当正面的图案部分比较规整，周缘和背面手制痕迹严重，很粗糙。边廓高起，向内有两周依次凹下的花纹带，外周为捺窝花边及"之"字折线，内周为锯齿纹，再内为平面，图案可能是四界格单线卷云纹。当心有双线圆圈，其内残失，界格内有简单的字划，可能为"平"字，汉隶书体。当沿高1.8~2.6厘米、当面厚1.5厘米（图4–50∶7）。88ZQ（A）∶74，有少量夹砂的青灰陶，质地硬。边廓略微高起，宽1.8厘米，饰不规则的"之"字折线，当面图案可见带卷云纹的双线界格，内有一"而"字，汉篆风格。当面厚1.5厘米（图4–50∶8）。12ZQ（A）∶52，夹砂泛白色浅灰陶，质硬。当面厚1.4厘米，有高起0.3厘米的边廓，向内有高起的边轮，图案为四道双线界格。当心残失，界格内有残失大半的一个字，不识，汉篆书体。残长9、残宽3厘米（图4–50∶9）。

　　陶壶　1件。QCZS∶8，腹片。印纹硬陶，暖灰色泥质陶，质地极硬。内面不光平，外表满饰二重菱格纹，有的地方经重复拍打，花纹重叠（图4–51∶1）。

　　陶罐　4件。12ZQ（C）∶155，罐底。泥质黑皮陶，胎心褐色，质地极硬。大平底，相连

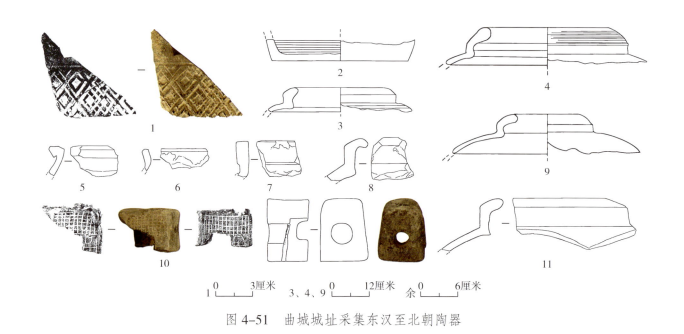

图4–51　曲城城址采集东汉至北朝陶器

的腹片外面磨光，内面有整齐的瓦棱纹。腹片厚 1.3、底厚 1.2、底径 22 厘米（图 4-51：2）。20121102AYX014，夹粗砂白陶。方唇，侈口，唇面微凹，唇下有一道垂棱。素面。轮制，口沿及外壁轮制痕迹明显。口径 13、残高 4.8、厚 1.2 厘米（图 4-51：5）。20121112LQY016，夹粗砂白陶。方唇，直口，口部外侧近肩处有一道宽凹槽。素面。轮制，沿面以及颈部外壁有明显轮制痕迹。残高 5.7、残宽 6.4、厚 2.2 厘米（图 4-51：7）。20121112LQY018，夹细砂白陶。圆唇，近直口，窄平沿。素面。残高 3.5、残宽 8.1、厚 1~1.3 厘米（图 4-51：6）。

陶瓮　5 件。12ZQ（C）：145，口沿。泥质青灰陶，质地极硬。制作十分精致，厚圆唇，内敛口，口沿内折，小矮领，圆肩，内壁平整，外表磨光，肩部可见三道凹弦纹。领口断茬处可见内外两层，制作时在口沿内贴敷泥片，做成比腹片厚许多的瓮口。口径 28 厘米（图 4-51：3）。20121102SQR017，夹粗砂细泥灰陶。圆唇，外斜沿，敛口，短颈。素面，外壁磨光，外壁颈肩部轮修痕迹明显。残高 6.3、残宽 5.8、厚 2~2.3 厘米（图 4-51：8）。20121112LQY018，夹细砂灰陶。圆唇，敛口，外斜沿，短颈，斜肩，颈肩交接处内壁有一凸棱。素面，肩部残留有磨光痕迹，轮制，内壁轮制痕迹明显。残高 9、残宽 20.3、厚 1.1 厘米（图 4-51：11）。12ZQ（C）：142，口沿。泥质灰陶，质地极硬。圆唇，内敛口，较宽的内折沿，矮领，口沿顶部有十周凹弦纹。通体素面，外表磨光，内壁有明显的手制痕迹，断茬处可见向内贴敷泥片做成口沿的痕迹。肩部厚 1.2、口径 38 厘米（图 4-51：4）。12ZQ（B）：121，口沿及肩部。夹砂白陶，质地极硬。圆唇，内敛口，内折沿，矮领，内壁有手抹痕迹，外表光。口径 19.7 厘米（图 4-51：9）。

陶枕　1 件。QCZS：5，残存约四分之一。泥质灰陶，暖灰色。长方体，呈鞍形，窄的两侧面有圆形透孔，长的两侧面有方形透孔。长的两侧面刻划小方格纹，其余部分外表磨光。中部中空，高 10 厘米（图 4-51：10）。

铁斧　1 件。QCZS：4，扁方体，两面刃，长方形銎，斧头窄而厚，斧刃宽而薄。熟铁锻打而成，锈蚀重，有薄片脱落。銎内残存两条用以塞紧斧柄的铁片（楔子）。长 12.5、宽 7.9、厚 2.8 厘米（图 4-52）。

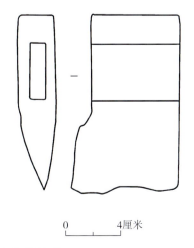

0　　　　4厘米

图 4-52　曲城城址采集铁斧

四　小结

三山与曲城所在的地区，夏商时期为岳石文化分布区，遗址面积不大，发现有少量遗物，当为土著居民的世居之地。根据《竹书记年》的记载，西周中期以前曲城即为土著居民的大型居邑，西周中期以后齐的势力大肆侵入。战国时期，遗址的数量和规模大幅增加，在两汉时期达到鼎盛。曲城目前的工作尚未对其建城时期提供证据，从西城墙剖面和其他遗迹看，城邑毁于东汉时期。

三山岛为孤立于海岸的三座小山峰，不具备居住和耕种的条件。中峰上发现的遗迹和遗物，最早可以到周代，结合三山的地理位置和与曲城的距离观察，在秦汉之前已为当地人进行祭祀活动的地点。秦汉时期，成为祭祀阴主之地。

"八神"为汉武帝立[1]，汉宣帝甘露四年（前50年）曾在曲城祠八神，"又祠参山八神于曲城"[2]。

---

[1]《汉书·郊祀志》，1258 页。
[2]《汉书·郊祀志》，1250 页。

第五章　阳主祠

一　地望的考察

《史记·封禅书》："阳主，祠之罘。"[1] 据《汉书·地理志》，东莱郡十七属县之一腄，颜师古注："有之罘山祠。"[2]

腄，《史记》作"锤"，东汉裁撤。2005 年，烟台市侯家村东岗东汉至北朝时期的墓地出土一块墓砖，侧面的双重边廓内有"大康八年（287 年）牟平徐奉章"[3]（图 5-1），说明此地当时属牟平。北魏《十三州志》："牟平县，在黄县南百三十里，即古腄县也。"[4]

唐《括地志》："牟平县城在黄县南百三十里。"[5]《福山县志稿》："牟平城在县西北二十五里，故址犹存。"[6] 在侯家村东岗墓地东南 10 千米、东距芝罘岛 20 余千米处，有秦汉时期的三十里堡古城（图 5-2）。

解道彪："阳庭有青城山，始皇射鱼处，即之罘山也。因腄名清阳城，故之罘号青城山，阳庭即腄城。"[7]《增修登州府志·山川·福山县》："之罘山，在县东北三十五里，三面距海，一名之罘岛。……其东南海中有垒石，相传武帝造桥，两石铭犹存。"[8] 明《一统志》和民国时期的方志均载有阳主祠在之罘山[9]。

烟台市北 5 千米有芝罘岛（见图 5-2），芝罘岛上尚有阳主庙，内有元代"八神阳主庙记"石碑（图 5-3；图 5-5）和一尊明代石造像（图 5-4）。

图 5-1　墓砖"大康八年牟平徐奉章"印文

[1]《史记·封禅书》，1367 页。

[2]《汉书·地理志》，1585 页。

[3] 现存烟台市博物馆。长条砖，长 28、宽 13、厚 7.3 厘米。夹细砂青灰陶，质地极硬。砖形规整，制作精致。底面内凹，布满粗绳纹。顶面光平，无纹饰。一条长侧边有手工切割留下的纵向痕迹，另一长侧边外缘有双重边廓，其内有 9 字："大康八年牟平徐奉章"，阳文，汉隶书体，字形率性自由。砖的一短侧边也有相同装饰和 1 行 3 字："君讳阶"，阳文，一格一字，汉隶书体，字形整齐而偏于刻板。所有装饰及文字皆模印而成。

[4]〔北魏〕阚骃撰，〔清〕张澍、王谟辑《十三州志》，清光绪十六年（1890 年）刻本，十七页。

[5]《括地志辑校》，149 页。

[6]《福山县志稿·寺观古迹》卷一之二，十三页。

[7] 引自〔清〕方汝翼、贾瑚修《增修登州府志》卷三，清光绪七年（1881）刻本，十一页。

[8]《增修登州府志》卷三，十一页。

[9]《福山县志稿·寺观古迹》卷一之二，民国九年（1920 年）修，民国二十年（1931 年）铅印本，十一页。

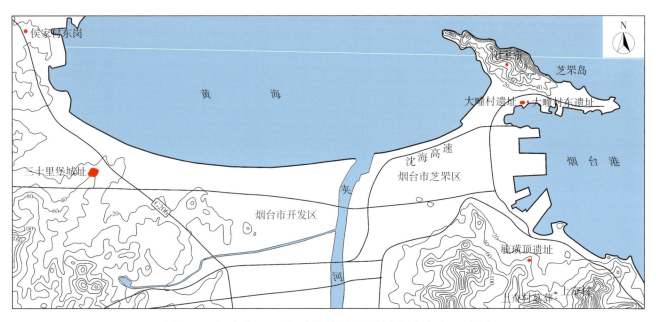

图 5-2　阳主祠、三十里堡城址及周围遗址分布示意图

图 5-3　"八神阳主庙记"石碑

图 5-4　明代石造像

八神阳主庙记

般阳府路福山县孙夼镇巡检傅获书丹，集贤待制承直郎杨遇篆额

齐多名山。福山，登之属邑，有之罘，高陟拔九里，周则倍五有半。四面並海，西圍两麓与邑壤相通。有庙食于盘，额曰："古祀八神阳主之庙"，远近之人咸知。严事、水旱、疫疠，必祭焉。记曰："山林川谷能出云为风雨，皆曰神矣。之罘屹然，东巨屏而又神之，灵德宜有以福生民，泽下土也"。

大元一统，区宇百祀受贼，□海内外罔不秩祀。□□都省下诸处，令具祀典，祠庙以闻，而之罘阳主犹未入，复□□命记□闻□□才。时縻贼于沅，归而后闻，每以隐诸心，但历年深□，闻见□□。虽像设具严，而碑识无致，未能臆决，比叨江淮省，万祇复□扬。与郡士益君邻，因遣子受读，公退过其舍，阅《史记·封禅书》，则八神名位具在："一曰天主，祠天齐。二曰地主，祠梁父。三曰兵主，祠蚩尤。四曰阴主，祠三山。五曰阳主，祠之罘。六曰月主，祠莱山。七曰日主，祠成山。八曰四时主，祠瑯琊。祠用牲牢珪币各异。"秦汉之君，从□封禅者具所亲祠，参之《郊祀志》亦合。宣帝虽不封禅，□□祠官行礼□。之罘主东，阳又东生，则阳主合在国朝岁祀之□。□□□□怀慊慊，一旦忽有得于目睫之间，窃意神能先觉，似有以阴启之也。八神□□□□，而后当有褒封之典，未及详订。兹据《寰宇记》《封禅书》《郊祀志》，用掫本末，□□圣朝崇礼敬神之意也。

元贞元年乙未孟夏，从侍郎前江淮等处行中书省左右司都事邑人初才记

奉训大夫、般阳府路登州知州兼管本州诸军奥鲁兼劝农事王寿

忠翊校尉、般阳府路登州达鲁花赤兼管本州诸军奥鲁兼劝农事塔□

少中大夫般阳府路总管兼管本路诸军奥鲁兼管内劝农事高英立石。

石匠迟进、迟惠刊。

图5-5　"八神阳主庙记"碑文拓片

图 5-6　清代阳主庙戏台

20 世纪 70 年代，石碑和石造像移至烟台市博物馆保存。据载清代阳主庙曾大修[1]，现尚存清代的戏台（图 5-6）。20 世纪 50 年代阳主庙用作营房。1967 年在大殿房基下的土坑内出土两组共 8 件玉器，后移交烟台市博物馆。

二　祠祀遗址的调查

芝罘岛位于烟台市芝罘区的北端，为长梭状陆连岛，东西长 9.2、南北宽 1.5 千米。岛上峰峦连绵，最高峰海拔 294.1 米。芝罘岛北岸为海蚀地形，临海悬崖高达 70 米。南岸为海积浅滩，向南有一条长 2000、宽 20 米的道路与陆地相连（见图 5-2）。

芝罘岛上与秦汉时期阳主祠有关的遗存，主要是 1967 年出土的玉器和在玉器出土地点东南 700 米处的大疃村遗址。遗址附近汉代墓葬的葬具使用了汉代建筑材料半瓦当、铺地砖等，这些建筑材料，可能曾用于阳主祠庙建筑。

2009 年春，项目组对芝罘岛进行了区域系统调查，没有新的发现。因涉及军事禁区，未能进一步开展工作。只采集了当地居民保存的相关材料。

1. 阳主庙出土玉器

芝罘岛中部是一处山中小台地，北依山峰"康王坟"，南、东、西也各有山岗环抱。台地南北长 130、东西宽 90 米。台地上有一座清代的阳主庙，庙的建筑沿中轴对称分布，由南向北依次为戏台、看房、马殿、大殿、后殿。20 世纪 50 年代阳主庙辟为军队营房，1967 年军队将大殿拆除，在房基下的土坑内出土两组八件玉器。

---

[1]《重修阳主庙碑记》，《福山县志稿》卷六之二，三十页。

土坑在阳主庙大殿下，离地表 1 米左右，为长方形。玉器分两组，间距约 1 米，器类、形制相同，均一璧、一圭、二觿[1]。

第一组玉器　4 件。

玉璧　青玉。两面满饰谷纹，细密均匀，内外缘各有较窄的廓线。直径 16.5、孔径 4、厚 0.5 厘米（图 5-7：1；图 5-8）。

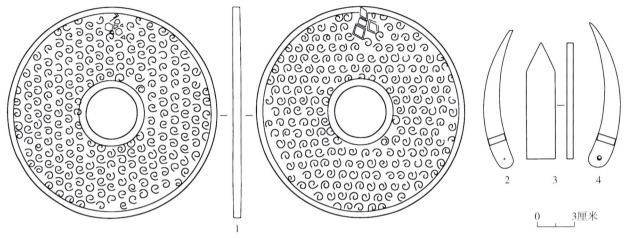

图 5-7　阳主祠出土第一组玉器平剖面图

图 5-8　阳主祠出土第一组玉器正、背面照片

---

[1] 烟台市博物馆《烟台芝罘岛发现一批文物》，《文物》1976 年第 8 期，93~94 页。文中提及 "1972 年文物普查时曾在老爷山顶和阳主庙前发现过大量的春秋战国时期陶片和汉代板瓦"，20 世纪 80 年代对上述地点进行了复查，并未没有发现早于汉代的遗存。

玉圭　青玉。尾部有斑白色杂质，光洁无纹饰。长 9.3、宽 2.3、厚 0.5 厘米（图 5-7：3；图 5-8）。

玉觽 1　青玉。色泽莹润，间有暗红沁色，光洁无纹饰，顶部有一小穿。长 11、尾部最宽处 1.52、厚 0.5 厘米（图 5-7：2；图 5-8）。

玉觽 2　青玉。玉质较差，有较多斑白色杂质，光洁无纹饰，顶部有一小穿。长 12、尾部最宽处 1.66、厚 0.5 厘米（图 5-7：4；图 5-8）。

第二组玉器　4 件。

玉璧　青玉。两面满饰谷纹，细密而均匀，内外缘各有较窄的廓线，花纹内有涂抹朱红颜料的痕迹。直径 15.5、孔径 4、厚 0.45 厘米（图 5-9：1；图 5-10；图 5-11）。

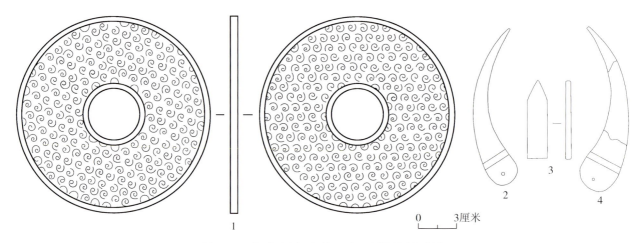

图 5-9　阳主祠出土第二组玉器平剖面图

图 5-10　阳主祠出土第二组玉器正、背面照片

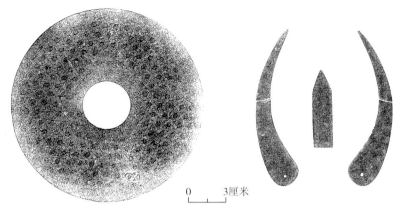

0　　3厘米

图 5-11　阳主祠出土第二组玉器拓片

（玉觿拓片均为玉觿 2 拓片）

玉圭　青玉。光洁，无纹饰。长 6、宽 1.5、厚 0.5 厘米（图 5-9∶3；图 5-10；图 5-11）。

玉觿 1　青玉。素面。顶部有一小穿。长 16、尾部最宽处 2.97、厚 0.5 厘米（图 5-9∶2；图 5-10）。

玉觿 2　青玉。素面。顶部有一小穿。长 12.7、尾部最宽处 1.8、厚 0.5 厘米（图 5-9∶4；图 5-10；图 5-11）。

2. 大疃村遗址

遗址为 2001 年旧村改造时发现，位于芝罘岛山前沿海台地上，西北 700 米处为玉器出土地点。从位置和遗址年代分析，该遗址应属于阳主祠遗址的一部分。

遗址东西长 150、南北宽 40 米，考古清理部分东西长 40、南北宽 20 米，发现了 6 眼水井（图 5-12）。

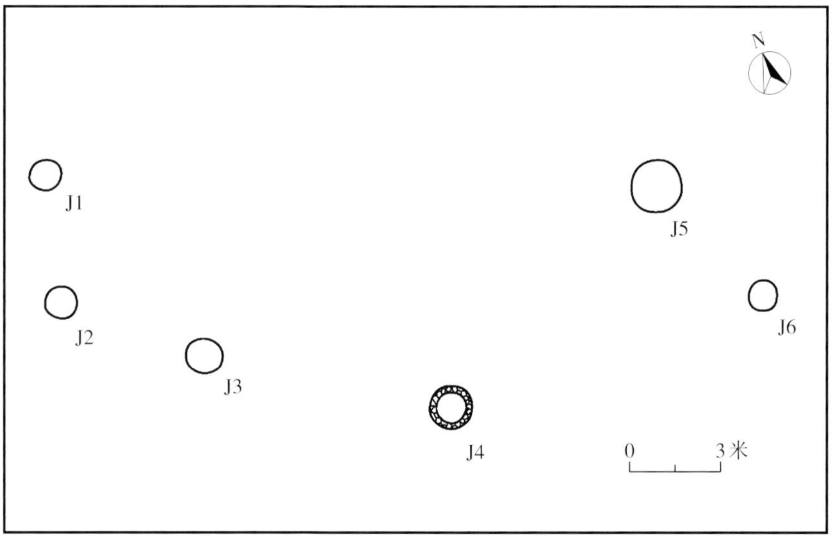

（1）遗迹

图 5-12　大疃村遗址遗迹分布图

井　共 6 座，均直筒形。YZDJ1，口径 1、深 3.2 米。出土灰陶扁壶以及侧边带菱格纹的子母口砖。YZDJ2，口径 0.85、深 1.1 米。无遗物。YZDJ3，口径 1.2、深 3.5 米。无遗物。YZDJ4，井口处以石块砌成。井口直径 1.4、以下部分直径 1、深 6.6 米。出土遗物有大平底陶罐、瓷碗等，后者遗失。YZDJ5，口径 1.8、深 6.3 米。出土遗物有陶豆柄。YZDJ6，口径 1、深 1.8 米。无遗物。

（2）遗物

出土了建筑材料、陶器和瓷器等。

板瓦　1 件。YZDJ4∶8，瓦首部分。泥质深灰陶，质地坚硬。板瓦凸面光素，隐约可见横扫纹，凹面为细密的布纹，两侧边有内切痕。首端两侧边完整，宽 20、瓦拱高 7、残长 37 厘米，瓦首向瓦尾 30 厘米处宽度渐渐增至 24.8 厘米，且厚度逐渐加厚（图 5-13）。

陶盆　1 件。YZDJ4:9，泥质浅灰陶，质地稍硬。大敞口，斜沿外折，口沿顶面有一道宽且深的凹槽，斜腹向下收细，大平底。盆口沿处有一个直径 0.7 厘米的圆孔修补痕迹。高 14.5、口径 46 厘米（图 5-14:9；图 5-15:1）。

陶扁壶　4 件。YZDJ4:1，灰白陶，夹粗砂，质地硬。侈口，平沿，小斜直领，广肩，肩设一对贯耳小鼻，圆腹，大平底稍内凹。高 22 厘米（图 5-14:1；图 5-15:2）。YZDJ4:2，泥质青灰陶，质地极硬。侈口，平沿，小斜直领，广肩，肩设一对贯耳小鼻，鼻孔上下贯通，孔径 0.4 厘米，圆腹，大平底稍内凹。高 22.7 厘米（图 5-14:2；图 5-15:3）。YZDJ1:1，夹滑石灰陶，质地极硬。扁腹两面各有两片摩擦面，透露出陶胎砂粒，当为使用痕迹，侈口，平沿，小斜直领，广肩，肩设一对贯耳小鼻，大平底稍内凹。高 24 厘

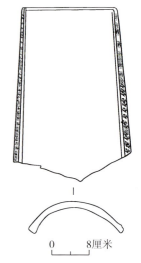

图 5-13　大疃村遗址出土板瓦

图 5-14　大疃村遗址出土陶瓷器照片

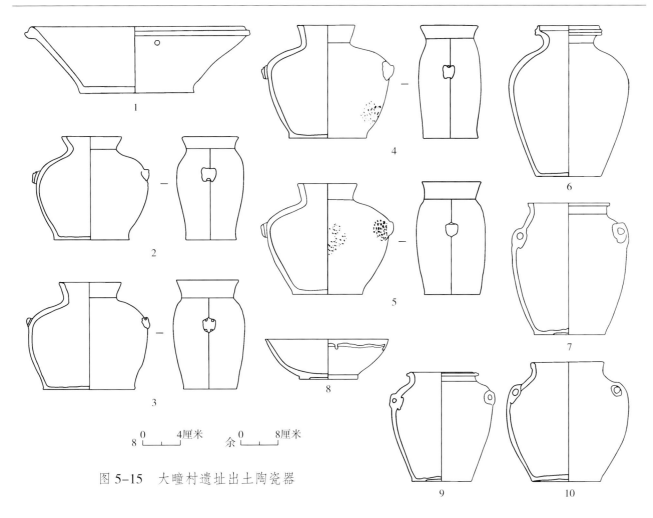

图 5-15　大疃村遗址出土陶瓷器

米（图 5-14：3；图 5-15：4）。YZDJ1：2，泥质灰陶，质地极硬。器形不甚规整，一边高一边低，扁腹两面各有三片摩擦面，直口，小直领，广肩，肩设一对贯耳小鼻，大平底稍内凹。高 24 厘米（图 5-14：4；图 5-15：5）。

陶盘口罐　1 件。YZDJ4：6，夹砂灰陶，质地稍硬。器形规整，尖唇，小盘口，束领，长圆腹，大平底，外腹有横扫纹。高 32 厘米（图 5-14：5；图 5-15：6）。

陶双耳罐　3 件。YZDJ4：3，夹粗砂灰陶，质地极硬。器形不规整，大口、平沿，小矮领，圆肩瘦腹，大平底，稍内凹。领下设一对扁条状横耳，耳孔用圆棍穿成，并向罐壁压成凹窝，该位置的罐内壁凸起并有裂纹，以泥饼修补。手制痕迹重，器壁、器底未见明显的轮制痕迹。高 25.8 厘米（图 5-14：6；图 5-15：10）。YZDJ4：4，泥质灰褐陶，色稍杂驳，质地较硬。大口，平沿外折，小直领，圆肩瘦腹，大平底，稍内凹。领下设一对扁条状横耳，耳孔圆棍穿成，并向罐壁压成凹窝，该位置的罐内壁凸起并有裂纹，以泥饼修补。器形不规整，手制痕迹重，器壁、器底未见明显的轮制痕迹。高 28 厘米（图 5-14：7；图 5-15：7）。YZDJ4：5，夹砂青灰陶，质地硬。大口，口沿不平，且外卷，上面有一道阴弦纹，小矮领，圆肩瘦腹，大平底，稍内凹。领下设一对扁条状横耳，耳孔用圆棍穿成，并向罐壁压成凹窝，该位置的罐内壁凸起并有裂纹，以泥饼修补。器形大体规整，手制，仅在下腹部隐约可见横向轮旋纹。高 23.8 厘米（图 5-14：8；图 5-15：9）。

瓷盏　1 件。YZDJ4：7，胎土为高岭土，盏内面及外壁口沿部施白色化妆土，后加淡青釉，有蜡泪痕。敞口，浅弧腹，假圈足。内底三个支钉痕。口径 13.3 厘米（图 5-14：10；图 5-15：8）。

根据出土遗物判断，J1、J5 为汉代，J4 为唐代。余时代不明。

3. 附近墓葬出土的建筑材料

瓦棺葬 M5　大疃村东 50 米处为东周至汉代的墓葬区，与大疃村遗址隔沟相望。M5 位于墓地的西侧，是一座瓦棺葬小墓。土圹被破坏，长度、深度均不明，宽度为 0.42 米，墓向 18°。土圹内的棺具为上、下两块宽 41 厘米的板瓦扣合，出土时板瓦已塌陷墓中。墓里还有几块花纹铺地砖，估计也是用来砌墓的。瓦棺内有 1 具儿童骨架，可见肋骨、脊椎、骨盆等，余被破坏（图 5-16）。作为葬具的板瓦、铺地砖等建筑材料，估计挪用于大疃村遗址。

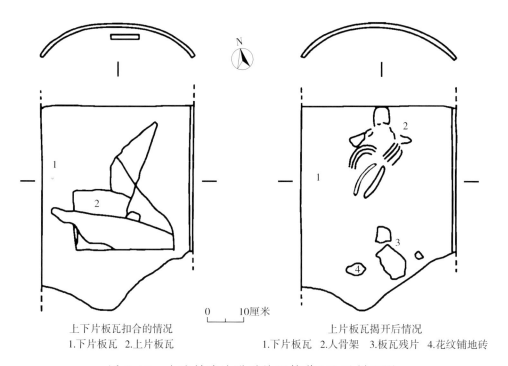

上下片板瓦扣合的情况　　　　　　上片板瓦揭开后情况
1.下片板瓦 2.上片板瓦　　　1.下片板瓦 2.人骨架 3.板瓦残片 4.花纹铺地砖

图 5-16　大疃村遗址附近的瓦棺葬 M5 平剖面图

铺地砖　共 2 块，分 2 种，均残碎，有缺失。M5：6，砖的一角，保留两段邻边。泥质淡灰陶，灰黑杂驳，火候较低，硬度不高，内含大量草秸，烧成后呈空洞状。砖底面起伏较大，无花纹。顶面稍平整，有纹饰，图案单元为重边正方形，最外边长为 3.5 厘米。图案单元内为对角相交的十字线。图案沿砖边方向稀疏分布，可见有 3 行，排行不甚整齐，图案间距 3.3~3.5 厘米不等，图案压印的深浅不一。残长 24、残宽 20、厚度 5.4~5.8 厘米（图 5-17：1）。M5：5，地砖的中心部位。有长 2.2 厘米的一段模具压印痕。青灰色，夹细砂，质地坚硬。底部不平，无花纹，顶部略平，有单模压印的花纹，图案单元为边长 10 厘米的等边三角形，单元内为四重凸字纹，单元内的边角处填充勾卷纹。残长 38、残宽 28、厚 3.6 厘米（图 5-17：3、4）。

板瓦　2 件。M5：4，大型板瓦。前、后、两侧均不到边。夹粗砂黄褐陶，质地粗疏。凹面平，凸面饰瓦棱纹，瓦棱间距 1.6 厘米。残宽 38、残长 24、瓦厚 1.2 厘米（图 5-17：2）。

4. 采集的遗物

2009 年，项目组记录了大疃村居民在村里采集的文物，计有铺地砖 1 件、半瓦当 1 件、豆柄等。

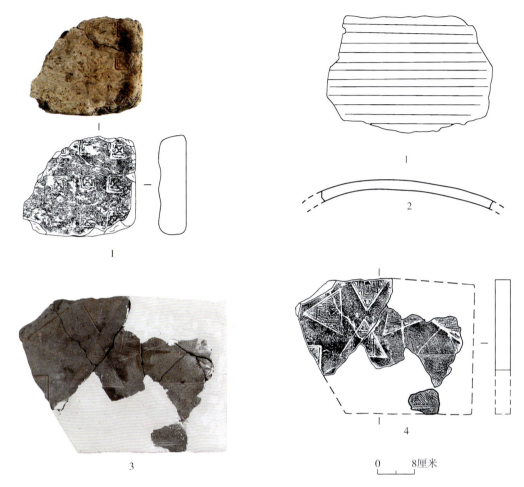

图 5-17　大疃村遗址附近瓦棺葬 M5 出土建筑材料

图 5-18　2009 年采集遗物照片

铺地砖　夹粗砂，质硬。双线的正方形图案单元内有四个重三角形，两两相对（图 5-18：1）。

半瓦当　完整。夹砂陶。当面模糊不清（图 5-18：2）。

陶豆　2 件。豆柄，均为泥质灰陶（图 5-18：3）。

三　历史文化背景和三十里堡城址

三十里堡城址和阳主祠的周边地区，经考古调查和发掘证实为地方文化类型区域，从新石器时代的白石村类型、大汶口文化、龙山文化，直至商末周初时期的岳石文化、珍珠门文化，西周中期后被齐文化侵入。

（一）周围地区商末周初至汉代的遗址

1. 大疃村东遗址

大疃村东遗址分为早晚两部分，一为新石器时代至西周时期的遗址，另一为东周至西汉时期的墓地，说明芝罘岛上早为人类生息之所。前者位于芝罘岛中部大疃村东 80 米的山前滨海台地，1993年烟台市博物馆对该遗址进行了发掘，有大汶口文化和西周时期两种文化遗存，遗迹主要为西周时期的半地穴式房址，出土遗物则反映了海洋生产的特点。后者位于大疃村遗址东 50 米处，20 世纪60 年代修沿海公路时发现，墓葬群北依芝罘岛主峰老爷山余脉，向南 20~30 米为芝罘湾。遗址东西长 240、南北宽 60 米，发现了东周、西汉两个时期的墓葬 10 余座和西汉时期的一些房址。1996、1997 年，烟台市博物馆对该遗址进行了两次考古发掘。

东周墓葬均为土坑竖穴墓，其中规格最高的随葬有一件铜鼎以及铜戈、铜剑等兵器，其他墓葬的随葬品主要是陶器。西汉时期的墓葬也为土坑竖穴墓，规模不大，随葬品只有几件或十几件陶器。前述 M5 即属于这处墓葬区。下举 M1、M2 为例，说明此地区的文化面貌。

M1 被破坏，宽度不详，墓长 2.7、深 2.8 米。随葬器物均为仿铜陶礼器，有鼎、豆、壶、盒、敦、盘、匜，共 10 件，多数有朱、白色彩绘，彩绘纹样有菱形、几何纹。

陶鼎 1 件。鼎口为子口，平盖，插三环纽，腹浅，斜收成小平底，方形附耳，兽蹄足。通高19 厘米（图 5-19：1；图 5-20：1）。

陶盖豆 2 件。两件相同。盘口为子口，弧形盖，插三环纽，浅盘，高柄，底座喇叭形。通高33.8 厘米（图 5-19：2；图 5-20：2）。

陶豆 2 件。两件相同。浅盘，立沿，微圜底，高柄，底座喇叭形。通高 26 厘米（图 5-19：3；

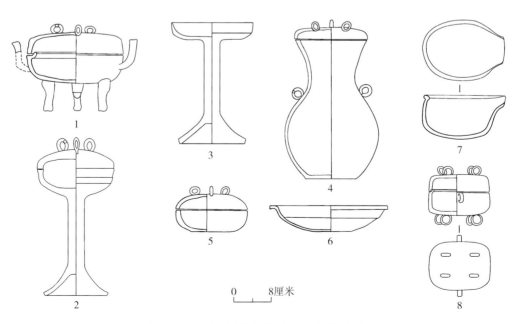

图 5-19　大疃村东遗址 M1 出土陶器

图 5-20 大疃村东遗址 M1 出土陶器照片

图 5-20:6)。

　　陶壶 1件。弧形盖，插三环纽，侈口，长颈，椭圆腹，平底，肩部插二环纽。通高34.2厘米（图 5-19:4；图 5-20:3 ）。

　　陶盒 1件。盖隆起，三环纽，平口，斜直腹，平底。通高9.8厘米（图 5-19:5；图 5-20:4 ）。

　　陶敦 1件。整体呈椭圆形。底、盖对称，各插四环纽，底部两侧又插二环纽。通高13厘米（图 5-19:8；图 5-20:5 ）。

　　陶盘 1件。侈口，外折沿，浅腹，浅圈底。口径25厘米（图 5-19:6；图 5-20:7 ）。

　　陶匜 1件。侈口，浅腹，小平底，流口较直。通高10厘米（图 5-19:7；图 5-20:8 ）。

　　M2 大部分被破坏，深2.8米。随葬器物仅收集有剑和戈二件铜兵器。

　　铜剑 短剑。首残失，扁柱柄，宽剑格，叶部向前收细，中部起脊。残长32厘米（图 5-21:1 ）。

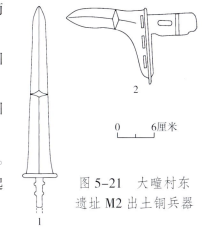

图 5-21 大疃村东遗址 M2 出土铜兵器

铜戈　援直而短。长方形内有一穿，长胡三穿。通长 21.5 厘米（图 5-21：2）。

M1、M2 均为残墓，根据器物特点推测其时代为战国时期。

2. 毓璜顶遗址

位于烟台市芝罘区中心的毓璜顶是一座海拔 72 米的小山，其东侧为西南河（现已被西南河路所覆盖），由南向北流入芝罘湾。

毓璜顶东坡山势平缓开阔，分布有遗址。1983 年在此发现了大汶口文化贝丘遗址，经烟台市博物馆发掘，发现有二次合葬墓以及陶鼎、石斧等遗物。这里还发现汉代墓葬，随葬品有豆、盂等陶器[1]。

毓璜顶东坡烟台市第二中学内，1994 年在校园施工中出土一件西周时期的铜爵[2]。

铜爵　直筒形腹，浅圜底，三足，棱形足，足尖收细、外撇。流窄而深，角尖而浅，口沿立一对蘑菇顶柱，腹侧设一纵向錾手，錾手截面圆形。爵整体作风朴素，仅在腹外壁上部饰两道平行的凸弦纹。器形不甚规整，工艺水平稍差。錾手位置的腹外壁铸一阳文"己"字。通高 21.6 厘米（图 5-22）。

据铭文风格和器形特点，应为西周早期，是胶东半岛地区时代最早的带有己国铭文的铜器。

3. 上夼村墓葬

在烟台市区南上夼村东山脚下（见图 5-2），河岸边的黄土台地上，西北距己爵出土地点 3 千米处，1969 年发现一座残墓[3]。据反映 40 年前此墓北曾出土过 40 多件铜器。

墓室顶部与墓底东部被破坏，墓室长 4.1、宽 2.8、深 3.6 米。方向 88°。室内一棺，长 2.8、宽 1.1、高 1 米，棺木已朽。墓主头东脚西，在头部位置发现随葬铜器。棺底有腰坑，长 1.45、宽 0.69、深 0.25

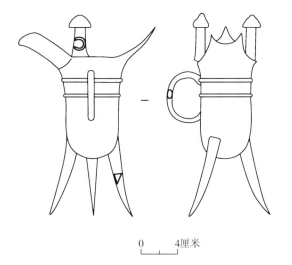

0　　4厘米

图 5-22　毓璜顶出土西周早期铜爵

[1] 烟台市文管会、烟台市博物馆《山东烟台毓璜顶新石器时代遗址发掘简报》，《史前研究》1987 年第 2 期，62~73 页。
[2] 林仙庭《扑朔迷离看己国》，《考古烟台》，齐鲁书社，2006 年，125~126 页。
[3] 山东省烟台地区文物管理委员会《烟台市上夼村出土冀国铜器》，《考古》1983 年第 4 期，289~291 页。

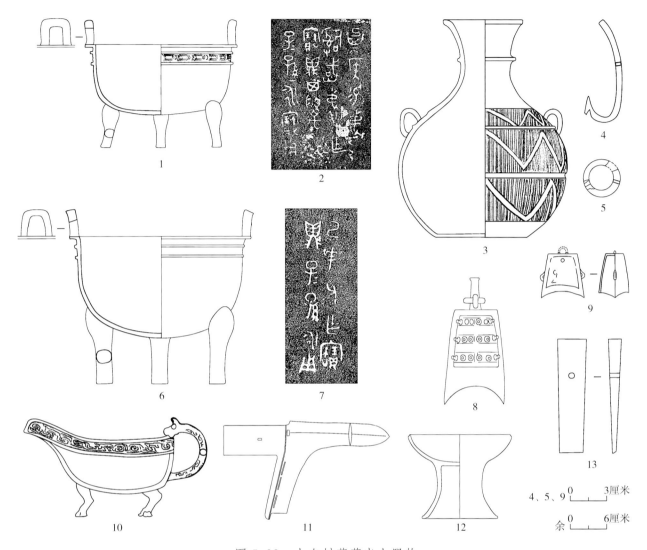

图 5-23　上夼村墓葬出土器物

米，腰坑西部出土陶豆 1 件、石环 2 件及犬齿数枚。腰坑南壁出砺石 1 件，从灰层痕迹看，砺石原在棺中。

曩侯铜鼎　立耳，折沿，蹄足，腹饰重环纹一周，底及足部有修补痕和烟炱痕。腹内壁铸铭文四行二十二字："曩侯易叔（弁）嗣（戴），叔（弁）作宝鼎，其万年子子孙孙永保用。"通高 20.4、口径 24.3 厘米（图 5-23∶1、2；图 5-24∶1）。

己华父铜鼎　形制与曩侯鼎同，腹饰弦纹两道，腹底经过修补，有烟炱痕。腹内壁铸铭文二行十二字："己华父作宝鼎，子子孙孙永用。"通高 27.7、口径 29 厘米（图 5-23∶6、7；图 5-24∶2）。

铜壶　2 件。形制花纹相同，一高 43.5 厘米，一高 34.3 厘米。侈口、细颈、鼓腹、凹底，肩有双环耳，颈部及肩部各饰弦纹一道，腹至肩饰三层三角纹，填以紧密的竖纹（图 5-23∶3；图 5-24∶3）。

铜匜　1 件。口沿下饰窃曲纹，四蹄足，兽首銴。高 16.3、通长 29 厘米（图 5-23∶10；图 5-24∶4）。

铜钟　1 件。素面。枚有脱落。通高 20、最大径 9.3 厘米（图 5-23∶8；图 5-24∶5）。

铜铃　1 件。纽残。高 3.5，宽 3 厘米（图 5-23∶9；图 5-24∶6）。

图 5-24　上夼村墓葬出土器物照片

　　铜鱼钩　1 件。长 7 厘米（图 5-23：4；图 5-24：10）。

　　铜戈　2 件。形制相同。胡较长，四穿，内部一穿，锋稍残。通长 28 厘米（图 5-23：11；图 5-24：8）。

　　陶豆　1 件。高 13.4、盘径 16.5、圈足径 10.7 厘米（图 5-23：12；图 5-24：9）。

　　砺石　1 件。有孔，一端有磨损。长 17.8 厘米（图 5-23：13；图 5-24：11）。

　　石环　2 件。形制相同。已残。直径 3 厘米（图 5-23：5；图 5-24：7）。

　　时代属于西周晚期春秋早期之交。

（二）三十里堡城址

　　三十里堡城址位于烟台市开发区三十里堡村南 220 米处，地名"古城岗"，在一个缓缓隆起的山包上，海拔 57 米，北距黄海 3.3 千米。

在城址及其周围地区都有大量古代遗迹遗物的发现。

1. 城址概况

城址坐落于古城岗北坡，平面略呈方形，仅东南角呈曲尺状内凹，方向为东北—西南向，约 300°。依山坡的自然形势夯土筑就，最高的南城墙在古城岗山顶北端，最低的北城墙接近山坡底部，城址以东 1.4 千米为柳林河，以西 1 千米为古城岗西坡底部。东、西、南、北四面城墙均有保留，仅有少部分缺损（图 5-25）。

2. 城墙

南城墙的总长为 430 米。南城墙东端向西约 180 米有城墙缺口，称为"南门"。南门西侧约 130 米为南城墙最高点，也是古城岗的制高点。由此向西，南城墙顺坡而下至西南角。南城墙仅西南角稍有破坏，最西侧暴露的断面上有东西向木棍朽洞的版筑痕迹，说明已是西城墙的起点（图 5-26）。

西城墙只有部分城墙保留。由城墙西南角向北约 80 米，有一段宽约 15 米的缺口，称为"西门"，西门以南的城墙东西两侧落差 1.5 米，西门以北的城墙长 290 米，城墙高 2~2.5 米，东侧呈整齐一线，

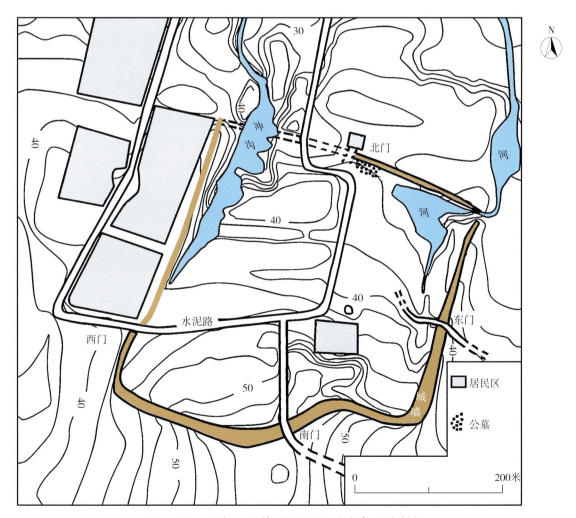

图 5-25　三十里堡城址平面图（陆青玉绘制）

图 5-26　三十里堡城址西南角南城墙西断面（西—东）

为现代修整所致，现代旅游建筑叠压其上。

　　北城墙西段被东西宽近 50 米、深达 10 余米的大冲沟破坏，地面上已无痕迹。冲沟西侧，有一道高起北侧地面约 1.3 米的东西向地堰，其走向与北城墙东段呈一直线，可能为北城墙的残留。这段城墙的西端，现称为"北门"。"北门"以东保留了长 160 米的一段城墙，其北侧呈整齐的东西一线，地形平整，高出地面 2~5 米（图 5-27）；南侧已被农田破坏，城墙夯土仅高出地面 1 米余，宽度 1~2 米。北城墙的东端被城址东北角的缺口破坏。

　　东城墙基本完整，现存长约 285、宽 10~20、高 3~5 米，北端约有 20 米长的一段被破坏。城址东北角自然地势低洼，城内地势向东北角倾斜，城内水流常冲出东北角的城墙汇入东城墙外的一条小河，小河由南向北入海。北距东南角 110 米处有缺口，称为"东门"。

　　城墙系就地取土层层夯打筑成，如城墙西南角处的夯土为黏硬的黄褐土，夯层十分紧密；北城墙夯土则是当地特有的一种云母含量很大的风化沙土，故而墙体结构疏松，夯层不明显。从城墙断面可以看到版筑夯土的痕迹，一在北墙"北门"东侧；一在城墙西南角南城墙最西端的断面上，在距离现地面 1.8 米的高处，有与夯土墙面垂直的横向土洞，土洞直径 5~7 厘米（见图 5-26）。

图 5-27　三十里堡城址地面上的北城墙（北—南）

3. 城址周围遗迹

三十里堡城址所在的古城岗以南 2 千米处，分布着密集的古墓群，当地人称之为"牟城七十二冢"，是胶东半岛规模最大的汉墓群。墓群分东、西两大墓区，现存有封土的汉墓 60 余座。东墓区在岗嵛村西山岗上，共有 20 余座封土墓，呈南北向分布。西墓区位于三十里堡城址以南，分布范围 2.5 千米，有封土墓 30 余座及少量砖室墓。三十里堡城址以北，分布着数量不多的砖室墓。周围区域的墓葬，有封土的墓葬均为西汉时期，砖室墓为东汉至北朝时期。西汉时期的墓葬数量较多，分布密集，规格较高，矗立着高大的封土堆（图 5-28）。东汉时期的砖室墓位置分散，数量较少。

4. 遗物

2013 年 11 月，项目组对三十里堡城址进行了考古调查和测绘工作，采集了一批文物标本，主要分为建筑材料、生活用品和少量的生产工具。数量最多的一类是建筑材料，包括铺地砖、长条砖、瓦当、筒瓦、板瓦等，可见城址内高规格建筑较多。生活用品均为陶器，以宽斜折沿大盆最多，还有豆、碗、罐、壶、扁壶、盆和敛口大瓮等。从器物特征分析，以两汉时期的遗物为主，有少量岳石文化和战国时期的遗物。

图 5-28　三十里堡城址南城墙外带封土的墓葬群（东北—西南）

（1）岳石文化、战国时期

岳石文化遗物仅发现 1 件碗底（13YSC32），战国时期的遗物包括建筑材料和生活用品等。

陶碗　1 件。13YSC32，碗底。夹粗砂滑石红褐陶，质地粗疏。底径 6 厘米（图 5-29：4）。

半瓦当　1 件。13YSC15，采集于北门东侧。残。夹细砂淡灰陶。当面、当背的边廓均不明显，整体犹如一块平整的薄板。当面阴起宽 1.7 厘米的边廓，阳起花纹，图案中心为卷叶树木，一侧为双线山峦，边缘处稍厚，当背可见制作时的圆弧抹痕。厚约 1.5、中间厚 1.1 厘米（图 5-29：1、2）。

陶豆　1 件。13YSC10，豆柄与盘相接处。泥质黑皮陶。豆柄中空，孔径 1.5 厘米（图 5-29：3）。

（2）两汉至北朝时期

铺地砖　分为素面和花纹铺地砖两类。

素面铺地砖　4 件。13YSC56，夹砂青灰陶，质硬。顶面光平，无纹饰，底面不平，侧边平直。厚 4 厘米（图 5-30：1；图 5-31：1）。13YSC54，夹砂深青灰陶，稍硬。顶面平，底面不平。厚 2.7

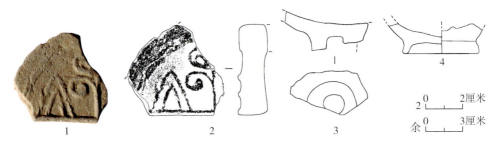

图 5-29　三十里堡城址采集岳石文化、战国时期遗物

厘米（图 5-30：2；图 5-31：4）。13YSC53，灰陶，夹砂较少，质稍硬。顶面、底面不平。厚 4 厘米（图 5-30：3；图 5-31：2）。13YSC51，浅灰褐陶，陶土中夹砂较少、含云母极多，较硬。底面不平，顶面光平，侧边有模板留下的横向细条纹。含云母极多的土为当地特有，应为当地烧造。厚 2.9 厘米（图 5-30：4；图 5-31：3）。

　　花纹铺地砖　1 件。13YSC50，夹砂灰皮黑芯陶，质硬。底面不平，顶面有花纹。可见两个正方形的图案单元，单元间有宽 2.9 厘米的界格，单元中为圆圈，圆圈内有三个谷纹，圆圈外向四角位置各有一组平行双线，之间填以 "W" 形折线和 "介" 字形。厚 3.3 厘米（图 5-30：5；图 5-31：5）。

　　长条砖　4 件。13YSC37，城东北角出土。完整。长 28、宽 12、厚 6.2 厘米（图 5-30：7；图 5-31：6）。13YSC36，残。有磨口。残长 18.4、宽 15.4、厚 7.6 厘米（图 5-30：8；图 5-31：7）。13YSC11，残。残长 13.6、宽 14、厚 5.8 厘米（图 5-30：6；图 5-31：9）。13YSC55，稍残。夹砂灰褐陶，色较浅。底面平，顶面不平，一端有半圆形榫口。一侧边有细小的菱格纹，一个菱格纹中有 "井" 字形纹，余菱格纹皆为一个圆形乳丁。厚 7.5 厘米，为此种砖中较厚者。花纹也不同一般，陶色较浅，属北朝时期（图 5-30：9；图 5-31：8）。

图 5-30　三十里堡城址采集两汉至北朝时期铺地砖和长条砖照片

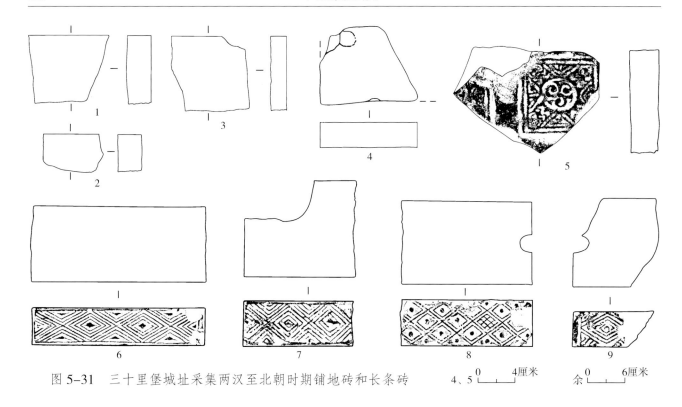

图 5-31　三十里堡城址采集两汉至北朝时期铺地砖和长条砖

瓦当　分半瓦当、圆瓦当两种。

半瓦当　2 件。13YSC8，带筒瓦的侧边。夹砂黄褐陶。当面外缘有较低的边廓，向内有一条凸棱边轮线，又内当面可见圆弧线，可能为卷云纹类。直径约 17 厘米。筒瓦部分顶、底两面无明显纹饰，厚 0.9 厘米，与当面相接的一段渐加厚至 1.6 厘米。筒瓦侧边有与当面连在一起的外切痕。当面一侧边有一不规整圆插孔（图 5-32：1）。13YSC62，带筒瓦的侧边。夹砂灰陶，质极硬。当面有较矮的边廓，向内起一周凸棱纹，当面内的花纹只留下一点残迹，像是树木纹，又下为勾卷线，余残失。当面厚 1.2 厘米。筒瓦顶面稍平，隐约可见宽 2 厘米的瓦棱细痕，内有横抹痕迹，一侧边有 0.4 厘米的外切痕。筒瓦厚 1.3 厘米，但与当面相接处厚至 2 厘米（图 5-32：2）。

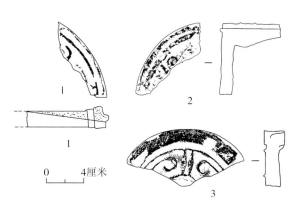

图 5-32　三十里堡城址采集两汉至北朝时期瓦当

圆瓦当　1 件。13YSC13，夹砂深灰陶，质硬。当面有宽平突起的边廓，向内图案为双线界格单线卷云纹，当心为圆圈。当面厚 2.1~1.3、直径 16 厘米。当背有拼接筒瓦的痕迹，插入的筒瓦厚 1.2 厘米，其内外两面贴敷泥片将筒瓦夹住，与筒瓦连一起（图 5-32：3；图 5-33：1）。

筒瓦　8 件。13YSC3，带瓦舌。夹砂青灰陶，稍硬。顶面微起瓦棱纹，底面平，身、舌连接处突起，一侧见身舌一体的内切痕。最厚处 1.2 厘米（图 5-33：2；图 5-34：1）。13YSC46，近首端的一段，连有一点瓦舌。泥质青灰陶，质硬。顶面斜向细绳纹加横向刮抹纹。厚 0.7 厘米，是筒瓦中最小型的一种（图 5-33：3；图 5-34：2）。13YSC12，首部带瓦舌。夹砂青灰陶，质硬。

图 5-33　三十里堡城址采集两汉至北朝时期建筑材料照片

底面为匀称的宽 1.5 厘米的瓦棱纹，顶面凹凸不平，宽 1.5 厘米的瓦棱纹经着力横抹，形成尖锐的瓦棱纹，其间的斜向绳纹不甚清晰，一侧边有宽 0.3～0.5 厘米的外切痕。瓦舌长 5 厘米（图5-33：5；图 5-34：6）。13YSC34，夹砂灰陶，质硬。制作规整，顶面首段有十二道瓦棱纹，偶见稍斜向的绳纹，余部为直向的细绳纹，底面为细布纹。瓦舌拼接处敷有较厚泥条，一侧有内切痕。残长 27.6、瓦厚 1.2 厘米（图 5-33：4；图 5-34：8）。13YSC59，中段。泥质灰陶，稍硬。底面光，顶面纵向细绳纹，一侧边有宽 0.5 厘米的外切痕。厚 0.8 厘米（图 5-33：6；图 5-34：4）。13YSC60，中段。夹砂陶，陶土中云母较多，是当地取土烧造。顶面黑灰色，胎芯及底面为黄褐色，质地稍粗疏，顶面饰微凸平缓的瓦棱纹，底面瓦棱纹抹平，一侧有宽 0.6 厘米的内切痕。厚 0.8 厘米（图 5-33：7；图 5-34：5）。13YSC57，尾端。泥质青灰陶，质极硬。顶面绳纹深峻，可见三组，应是用同种工具依次拍成，底面连瓦舌均为一体的布纹，一侧有极窄的内切痕。厚 1.3、瓦

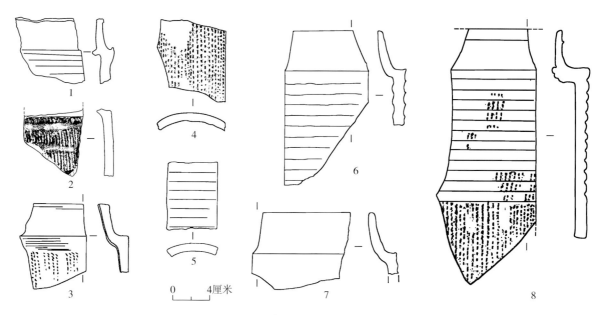

图 5-34　三十里堡城址采集两汉至北朝时期筒瓦

舌长 3.6 厘米（图 5-33：9；图 5-34：3）。13YSC58，首端带瓦舌。泥质黄褐陶，质稍硬。拱高 9 厘米，是较大的筒瓦。顶面瓦棱纹较平，底面瓦棱纹稍深，一侧边有内切痕。厚 0.8 厘米（图 5-33：8；图 5-34：7）。

板瓦　7 件。13YSC1，厚板瓦。泥质黄褐陶，极硬。凹面光滑，一段有行距约 1.1 厘米的划纹，余部为起伏较小的行距约 1.4 厘米的瓦棱纹。凸面与划纹相对的部位平，与瓦棱纹相对的部分也为瓦棱纹（图 5-35：1；图 5-36：1）。13YSC2，夹砂红陶，质稍软。凹面黑色陶皮，有网格纹。凸面为细密的稍斜向绳纹，一侧边有较窄的内切痕。厚 1.3 厘米（图 5-35：2；图 5-36：2）。13YSC40，夹砂红陶，质软。凸面饰瓦棱纹和绳纹，凹面平。厚 1.3 厘米（图 5-35：3；图 5-36：4）。13YSC：27，长 23.4、宽 13.1、厚 1.1 厘米（图 5-35：4；图 5-36：6）。13YSC28，残长 21.4、宽 17.4、厚 1.3 厘米（图 5-35：5；图 5-36：7）。13YSC35，中部。夹砂灰陶，质稍疏松。凹面光，凸面有三道宽约 4 厘米的纵向绳纹带，由此推测这种绳纹是用条状工具一次压印上去的。厚 1.2 厘米（图 5-35：6；图 5-36：5）。13YSC5，尾部。夹砂浅灰陶。尾端平直，圆唇，凸面为方向不甚一致的斜向粗绳纹，凹面麻点纹，有横扫纹。残长 11.2、残宽 12.1 厘米（图 5-35：7；图 5-36：3）。

陶盆　8 件。13YSC41，底。夹砂黑皮陶。斜直腹，平底，腹壁内外可见瓦棱纹。壁厚 1.3 厘米（图 5-37：1）。13YSC39，折沿与腹部相接部分。夹砂褐陶。宽斜折沿，折沿稍厚，内平，外有较密的瓦棱纹，腹部内外均为瓦棱纹。腹部厚 1 厘米（图 5-37：2）。13YSC26，泥质灰陶。宽斜折沿，方唇，外折，斜折沿，折沿底缘有一周粗绳纹，器壁薄。厚 0.5 厘米（图 5-37：3）。13YSC25，泥质灰陶。宽斜沿，外折沿的上沿和底沿均为尖缘，腹部向底部斜直收小，器壁内外较平。口径 28、厚 0.7 厘米（图 5-37：7；图 5-38：1）。13YSC43，口沿。夹砂浅灰陶。宽斜折沿，斜沿平直，正面有密集的凸棱纹，背面光，外折沿较大，沿口中部有一道压印粗绳纹。壁厚 1.3 厘米（图 5-37：4）。13YSC75，泥质灰陶，质地硬。宽斜折沿，外折沿，沿外侧一道较深的粗绳纹，内面磨光，腹

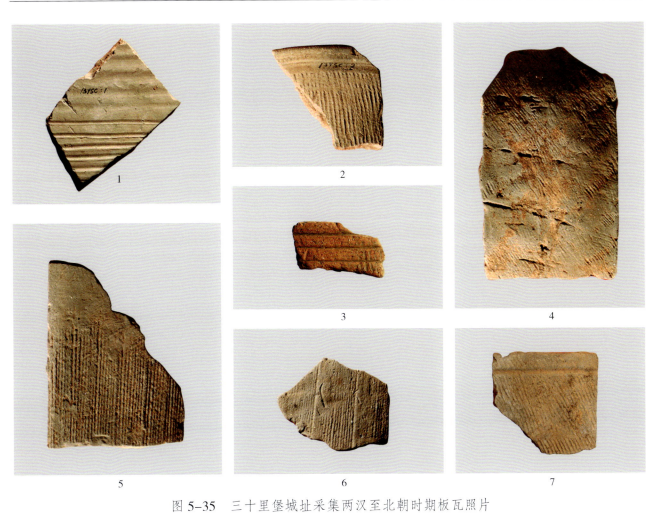

图 5-35 三十里堡城址采集两汉至北朝时期板瓦照片

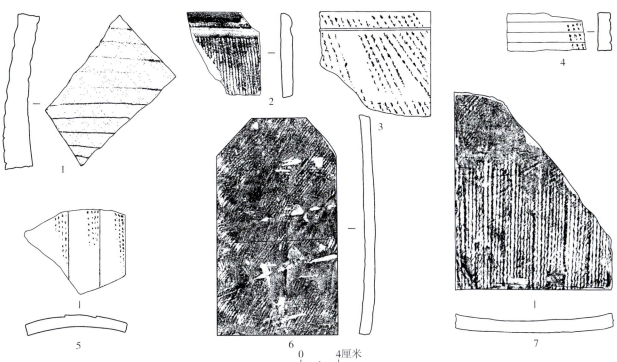

0   4厘米

图 5-36 三十里堡城址采集两汉至北朝时期板瓦

内可见经磨平的瓦棱纹，制作精细。口径 33 厘米（图 5-37：8）。13YSC33，口沿。泥质黑皮陶，胎芯暗红色。侈口，圆唇，口沿外卷，口沿外侧饰一道绳纹，做法似宽折沿盆，内面光，无暗纹或凸棱。壁厚 0.6 厘米（图 5-37：5）。13YSC16，口沿。夹粗砂灰白陶，质极硬。很像宽斜折沿大盆，口沿外折，内面稍光，有稀疏分布的两道阴弦纹。壁厚 1.2 厘米（图 5-37：6；图 5-38：2）。

　　陶壶　3 件。13YSC29，口部。夹砂白陶，质硬。直口，平沿，壶口加厚，是汉代壶中常见式样（图 5-39：1）。13YSC73，扁壶底部。夹滑石白陶，质较硬。底部呈椭圆形，腹部一侧有加厚的棱线。壁厚 0.7 厘米（图 5-38：3；图 5-39：4）。13YSC72，底部。泥质青灰陶，质硬。大平底，底外侧有大片的刮削痕，应是做底时修整所致。底径 13、壁厚 1.1 厘米（图 5-39：7）。

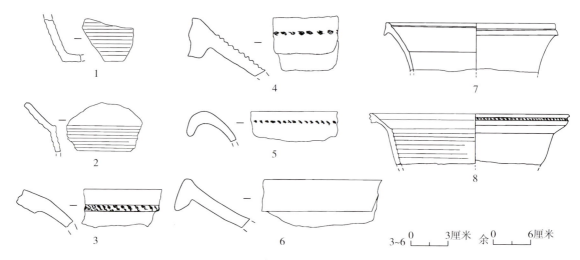

图 5-37　三十里堡城址采集两汉至北朝时期陶盆

图 5-38　三十里堡城址采集两汉至北朝时期遗物照片

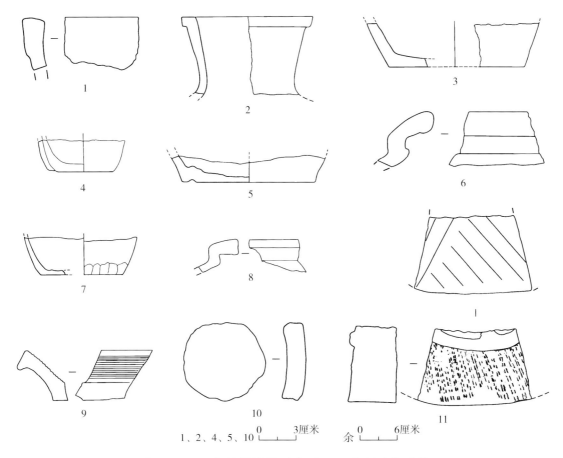

图 5-39 三十里堡城址采集两汉至北朝时期遗物

陶罐 2 件。13YSC9，口部。夹砂白陶，质地硬。侈口，小领，平沿外折。直径 10.5、壁厚 0.5 厘米（图 5-39：2）。13YSC18，底部。夹砂白陶，质极硬。大平底。底径 10.6 厘米（图 5-39：5）。

陶瓮 3 件。13YSC4，底部。夹砂白陶，质地硬。壁厚重，大平底。厚 1.6~1.9 厘米（图 5-39：3）。13YSC71，口沿。夹砂白陶，质地极硬。制作规整，小立领，宽平沿，内口沿增厚。内口径约 25 厘米（图 5-39：8）。13YSC70，口沿。泥质，外表深灰，红褐胎芯，质稍硬。器厚重，小立领，斜弧宽沿，沿顶面有三道抹压弦纹，内口沿浑圆。厚 3.3 厘米（图 5-39：6）。

陶器座 1 件。13YSC30，圈形器座，适合放置大陶瓮之类的圜底器物。夹砂灰陶，质硬。厚重，宽沿斜折，口外表面中部有一周压印粗绳纹，折沿内面宽 6 厘米，布满密集的凸棱纹，做法有如宽斜折沿盆，底缘平。立面高 7.8、器壁厚 2.4~2.8 厘米（图 5-39：9）。

圆陶片 1 件。13YSC17，泥质红陶。直径 6.2、厚 1.4 厘米（图 5-38：4；图 5-39：10）。

石磨 1 件。13YSC38，城东南角出土。外直径 58、槽圈直径 34 厘米（图 5-38：5；图 5-39：11）。

4. 城址性质与年代

从三十里堡城址的地理位置、周围遗址分布和存废年代等情况分析，应为秦汉时期的腄、北朝时期的牟平城。城址的繁盛期为两汉至北朝时期。

四　小结

因条件所限，芝罘岛上阳主祠未能展开细致深入的工作，但根据文献和两组玉器的出土情况，大疃村遗址及玉器的出土地点应属于秦汉时期阳主祠的组成部分。根据玉器的形制和组合形式，应是汉代皇帝祭祀阳主的遗存。从芝罘岛上的碑刻和建筑遗存分析，八主祭祀从国家祀典中废除后，阳主祭祀在当地直至清代仍有存续。

从考古调查和遗址分布情况看，烟台地区在周人势力侵入之前，为当地土著岳石文化分布区。在西周和春秋时期，烟台地区应属己国领域[1]，后入齐。西周早期至春秋时期，此区域多次出土带"異""己"铭文的单个或成组铜器。除提及的发现外，1975 年，与烟台相邻的莱阳县前河前村出土了八件己国铜器，鼎 2、壶 2、甗 1、盘 1、匜 1，另有一件器形无法辨认，其中一壶一甗有铭文："己侯作眉寿壶，使小臣□津永宝用"，时代属于西周中期[2]。烟台市毓璜顶的西南侧缓坡上出土的己爵，单体，非随葬品，根据它与毓璜顶的相对位置可能是己国祭祀遗存。

異侯见于帝乙帝辛卜辞，山东益都苏埠屯所出奉盉和辽宁北洞的方鼎，族氏都是"異侯，亚矣"，是以"異侯"为氏，即異侯支裔。上夼村的铜器上"異""己"互见，说明"異"为金文中"纪"的又一写法。"己侯"即文献中纪国之君，为周的姜姓封国，与商代的異侯无关。

纪国分封很早，己侯貉子簋、貉子卣可列为周穆王时器。《左传·隐公元年》："纪人伐夷"，杜注"纪国在东莞剧县"[3]，即今山东寿光。寿光县南三十里的"纪侯台"出土过"己侯钟"[4]。1951 年龙口市归城南埠村出土了八件春秋时期異国铜器，其中四盨及盘、匜皆有铭文，为異侯媵器[5]，说明姜姓纪国与子姓莱国通婚。《左传》载鲁庄公四年（前 690 年），齐襄公伐纪，纪国灭亡[6]。

三十里堡古城从采集的战国时期的瓦当等材料分析，东周时期已是大型居邑。根据遗物中建筑材料的占比情况，古城的繁盛为两汉至北朝时期。三十里堡古城即为秦汉时期的腄、北朝时的牟平县治所在。

秦汉皇帝屡至芝罘，秦始皇曾三至，二世从游始皇、后又于二世元年亲至。汉武帝、宣帝也曾到此。

秦始皇二十八年（前 219 年），"于是乃并勃海以东，过黄、腄，穷成山，登之罘，立石颂秦德焉而去。"[7]

"二十九年（前 218 年），始皇东游。……登之罘，刻石。"[8]

"三十七年（前 210 年）十月癸丑，始皇出游。……少子胡亥爱慕请从，上许之。……至之罘，

---

[1] 参见李学勤《北京、辽宁出土青铜器与周初的燕》、《试论山东新出青铜器的意义》，《新出青铜器研究》，文物出版社，1990 年，48～49、52、246～248 页。

[2] 李步青《山东莱阳县出土己国铜器》，《文物》1983 年第 12 期，7～8 页转 17 页。

[3]《春秋左传注》(修订本)，17 页。

[4] 中国社会科学院考古研究所《殷周金文集成》第一册，中华书局，1984 年，拓片在 9 页，文字说明在铭文说明(一)，2 页。

[5] 王献唐《黄县異器》，《山东古国考》，齐鲁书社，1983 年，50 页。

[6] 杨伯峻《春秋左传注》(修订本)，165 页。

[7]《史记·秦始皇本纪》，244 页。

[8]《史记·秦始皇本纪》，249 页；亦见于《汉书·郊祀志》，1205 页。

见巨鱼，射杀一鱼。"[1]

　　曾随父皇到过芝罘岛的秦二世，因彰显始皇功绩，重走始皇东巡之路，在始皇刻石上再书新篇，因始皇刻有芝罘刻石，二世可能故地重游，"二世元年（前 209 年），东巡碣石，并海南，历泰山，至会稽，皆礼祠之，而刻勒始皇所立石书旁，以章始皇之功德。"[2]

　　汉武帝太始三年（前 94 年），"二月，……登之罘，浮大海。山称万岁。"[3]

　　汉宣帝甘露四年（前 50 年），"又祠参山八神于曲城，蓬山石社石鼓于临朐，之罘山于腄。"[4]

---

［1］《史记·秦始皇本纪》，260、263 页。

［2］《史记·封禅书》，1370 页。参见《史记·秦始皇本纪》，267 页；《汉书·郊祀志》，1205 页。

［3］《汉书·武帝纪》，206～207 页；亦见于《汉书·郊祀志》，1247 页。

［4］《汉书·郊祀志》，1250 页。

第六章　月主祠

一　地望的考察

《史记·封禅书》："月主，祠之莱山。"[1]据《汉书·地理志》，东莱郡十七属县之一黄，颜师古注："黄，有莱山松林莱君祠。"[2]

《左传·宣公七年》："夏，公会齐侯伐莱。"莱国多以黄县东南二十五之故黄城当之[3]。龙口市（1986年撤黄县县置）莱山东麓的鲁家沟村，1896年曾出土过西周时期的青铜鼎，铭文为"莱伯作旅鼎"[4]（图6-1）。陈梦家认为鼎之所出处即属莱地[5]。《黄县志·古迹》："（莱子城）距县十里，基址尚存，一名归城，取莱子归附之义。居民多以凿石烧灰为业，讹名灰城。……莱山月主祠在莱山之麓，其行宫一在南关，一在泉水疃，一在烟台地区土乡城，一在县西二十五里，一在县东北唐家村。"[6]

之莱山即莱山，位于今烟台市龙口市东南约6.5千米处。在莱山屏障与鸦鹊河两条支流交汇形成的冲积平原上，分布有归城城址。1973年，烟台地区文管会经过考古调查和发掘，认为归城即莱国都城，为内外两城，外城圈内位于莱山山腰处的建筑遗存为月主祠遗址，山体北麓的庙周家夯土台基应为秦汉宫殿遗址[7]。

图6-1　鲁家沟出土铜器铭文
（采自山东省博物馆《山东金文集成》〔上〕，齐鲁书社，2007年，144页）

二　祠祀遗址及其相关遗迹的调查与发掘

2009年3月，项目组对归城周边的鸦鹊河流域进行了区域系统调查，发现月主祠遗址及其相关遗迹有莱山建筑基址、庙周家夯土台基和窑址等三处（图6-2）。2010年4~5月，在田野调查的基础上，对相关遗址和新发现的陶窑遗迹进行了正式发掘，结合1973年烟台地区文管会、1984年烟台市博物馆对前两处遗址进行考古工作所获得的一批文物标本，介绍如下。

[1]《史记·封禅书》，1367页。
[2]《汉书·地理志》，1585页。
[3]《春秋左传注》（修订本），690页。
[4] 见罗振玉编《三代吉金文存》第二卷，中华书局，1983年，四十九页：第二图。
[5] 陈梦家《西周铜器断代》（上册），中华书局，2004年，118~119页。
[6]〔清〕尹继美纂修《黄县志》卷一，九页；卷二，八页。清同治十年（1871年）刻本。
[7] 李步青、林仙庭《山东黄县归城遗址的调查与发掘》，《考古》1991年第10期，918页。

图 6-2　归城城址的地貌环境与遗迹分布

（一）莱山建筑基址

莱山主峰南侧的山岭向西延伸，在东距莱山主峰水平距离约 150 米处，有一个西北—东南走向的平台，平台东西长约 30 米，南北宽约 17 米，平面似鞍形，俗称"庙塝"。庙塝南北两侧为深达 30 米的深谷，东与莱山相接，向西为较陡的下坡，至鸦鹊河支流的上源（现为水库）约 150 米，北距庙周家村 2.5 千米（图 6-3）。

2009 年的勘察工作，从山冈由西北向东南，将遗址分为遗址西北段（下坡）、庙塝主体、东南段三部分，以庙塝为中心，分别向西面山坡、东面山梁、南北两侧山坡至沟底，进行地面调查和遗物采集。地表散落的器物残片集中在庙塝主体位置，以平板铺地砖、各种瓦为主；西北段地势较陡，仍有稍多的汉代绳纹瓦片和菱格纹长条砖、唐代的暗红色素面瓦；东南段的鞍状山岗地势虽然平坦，但陶片很少，也很残碎；南北两侧的陡坡和深谷底部，均采集到一些秦汉时期的瓦片（图 6-4）。

庙塝的主体位置分布有建筑基址（F1）和其他相关遗迹。

1984 年 5 月，烟台市博物馆对庙塝顶部的建筑基址 F1 进行了清理，揭露出石墙、砖石铺筑的地面等。测绘、拍照、记录后，采集了一块完整的花纹平板铺地砖后回填保护。

2010 年春，项目组再次发掘庙塝建筑基址，以房址石墙基为中心，按正方向布方，其中 10 米 × 10 米探方 3 个（T01~T03），5 米 × 5 米探方 5 个（T04~T08）（图 6-5）。

图 6-3　莱山建筑基址地理位置（北—南）

图 6-4　莱山建筑基址地面勘查现场（东—西）

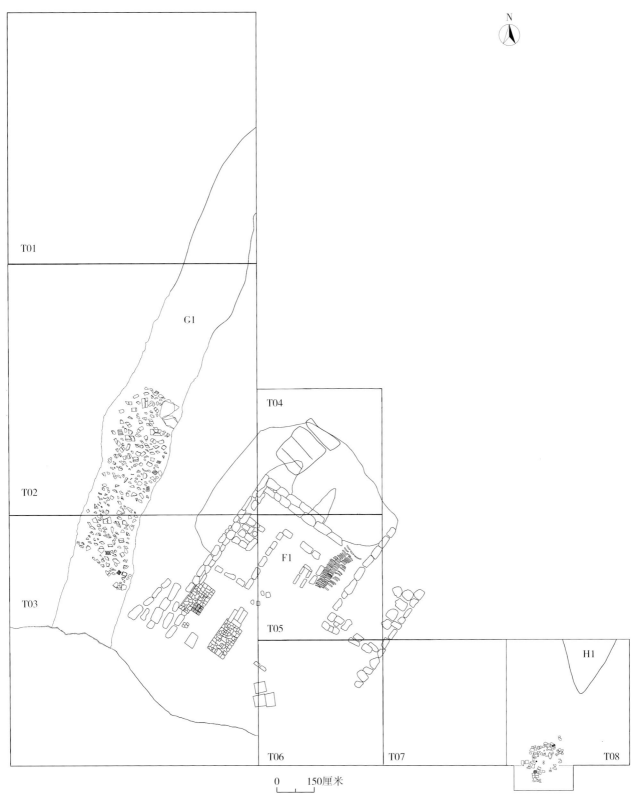

图 6-5　2010 年莱山建筑基址布方图

1. 地层堆积

庙堌顶部多有基岩暴露，清理地表后即是风化较重的砂岩和房址（F1）。F1以西的表土下，有一条南北走向的沟（G1）。F1以东表土下可分①②两个文化层。探方T08北壁处，有一形状不甚规则的灰坑（H1）。

下面以T07南壁剖面为例介绍文化堆积情况（图6-6）。

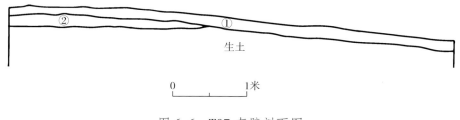

图6-6　T07南壁剖面图

第①层，厚15厘米。土色灰褐。个别地点可见零星现代瓦片。为现代扰土层。此层普遍分布于T01、T02、T03、T07、T08等探方。出土有汉代、唐代的建筑材料。

第②层，深15~25、厚0~15厘米。层内含杂土较少，土色灰褐、黄褐相杂。此层主要分布于发掘区东南部的T07、T08两个探方。T08位于山冈的下坡，原始地貌为一凹沟。出土大量建筑材料，内有汉代的瓦片、砖块，更多的是唐代的素面瓦，为废弃的建筑垃圾堆积之所。

莱山建筑基址的地层堆积关系为：①层→G1、F1、H1、②层→基岩

2. 遗迹

（1）房址

房址1座，编号F1。

F1　分布在T02~T07中。现存遗迹主要有石墙、砖石铺筑的地面以及其他相关遗迹。平面为长方形。南北长7.6、东西宽5.6米（图6-7）。

墙体　保存不完整，现存西墙的大部分、北墙的全部和东墙的一部分，南墙全部缺损。墙体用当地的微黄色花岗岩石砌成，石块大小不等，最大的长34、宽28、厚15厘米。现仅余一层，宽0.5~0.6、高约0.15米。砌法为里外对砌，即用两行石块，外侧石块规整，错缝砌成，俗称"双股墙"。石墙下没有开挖基槽。西墙的北段（长约4米）和北墙的大部分（长约4.5米）直接建在坚硬的岩石上。其他部分的石墙也只是将较疏松的风化花岗岩层稍加整平。

北墙，完整。长约5.6米，分三段。西段，双行石墙，长约3.4米；中段利用基岩只在其内侧砌筑单行石墙，长约1米；北墙与东墙相接处约有1.2米的一段改用板瓦侧立砌筑，均为长40、宽32厘米的唐代板瓦。

东墙，保存有北段的4.8米。在与北墙相交后又向北延伸了1.13米，可能由于此处以东即下坡，砌筑石墙以保护基台。

西墙，是砌筑最整齐的一段石墙，只有南端（可能是墙的拐角处）缺失，残长5.7米。

南墙，约距北墙7.6米处，已损毁无存。

石铺甬路　位于东墙残墙的南端向东，斜坡状，长2.7米，横宽0.8米，应该为门道。甬路东缘

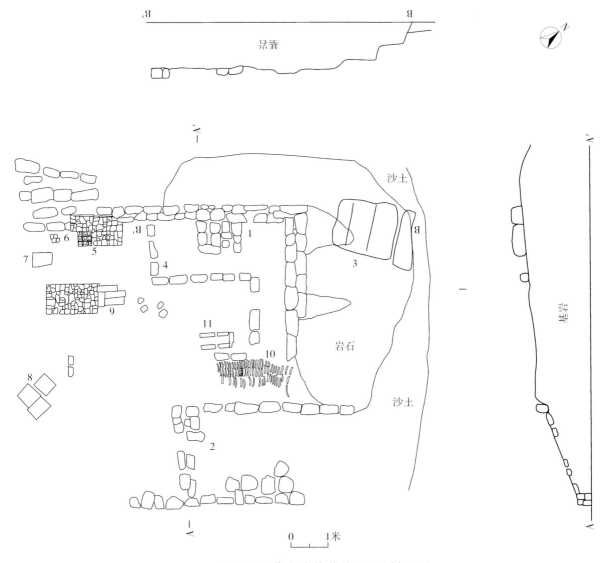

图 6-7　莱山建筑基址 F1 平剖面图

1.石台　2.石铺甬路　3.石台阶　4.石砌台面　5～9.砖铺地面　10.板瓦堆积　11.凹形槽

水平位置较房址 F1 的地面低 1.4 米，外缘加砌一道整齐的石墙，成为房前的护坡。

　　通过对地面遗迹的观察，推测 F1 的门向朝东。以门道方向计，方向北偏东 30°。

　　F1 的周围还散布着一些用途不明的人工遗迹，如在西墙南端有三道短墙，方向与西墙大体一致，不知是西墙倒塌所致还是另有用途。

　　石墙的石块下面，压有零星的汉代瓦片。

　　室内遗迹　包括石砌台面、石台、砖铺地面、凹形槽、板瓦堆积等。

　　石砌台面，在房址内靠近西墙处，水平位置高于砖铺地面 18 厘米，为一花岗岩砌就的台面。西侧紧靠西墙；南边完整，长 1.7 米；东边现存长 2.6 米。其南、东侧边缘较整齐（图 6-7:4）。

　　石台，位于石砌地面之上，靠近西墙处。单层石砌，平面为正方形，边长 0.82、高 0.2 米。是现存基址的最高点（图 6-7:1）。

砖铺地面，室内地面上有五处局部平整的砖铺地面（图 6–7：5～9）。5 为五块方华纹平板铺地砖（1985 年发掘结束后作为标本取走一块）；6 为四块方华纹平板铺地砖；7 为一块素面铺地砖；9 为四块 28 厘米 ×14 厘米的长条砖铺成的一个平面。另，8 为三块素面平板铺地砖，但此处水平位置较低，且三块砖平面呈倾斜状，可能不是原来位置。这些小型地面可能是原来建筑地面的残留。

凹形槽，位于石砌台面东 2 米处。系用长条砖侧立砌成（图 6–7：11）。

板瓦堆积，凹形槽又东为一大片唐代板瓦立砌成排的堆积（图 6–7：10），不知是有意砌筑还是堆放待用的建筑材料。

此外，F1 室外有一处石台阶，位于北墙西部外侧。F1 的北墙基本建在基岩上，在其中段偏西的外侧基岩上有三道较平的石台阶，形状规则，宽 0.5～0.76 厘米（图 6–7：3）。

（2）灰坑及出土遗物

灰坑 1 座，编号 H1。

H1　位于 T08 北壁处，一部分压在探方壁下。平面呈三角形，由坑壁向坑底倾斜内收，坑壁局部直，无明显加工痕迹。东西长 2.15、南北长 2.2、深 0～0.56 米（图 6–8；图 6–9）。

灰坑内堆积分 2 层：第①层，厚 15～20 厘米，为沙土和黄色花土，土质松散。内中夹杂直径 30 厘米的大石块、唐代残碎的红褐色素面板瓦、筒瓦等，出土了十余枚锈蚀严重的铁钉。第②层，厚 8～30 厘米。是灰褐色、红褐色相杂的黏土，土质细致，近似胶黏土，有水平淤积层。层内夹杂草木炭块和少量唐代碎瓦片，出土一件夹砂红褐色陶碗。②层以下为生土。

灰坑内出土遗物标本有陶碗 1 件、板瓦残片 3 件及铁钉等（附表 6–1）。

板瓦　3 件。H1:2，瓦首。泥质深红陶。凹面饰布纹，凸面饰断续绳纹。厚 1.2 厘米（图 6–10：1；图 6–11：1）。H1:3，瓦尾。夹砂灰陶，硬度大。不规整，凹面隐现布纹，凸面光，一侧边有较窄的内切痕。中部厚 2.5 厘米，尾部渐薄至 1.2 厘米（图 6–10：2；图 6–11：2）。H1:4，瓦尾。夹砂红陶。

图 6–8　H1 照片（南—北）

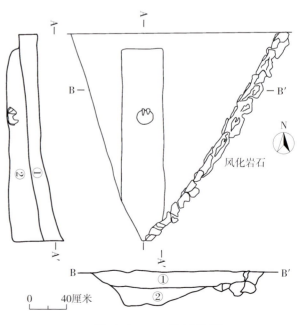

图 6–9　H1 平剖面图

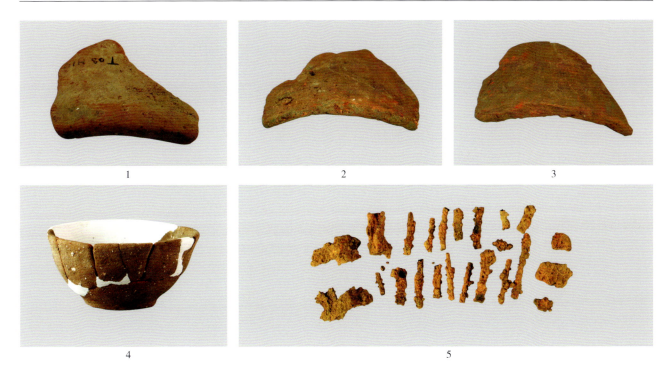

图 6-10 H1 出土遗物照片

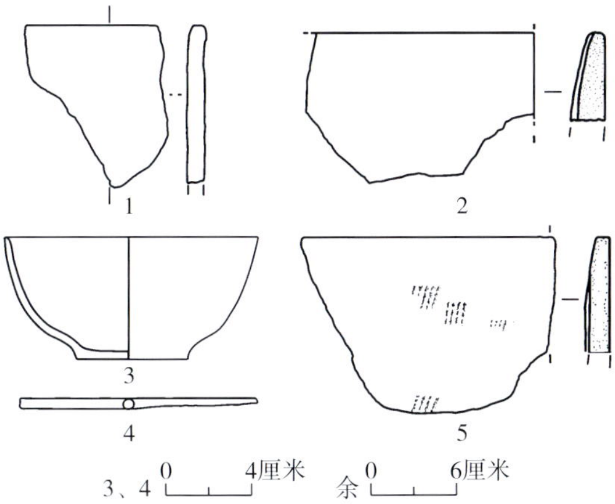

不规整,凹面饰细布纹,凸面有断续绳纹,一侧有极窄的内切痕。中部厚 1.7 厘米,尾部渐薄至 1.4 厘米(图 6-10:3;图 6-11:5)。

小陶碗 1 件。H1:1,圆唇,小侈口,弧腹,假圈足。夹砂红陶,质粗疏。通体无纹饰。通高 5.6、口径 11.7、圈足径 5.5 厘米(图 6-10:4;图 6-11:3)。

铁钉 H1:5,共 16 枚。均为圆体长条,锈蚀重,残断。长约 11 厘米(图 6-11:4;图 6-10:5)。

铁器 H1:6,页片状,可能是木器的包角。厚 0.2 厘米(图 6-10:5)。

H1 形状不规整,制作草率。坑内可能放置木匣一类用具盛装陶碗,铁钉即为制作木匣所用,木料腐朽后坑内形成空洞,故有淤土层存在。H1 可能是一个与祭祀有关的瘗物坑。据出土的板瓦、陶碗等遗物特征,推断其时代应为唐代。

图 6-11 H1 出土遗物

(3)沟

1 条,编号 G1。

G1 位于 F1 以西,呈南北走向(见图 6-5)。其边缘和底部均不规整,是一条自然形成的冲沟。北高南低,南北长 16.5、东西宽 0.25～3.25、深 0.26～0.75 米(图 6-12)。

沟内堆积了大量瓦砾,杂土很少,是一次形成的堆积,其下为基岩。沟内的瓦砾堆积应该是在唐代修建莱山建筑时将前代废弃物就近填埋形成(图 6-13;图 6-14)。堆积中既有秦汉灰色的瓦当、筒瓦和板瓦,也有唐代的红褐色的筒瓦、板瓦,唐代板瓦中有几件是烧造变形的残品(附表 6-2)。

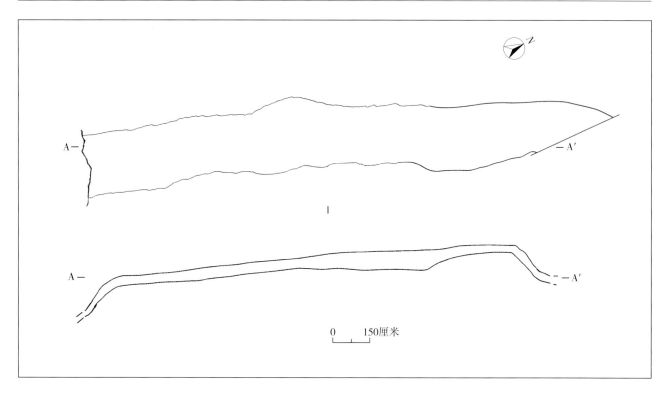

图 6-12　G1 平剖面图

3. 遗物

遗址范围内遗物全部采集，主要来自地表的采集、1984 年和 2010 年的两次考古发掘。SLM 为烟台博物馆藏 1984 年出土文物号，统计情况见附表 6-3。

出土遗物的种类，95％的器物为建筑材料，主要有铺地砖、长条砖等，但残碎过甚，复原者少。瓦当共 41 件，可复原者 6 件，图案模糊者 9 件，时代为战国、西汉、东汉、北朝时期，但没有出土唐代瓦当。生活用品极少，有个别白陶、青瓷等质地的器物（附表 6-4）。

以下按照时代分战国、秦、西汉、东汉至北朝、唐和明代分别介绍：

（1）战国时期

战国时期的陶片数量很少，并且均为碎、小，主要为瓦当、筒瓦、板瓦等建筑材料。

瓦当　1 件。T03：26，夹粗砂灰陶，质地硬。薄胎，瓦背光素，底面饰细布纹。当面厚 1.3、筒瓦厚 0.9 厘米，不规整（图 6-15：1；图 6-16：1）。

筒瓦　挑选标本 4 件。G1：71，泥质深灰陶。瓦舌、瓦身粘接处较陡，顶面有经刮抹的绳纹。瓦背厚 1 厘米，舌长 3.2 厘米（图 6-15：2；图 6-16：4）。SLM：9，泥质深灰陶。顶面饰细绳纹。厚 0.5 厘米（图 6-15：3；图 6-16：3）。G1：75，泥质灰陶，质硬。顶面饰纵向粗绳纹，底面饰粗布纹。厚 0.4 厘米（图 6-15：4；图 6-16：5）。G1：72，泥质黄褐陶。顶面饰细密的瓦棱纹，间有绳纹。厚 0.6 厘米（图 6-15：5；图 6-16：6）。

板瓦　1 件。G1：79，夹砂灰陶，质地粗疏。瓦首直，圆唇，凸面皆可见瓦棱纹，弧度极小。厚 0.3 厘米（图 6-15：6；图 6-16：2）。

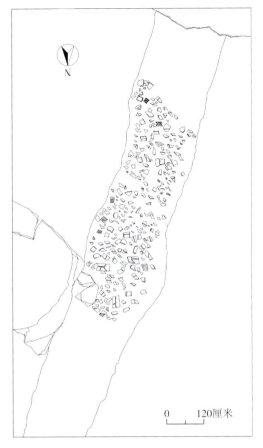

图 6-13　G1 瓦砾层堆积平面图

图 6-14　G1 瓦砾层堆积情况（北—南）

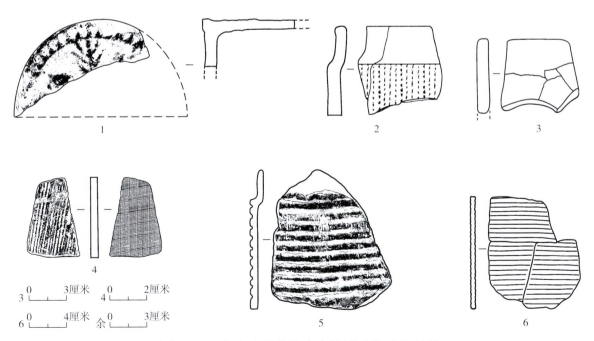

图 6-15　莱山建筑基址出土战国时期建筑材料

图 6-16　莱山建筑基址出土战国时期建筑材料照片

（2）秦代

发现瓦当等建筑材料，磨损严重。

瓦当　17 件。图案风格一致，但形式多样。图案有树木卷云纹 2 件、树木卷云四乳丁纹 10 件、四界格卷云纹 4 件、云纹 1 件。T03∶30，夹砂灰陶。当面仅见树木纹图案，树木一侧枝条至少有五道。当面厚 2.8 厘米（图 6-17∶1；图 6-18∶1）。T03∶29，夹砂暗灰陶。可见树木纹，树木一侧枝条至少有五道。当面边轮宽 1.6、当面厚 1.5 厘米（图 6-17∶2；图 6-18∶2）。G1∶54，完整。夹砂灰陶。

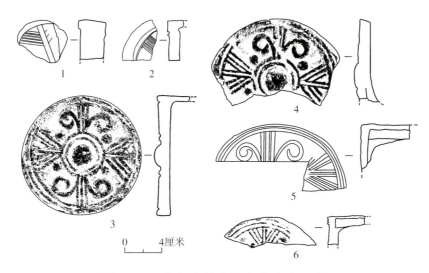

0　　　　4厘米

图 6-17　莱山建筑基址出土秦代瓦当

图 6-18 莱山建筑基址出土秦代瓦当照片

双圈边轮，图案为树木纹与卷云纹两两相对，间以四枚乳丁。当面直径 13、厚 1.5 厘米，筒瓦厚 0.55 厘米（图 6-17：3；图 6-18：3）。G1：55，残。夹砂灰陶。双圈边轮，为树木纹与卷云纹两两相对，间以四枚乳丁。当面残长 13.7、厚 1.1～1.7 厘米（图 6-17：4；图 6-18：5）。G1：59，残。夹砂红陶。图案为树木纹与卷云纹两两相对，间以四枚乳丁，双圈边轮。当面厚 0.9，筒瓦厚 0.6 厘米（图 6-17：5；图 6-18：6）。标本 G1：63，仅见树木纹，图案线条较细。当面厚 0.9、筒瓦厚 0.3～0.4 厘米（图 6-17：6；图 6-18：4）。

（3）西汉时期

遗物主要是建筑材料，种类多，包括铺地砖、瓦当、筒瓦和板瓦等。

铺地砖 平板，正方形。分素面铺地砖和花纹铺地砖两种。

素面铺地砖 3 件。根据厚度不同，分为厚 3、3.5 厘米两种。G1：17-1，残。夹砂深灰陶。厚 3 厘米（图 6-19：1；图 6-20：1）。G1：3，残。夹砂灰陶。边长 38.5、厚 3.5 厘米（图 6-19：5；图 6-20：2）。G1：26，残。夹砂深灰陶。一面光平，底面粗糙，刻划"大""中""木"三个字。厚 3.5 厘米（图 6-19：2；图 6-20：4）。

花纹铺地砖 数量多，挑选标本 2 件。均为方华纹，整齐的三行九方装饰方砖。根据厚度不同，分为厚 5.5、3.5 厘米两种。1985 年采集了完整的一块，1985SLM：1，厚 3.5 厘米（图 6-19：7；图 6-20：3）。G1：91，残。夹砂青灰陶，质地极硬。残存两个图案单元。厚 5.5 厘米（图 6-19：3；图 6-20：5）。

瓦当 2 件。四界格卷云纹。G1：57，当面完整并带有一段筒瓦。夹砂灰陶。双线四界格，界格内"T"字云纹，半球当心，图案外缘为齿纹。当面直径 15、边轮宽 1.7、厚 2.5 厘米，筒瓦厚 1.2 厘米（图 6-19：6；图 6-20：7）。G1：62，图案仅见四分之一。泥质灰陶，较硬。四界格，界格双线之间连以横短线，云纹两端演化成乳丁。当面厚 1.6、边轮宽 1 厘米（图 6-19：4；图 6-20：6）。

图 6-19　莱山建筑基址出土西汉建筑材料照片

简瓦　数量很多，挑选标本 4 件。G1：35，泥质浅灰陶。顶面光平，底面连瓦舌部分均为粗布纹。厚 1.5、瓦舌长 2.6 厘米（图 6-21：1）。G1：40，泥质红陶，质地粗疏。顶面光素（或脱落），底面饰布纹。厚 1.5、瓦舌长 2.2 厘米（图 6-21：2；图 6-22：1）。G1：73，中段残片。夹砂灰陶，质硬。顶面一段饰瓦棱纹、一段饰稍粗的绳纹，底面饰布纹。厚 1.3 厘米（图 6-21：4；图 6-22：2）。T06：7，泥质灰陶。磨损严重，带有一个直径 0.35 厘米的瓦钉孔（图 6-21：3；图 6-22：6）。

板瓦　数量很多，挑选标本 4 件。G1：24，夹砂灰陶，质极硬。方唇，首端宽 8 厘米部分饰斜向粗绳纹，下长 22 厘米部分皆饰瓦棱纹，一侧边有宽 0.2 厘米的内切痕。厚 1.4 厘米（图 6-21：5；图 6-22：3）。G1：20，泥质灰陶。首端下弯，圆唇，首端宽 7 厘米部分光平，下宽 12 厘米部分饰较密的瓦棱纹，其余部分光平，凹面素面，有一侧边，因磨损切痕不明显。最宽处 29、厚 1 厘米（图 6-21：7；图 6-22：4）。G1：27，尾端。夹砂灰褐陶。尾端宽 7.5 厘米部分饰粗绳纹，其余部分饰瓦棱纹，凹面素面，两侧边有清晰的内切痕迹。宽 34.6 ～ 36、厚 2.3、券拱高 18 厘米（图 6-21：6；图 6-22：5）。G1：38，瓦首部分。泥质灰陶。壁厚 1 厘米（图 6-21：8；图 6-22：7）。

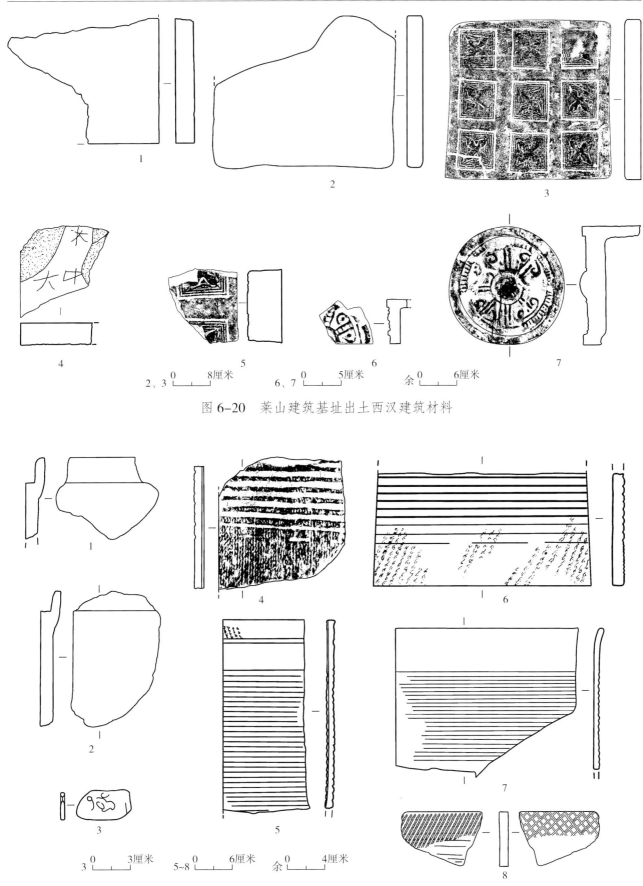

图6-20　莱山建筑基址出土西汉建筑材料

图6-21　莱山建筑基址出土西汉筒瓦和板瓦

图 6-22　莱山建筑基址出土西汉筒瓦和板瓦照片

（4）东汉至北朝时期

遗物主要有建筑材料和生活用品两类。建筑材料数量多，种类丰富。尤其是长条砖的形式多样，为铺设地面的主要建材。生活用品数量较少，陶器残片共发现 31 片。绝大部分为白陶器皿，极个别灰陶，包括底、口沿、腹等残片。腹片均为白陶，有的弧度很小，应是盆之类大型器皿。

长条砖　分素面和一侧有花纹的。

素面长条砖　1 件。SLM∶23，夹砂灰陶。长 28、宽 14、厚 6 厘米（图 6-23∶1；图 6-24∶1）。

花纹长条砖　图案多样。花纹多在砖的一个长侧面，个别砖的一长侧面和一短侧面皆有花纹，细分花纹又有较多差别。花纹长条砖在东汉时期十分流行，一般用于砌筑墓室，在莱山建筑基址中，这种砖用来铺设地面。因建筑墙体毁坏严重，故不知是否也用于砌墙。

三重菱格内有大菱心图案，3 件。G1∶6，泥质青灰陶，质地硬。顶面平，底面满布粗绳纹，三重菱格，内有大菱心，双线边框。宽 12.2、厚 5 厘米（图 6-23∶5；图 6-24∶2）。LMY 采∶6，夹粗砂黄褐陶，质地粗疏。残宽 7、厚 5 厘米（图 6-23∶6；图 6-24∶3）。G1∶8，夹砂褐陶。一端的两侧边有图案。窄端边图案为三重菱格，内菱心。侧边图案不甚清晰，可见有菱格、圆圈等。宽 14.8、厚 5.3 厘米（图 6-23∶3；图 6-24∶4）。

多重菱格内有小菱心图案，4 件。SLM∶17，夹砂灰陶。顶面饰有绳纹，一侧面饰有菱形纹饰。长 29、宽 13、厚 5 厘米（图 6-23∶2；图 6-24∶5）。LMYT02∶2，夹砂红陶，质地硬。制作规整，顶面平，底面饰绳纹，侧边图案为六重菱格，内菱心，双线边框，一端有两条纵线。厚 5.5 厘米（图

图6-23　莱山建筑基址出土东汉至北朝时期长条砖照片

6-23∶7；图6-24∶6）。G1∶98，夹砂灰陶，质地硬。顶面平，底面饰绳纹，侧边图案为十字花、四纵线、二重菱格，内菱心。宽14.9、厚5.5厘米（图6-23∶8；图6-24∶8）。SLM∶10，夹砂灰陶。底面遍布浅绳纹，一短侧面饰有绳纹，一长侧面饰二重菱格，内菱心。长29~29.5、宽14.5、厚5厘米（图6-23∶4；图6-24∶9）。

　　穿璧纹图案，3件。G1∶97，夹砂青灰陶。顶面平，底面饰绳纹，侧边图案为两组穿璧纹。宽13.6、厚5.1厘米（图6-23∶9；图6-24∶10）。G1∶95，夹砂灰陶，质地硬。顶面平，底面绳纹，侧边图案为一组较小的穿璧纹。厚5.9厘米（图6-23∶10；图6-24∶7）。G1∶9，夹砂灰陶，质地硬。

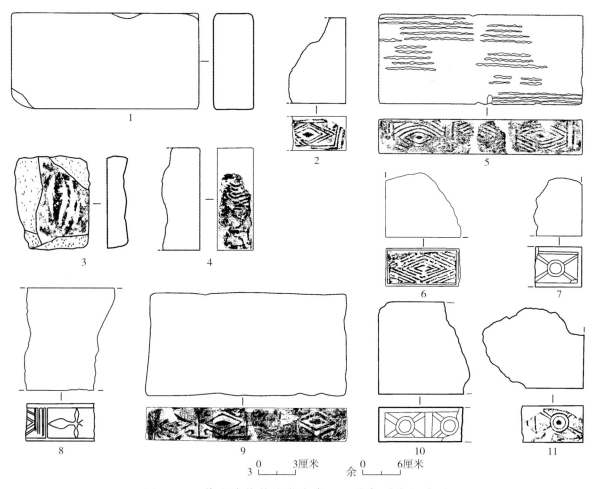

图6-24 莱山建筑基址出土东汉至北朝时期长条砖

顶面平，底面绳纹，侧边图案为一组较小的穿璧纹。厚5.4厘米（图6-23：11；图6-24：11）。

瓦当　东汉瓦当共9件，北朝1件。G1：56，夹砂灰陶。边轮饰折线圆点纹，以内以四朵云纹分为四界格，界格线中有字，不清。直径14.2、边轮宽2.4、厚0.8厘米（图6-25：1；图6-26：1）。G1：53，稍残。夹砂灰陶。当面图案为云纹四界格，半球当心，界格线中似有字。当面直径14.5、边轮宽1.2厘米（图6-25：3；图6-26：3）。G1：52，夹粗砂灰褐陶。当面图案剥蚀不清，似为云纹四界格，可辨为T字云纹，半球当心。当面直径14.5、边轮宽1.2厘米（图6-25：4；图6-26：4）。

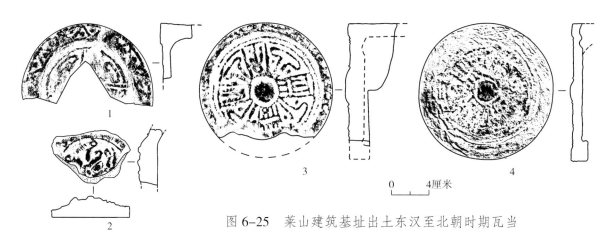

图6-25 莱山建筑基址出土东汉至北朝时期瓦当

图6-26　莱山建筑基址出土东汉至北朝时期瓦当照片

T03：27，夹砂灰陶，较硬。图案为兽面或力士形象，虬屈内蜷的双角，角之间有向上的毛发，粗眉勾卷，大眼暴突，大耳，耳旁一道，可能是上翘的胡须。瓦当中心部位凸起厚至2.2、边缘处厚1.1厘米（图6-25：2；图6-26：2）。时代为北朝时期。

　　筒瓦　3件。瓦首与瓦舌的拼接部位陡起。G1：30，完整。泥质灰陶。顶面通体饰纵向细绳纹，底面饰细布纹。通长37.5、宽12.7、厚0.65、瓦舌长3厘米（图6-27：1；图6-28：1）。G1：13，瓦首的一段，瓦舌残。泥质灰陶。顶面饰纵向绳纹，底面饰布纹，两侧边有内切痕。宽13.4厘米（图6-27：2；图6-28：2）。G1：50，带瓦舌的一段。泥质灰陶。顶面饰不规则的纵向绳纹，底面饰布纹。舌长4厘米（图6-27：3；图6-28：3）。

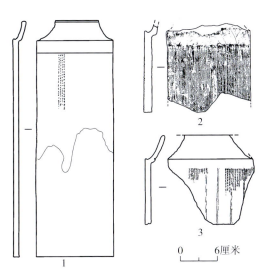

图6-27　莱山建筑基址出土
东汉至北朝时期筒瓦

图6-28　莱山建筑基址出土东汉至北朝时期筒瓦照片

板瓦　12件。T07②：21，瓦首的一段。夹砂浅黄陶。两侧到边，外切，凹面饰细布纹，凸面无纹饰，光平。宽11.5、厚1.1厘米（图6-29：1；图6-30：1）。T06：6，瓦首。泥质灰陶，质硬。瓦首直，唇平，凹面饰大网格纹，凸面光平。厚1.1厘米（图6-29：3；图6-30：2）。T06：8，瓦首。泥质黄褐陶。凹面饰扫帚纹，凸面饰网格纹。厚1.7厘米（图6-29：7；图6-30：3）。T03：32，瓦尾部分。泥质灰陶。尾端唇部捺压成花边状。厚1.8厘米（图6-29：11；图6-30：4）。T03：7，瓦首。夹砂灰陶。瓦首直，圆唇，凹面饰网格纹，凸面饰绳纹。厚1.1厘米（图6-29：2；图6-30：5）。T03：8，夹砂红陶。凹面饰网格纹，凸面饰粗绳纹。一侧边有宽0.2厘米的内切痕。厚1.2厘米（图6-29：4；图6-30：6）。G1：39，夹砂红陶，质粗疏。凹面无纹饰，凸面饰绳纹、麻点纹。厚1.1厘米（图6-29：8；图6-30：7）。G1：44，瓦首。泥质黄褐陶。凹面饰扫帚纹，凸面饰网格纹。厚1.6厘米（图6-29：6；图6-30：10）。G1：46，瓦尾。夹粗砂灰皮红褐陶。尾直，唇沿加厚，上下捺压成花边状，凹面饰布纹，凸面无纹饰，陶皮有剥落。厚0.9厘米（图6-29：5；图6-30：8）。G1：99，夹砂红陶，质地粗疏。凹面饰大网格纹，凸面饰粗绳纹。厚1.1厘米（图6-29：9；图6-30：9）。G1：48，泥质灰陶。陶片凸面有刻字，可能为六个字，可辨有"五、日、作"，字划笔道流畅，排列不整齐。厚0.9厘米（图6-29：10；图6-30：12）。SLM：3，泥质灰陶。陶片凹面隐约可见布纹，凸面光。陶片凹面有刻字，纵1行，笔画纤细，排列密集，不识。厚0.9厘米（图6-29：12；图6-30：11）。

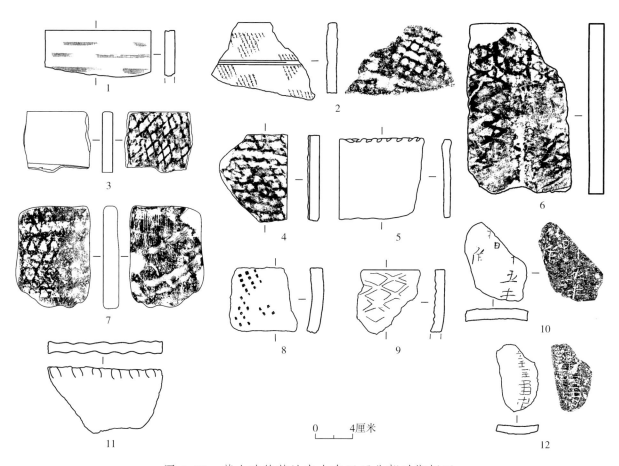

图6-29　莱山建筑基址出土东汉至北朝时期板瓦

图6-30　莱山建筑基址出土东汉至北朝时期板瓦照片

陶杯　3件。小型。白陶。假圈足。G1：80，底。底径4.8厘米（图6-31：1；图6-32：1）。T04：12，底。底径3.2厘米（图6-31：2；图6-32：2）。T07：16，底。底径2.7厘米（图6-31：3；图6-32：5）。

陶碗　2件。T03：5，口沿。夹砂白陶。斜腹，壁厚为0.2厘米（图6-31：4；图6-32：8）。T02：2，口沿。夹砂灰白陶，质硬，近瓷胎。圆唇，侈口。壁厚为0.3厘米（图6-31：5；图6-32：3）。

陶盘　1件。T07：19，底。夹砂白陶。极矮的假圈足。底径6.1、厚0.4厘米（图6-31：6；图6-32：6）。

陶盆　2件。T06：18，底部。灰白色夹砂陶。大平底，器壁厚0.5～0.7、底厚0.3厘米（图6-31：7；图6-32：7）。T03：22，口沿。夹砂白陶。大口，方唇，口沿向外斜折。器壁薄，厚0.7厘米（图

图6-31 莱山建筑基址出土东汉至北朝时期陶器照片

6-31：8；图6-32：4）。

陶壶 1件。T08：15，口沿。泥质灰陶。高领，圆唇，小侈口。壁厚为0.5~0.7厘米（图6-31：9；图6-32：9）。

陶罐 1件。T08：25，口沿。夹砂白陶。子母口，圆唇。器壁厚0.3~0.8厘米。（图6-31：10；图6-32：10）。

（5）唐代

遗物包括建筑材料和生活用品。建筑材料主要为筒瓦和板瓦等，生活用品主要为小型陶瓷用具和锈蚀的铁板等。

筒瓦 数量很多，挑选了10件标本。T07②：23，瓦首，带舌。泥质黄褐陶。顶面光平，底面饰布纹。中部厚1.5、舌长2.1厘米（图6-33：1；图6-34：1）。T07②：18，瓦中段。泥质黄褐陶。顶面光，边沿有少许网格纹，底面饰布纹，两侧边有内切痕。宽15.4、中部厚1.7厘米（图6-33：2；图6-34：4）。T07②：17，首部，带舌。泥质浅红陶。瓦顶面光，底面饰布纹，一侧边有宽0.9厘米

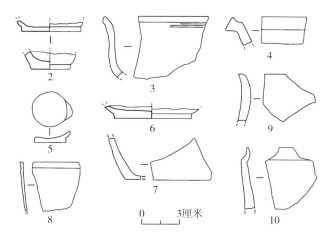

图6-32 莱山建筑基址出土东汉至北朝时期陶器

的外切痕。厚 1.5、瓦舌长 3.3 厘米（图 6-33：3；图 6-34：7）。G1：15，瓦尾部分。夹砂红陶。顶面光，底面饰布纹。一侧边有内切痕。厚 2.6、尾端减薄至 1.4 厘米（图 6-33：4；图 6-34：2）。T07②：22，瓦首，带舌。泥质暗红陶，质硬。瓦顶面光，底面饰布纹，两侧边均见外切痕。宽 14.2、最厚处达 3 厘米（图 6-33：5；图 6-34：3）。G1：12，瓦首，带舌。泥质灰陶。瓦顶面光，底面饰布纹、斜向扫帚纹。厚 1.8、瓦舌长 3.5 厘米（图 6-33：6；图 6-34：8）。T07②：12，夹砂灰陶，质硬。瓦顶面光，底面饰布纹，一侧边可见内切痕。厚 2.1 厘米（图 6-33：7；图 6-34：5）。T07②：11，瓦首，带舌。夹砂灰陶，质硬。制作规整，瓦顶面隐约可见绳纹，底面饰细密的布纹。宽 15、厚 1.8、舌长 4.2 厘米（图 6-33：8；图 6-34：9）。T07②：13，瓦尾部分。泥质红陶，质硬。瓦顶面隐约可见绳纹，底面饰布纹，并见布摺凹沟，两侧边有宽 11 厘米的外切痕。宽 14.8、厚 2、尾端减薄至 1.4 厘米（图 6-33：9；图 6-34：10）。G1：11，筒瓦前段，带少许瓦舌。夹砂灰陶，质硬。瓦顶面光，底面饰布纹、斜向扫帚纹，一侧边有较宽的内切痕。厚 1.7 厘米（图 6-33：10；图 6-34：6）。

板瓦 数量很多，挑选标本 8 件，其中可复原者 3 件。G1：19，泥质灰陶。制作粗糙，厚薄不匀，向首部渐薄，瓦凹面饰布纹、横向扫帚纹，凸面光，断续可见绳纹，两侧边有宽 0.8 厘米的内切痕。长 37、宽 27.5~28.5、厚 1.3~3 厘米（图 6-35：1；图 6-36：1）。T03：1，可复原。夹砂红陶，质地粗疏。

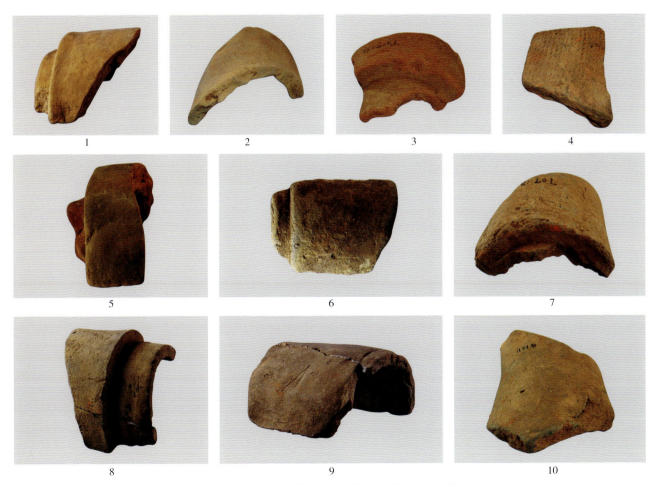

图 6-33 莱山建筑基址出土唐代筒瓦照片

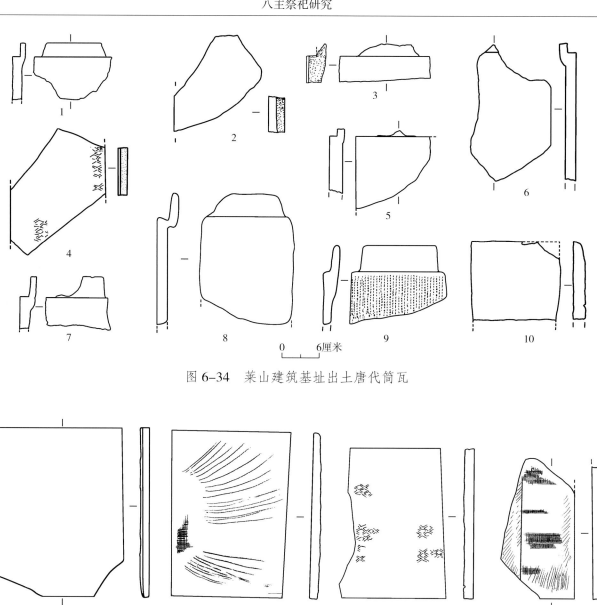

图 6-34　莱山建筑基址出土唐代筒瓦

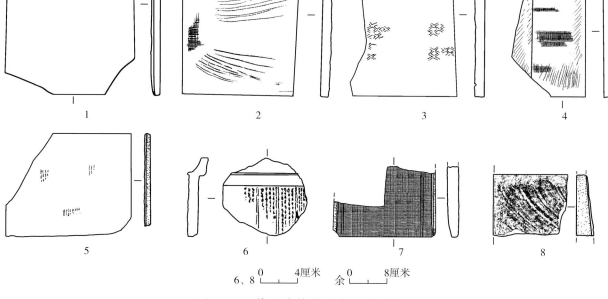

图 6-35　莱山建筑基址出土唐代板瓦

瓦凹面饰布纹、斜向扫帚纹，凸面光。侧边可见内切痕。长 35.5、宽 24~26、厚 2.1 厘米（图 6-35：
2；图 6-36：2）。G1：18，泥质灰陶。首尾均未减薄，瓦凹面饰布纹，凸面光，侧边可见内切痕。长
32.2、残宽 19~22.6、厚 2.1 厘米（图 6-35：3；图 6-36：3）。G1：16，泥质灰陶。瓦凹面饰布纹、稀

图 6-36　莱山建筑基址出土唐代板瓦照片

疏的斜向扫帚纹，凸面光，有零星绳纹。首部的一段，制作规整，两侧边有宽 0.6 厘米的内切痕。瓦身残长 6.7、宽 9.1、中部厚 1.2、尾厚 0.9~1.3 厘米（图 6-35：6；图 6-36：4）。G1：17，泥质灰陶。瓦凹面饰布纹、稀疏的斜向扫帚纹，凸面光，有零星绳纹，两侧边有内切痕。宽 27、中部厚 1.5、首厚 1.3 厘米（图 6-35：5；图 6-36：5）。T04：1，夹砂灰陶，质硬。瓦凹面饰布纹、斜扫纹，凸面光，一侧边内切痕宽 0.3~0.6 厘米。中部厚 1.8、首厚 1.4 厘米（图 6-35：4；图 6-36：6）。G1：23，泥质浅黄陶。瓦凹面饰布纹、凸面光，有零星绳纹。两侧边有较窄的内切痕。宽 22、中部厚 2.5、首厚 1.6 厘米（图 6-35：7；图 6-36：7）。G1：22，首端一角。泥质灰陶，质硬。瓦凹面饰斜向扫帚纹，凸面有零星绳纹，一侧有宽 0.3 厘米的内切痕。中部厚 2、尾厚 1.2 厘米（图 6-35：8；图 6-36：8）。

陶碗　2 件。T08：13，底。白陶。假圈足，足径 4.9 厘米（图 6-37：1；图 6-38：1）。T08：11，底。浅红胎。假圈足，足径 6.1 厘米（图 6-37：2；图 6-38：2）。

陶罐　1 件。T03：2，底。夹砂灰陶。底下有偏心圆切痕。底径 7.5、厚 1.7 厘米（图 6-37：5；图 6-38：3）。

瓷碗　3 件。T02：2，圆唇，敞口，底稍高，内凹，斜腹，内施豆绿釉至外口沿，釉有脱落，外露胎至底，胎骨铁紫色。口径11.7、底径5厘米（图6-37：3；图6-38：4）。G1：64，底部。铁紫色素烧瓷。器内轮弦纹密集，大假圈足。足径9.3厘米，胎厚0.5~1厘米（图6-37：4；图6-38：5）。G1：1，底部。内施豆绿釉，外壁至底露胎。圈足。足径5.1厘米（图6-37：6；图6-38：6）。

瓷罐　1件。T08：1，口沿。淡紫色素烧瓷。无领球腹。口径13厘米（图6-37：7；图6-38：7）。

铁器　2件。G1：85，铁板，有锈蚀。长30、宽3.5、厚0.2厘米（图6-38：8）。F1采：8，铁板，有锈蚀。长8.2、宽2.1、厚0.2厘米（图6-38：9）。

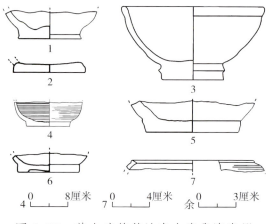

图6-37　莱山建筑基址出土唐代陶瓷器

图6-38　莱山建筑基址出土唐代遗物照片

（4）明代

数量很少，只有建筑材料。

筒瓦　2件。T03:31，泥质深灰陶，质硬。顶面光，底面布纹，一侧边有内切痕。厚1.3厘米（图6-39:1；图6-40:1）。T08:5，首部带有瓦舌。泥质深灰陶，质硬。顶面光，底面布纹，一侧边有不整齐的内切痕。瓦舌长1.8、厚1.2厘米（图6-39:2）。

板瓦　数量稍多，挑选标本1件。G1:45，泥质深灰陶，极硬。凹面饰布纹、稀疏的斜向扫帚纹，一侧切边处可见琉璃釉。中部厚2.2厘米（图6-39:3；图6-40:2）。

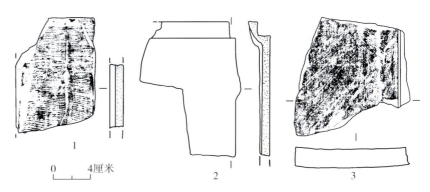

图6-39　莱山建筑基址出土明代筒瓦和板瓦

图6-40　莱山建筑基址出土明代筒瓦和板瓦照片

F1、G1及周围区域出土或采集的遗物时代可分为战国、秦、西汉、东汉至北朝、唐、明等时期，建筑基址是以上各代多次翻建、修复使用的遗留。平板铺地砖地面保留未动，为西汉时期所铺设。在西墙南端，平板铺地砖铺设的地面的边缘就压在石垒墙体之下，石墙则在其后建成。F1北墙的砌筑材料使用了唐代板瓦，现存石墙建筑的年代应该是唐代。在T07、T08内房址的东部，曾集中出土过数量较多的建筑材料，以唐代的居多，体积较大，说明唐代房屋坍塌后，其废墟未遭反复踩踏，唐代是建筑使用的最后时期。

从遗址所处环境和某些遗迹特征来分析，F1就是秦汉时期的月主祠遗址，从遗物年代分析，F1在战国时期即存在，后经反复修筑。用东汉长条砖侧立砌成的凹形槽，可能是祭祀时烧香、烧纸的香火池子。

根据H1与F1的位置关系和出土物分析，H1可能是一个与祭祀有关的瘗物坑类遗存。

（二）庙周家夯土台基

庙周家夯土台，村民俗呼"葬茔"，传为唐代大将徐勣[1]七十二疑塚之一，位于庙周家村东北380米处。夯土台是一处夯土筑成的建筑台基，西侧的小河在遗址西北约120米处汇入由南向北流的鸦鹊河，小河东西两岸为厚2~3.5米的原生黄土堆积，夯土台基在小河东岸。

20世纪四五十年代，夯土台大体范围为东西270米、南北300米。1958~1965年，村里连续取

[1]　徐勣，唐代名臣，赐姓李，武德二年（619年）封莱国公。参见《新唐书·李勣传》，中华书局，1975年，3817页。

图 6-41　庙周家夯土台基（1997 年摄。南—北）

土用于修水库，夯土台遭到大幅度破坏，现在仍可在水库堤坝中发现不少砖瓦残块。夯土台基东、北现有一条正在使用的石砌水渠，夯土台基的原边界在水渠以北。遗址表面覆盖着杂草和荆棘，下即为夯土和坍塌堆积（图 6-41）。遗址中心部位夯土坚硬，其东南和西北两面都分布有早年的坍塌堆积。现存夯土范围南北长 19、东西宽 11.6、高（生土以上）4.6 米。从平面分布看，夯土台东西两边都呈直线，西边长 10 米、东边长 13 米、北边长 6.3 米、南边长 10.5 米，原建筑的形制无法判定（图 6-42）。

　　1984 年，我们对夯土台东侧的坍塌土进行了考古清理，采集了遗物标本。2010 年，在夯土台东 5 米处试掘了两条探沟，但未发现文化堆积。现据 1984 年的夯土台的发掘记录进行说明，遗物介绍包括 1984 年发掘出土和历年采集的文物标本。

　　遗物因夯土台破坏多堆积在夯土台下，绝大多数是建筑材料，有踏步砖、铺地砖、筒瓦、板瓦等，以上各类挑选部分器物作为标本，瓦当则全部取回。

　　1. 地层堆积

　　夯土台四面高出周围地面，台顶处高达 4 米。夯土的东南部与现代农田相连，西南、西北两侧因修水库大量取土，不仅完全破坏了夯土台，台下的生黄土也被挖低达 4 米之深，显现出夯土台建于生土之上，土台彰显突兀。

　　夯土表面高低不平，并非建筑的原有地面。在生黄土上松土施夯，夯打紧密，非常坚硬。夯层厚度大多为 12.3~13 厘米，个别部位最厚可达 15 厘米。夯层清晰，夯窝略呈圆形，分布不均匀，个

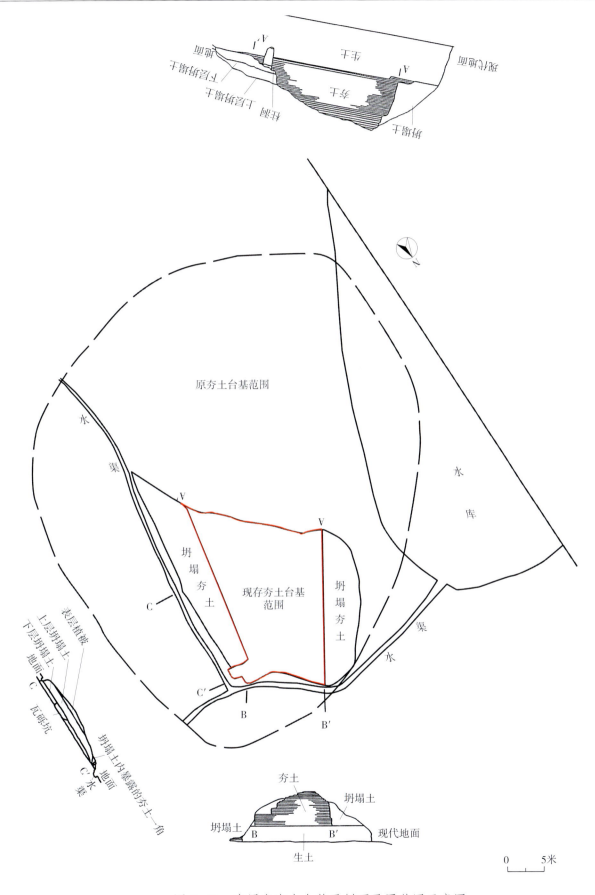

图 6-42　庙周家夯土台基平剖面及原范围示意图

别部位夯窝相连，大部分夯距为 7~8.5 厘米。夯窝直径多数为 5 厘米，小的有 3.4 厘米，最大的 6 厘米。夯窝深 0.1~0.4 厘米，深浅不等（图 6-43；图 6-44）。

1984 年发掘时，利用土台南、北、东三个现存断面记录了夯土台的堆积情况。

1）南断面

因取土破坏形成壁立的断面，是破坏最严重的部分。夯土堆积在中心部位，两侧均有坍土堆积。长 14 米，其中夯土部分（A-A'）宽 12.4 米，夯土高 4.3 米。

图 6-43　庙周家夯土台基夯土块

夯土边缘稍直，略带收分。西侧起夯时对地面做过简单处理，最底部的夯土质地松，分三层，夯层整齐，下部较薄，层厚 9~9.5 厘米；上部稍厚，为 12~13 厘米。断面东侧夯土坍塌的堆积可分上下两层，其中杂有大量建筑瓦砾。下层坍土下压一柱洞（Z1），穿过夯土层打入生土（见图 6-42）。

2）北断面

一条水渠将夯土台与地面隔开，2010 年经过钻探确认这里是夯土台的边缘，长 11.6 米，夯土部分（B-B'）宽 7.6 米，夯土最高处 4.6 米。这里地势较陡，上部暴露部分夯土，下部有大块的塌落夯土，其中夹杂了 2 件带圆瓦当的筒瓦（见图 6-42）。

3）东断面

2010 年试掘证明这里是现存夯土台的边缘位置。夯土部分（C-C'）长 15 米，地面至夯土台顶部高 4.4 米（见图 6-42）。

从断面观察，表层植被下的坍塌夯土分为两层。上层，厚 2.1 米，黄褐土，稍松。出土较多大体量的瓦片，最多的是板瓦、筒瓦，其次有铺地砖、踏步砖，极少器皿陶片。此层下有一个口

图 6-44　庙周家夯土台基夯土细部（南—北）

径 3.4、深 1.3 米的瓦砾坑，一件大板瓦修复后长达 1.08 米（图 6-45），说明建筑屋顶塌落在这里之后没有大的搬动。下层，黄褐土，较紧密。出土的砖瓦碎块较细小，也都是建筑材料，但缺少上层所有的那种青灰色、质地坚硬的大瓦。

图 6-45 庙周家夯土台基出土大板瓦（赵娟摄）

2. 遗迹

柱洞 1 个，编号 Z1。

Z1 柱洞内填以花土，较松软。口部直径 0.84、底部直径 0.62、深 2.1 米。洞口置一厚 14 厘米、大小与洞径相当的大石板，柱洞底部置一小石板（见图 6-42）。

应是夯土台建筑的柱坑。

3. 遗物

绝大部分为建筑材料，为各种砖、瓦，生活用品极少见。时代分为秦、汉两个时期（附表 6-5）。

（1）秦代

瓦当 陶质比较坚硬，青灰陶居多，少数为黄褐陶。多数为圆瓦当，少数为半瓦当，还有一种圆涡纹的大型瓦当。

半瓦当 形体较小，器壁较薄。泥质陶居多，青灰色、黄褐色都有。但烧造火候较差，没有达到西汉青灰陶那种铮铮作响的程度。直径最大者 17 厘米，最小的只有 14 厘米。

山树卷草纹，1 件。1984SHH（下）:99，残。夹细砂青灰陶。当面图案中心为树木，枝条带叶，树干插入半圆形当心，树侧一卷草和两个三角形山峦。直径 15.8、当面厚 1.1~1.3 厘米（图 6-46:1；图 6-47:1）。

树木卷草纹，1 件。1984SHH（下）采:86，残。泥质青灰陶，质地硬。当面有窄而高起的边轮，图案为仅见带枝条的树木，两条卷草纹。器壁厚 1.1、直径 15.5 厘米（图 6-46:5；图 6-47:3）。

不规则卷云纹，1 件。1984SHH 采:84，残。泥质黄褐陶，质地粗疏。当面一道边轮凸起，当面

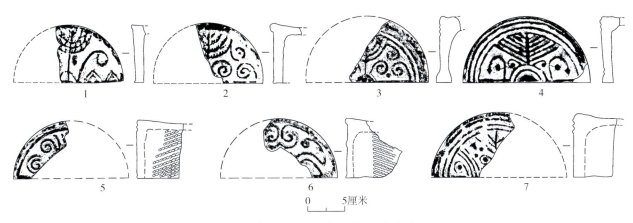

图 6-46 庙周家夯土台基出土秦代半瓦当

图6-47　庙周家夯土台基出土秦代半瓦当照片

内凹、平展，多重卷云纹。器壁厚0.9、直径15.8厘米（图6-46：6；图6-47：2）。

　　树木双重花萼纹，共3件。1984SHH采：97，残。泥质黄褐陶，质地稍硬。当面圆凸，三道边轮。图案中心为树，一侧由三枝条隔开勾卷的花萼和乳丁。厚1.7、直径18.6厘米（图6-46：7；图6-47：5）。84年采集了一件完整者，1984SHH：1，夹砂青灰陶，质地硬。当面四道边轮，图案为两侧各有八条弯曲枝条的树木、花萼、乳丁，当心为圆圈内有半球。厚1.2~1.8、直径17.8（图6-46：4；图6-47：7）。

　　带叶树木卷云纹，2件。分当面下凹和圆凸两种。1984SHH（下）：98，残。泥质红褐陶，质地略硬。当面一道边轮，图案中为树，带叶枝条弯曲，树侧为呈品字形分布三卷云纹。厚1.6、直径14.2厘米（图6-46：2；图6-47：4）。1984SHH采：96，夹砂青灰陶，质地硬。当面边轮宽。厚1.2~1.9、直径16.3厘米（图6-46：3；图6-47：6）。

　　圆瓦当　有抽象卷云纹、树木花萼纹、带叶树木卷云纹、菱心卷云纹多种。

　　抽象卷云纹，共10件。分当面下凹和圆凸两种，其中1984SHH下：77出土于夯土台下层坍土。1984SHH采：71，夹砂青灰陶，质地极为坚硬。当面稍圆凸，两道轮线，图案上下对称，中间以四道横线分隔。每组图案双线云纹居中，两侧各有一枚突出的大乳丁，山、卷草纹样分布两侧。当面图案布局工整，制作精致。瓦当背面用泥片贴敷以加固筒瓦，留下深深的凹沟。直径18.5厘米（图6-48：1；图6-49：1）。1984SHH（下）：77，夹砂灰褐陶，质地疏松。当面内凹，当面外缘为两道较细的轮线，中分的横隔线为三或四道。瓦当背面用泥片贴敷以加固筒瓦，留下深深的凹沟。当面直径18.7厘米（图6-48：2；图6-49：2）。

　　树木花萼纹，共23件。多数为泥质青灰陶，质地较硬。当面花纹均由圆圈内半球当心、直线枝条树木纹、首端似箭头的弯曲花萼及乳丁组成。个体不同的是直线枝条数目不一，有的细密，一侧最多九条。有的粗而疏朗，少至六条。1984SHH采：61，青灰陶，质地坚硬。带有19厘米长的筒瓦。

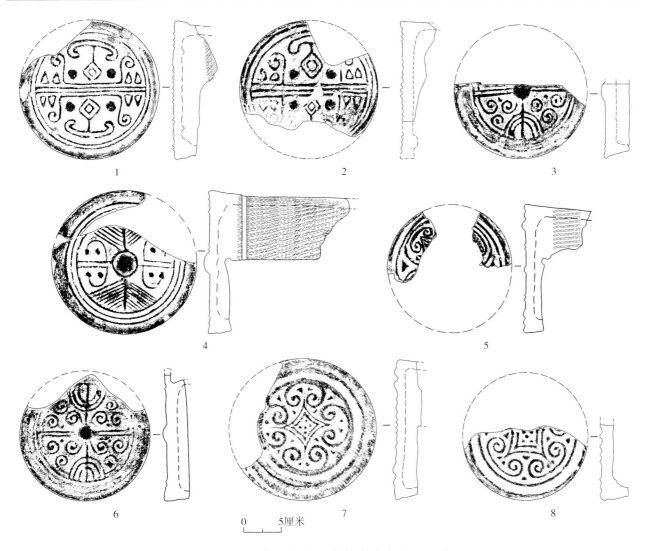

图 6-48　庙周家夯土台基出土秦代圆瓦当

当面边廓宽，向内三道轮线，当心半球形。中心图案上下对称各有一树，树一侧九枝，另侧八枝，树两侧各有一组乳丁、花萼。当面直径 19 厘米（图 6-48:4；图 6-49:7）。

带叶树木卷云纹，共 17 件。其中 6 件为黄褐陶，质地较软，余为质地坚硬的青灰陶。1984SHH 采:95，夹砂黄褐陶，质地较软。当面较平，周围无圈。当面直径 18.4 厘米（图 6-48:3；图 6-49:3）。1984SHH 采:1，夹粗砂浅灰陶，质地稍硬。当面稍凹，边廓为四道轮线。当心图案上下对称。树木每侧为三条弧形枝条、三朵品形分布的卷云纹，当心半球形，瓦当的背面有泥片贴敷，以加强筒瓦与瓦当的连接。现筒瓦脱落，仅余沟槽。瓦当尺寸较小，当面直径 17.5 厘米（图 6-48:6；图 6-49:4）。

菱心卷云纹，共 26 片，分三种，各举一例。1984SHH 采:24，夹砂青灰陶，质地极硬。边廓宽，向内一道轮线，当面微凸。当心图案为均匀分布的四朵卷云纹，又内为双弧线菱形，菱形内的当心位置填以五颗小乳丁，当面的其他空白处也都填以小三角乳丁。直径 19 厘米，是这种瓦当最常见的规格（图 6-48:7；图 6-49:5）。1984SHH 采:23，夹砂黄褐陶，质地稍硬。规格小，当面直径 16.7 厘米（图 6-48:8；图 6-49:6）。1984SHH 采:103，仅 1 例，是菱心卷云纹圆瓦当的特例。夹细砂黄褐陶，质地稍松软，当面图案的基本元素及布局与普通菱心卷云纹圆瓦当相同，但它的卷云纹是双线微卷，双弧

图 6-49　庙周家夯土台基出土秦代圆瓦当照片

线菱形又特别大。制作工艺十分粗率，有可能是菱心卷云纹圆瓦的早期形态。直径 16.6 厘米（图 6-48：5；图 6-49：8）。

　　大型圆瓦当　分直径 39 厘米、60 厘米两种。

　　直径 60 厘米，图案主要是一种多重旋纹，典型秦瓦当的艺术风格。共发现 10 片，2 片为质地很硬的夹砂青灰陶，其余为质地较粗疏的夹砂黄褐陶。3 片为瓦当当心部分，7 件为瓦当的边缘部分。1984SHH 采：129，边缘部分。夹粗砂黄褐陶。外缘两道边轮，向内图案为双勾线多重旋纹，仅见一粗的圆弧线（图 6-50：1）。1984SHH 采：117，边缘部分。夹粗砂黄褐陶，质地粗疏。外缘有宽 1.7 厘米的廓边，向内图案多重旋纹线条，旋纹间的空白填以"丫"形（图 6-50：2）。1984SHH 采：131，当心部分，当心为带圆圈的球形，周围布以多重旋纹（图6-50：3）。1984SHH采：130，边缘部分。夹粗砂黄褐陶。2~4道密集的边轮，向内图案仅见一粗的圆弧线。当面厚1.8~2.5厘米（图6-50：6；图6-51：4）。1984SHH采：19，瓦当中心的一残片。夹粗砂青灰陶，质地稍硬。背面稍平，正面为双线多重卷云纹。残长10.5、残宽8.6厘米（图6-50：7；图6-51：5）。1984SHH（下）：115，下部的立缘残块。夹砂青灰陶，质地极硬。立沿向外撇，边廓较宽，与它的青灰色陶质相匹配的当心应是标本1984SHH采：19之类。高3.8、厚1.4~2.1、残长8.8厘米（图6-50：4；图6-51：6）。

　　直径39厘米，可复原1件，其他残片5片。1片为夹砂黄褐陶，其余均为夹砂青灰陶，质地都很坚硬。这种大瓦当的图案主要是菱心卷云纹。1984SHH采：123，可复原。夹砂灰陶，质地坚硬。制作精致。当面凸起，边廓宽3.2厘米，向内两道轮线。又内图案花纹为均匀分布的四朵卷云纹、双弧线菱形纹、当心为球形。整个画面行云流水，大气磅礴。厚2~2.9厘米（图6-50：9；图6-51：1）。1984SHH采：121，瓦当的边缘部分，侧边有直径1.4厘米的插孔。夹砂浅灰陶，质地坚硬。制作精致。向内三道轮线，其余花纹残缺。边廓宽2.7、当面厚1.6厘米（图6-50：5；图6-51：2）。1984SHH

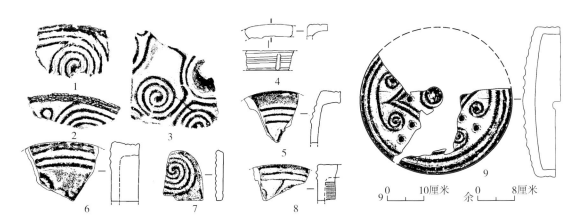

图6-50　庙周家夯土台基出土秦代大型瓦当

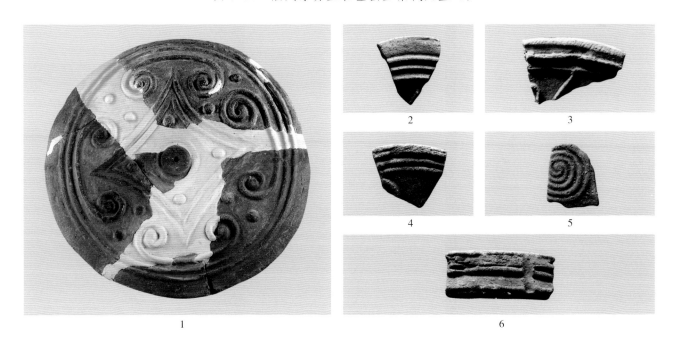

图6-51　庙周家夯土台基出土秦代大型瓦当照片

采:120，瓦当的边缘部分。夹细砂浅灰陶，质地坚硬。当面边廓窄，边缘有粗绳纹，向内两道轮线，中心图案仅见斜直线、弧线，线条纤细。厚 1.8~2.4 厘米（图 6-50：8；图 6-51：3）。

　　筒瓦　可分为普通形制和大型两种。

　　普通形制筒瓦　数量少，共挑选 6 件标本。1984SHH 采:231，瓦端有减薄，可能接近首部。夹砂青灰陶，质地坚硬。底面有杂乱的横扫纹，顶面平。一侧有外切痕，几乎切透。厚 1~1.4 厘米。（图 6-52：1；图 6-53：1）1984SHH 采:224，夹砂青灰陶，质稍硬。首端减薄，两面光，余部为宽 1.1 厘米的瓦棱纹。最厚处 1 厘米，一侧有宽 0.5 厘米的内切痕（图 6-52：4；图 6-53：2）。1984SHH 采:229，瓦首部。夹砂青灰陶，质地极硬。瓦端有减薄，两面光，余部为宽 1.2 厘米的瓦棱纹，顶面隐约可见分散的绳纹。一侧有宽 0.5 厘米的内切痕，厚 1.1 厘米（图 6-52：2；图 6-53：3）。1984SHH 采:230，接近瓦首部的一段。夹砂浅灰陶，质地稍粗。两面均有宽 1.1 厘米的瓦棱纹，顶面隐约可见分散的绳纹，斜向一侧有外切痕，并见切刀在瓦表面划偏的痕迹。宽 16.5、厚 1.2 厘米（图 6-52：5；

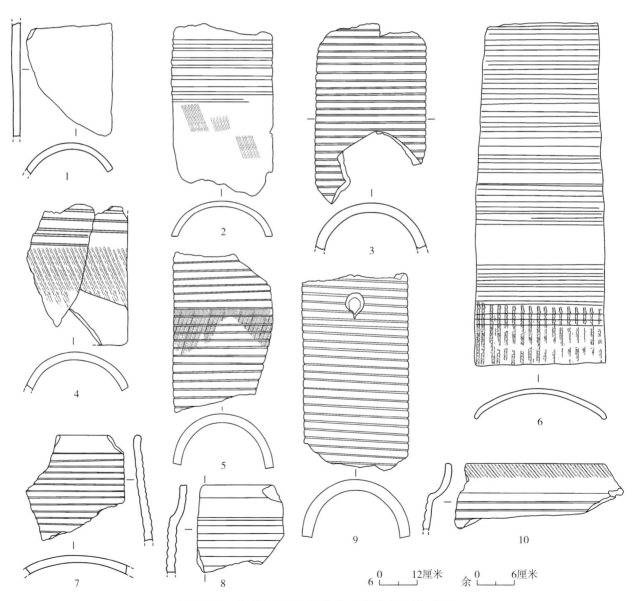

图 6-52　庙周家夯土台基出土秦代筒瓦和板瓦

图 6-53　庙周家夯土台基出土秦代筒瓦和板瓦照片

图 6-53：4）。1984SHH 采：205，瓦中段。夹砂青灰陶，质地极硬。底面隐约可见瓦棱纹，顶面瓦棱纹深峻。宽 17.6、厚 1.4 厘米，外切痕宽 1.2 厘米（图 6-52：3；图 6-53：6）。1984SHH 采：8，瓦中部。夹砂浅灰陶，质地硬。底面光，顶面为均匀的瓦棱纹，棱宽 1.1 厘米。瓦脊部有不规则的瓦钉孔，孔径 2.1 厘米，两侧外切痕。宽 17.2、厚 1.7 厘米（图 6-52：9；图 6-53：5）。

　　大型筒瓦　只发现 2 件，应是与直径 60 厘米的大瓦当配合使用的，但二者陶质陶色相差很大，与多重卷云纹的当心残片 1984SHH 采：19 的陶质、陶色非常相近，可能它们是同种或配套使用的，也可能安装在屋脊上。1984SHH 采：207，瓦首带瓦舌的一段。夹砂浅灰陶，质地极硬。瓦两面都为宽 1.3 厘米的瓦棱纹，前端圆唇，无纹饰。一侧边有宽 0.6 厘米的外切痕。瓦舌长 5、厚 1.4、直径 57.3 厘米（图 6-52：8；图 6-53：7）。1984SHH 采：208，瓦首带瓦舌的一段。夹细砂灰陶，质地硬。顶面为宽 1.3 厘米的瓦棱纹，底面隐约可见瓦棱纹。瓦舌两面光，前端平，瓦舌最厚处 1.2 厘米，筒瓦部分厚 0.8 厘米（图 6-52：10；图 6-53：8）。

板瓦 数量少，分为普通形制和巨型两种。

普通形制板瓦 挑选标本 1 件。1984SHH 采：291，板瓦尾部。夹粗砂陶，灰褐陶皮，质地稍硬，胎心暗红。尾部向下弯曲，凹面光，凸面有宽 0.8 厘米的瓦棱纹（图 6-52：7；图 6-53：9）。

巨型板瓦 挑选标本 1 件。1984SHH 采：2，泥质灰陶。瓦首饰绳纹，余通体饰瓦棱纹。长 109、宽 36~42、厚 1.5、高 8 厘米（图 6-52：6；图 6-53：10）。

（2）汉代

以铺地类的建筑材料为主，踏步砖、平板铺地砖居多，少量筒瓦等。

踏步砖 为登踏台阶的特型地砖，形似台阶，由踏面和斜立面组成。均为夹砂陶。按照纹饰可以分为两种：一是踏面为重回字形纹与如意纹、斜面和立面为多重亚字形纹；另一种为平面方华纹、斜面和立面为奔鹿纹。

踏面为重回字形纹与如意纹、斜面和立面为多重亚字形纹踏步砖 24 件。1984SHH（下）：164，砖的踏面部分，靠近一边。夹砂青灰陶，质地极硬。底面平。厚 3 厘米（图 6-54：1；图 6-55：4）。1984SHH 采：158，砖的踏面部分的一角。夹砂陶，淡黄褐色陶皮，黑褐色胎心，质地硬。砖的底面起伏较大。厚 2.8 厘米（图 6-54：2；图 6-55：1）。1984SHH 采：160，踏面部分的一角。夹砂陶，黄褐色

图 6-54 庙周家夯土台基出土汉代踏步砖照片

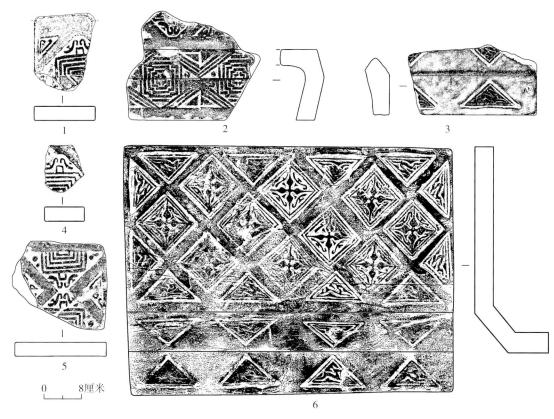

图 6-55　庙周家夯土台基出土汉代踏步砖

陶皮，黑褐色胎心，质地硬。砖的厚度由中部向后部减薄，为 3~3.5 厘米（图 6-54：4；图 6-55：5）。
1984SHH 采：180，斜立面的左下角带一点踏面。夹砂陶，黄褐色陶皮，黑褐色胎心，质地硬。器体
厚重，踏面和斜面的图案为两次模印，对接位置有错动。立面通高 14.2、厚 3.5 厘米，踏面部分厚 3
厘米（图 6-54：5；图 6-55：2）。

　　踏面为方华纹、斜面和立面为奔鹿纹踏步砖　7 件。1984SHH 采：145，斜立面的右下角。夹砂
青灰陶，质地硬。正面光，内面粗糙。花纹可见为两两相对的三角奔鹿纹。立面高 8.4、厚 3.5~4.9
厘米（图 6-54：3；图 6-55：3）。1945SHH 采：3 博物馆展厅展品，完整。长 35、宽 70、高 15、厚 4
厘米（图 6-54：6；图 6-55：6）。

　　铺地砖　数量较多，均为夹砂陶。方形。可以分为素面和带纹饰的两种。

　　素面铺地砖　6 件。厚 3~3.6 厘米不等。1984SHH 采：136，夹砂青灰陶，地砖的一侧边。质地硬，
底面不平，顶面光平。厚 3.6 厘米（图 6-56：2；图 6-57：1）。84SHH 采：134，夹砂黄褐陶。长 38、
宽 23、厚 3 厘米（图 6-56：3；图 6-57：2）。

　　花纹铺地砖　纹饰主要以方华纹、三角形折线纹与回形纹等基本图像单元单独或拼接成正方形
来作为地砖图案。

　　方华纹，九组方形方华纹图像单元均匀分布，厚度有 3.5、3.6、3.7、3.8、3.9、4.1、4.7 等不同
规格。84SHH 采：143，夹砂灰陶，一角的缺口属有意切割而成，以便在铺设中露出泥土地面以插穿
杆、柱类用品。长 36.6、宽 36.4、厚 4 厘米（图 6-56：5；图 6-57：4）。

　　三角折线纹与回字形纹，27 块。两种图像单元两两相对，一种为两两对置的四组三角折线纹，

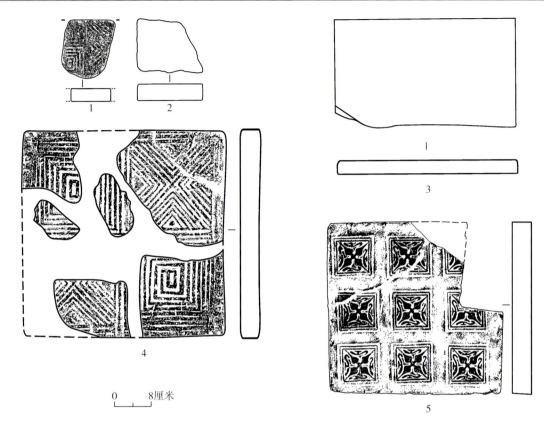

0 ———— 8厘米

图 6-56　庙周家夯土台基出土汉代铺地砖

图 6-57　庙周家夯土台基出土汉代铺地砖照片

另一种为一个或四个回字纹。厚度有 3、3.5、3.6 厘米等多种规格。1984SHH 采（上）：179，花纹铺地砖的一侧边部分，夹粗砂灰陶，质地粗疏。底面整体略平，粗糙；顶面平，纹饰为两种方形图像单元两两相对组成，一种为四个折线三角纹组成的正方形、一种为四个回字形纹组成的正方形。砖厚 2.8 厘米。起伏较大（图 6-56：1；图 6-57：3）。1984SHH 采（上）：171、177，多件残片修复而成。纹饰为两种方形图像单元两两相对组成，一种为四个折线三角纹组成的正方形、一种为一个回字形纹正方形（图 6-56：4；图 6-57：5）。

瓦当　共 2 件，均为 T 形卷云纹圆瓦当，可复原。标本 1984SHH 采：73，夹砂浅灰陶，质地稍粗疏。当面图案工整而简练，制作精致。瓦当背面较平，加固筒瓦处仅以泥条，较之泥片贴敷，显而易见工艺已趋成熟。直径 18.7 厘米（图 6-58：1；图 6-59：1）。

筒瓦　数量较多，烧制精良，挑选标本 3 件。1984SHH 采：210，首部带瓦舌。夹砂浅灰陶，质地极硬。前端圆唇，顶面为瓦棱纹。瓦舌长 6、厚 1.1 厘米（图 6-58：2；图 6-59：2）。1984SHH 采：225，首部带瓦舌，中段。夹砂深灰陶，质稍硬，顶面瓦棱纹，瓦舌顶面斜向绳纹。厚 1.4 厘米（图 6-58：3；图 6-59：3）。1984SHH 采：203，尾部。夹砂灰陶，质稍硬。顶面光，底面有很细的扫纹，向首端减薄，侧边有宽 0.5 厘米的内切痕。厚 1.2 厘米（图 6-58：4；图 6-59：4）。

板瓦　分为普通形制和异形两种。

普通形制板瓦　数量较多，挑选标本 2 件。1984SHH 采：283，板瓦的尾端。夹砂青灰陶，质地极为坚硬。首端较瓦身略宽向下弯曲，凹面光平，凸面满布规整的斜向绳纹，绳纹上有横抹纹或瓦棱痕迹，一侧边有宽 0.3 厘米的内切痕。厚 1.4 厘米（图 6-58：5；图 6-59：7）。1984SHH 采：239，接近尾端的一段。夹砂青灰陶，质地坚硬。向尾端逐渐加厚，最厚处 1.9 厘米，凹面光，隐约可见瓦

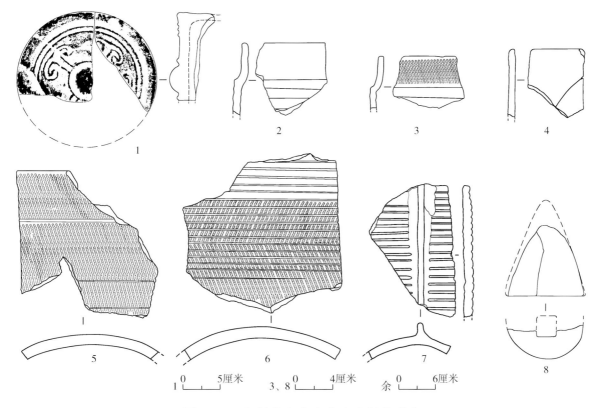

图 6-58　庙周家夯土台基出土汉代遗物

图 6-59　庙周家夯土台基出土汉代遗物照片

棱纹，凸面近首部为斜向粗绳纹，余为宽 1 厘米的瓦棱纹，一侧边有宽 0.3 厘米的内切痕。厚 1.6 厘米（图 6-58：6；图 6-59：8）。

异形板瓦　1 件。1984SHH 采：209，夹砂深灰陶，质地极硬。主要部分是一件瓦棱纹板瓦，现保存两个侧边。在板瓦凸面的瓦棱上以泥条粘贴了一道纵梁，纵梁高 1.7、板瓦厚 1.3 厘米，侧边有宽 0.7 厘米的外切痕。用途不明（图 6-58：7；图 6-59：5）。

模具　1 件。夹砂深灰陶。整体呈圆锥状，底部有一方孔，素面。复原底径为 8.6、方孔边长 2.1 厘米，壁厚 2.5~3.3 厘米。估计用于制作器物的内模（图 6-58：8；图 6-59：6）。

庙周家夯土台基出土的器物以瓦当和踏步砖为主，夯土台上应建有亭阁类建筑。秦代瓦当有齐地风格、齐秦混合和秦式风格三类，可能因为当地工艺与雇主要求有差异造成的，均属秦。汉代的遗物以踏步砖、平板铺地砖为主，可能是加铺了地面。秦代始建，汉代增修。

（三）陶窑

原为窑址群，仅余 1 座，编号 Y1。

Y1　位于庙周家村北 20 米处，东北距庙周家夯土台基约 400 米（参见图 6-2）。该地点为一处适合取土的黄土山岗。断崖西侧为进村土路，又西经两级台地至鸦鹊河谷。

1. 地层堆积

根据断崖处暴露的红烧土遗迹的范围，布 4 米 ×4.5 米的探方 T001（图 6–60）。经发掘，耕土下即为生土。

耕土层，厚 20~30 厘米。Y1 开口于耕土层下，其上部已被现代耕作活动破坏。窑址打破生土层。

2. 窑址概况

Y1 系依托东高西低的断崖修筑，高差 1.5 米。总体保存尚可，临断崖的窑前部及高出地面的顶部受到严重破坏，火膛和窑室受到不同程度的破坏，窑顶已不存，后部烟道保存较完整（图 6–61；图 6–62；图 6–63）。

火膛 大部分已被破坏，仅余与窑室相连的一点残迹。烧烤程度最重，呈青灰色。

窑室 近断崖部分被破坏。据火膛位置分析，窑室底面基本得以保存。窑室平面呈长方形，南

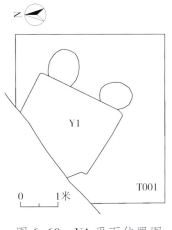

图 6–60　Y1 平面位置图

图 6–61　Y1 保存情况

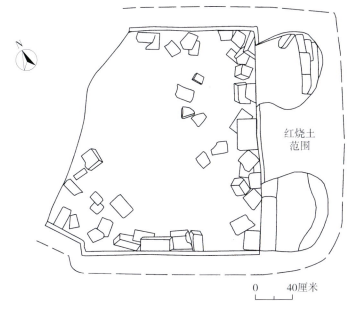

图 6–62　Y1 窑室废弃后的堆积情况

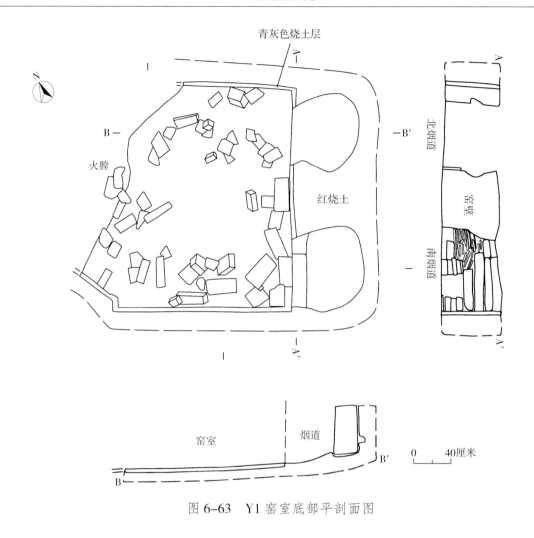

图 6-63　Y1 窑室底部平剖面图

北长 2.3、东西宽 1.85 米。窑室底面平整，上有一层薄薄的淤土，质地细腻，色浅黄。窑壁直立，残存高度 0.66 米。窑底、窑壁内面被火烧成厚 4 厘米的青灰色，向外层则逐渐变淡，呈红褐色。由于窑室侧壁的受火程度远高于底部，壁、底红烧土厚度不同，窑壁的红烧土厚度 0.2 米，而窑底红烧土的厚度 0.12 米。

烟道　位于火膛对面，在窑室东壁外侧，两个，南北分列。两个烟道的平面形状不甚规整，整体接近圆形。南侧烟道直径 0.9、进烟口宽 0.74 米，北侧烟道略小，直径 0.8、进烟口宽 0.6 米。在使用过程中，两个烟道都经过重新改造，以使进烟口缩小，有利于保持或提高窑室温度。南烟道的出烟口保存完整，系用残碎的大砖、碎瓦、铺地砖、石块重新砌堵，仅留出一高 0.24、宽 0.22 米的新出烟口。北烟道的出烟口现已破坏。烟道内的底部也有窑室底面那种质地细腻的浅黄色淤土。

3. 遗物

窑室内废弃堆积可见数层。数量最多的是一种长方体大砖，形制不一，也不规整，有清晰的手制痕迹。烧制火候很低，质地粗疏，以至多数残碎，几乎填满窑室，应是一种烧窑时专为封堵窑顶而制作的临时用砖，陶窑废弃后顶部坍塌而散落到窑室之内。其他还有板瓦、筒瓦、铺地砖，为整修改造窑室时所用材料。另有少许铁器、陶器皿残片，是陶窑废弃后的堆积（见图 6-62；附表 6-6）。

图6-64　Y1出土踏步砖和长方形大砖照片

窑室底部的淤土上有一次性填土堆积，主要为红色、黄褐色烧土以及数量较多的大砖块和少量板瓦、筒瓦残片，还有几块几何纹铺地砖、一件带刻划文字的残陶器座和两块铁片（图6-63）。

踏步砖　一般铺地砖的图案呈斜行分布，踏步砖的图案踏面部分呈直行分布，两者的区别比较明显，以下标本判定为踏步砖，共9件。4件为浅灰色，5件为黄褐色，都夹黑色胎心，质地粗疏。制作粗糙，厚薄不匀，底面不平整，可能是当时烧制的废品。花纹相同，都是三角形纹，

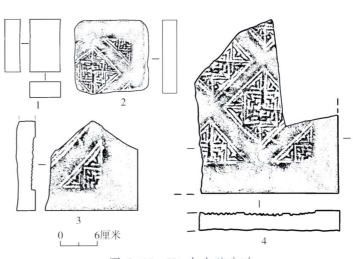

图6-65　Y1出土踏步砖

且图案高低不平，图案是用一种三角形的模子，在砖坯未干时捺压而成。Y1：12，踏面的一个直角。图案为单三角形。厚3厘米（图6-64：1；图6-65：3）。Y1：10，踏面部分。制作规整，厚度均匀，厚2.4厘米（图6-64：3；图6-65：2）。Y1：22，踏面残块，厚度不均匀，中部厚3.1、边缘厚3.4、最长处28.5厘米（图6-64：4；图6-65：4）。

长方形大砖　1件。Y1：3，陶色灰褐、暗红杂驳，质地粗疏。不规整，顶面有手抹痕，底面有宽深的凹痕，应该是晾晒砖坯时放置于木条上所致。长8.4、宽4.9、厚2.4厘米（图6-64：2；图6-65：1）。

筒瓦　数量少，挑选标本2件。Y1：2，夹砂浅灰陶。顶面满饰绳纹，底面可见横扫纹，两侧边有外切痕。残长30、宽15.6、厚0.7厘米（图6-66：1；图6-67：1）。Y1：6，夹砂暗褐陶，不甚硬。顶面光平，隐约可见绳纹。残长28、宽18.2、厚1.2厘米（图6-66：2；图6-67：2）。

板瓦　数量多，有两种。一种褐色，一种青灰色，其中有些是烧变形的废品。Y1：5，泥质青灰陶，

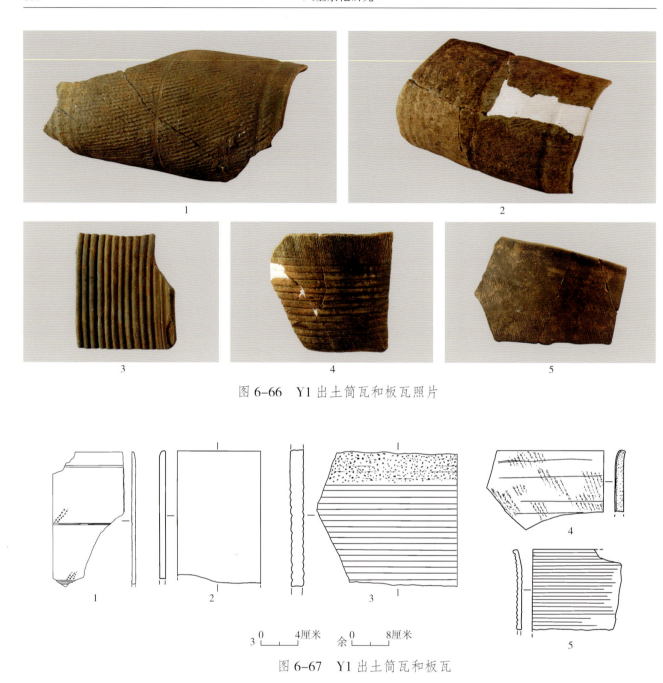

图 6-66　Y1 出土筒瓦和板瓦照片

图 6-67　Y1 出土筒瓦和板瓦

质极硬。瓦首稍翘起，凸面饰绳纹。残宽 25、厚 1.7 厘米（图 6-66：5；图 6-67：4）。Y1：7，夹砂青灰陶，质硬。瓦首翘起，凸面饰瓦棱纹。厚 1.1 厘米（图 6-66：3；图 6-67：5）。Y1：8，夹砂青灰陶，质硬。瓦首直，凸面近瓦首处饰绳纹，其后饰瓦棱纹。厚 1.3 厘米（图 6-66：4；图 6-67：3）。

陶盆　2 件。Y1：19，腹壁残片。泥质灰陶。器形当为宽折沿大盆。厚 0.5~0.8 厘米。（图 6-68：1；图 6-69：3）。Y1：18，盆底残片。泥质灰陶。可能为宽折沿大盆 Y1：19 的盆底。底内面微上凸，底面为密集的同心圆凸棱。厚 0.8~1 厘米（图 6-68：3；图 6-69：2）。

陶器座　1 件。Y1：1，残缺约三分之一。圆圈形，无底，基本造型有如一个斜折沿大盆的口部。泥质暗褐陶。制作精致，上口宽，壁斜直，口沿外卷，口沿上有一道深凹的绳纹，内壁上部有 5 厘米

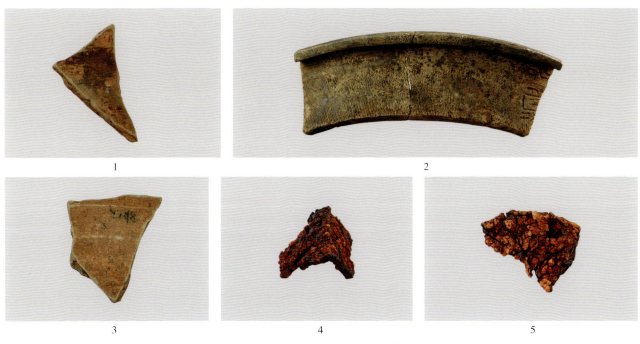

图 6-68　Y1 出土遗物照片

宽的细密凸弦纹带，外壁有一组刻划文字，字口较深，系烧制前刻成，现有残缺。器高 9，上口直径 64，下口直径 49，壁厚 1.7 厘米（图 6-68：2；图 6-69：1）。

铁片　2 件。Y1:20，不规则的薄铁片，边缘为圆弧形，一面凸起，可能为铁镜的残片。长 4、宽 2.5、厚 0.3 厘米（图 6-68：5）。Y1:21，长 7.5 厘米的一段角铁。用途不明（图 6-68：4）。

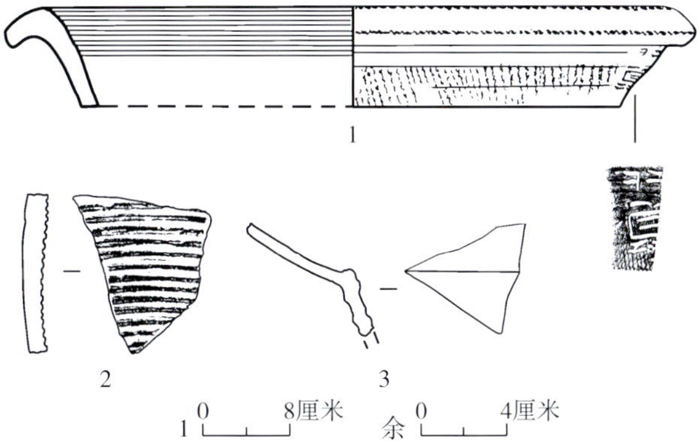

图 6-69　Y1 出土陶器

4. 时代与用途

根据窑的形制和遗物的时代特征，可断定 Y1 的时代应为西汉时期。Y1 出土的瓦及铺地砖与庙周家夯土台基出土的同类建筑材料完全一致，可见建筑材料是在当地烧造的。

三　历史文化背景和归城城址

发源于莱山的两条鸦鹊河支流汇合后流入黄水河，后入海。2007~2009 年，中国社会科学院考古研究所、美国哥伦比亚大学东亚语言和文化系、山东省文物考古研究所对归城城址进行了全面调查[1]。项目组对归城所处的莱山与大海之间的河流冲积平原进行了区域系统调查，主要划分为两个区域，一是位于鸦鹊河两条支流合围区间的归城内外城所在区域，另一个是鸦鹊河支流交汇后流入黄水河区间的广大区域（图 6-70）。

---

[1] 中国社会科学院考古研究所、哥伦比亚大学东亚语言和文化系、山东省文物考古研究院编著，李峰、梁中合主编《龙口归城——胶东半岛地区青铜时代国家形成过程的考古学研究（公元前 1000- 前 500 年）》，科学出版社，2018 年，565 ~ 615 页。

图 6-70 鸦鹊河流域遗址分布图

以下将本次以及以往的考古工作成果分为周围文化环境、归城城址及城址内的调查与研究两部分进行介绍。

（一）周围文化环境

在以往工作的基础上，2009 年项目组展开区域调查，调查范围包括鸦鹊河流域及黄水河下游区域。调查人员分为三组，一组从莱山向北，经月主祠到归城内城，另外两组分别从鸦鹊河两岸向归城内城方向展开调查。以下介绍的器物编号以 2-013-1C 为例，2 代表调查组别，013 代表调查所获的遗址编号，1 代表遗址中采集点编号，C 代表采集器物标本顺序号。

1. 洽泊遗址（见图 6-70）

位于兰高镇洽泊村东北 300 米处，东 300 米即为黄水河。遗址海拔 20 米左右，现存东西长约250、南北宽约140 米，面积约为 35 000 平方米。采集到数量较多的汉代陶片，可辨器形有罐、盆、豆、板瓦等，陶片较破碎，未挑选标本。

2. 洽泊北遗址（见图 6-70）

位于兰高镇洽泊村北约 1 千米，处黄水河西岸，距黄水河约 300 米。遗址位于一废弃的砖瓦厂取土坑附近，西靠村路，东侧为废弃的铁路，南北均为农田。海拔约为 20 米，地势较为平坦。遗址东西长 200、南北宽 100 米，总面积约为 2 万平方米。遗址范围内遗物比较丰富，采集到珍珠门文化、周代、汉代三个时期的遗物。

（1）珍珠门文化

石凿 1 件。1-041-1E，圆柱形，双面刃，琢制而成，刃部磨光。长 10.4、直径 2.1 厘米（图6-71：1）。

（2）周代

陶罐 1 件。1-041-3A，夹砂红陶。侈口，尖圆唇，折沿，上腹微弧，以下残。腹饰凹弦纹。残高 6.7、厚 0.5~0.8 厘米（图 6-71：2）。

（3）汉代

板瓦 1 件。1-041-1B，夹砂黄褐陶。一端完整。凸面饰阶状瓦棱纹。残长 13.5、残宽 14、厚 0.7

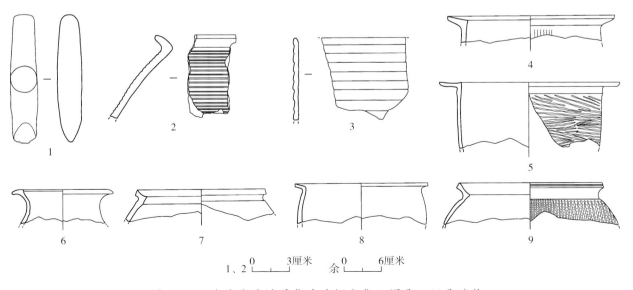

图 6-71 洽泊北遗址采集珍珠门文化、周代、汉代遗物

厘米（图6-71：3）。

陶盆 2件。1-041-1D，泥质黄褐陶。方唇，侈口，折沿，沿面微凹，腹壁较直，上饰细绳纹。口径28、残高4.4、厚0.6~1.6厘米（图6-71：4）。1-041-5C，泥质黄褐黑胎陶。尖唇，敞口，平折沿，沿面内凹，腹部近直，上饰横向绳纹。口径30、残高10.6、厚0.5~0.8厘米（图6-71：5）。

陶壶 1件。1-041-5B，泥质灰陶。尖圆唇，口部微侈，平折沿，沿面微凸，颈部内曲，素面。口径17、残高5.6、厚0.6厘米（图6-71：6）。

陶罐 3件。1-041-1A，夹砂红褐陶。方唇，侈口，唇面内凹，折沿，沿面内凹，短颈，上腹微鼓，素面。口径21、残高5.2、厚0.9厘米（图6-71：7）。1-041-1C，夹砂红褐陶。方唇，侈口，卷沿，上腹微鼓，素面。口径22、残高6.8、厚0.6~0.8厘米（图6-71：8）。1-041-5A，夹砂黄褐陶。侈口，方唇，唇面有道凹槽，折沿，沿面内凹，短颈，上腹微鼓，腹部饰绳纹。口径24、残高6.8、厚0.4~1.2厘米（图6-71：9）。

3. 四平遗址（见图6-70）

位于兰高镇四平村东北约900米处，分布于鸦鹊河西岸。遗址海拔22米左右，地势平坦。南北长约200、东西宽约110米，面积约22 000平方米。采集遗物可以分为周代、汉代两个时期。

（1）周代

陶豆 3件。1-006-1A，残存豆盘及柄局部。夹砂灰陶。浅盘，柱状柄。素面。残高4.2、厚0.8~1.1厘米（图6-72：1）。1-006-3A，泥质黄褐陶。方圆唇，敞口，浅盘。腹部有一周轮制形成的瓦棱纹。残高4、厚0.5~1厘米（图6-72：2）。1-006-4A，豆柄部分。泥质灰陶。喇叭状柄，近底部有一凸棱。底径7.4、残高7.6、厚0.5~1.5厘米（图6-72：4）。

建筑构件 1件。1-006-1B，夹砂灰陶。残。平面长方形，剖面为圆弧形，侧面有刻划纹。残高4.8、残长12、厚2.6~3.2厘米（图6-72：3）。

（2）汉代

陶豆 1件。1-006-1C，豆柄部分。

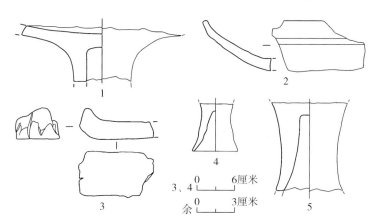

图6-72 四平遗址采集周代、汉代遗物

夹砂灰陶。喇叭状柄。残高7、厚0.7~2厘米（图6-72：5）。

4. 水亭遗址（见图6-70）

位于兰高镇水亭村东100米处，坐落在公路北侧的小台地上。遗址西、南两侧皆为小断崖，西侧断崖下有一条小河沟，东侧则为起伏的小丘陵。遗址海拔约为44米，东西长200、南北宽100米，面积约2万平方米。采集的遗物分为周代、汉代两个时期。

（1）周代

陶盆 1件。1-031-4D，泥质灰陶。圆唇，敞口，腹壁微内曲。唇下有一条凹弦纹和一道凸棱。残高4.3、厚0.3~1厘米（图6-73：1）。

陶罐 1件。1-031-4E，泥质灰陶。圆唇，侈口，卷沿。残高3.1、厚0.6~0.7厘米（图6-73：2）。

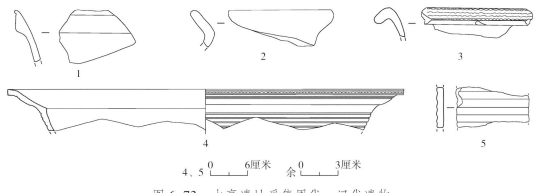

图 6-73　水亭遗址采集周代、汉代遗物

（2）汉代

板瓦　1件。1-031-4C，夹砂黄褐陶。凸面饰多道瓦棱纹。宽约12、长约6.4、厚1.2厘米（图6-73：5）。

陶盆　2件。1-031-4A，夹砂灰陶。方唇，敞口，唇面内凹，内饰一周绳纹，折沿，内沿上部微卷，下部内凹，腹部斜收，外沿及腹部饰五周凹弦纹。口径64、残高6.8、厚0.7~1厘米（图6-73：4）。1-031-4B，泥质黄褐陶。圆唇，侈口，折沿，腹部微内曲。沿面上有四条绳纹。残高2.4、厚0.4~1厘米（图6-73：3）。

5. 欧头于家遗址（见图6-70）

位于兰高镇欧头于家村西南400米处，鸦鹊河西岸，距鸦鹊河约600米，丘陵的边缘地带，海拔43米，地势较平坦。主要分布在东西长100、南北宽50米的范围内，面积约为5000平方米。遗物分布集中，多为果树种植过程中挖坑破坏所致。遗址上采集到的遗物可分为周代、汉代两个时期。

（1）周代

陶盆　2件。1-035-1H，泥质灰陶。方唇，口微侈，折沿，上沿微卷，外沿有两道浅凸棱，腹部较直。残高9、厚0.9~1.3厘米（图6-74：1）。1-035-1F，泥质灰陶。方唇，敞口，唇面内凹，折沿，上沿微卷，下沿内凹，内壁与腹部相接处有一凸棱，腹部较直。厚0.8~1.3厘米（图6-74：2）。

陶豆　4件。1-035-1C，豆柄。泥质灰陶。束腰型柄，内壁留有螺旋纹。残高9.2、厚0.7~2.2厘米（图6-74：7）。1-035-1D，豆盘部分。泥质灰陶。尖唇，口微敞，浅盘，折腹较低，上腹微凹，折腹处内外侧皆有一凹槽，下腹弧收。口径18、残高4.2、厚0.3~1.2厘米（图6-74：

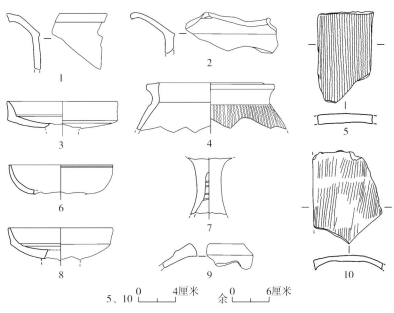

图 6-74　欧头于家遗址采集周代、汉代遗物

3）。1-035-1E，豆盘部分。泥质黄褐陶。方唇，敞口，唇下有一道凹槽，腹部弧收呈钵形。口径17、残高4.7、厚0.4~0.8厘米（图6-74：6）。1-035-1I　夹砂灰陶。圆唇，敞口，浅盘。折腹位置高，内壁有两道细凸棱。口径17、残高5、厚0.6~1.4厘米（图6-74：8）。

陶罐　1件。1-035-1G，夹砂灰陶。圆唇，口微侈，平沿。沿面微凹内扬，束颈，上腹微鼓，颈腹交接处有一阶状凸起，腹部饰粗绳纹。口径16.8、残高7.4、厚0.6~2厘米（图6-74：4）。

陶瓮　1件。1-035-1J，夹砂夹滑石黄褐陶。方唇，口微敛，唇部较厚。残高4、厚0.9~2.3厘米（图6-74：9）。

（2）汉代

板瓦　2件。1-035-1A，泥质灰陶。凸面饰粗绳纹。残长9.7、残宽5.9、厚1厘米（图6-74：5）。1-035-1B，夹砂灰陶。一侧存有切痕，凸面饰细绳纹。残长9.9、残宽7.5、厚0.6~1.05厘米（图6-74：10）。

6. 小于家墓地（见图6-70）

位于兰高镇小于家村东的岗地上，向西400米即为鸦鹊河，西部为凤凰山东麓。墓地西侧紧挨着王屋水库的西干渠，海拔约为64米。墓地南北长100、东西宽50米，面积约为5000平方米。采集了数量较多的汉代花纹墓砖、板瓦及绳纹陶片等，未挑选标本。

7. 大于家遗址（见图6-70）

位于兰高镇大于家村西北500米，凤凰山东部。遗址分布在狭长的山前坡地上，地势起伏较大，海拔100~120米。采集到数量较多的陶片，时代单纯，为周代遗存，可辨认器形有豆、盆、罐等。

陶盆　2件。2-015-1B，泥质黑陶。尖唇，敞口，折沿，唇面较直，沿部斜收，下残。残高2.7、厚0.3~0.7厘米（图6-75：1）。2-015-2B，泥质青灰陶。尖唇，敞口，宽折沿，沿面内凹，上部有一周凹弦纹，腹部较直，下残。口径28、残高4.4、厚0.5~0.7厘米（图6-75：2）。

陶豆　2件。　2-015-1A，泥质青灰陶。尖圆唇，口微敞，折腹较高，上腹微内凹，浅盘，下残。口径18、残高3.4、厚0.3~1.7厘米（图6-75：3）。2-015-1C，泥质灰黑陶。仅存部分豆盘及柄，浅盘，束腰形柄，柄部中间有一道尖凸棱。残高5.6、厚0.7~1.5厘米（图6-75：5）。

陶罐　2件。2-015-2A，泥质灰陶。圆唇，侈口，折沿，沿面内凹，外沿饰绳纹，斜肩，下残。口径20、残高4、厚0.6~1.1厘米（图6-75：4）。2-015-1D，夹砂夹滑石红褐陶，仅存上腹部，上腹微鼓。残高5.8、厚0.5~0.7厘米（图6-75：6）。

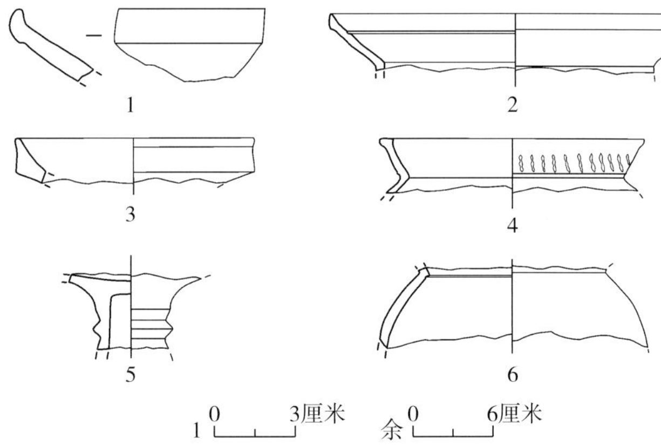

图6-75　大于家遗址采集周代陶器

8. 郭家墓地（见图6-70）

位于兰高镇郭家村南，东距鸦鹊河约2千米。墓地北靠南水北调引黄河道，南部为农田，西部不远为水库。海拔43米，地势较为平坦，东西长100、南北宽50米，面积约5000平方米。在墓地的地表发现有数量较多的汉代花纹墓砖及夹砂灰陶绳纹陶片等，为一处汉代墓地，未挑选标本。

9. 柳家遗址

位于兰高镇柳家村西北 600 米处，西临鸦鹊河，东北为黄水河，遗址位于两河交汇处。遗址海拔在 23 米，地势低平，南北长约 160、东西宽约 55 米，面积近 9000 平方米。在地表采集到数量较多的汉代陶片，以夹砂灰陶为主，可辨认器形有盆、罐、碗、器底、花纹砖等，未挑选标本。

10. 吕家遗址（见图 6-70）

位于兰高镇吕家村西南，西临鸦鹊河，南面有公路经过，海拔 28 米，地势低平。遗址形状大致呈三角形，南北、东西最长均约 300 米，面积约 6 万平方米。采集到数量较多的汉代陶片，以泥质灰褐陶为主，有少量白陶片，可辨认器形有罐、盆、碗、板瓦、筒瓦、瓦当等，未挑选标本。

11. 欧头孙家遗址

位于兰高镇欧头孙家村东 300 米，鸦鹊河东岸，西面距鸦鹊河不足 200 米。遗址海拔 43 米，地势低平，东部为起伏不大的小丘陵。南北长约 200、东西宽约 100 米，面积约 2 万平方米。在地表采集到数量较多的汉代陶片，以泥质灰陶为主，可辨认器形有罐、盆、板瓦及白陶片等，未挑选标本。

12. 前霍遗址（见图 6-70）

位于兰高镇前霍家村东，西距鸦鹊河约 100 米，东、南两面不远处即为王屋水库西干渠。遗址坐落在鸦鹊河东岸一阶地之上，海拔约为 53 米，地势低平。南北长约 100、东西宽约 100 米，面积约 1 万平方米。在地表采集到数量较多的汉代陶片，以泥质灰陶为主，可辨认器形有盆、罐、器底、板瓦、筒瓦及白陶片等，未挑选标本。

13. 侧高遗址（见图 6-70）

位于兰高镇侧高村北 300 米，高速公路以南，黄水河以西，村外主公路东侧。遗址西侧为高地，海拔 28 米，地势低平，起伏不大。南北长约 250、东西宽约 120 米，面积约为 3 万平方米。遗址采集到数量较多的陶片，可以分为周、汉两个时期。周代陶片较为破碎，未挑选标本。

陶盆　1 件。3-029-1B，泥质黄褐陶。方唇、敞口，唇面内凹，折沿，内沿内凹，外沿中部有一道细凸棱，腹部近直，腹部饰细绳纹。口径 48、残高 8.4、厚 0.8~1.6 厘米（图 6-76：1）。

陶豆　2 件。3-029-1A，泥质灰陶。方唇、敞口，折腹较高，上腹内凹，下腹内曲后弧收，豆盘较深。口径 18、残高 5.2、厚 0.6~1.1 厘米（图 6-76：2）。3-029-1D，豆盘。泥质灰陶。尖唇、敞口，浅盘，折腹较低，上腹微内凹，下腹直收。口径 20、残高 3.1、厚 0.6~1 厘米（图 6-76：3）。

陶罐　1 件。3-029-1C，泥质黄褐陶。口部残，敞口，折沿，沿面内凹，腹部斜直，上饰细绳纹。残高 9.6、厚 0.6~1 厘米（图 6-76：4）。

14. 归城姜家西遗址（见图 6-70）

位于兰高镇归城姜家村西 1000 米，石黄公路北 200 米，鸦鹊河支流西北侧的山前坡地上，海拔高度约 90 米。地势西北高东南低，遗址范围内开辟为梯田，对遗址的破坏比较

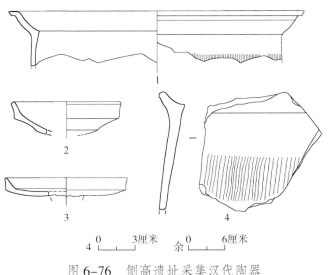

图 6-76　侧高遗址采集汉代陶器

大。遗址分布面积约 4 万平方米，发现了数量较多周代陶片，可辨认器形有豆、罐、盆、纺轮、粗绳纹腹片等。

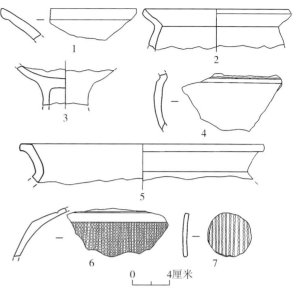

图 6-77   归城姜家西遗址采集周代陶器

　　陶盆　1 件。2-019E，泥质青灰陶。尖圆唇，敞口，折沿，下残。残高 3.4、厚 0.8~1 厘米（图 6-77：1）。

　　陶豆　1 件。2-019C，豆盘及部分柄。夹砂灰褐陶。浅盘，柄部内收。残高 3.8、厚 0.6~1 厘米（图 6-77：3）。

　　陶罐　4 件。2-019D，夹砂灰陶。方唇，侈口，折沿，沿面微内凹，短颈，下残。口径 26、残高 4.2、厚 0.7~1.1 厘米（图 6-77：5）。2-019F，夹砂夹滑石红褐陶。方唇，侈口，折沿，沿面内凹，上腹微鼓，下残。口径 16、残高 4.4、厚 0.5~0.9 厘米（图 6-77：2）。2-019G，残存腹部。夹砂灰黑陶。残高 6.1、厚 0.6~0.9 厘米（图 6-77：4）。2-019B，泥质红褐陶。折肩，斜直腹，肩部饰一周凹弦纹，腹部饰麦粒状绳纹。残高 5.2、厚 0.5~1 厘米（图 6-77：6）。

　　圆陶片　1 件。2-019A，泥质黄褐陶。陶片加工而成，饰粗绳纹。直径 4.7 厘米（图 6-77：7）。

15. 周围区域有铭铜器出土情况

　　归城所在的文化区域，曾有重要铜器发现。1896 年归城附近位于莱山东麓的鲁家沟村，曾出土过西周时期的莱伯鼎等十件青铜器，"光绪二十二年春，城东南鲁家沟田中，出古铜器十：钟三，鼎二，一鼎破碎，钟无款识；尚有壶一，盘一，盘无款识，壶亦破碎；若甗，若盉，若觯，皆有铭，具归丁干圃。"[1] 前文介绍"莱伯作旅鼎"铭文的鼎即属于这批器物。

　　（二）归城城址、城址内遗址与出土遗物的调查与研究

　　归城城址位于鸦鹊河两条支流交汇形成的冲积平原上，南倚海拔 690 米的莱山北侧的山前丘陵地带，东南距烟台市龙口市黄城 6 千米，北面向大海，距渤海海岸约 17.5 千米。

　　城址内分布着密集的两周时期的遗址和墓葬，出土的周代文物数量多、等级高，尤以青铜器最为突出，其中有铭文者占胶东半岛出土有铭铜器的二分之一以上。归城内城以东和平村为中心，曾多次出土铜器，也清理发掘过墓葬和车马坑等，2002 年进行过抢救性发掘。下面逐次介绍城址、内城圈内及内外城之间的遗址和遗物分布和出土情况。

　　1. 归城城址的调查和研究

　　归城形制早在清《增修登州府志》就有记述："其建置遗址，沿马岭山坡起，包括南埠、迟家两村，北经烟台顶西南麓，西逾莱阴河，沿凤凰山南坡，经董家、大于家、北山诸村之北，至姜家村西。相其形势，当系沿岗阜之顶，包括曹家村而东，回环相接，周约十余里。又内有城址遗形，起

于姜家村之东南角，环绕沟南、沟北两村，由沟北村西，延至姜家村西，回环约三四里。"[1] 当时就已知晓内外城的形制和大致范围。1973 年，烟台地区文管会对内外城址进行了调查，认为古城城墙的年代主要是西周至春秋时期[2]。

2007~2009 年，中美联合考古队进行了调查，归城外城以内城为中心，起于莱山北侧的山前丘陵地带，北至北山村和大于家北侧山地，东侧至董家、东迟家和南埠东侧山地，南至莱山脚下，西至曹家西侧山地。归城外城形状不甚规整，大致呈不规则椭圆形，南北长约 3.6、东西宽约 2.8 千米，面积约 8 平方千米。南侧因背依险峻的莱山，未构筑城墙，仅东、西、北三面有城墙，而不是以往工作中认定的四面。外城的始建和使用年代在春秋时期[3]。

归城内城在遗址中部，位于鸦鹊河两条支流间的一处高约 5 米的台地上。平面呈曲尺形，在西北侧内凹，以城墙中心计，内城南北长 490 米、东西宽 525 米，内城总面积约 22.5 万平方米（图 6-78）。在南墙、北墙、西墙北段外侧以及南墙内侧的部分地点发现环壕。发现了两处城门，在南墙偏西处的为水陆城门，北墙西段与西墙北段之间为水城门所在，两城门间有南北向水系（G1）相通。内城城墙的修建年代在西周早期偏晚，一直延续使用至东周时期[4]。

2. 归城内城圈内的遗址发掘及遗物出土情况

内城位于兰高镇鸦鹊河支流西侧阶地，地势平坦，海拔 65 米。东和平村遗址为内城中重要区域，

图 6-78　归城内城地面残存城墙

[1] 王献唐说引于"光绪登州府志灰城下"，未查到。参见王献唐《黄县𣄰器》，《山东古国考》，8～10 页。
[2] 李步青、林仙庭《山东黄县归城遗址的调查与发掘》，《考古》1991 年第 10 期，910～918 页。
[3]《龙口归城》（上），198、217～218 页。
[4]《龙口归城》（上），63、71 页。

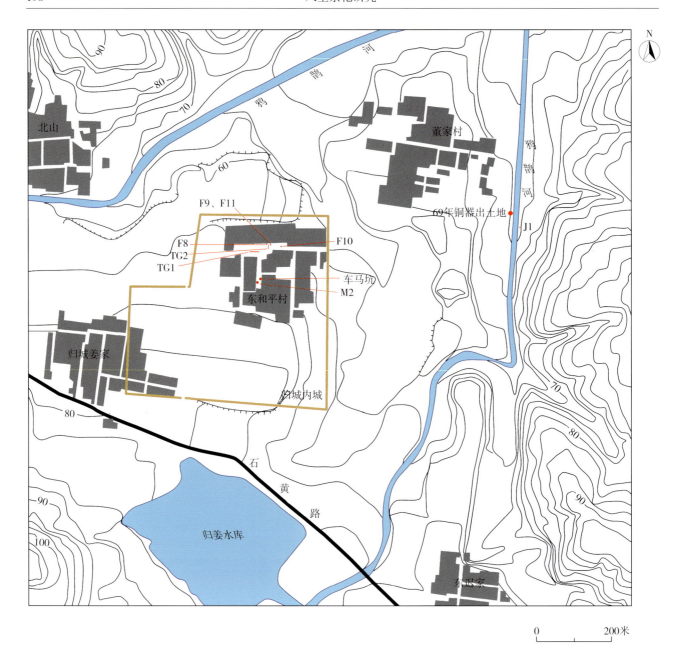

图 6-79　归城内城内遗迹与董家村遗址位置图

从 20 世纪五六十年代以来不断有铜器出土，1973 年清理发掘过西周中期墓葬和春秋时期的车马坑。近年的发掘和调查都有收获，东和平村遗址的文化堆积年代和内城城墙年代相始终，反映了归城城址使用时期的文化面貌（图 6-79）。

（1）东和平村遗址的发掘

2002 年 10 月底，烟台市博物馆和龙口市博物馆联合组成考古队，在兰高镇东和平村委大院东约 50 米的台地上布了两个探沟 TG1、TG2，TG1 位于台地南部边沿，东西向；TG2 位于台地北沿，南北向。对台地断崖上暴露的遗迹及村东鸦鹊河东岸断崖上的一处古井（J1）进行了抢救性清理，共发掘了 60 平方米（图 6-80）。

J1 位于 1969 年董家村铜器出土地点附近，应属同一遗址，下与董家村出土铜器一并介绍。

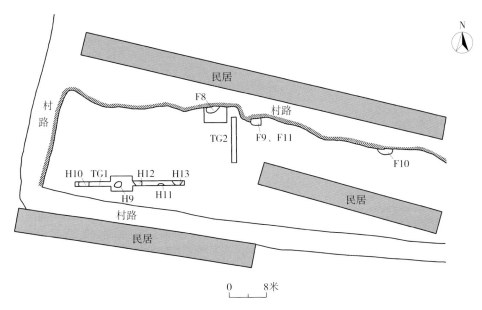

图 6-80 东和平遗址探沟及遗迹分布图

1）地层堆积

根据土质、土色以及包含物的不同，可以把发掘区的堆积分为四层。现以 TG2 东壁剖面为例予以介绍（图 6-81）：

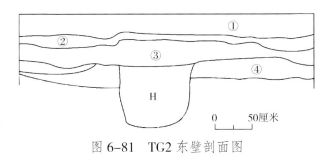

图 6-81 TG2 东壁剖面图

第①层，耕土层，分布于整个发掘区。厚 20~40 厘米。黄褐色土，较疏松，内含现代瓷片、东周陶片等。

第②层，近代层，主要分布在发掘区的东部。厚 0~20 厘米。黄褐色土，土质较硬，出土较多陶片。该层下发现的遗迹有 H12。

第③层，汉代层，主要分布于 TG2。厚 0~35 厘米。灰褐色土，土质坚硬，含料姜石、石块等。出土陶片可辨器形有鬲、豆、绳纹罐、绳纹瓦等。此层下发现一灰坑（H），未有遗物出土。

第④层，东周层，厚 0~30 厘米。灰褐色土，土质较硬，料姜石含量更多，并夹杂大量草木灰、白色小石粒、木炭、红烧土块等。出土陶片、兽骨等，陶片以灰陶为主，有少量红陶，可辨器形有罐、鬲、豆、簋等。该层下发现的遗迹有 H9~H13 等。

第④层下即为生土。

2）地层出土遗物

发掘出土的遗物主要是陶器和少量骨角器。陶器以泥质陶居多，陶色主要是黑、灰两种。夹砂陶以红褐为主，其中少量夹云母、滑石。可复原者不多，可辨器形有鼎、鬲、簋、豆、罐、盆等。陶器素面较多，可见纹饰有绳纹、凹弦纹、凸棱纹等。

陶鼎 共 7 件。口沿标本 4 件，鼎足标本 3 件。TG1 ④:1，口沿。夹滑石红褐陶。方唇，侈口，卷沿，弧腹。手制。残高 6.6、口径 40.6 厘米（图 6-82:1）。TG1 ④:19，口沿。夹砂红褐陶。方唇，侈口，卷沿，圆弧腹。手制，做工粗糙，慢轮修口沿。残高 7.4、口径 17.5 厘米（图 6-82:2）。

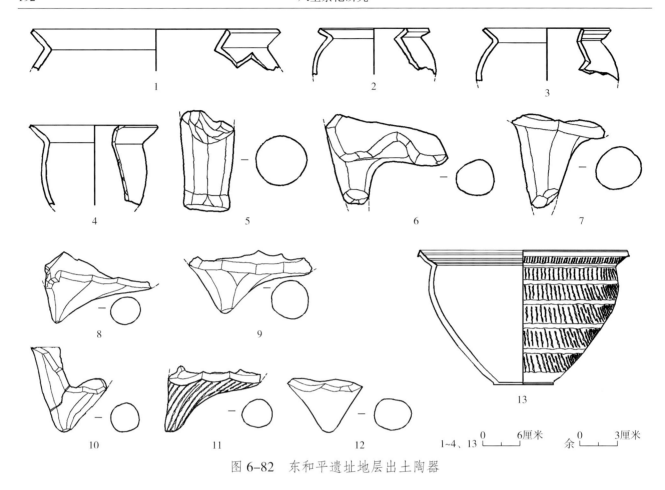

图6-82　东和平遗址地层出土陶器

T1③:9，口沿。夹砂红褐陶。方唇，侈口，卷沿，圆弧腹，领部偏下有一道凸棱纹。手制，慢轮修整口沿，整体工艺粗糙。残高8.4、口径20、最大径23厘米（图6-82:3）。T2②:8，口沿。夹砂红褐陶。方唇，侈口，卷沿，直弧腹。残高12.8、口径21厘米（图6-82:4）。T1③:6，足。夹砂黄褐陶。圆柱形，底部像象足，形体硕大。手制。残高8.1厘米（图6-82:5）。T1③:8，足。夹砂红陶。不规则圆锥体。手制，工艺粗糙。残高7.2厘米（图6-82:6）。TG1④:16，足。夹砂红褐陶。呈圆锥状。手制。残高7.5厘米（图6-82:7）。

陶鬲　5件。均为鬲足。TG1④:17，夹砂灰陶。呈尖锥状。手制。残高5.8厘米（图6-82:8）。TG1④:18，夹砂红陶。呈圆锥状，非常短小。手制。残高5.1厘米（图6-82:9）。TG1④:21，夹砂红褐陶。呈乳状，手制，粗糙但形体精致。残高7厘米（图6-82:10）。T1③:7，夹砂灰陶。羊角状，通体绳纹。残高5.4厘米（图6-82:11）。T2②:3，夹砂红褐陶。不规则圆锥状。残高4.4厘米（图6-82:12）。

陶甗　1件。T1②:2，夹砂黄褐陶。双唇，口微敛，卷沿，斜弧腹，平底，通体绳纹。轮制。残高21.4、口径33、底径10厘米（图6-82:13；图6-83:1）。

陶罐　包括完整者2件，口沿10件，把手1件，残片2件。TG1②:10，完整。夹砂灰陶。方唇，口微敛，卷沿，圆鼓腹，圜底，上半部饰纵向绳纹，下半部饰纵横交错的绳纹。高41、口径25.6厘米（图6-83:2；图6-84:1）。TG1④:9，完整。夹砂灰陶。圆唇，敛口，圆鼓腹，圜底，上半部饰纵向绳纹，下半部饰纵横交错的绳纹。通高41.6、口径25.2厘米（图6-83:3；图6-84:2）。TG1④:2，口沿。泥质灰褐陶。双唇，敛口，直弧腹，器形呈鼓状，比较特殊，通体绳纹。轮制。残高

1　　　　　　　　　2　　　　　　　　　3

图 6-83　东和平遗址地层出土陶器照片

14、口径 20 厘米（图 6-84：3）。TG1 ④：3，口沿。泥质灰陶。圆唇，口微敛，卷沿，直弧腹，腹部绳纹。轮制。残高 12、口径 25 厘米（图 6-84：4）。TG1 ④：8，口沿。泥质灰陶。双唇，侈口，卷沿，肩部有一道宽凹弦纹。轮制，磨光。残高 5.2、口径 17 厘米（图 6-84：5）。TG1 ④：12，口沿。泥质灰陶。圆唇，口微侈，卷沿，肩部有五道凹弦纹。轮制，磨光。残高 8.2、口径 21 厘米（图 6-84：6）。TG1 ④：14，口沿。泥质灰陶。方唇，侈口，卷沿。轮制，磨光。残高 5、口径 21 厘米（图 6-84：7）。T2 ②：9，口沿。夹砂灰陶。双唇，侈口，卷沿，插肩，肩靠颈部有两道凹弦纹。轮制，磨光。残高 6.2、口径 31.8 厘米（图 6-84：8）。T2 ③：1，口沿。夹砂灰陶。双唇，侈口，卷沿，斜插肩。轮制。残高 5.4 厘米（图 6-84：14）。TG1 ④：23，口沿。泥质灰陶。方唇，口微侈，直领，领根部有一道宽凹弦纹，罐内肩领结合处有一道凸棱，制作别致。轮制，磨光。残高 6.4、口径 25 厘米（图 6-84：10）。T1 ③：2，口沿。泥质灰褐陶，陶胎灰、表层灰褐。方唇，侈口，卷沿，口内侧顶端有两道凹弦纹，靠近领部有两道凹弦纹。轮制，磨光。残高 7.4、口径 18.7 厘米（图 6-84：11）。T1 ③：3，口沿。泥质灰褐陶，陶色中间灰、表层灰褐。圆唇，侈口，卷沿，斜插肩，肩头处有道凹弦纹。轮制，磨光。残高 5、口径 18 厘米（图 6-84：12）。TG1 ④：5，把手。泥质灰陶。由三股泥条拧成。残高 10.1 厘米（图 6-84：13）。T2 ②：11，口沿及腹上部。夹砂灰陶。方唇，口微敛，卷沿，小斜肩，口沿内侧有一道凹弦纹，从肩部开始布满绳纹，绳纹间有间隔线。轮制。残高 14、口径 29.6、最大径 32.6 厘米（图 6-84：9）。

陶簋　9 件。T1 ②：5，泥质黑皮陶。圈足残，方唇，圆弧腹，钵形。轮制。残高 10.8、口径 20 厘米（图 6-85：1）。T2 ②：1，泥质黑皮陶。圈足残，圆唇，侈口，斜折弧腹，形体硕大。通体磨光，轮制。残高 19.2、口径 33 厘米（图 6-85：4）。TG1 ④：20，口沿。泥质黑皮陶。圆唇，口微敛，卷沿。轮制，磨光。残高 4.6、口径 25 厘米（图 6-85：5）。TG1 ④：22，口沿。泥质黑皮陶。方唇，卷沿，直弧腹。轮制。残高 6.6、口径 22 厘米（图 6-85：6）。TG1 ④：4，口沿。泥质灰陶。方唇，侈口，卷沿，内沿近口处有一道凹弦纹。轮制，磨光。残高 7.8、口径 23 厘米（图 6-85：8）。T2 ②：6，圈足。泥质黑皮陶。底口为双唇。轮制，磨光。残高 6.6、底径 11.4 厘米（图 6-85：3）。T2 ③：2，圈足。泥质黑陶。系假圈足。轮制，通体磨光。残高 2、底径 13 厘米（图 6-85：2）。T2 ②：7，圈足。泥质灰陶，施红陶衣。假圈足，陶质硬。轮制，磨光，制作精细。残高 4.2、底径 8 厘米（图 6-85：7）。

陶盆　1 件。T1 ③：1，泥质黑陶。双唇，口微敛，口沿下方有三道凹弦纹，弧腹。轮制，磨光。

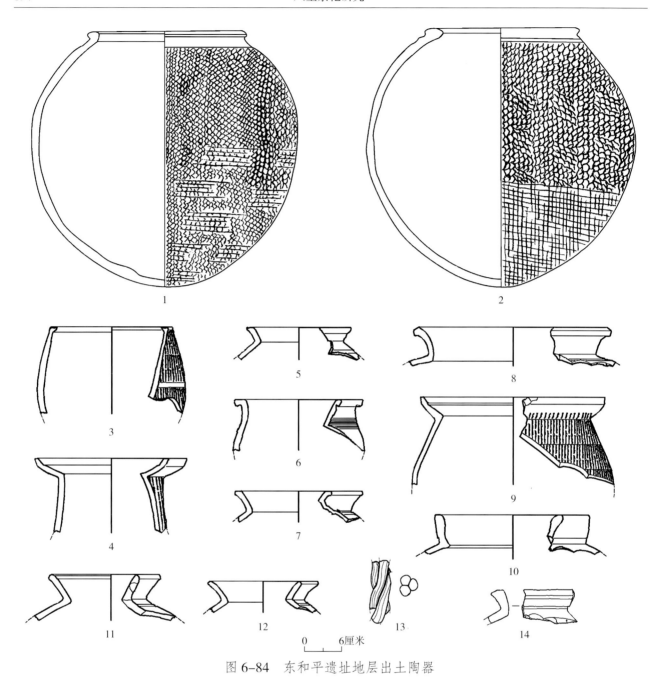

图 6-84　东和平遗址地层出土陶器

残高 7.8、口径 39.6 厘米（图 6-85:9）。

陶豆　9件。TG1④:10，豆盘。泥质黑皮陶。圆唇，侈口，浅盘，斜弧腹。轮制，磨光。残高 3.2、口径 17 厘米（图 6-85:10）。TG1④:11，豆盘。泥质灰陶。圆唇，侈口，深盘，斜弧腹。轮制，磨光。残高 4.4、口径 20 厘米（图 6-85:11）。T1③:5，豆盘。泥质灰陶。圆唇，侈口，浅盘，斜折小弧腹。轮制。残高 3.6、口径 17 厘米（图 6-85:14）。TG1④:13，豆盘。泥质灰陶。方唇，侈口，深盘，圆弧腹。轮制，磨光。残高 5.4、口径 18 厘米（图 6-85:12）。TG1④:7，豆柄。泥质灰陶。做工粗糙。残高 7、最大径 11 厘米（图 6-85:15）。TG1④:6，豆柄。泥质灰陶。中部有一道凸棱纹。由于烧造原因，整体不规则。残高 7.8、底径 15 厘米（图 6-85:13）。T2②:4，豆盘、豆柄相接部分。泥质黑

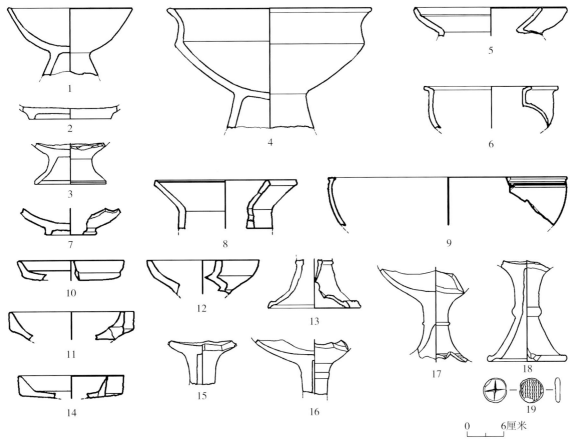

图 6-85　东和平遗址地层出土陶器

皮陶。柄中部有一道凸棱纹，柄底部有三道凹弦纹，柄内是一圆锥形空心。做工粗糙。残高 15 厘米（图 6-85：17）。T2②：5，豆盘、豆柄相接部分。泥质灰陶。柄中部有一道凸棱纹，非常粗壮。做工粗糙。残高 16.1、底径 13 厘米（图 6-85：18）。T2②：10，豆盘、豆柄相接部分。泥质灰陶。柄上部有一道宽凸棱纹，柄内是一细圆空心。轮制，磨光。残高 8.8 厘米（图 6-85：16）。

圆陶片　1 件。T2②：2，夹砂黑皮陶。罐残片被加工成圆片，一面保留绳纹，一面有十字星形磨痕，用途不明。直径 4.3 厘米（图 6-85：19）。

3）遗迹及其出土遗物

遗迹有房址、灰坑和井。房址 11 座（F1~F11），均暴露在遗址所处台地的西、北断崖上，其中 F1~F7 破坏严重，未清理，F8~F11，均位于北断崖上，都遭到不同程度的破坏。共清理灰坑 13 个（H1~H13），均位于 TG1 内，其中 H1~H8 为现代坑，H9~H13，由于发掘面积较小，仅 H9、H11、H12 基本完整，根据可见形制分析，以圆形居多。

下面就发现的各类遗迹并其出土遗物逐一介绍如下：

F8　圆角方形，半地穴式，东西长 3.16、南北残宽 0.66~1.34、深 0.44~0.56 米。四壁微内斜，中部有一直径 0.6 米的柱坑，其东有不规则的黑灰面，可能是用火处。柱坑内的堆积为灰褐土，土质较硬，内含石块、碎陶片、红烧土块等，底不平，西部有一小坑，壁平直，深 0.18 米，应是坑内的柱洞。由于该房址的北半部已被破坏，房址结构不明确（图 6-86）。

房址底部有一层白灰面，厚 1~10 厘米，东部薄，西部厚，应是当时的居住面。房址内的堆积分

2层，应为房屋废弃后的堆积：上层为夹较
多砂的灰土，下层为较硬的灰褐土，夹有较
多的炭灰和红烧土粒，出土较多的陶片，还
有一定数量的兽骨。可辨器形有簋、鼎、罐、
豆等。

　　陶鼎　3件。F8：9，鼎足。夹砂红褐陶。
呈圆锥体，形体硕大。手制，粗糙。残高
12.5厘米（图6-86：1）。F8：10，鼎足。夹云
母红褐陶。呈圆锥体，形体硕大。手制，做
工粗糙。残高12.2厘米（图6-86：4）。F8：
12，鼎口沿。夹砂红褐陶。口沿轮修，方唇，
侈口，卷沿，斜弧腹。手制。残高7.8、口
径19.8厘米（图6-86：2）。

　　陶鬲　2件。F8：11，鬲足。夹砂红褐陶。
呈圆锥体。手制。残高5.1厘米（图6-86：7）。
F8：13，鬲口沿。夹砂红褐陶。圆唇，侈口，
卷沿，斜弧腹。手制。残高6.8、口径19厘
米（图6-86：5）。

　　陶簋　4件。F8：1，圈足。泥质灰陶。
轮制磨光，弧腹，矮圈足。残高7.2、底径
18厘米（图6-86：8）。F8：2，口沿。泥质黑
皮陶。宽沿，圆唇，侈口，内部靠口沿处有
两道凹弦纹，外部有三道刻划纹。轮制，磨

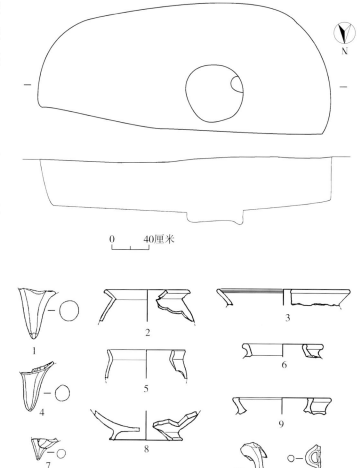

光。残高5.4、口径25厘米（图6-86：11）。F8：5，圈足。泥质灰陶。矮圈足。轮制，磨光。残高3.6、
底径10.2厘米（图6-86：10）。F8：6，口沿。泥质黑陶。宽沿，圆唇，侈口，内部靠口沿处有两道凹
弦纹。轮制，磨光。残高4、口径32.6厘米（图6-86：3）。

　　陶罐　4件。F8：3，口沿。夹砂灰陶。双唇，侈口，卷沿，斜插肩。轮制，磨光。残高3.2、口
径20厘米（图6-86：6）。F8：4，口沿。泥质黄褐陶，胎心为灰陶。重唇，口微敛，卷沿。残高4、
口径24厘米（图6-86：9）。F8：7，提手。泥质灰陶。应当是横向安装在罐上，很罕见。残高9.8厘米（图
6-86：12）。F8：8，耳。泥质灰陶。残高6.1厘米（图6-86：13）。

　　F9　开口于第③层下，打破第④层及F11。残破，只余东壁一小段。房内填灰褐色土，含较多
的细砂和烧土颗粒，上层堆积较松软一些。

　　陶鬲足　F9：1，夹砂红陶。呈羊角状。手制，做工粗糙。残高7.4厘米（图
6-87）。

　　F10　房址北壁已被破坏，南壁压在民居砖石墙下，故未清理。房屋的
开口略宽于房底，东部有台阶（未清理）。房中间有中心柱，柱子南北两侧

图6-86　F8平剖面图及其出土陶器

图6-87　F9出土陶鬲足

有一矮墙，将房间分为东西两部分（图6-88:1）。

F10的房内堆积分为两层，第①层属近现代层，第②层以下属房屋堆积，房屋的堆积上部为黄褐土，土质结构紧密、坚硬，房屋底部堆积是大量的白灰、草木灰、墨绿色风化石、黄土等做成的白灰面，东部白灰面制作粗糙，有草木灰堆积，发现野猪头骨等兽骨，可能当时是灶的位置；西部生土面做得比较平整，撒上草木灰，再铺两层白灰面，白灰面制作得较规整，可能是当时人们居住的地方。出土少量陶片，可辨器形有绳纹鬲、壶、罐、完整纺轮等。

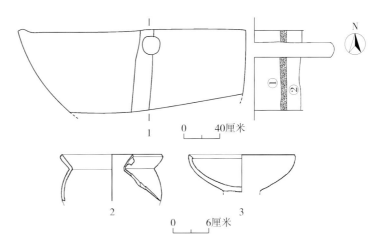

陶鼎　F10:1，鼎口沿。夹云母黑皮陶。方唇，口微敛，卷沿，弧腹。口径17、残高7.6厘米（图6-88:2）。

陶豆　F10:2，豆盘。泥质灰陶。钵形深盘，双唇，口内敛，折弧腹。磨光。口径17.9、残高6.1厘米（图6-88:3）。

图6-88　F10平剖面图及其出土陶器

F11　开口于第③层下，打破第④层，被F9打破。因为F9的地面高于F11，故只破坏了F11东部上层。

F11原为方形，半地穴式。房址西壁高0.73、东壁（南壁的东端）残高0.4米，南壁残长2.1、西壁残长1.6米。底面至地表深1.9米，底部为一夹杂墨绿色石粉面、白膏土面、炭灰、烧土粒及沙粒的硬面，颜色较杂。硬面东边厚2、西边厚约3厘米。南壁正中有一缺口，外有一圆形门道，门道直径0.54米。南壁外侧有一圆洞（D1），直径6.5、深12厘米，可能是一柱洞。填黑褐色土，含黑色炭灰粒，出土马牙和一些陶片（图6-89:1）。

陶簋　F11:1，圈足。泥质灰陶。轮制，通体磨光，做工精细。残高6、底径11厘米（图6-89:3）。

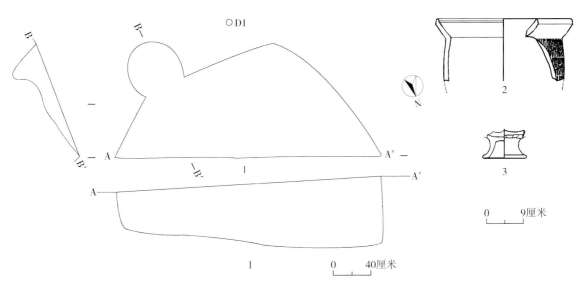

图6-89　F11平剖面图及其出土陶器

陶罐　F11:2，口沿。泥质黑陶。圆唇，侈口，卷沿，直弧腹，口沿内侧有一道凹弦纹，颈部以下施绳纹。轮制。残高13.4、口径33.2厘米（图6-89:2）。

　　H9　位于TG1内，距西壁8.9米处，开口于第④层下。平面圆形，壁斜直，内收，底部较平整。坑口距地表深1米，口径1.72、深0.8米。坑内堆积为黑色，土质较松软，包含大量陶片。底部有一小圆坑，壁直，圆筒形，底不平整，直径0.62、深0.5米。填土为黄褐色，稍黏。坑内包含物有石块、陶片、鹿角，鹿角经过切割，应是工具（图6-90:1）。

　　陶鼎　2件。H9:1，鼎足。夹砂红褐陶。圆锥状，整体硕大规整。手制。残高13厘米（图6-90:2）。H9:3，口沿。夹砂黑陶。方唇，侈口，卷沿，弧腹。轮制，做工粗糙。残高8、口径20、最大径22厘米（图6-90:3）。

　　陶簋　2件。H9:4，圈足。泥质黑皮陶。圈足内侧转角为圆弧形。轮制，磨光。残高4、底径7厘米（图6-90:4）。H9:5，圈足。泥质黑皮陶。只有圈足尖部与地面接触。轮制，磨光，整体粗糙。残高5.6、底径13，最大径18厘米（图6-90:6）。

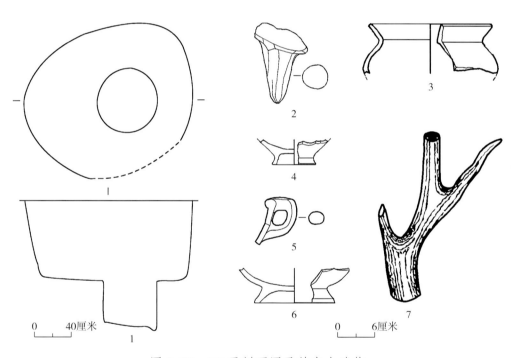

图6-90　H9平剖面图及其出土遗物

　　陶罐　H9:2，耳。夹砂灰陶。整体粘接。残高7.5厘米（图6-90:5）。

　　鹿角　H9:6，有人工切割痕迹。通高27厘米（图6-90:7）。

　　H11　位于TG1东部，开口于第④层下。平面呈圆形，圆筒状，壁直，底平整。填土为灰褐色，夹杂大块绿石粉、红烧土块、木炭等，较疏松，有大量陶片（图6-91:1）。

　　陶鬲　H11:2，足。夹砂红陶。圆锥状。手制，做工粗糙。残高3.6厘米（图6-91:3）。

　　陶豆　H11:3，豆盘。泥质灰陶。方唇，直口，小弧底，浅盘，盘内有一道若有若无凸棱纹，豆柄已残缺，残断处磨光后继续使用。轮制，外表磨光。残高5.8、口径17.6厘米（图6-91:2）。

陶簋 H11：1，腹及圈足。泥质灰陶。圆弧腹，腹中部偏下有两道不规则凹弦纹，整体器形不规则。轮制，磨光。残高 12.6、底径 14.4 厘米（图 6–91：4）。

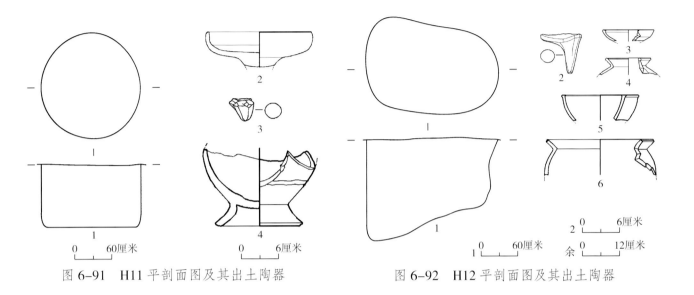

图 6–91 H11 平剖面图及其出土陶器　　　　图 6–92 H12 平剖面图及其出土陶器

H12 位于 TG1 中部，开口于第②层下。不规则形，东壁较直，西壁弯曲，底不平，东深西高，坑口距地表深 0.6 米，口径 2.1、坑深 1.55 米。填土为灰褐色，较为松软，包含物有陶片、兽骨等（图 6–92：1）。

陶鼎 H12：1，鼎足。夹砂红褐陶。呈圆锥状。手制，做工细致。残高 6.7 厘米（图 6–92：2）。

陶豆 H12：2，豆盘。泥质黑皮陶。双唇，腹部斜收，外表面有一道不明显折痕。轮制，磨光。残高 3.8、口径 17.2 厘米（图 6–92：3）。

陶盆 1 件。H12：3，口沿。泥质红陶。双唇，卷沿微内敛。轮制，磨光。高 8、口径 25 厘米（图 6–92：5）。

陶罐 2 件。H12：4，口沿。泥质灰陶。双唇，折肩。轮制。口径 14.6、最大径 18.6、残高 5.3 厘米（图 6–92：4）。H12：5，口沿。夹砂红陶。双唇，轮修口沿，卷沿，侈口，小斜肩。手制。口径 34.8、最大径 36、残高 12.2 厘米（图 6–92：6）。

4）发掘过程中采集的其他遗物

陶罐 采：1，泥质黑皮陶。双唇，卷沿微内敛，无肩，直斜腹，细绳纹。轮制。残高 15.6、口径 33.8 厘米（图 6–93：1）。

陶拍 采：2，泥质灰陶。两穿孔不对称，做工精细完美。直径 8.8、高 7.1 厘米（图 6–93：4）。

砺石 采：3，页岩。青绿色，制作精美。长 8.6、宽 3.1、厚 0.7 厘米（图 6–93：3）。采：4，残。含云母黑色火山岩。残长 7.1、宽 2.3、厚 0.6 厘米（图 6–93：2）。

5）征集文物

房址 F10 下有一东西向的长方形土坑竖穴墓，由于棺椁的塌陷，造成房址内堆积向东倾斜。墓葬未清理，2002 年在村民家里征集到此墓出土的 1 件车軎和 1 件车辖。

铜车軎 采:7，青铜。锈蚀严重。厚0.15、残长11.6、小径5、大径7.2厘米（图6-93:6）。

铜车辖 采:6，青铜。锈蚀严重。残高11.2厘米（图6-93:5）。

6）2009年项目组采集周代遗物

均为陶器。

陶鼎 1件。2-013-1C，足。夹砂红褐陶。蹄形足，较矮。残高4.6、厚2.6~3.5厘米（图6-94:1）。

陶鬲 1件。2-013-3H，足，仅存一侧。夹滑石红褐陶。矮袋足。残高3.9、厚0.4~1.2厘米（图6-94:2）。

陶豆 10件。2-013-1A-1，泥质灰黑陶。方唇，敛口，钵形盘，下残。口径16、残高4.2、厚0.6~0.9厘米（图6-94:3）。2-013-1A，泥质灰陶。方唇，敞口，浅盘，腹部弧收。残高2.8、厚0.5~0.6厘米（图6-94:6）。2-013-3C-1，夹砂灰黑陶。尖唇，敞口，折腹较高，上腹微内凹，浅盘。残高2.8、厚0.3~1.1厘米（图6-94:7）。2-013-1E-1，泥质青灰陶。方唇，敞口，浅盘，腹部弧收，

图6-93 发掘过程中采集和征集遗物

下残。残高3、厚0.7~1厘米（图6-94:11）。2-013-1H，夹砂黑皮红褐胎。方唇，敞口，浅盘，腹部微折，弧收，下残。口径16、残高3.5、厚0.6~0.8厘米（图6-94:4）。2-013-3A，泥质灰黑陶。方圆唇，敞口，卷沿，折腹较高，盘较浅，上腹内曲，下腹弧收，盘以下残。口径18、残高4.6、厚0.3~0.6厘米（图6-94:5）。2-013-3C，泥质黄褐陶。敞口，浅盘，折腹较高，上腹斜直，下腹内曲，底部有一凹槽。残高3.6、厚0.7~1.7厘米（图6-94:8）。2-013-3D，泥质黑皮灰胎。圆唇，敞口，沿微卷，内沿内凹，腹部弧收，下残。口径18、残高2.8、厚0.4~0.6厘米（图6-94:9）。2-013-3E，泥质灰陶。方唇，敞口，折腹较高，上腹有两条凹弦纹，下腹弧收。残高2.5、厚0.5~0.8厘米（图6-94:12）。2-013-3G，残存豆盘及柄小部分。泥质灰黑陶。盘较浅，柄呈喇叭状，中间有一道凸棱。残高5.6、厚0.6~1.2厘米（图6-94:10）。

陶簋 1件。2-013-1E，器底。夹砂灰陶。圜底，假圈足。底径14、残高3.6、厚0.6~1.2厘米（图6-94:13）。

陶盆 4件。2-013-1B，泥质黄褐陶。圆唇，敞口，卷沿，内沿上有两周凹弦纹，外沿内曲，近颈部有一凸棱，颈部饰绳纹，下残。口径38、残高6、厚0.5~1厘米（图6-94:16）。2-013-1G，泥质灰陶。尖圆唇，敞口，沿面内凹，内沿唇下有一凹槽，下残。厚0.2~0.8厘米（图6-94:17）。2-013-1I，泥质灰

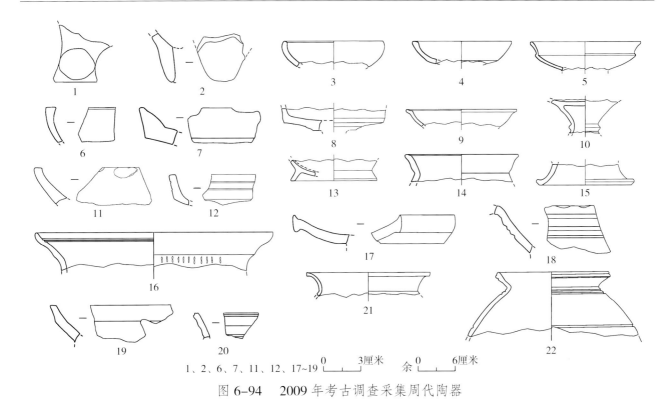

图6-94 2009年考古调查采集周代陶器

1、2、6、7、11、12、17~19 ├─┼─┤ 3厘米   余 ├─┼─┤ 6厘米

褐陶。残存腹部。腹部斜收，上饰三道凸棱纹。厚0.6~0.7厘米（图6-94：18）。2-013-3F，夹砂红陶。方唇，敞口，折沿，内沿内凹，外沿中部凸出。残高3厘米、厚0.6~0.9厘米（图6-94：19）。

陶罐 4件。2-013B，泥质夹细砂黄褐陶。尖唇，侈口，折沿，短颈，颈部微凸，下残。口径18、残高4.6、厚0.6~1.2厘米（图6-94：14）。2-013-1D-1，泥质黄褐陶。方唇，敞口，唇面有一道凸棱，折沿，外沿有两道凸棱。残高4、厚0.6~1.1厘米（图6-94：20）。2-013-1D，夹砂黄褐陶。方唇，侈口，唇面有一道凹槽，折沿，沿面内凹，鼓腹，腹部有三条凹弦纹，下残。口径18、残高10、厚0.5~1厘米（图6-94：22）。2-013-1F，泥质黑灰陶。方唇，侈口，卷沿，下残。口径20、残高3.7、厚0.4~0.6厘米（图6-94：21）。

陶器座 1件。2-013-3B，泥质青灰陶。仅存器底部分，喇叭形，圆唇，唇部上翘。底径16、残高3.4、厚0.7~0.9厘米（图6-94：15）。

东和平遗址属于归城城址中的平民居住遗迹，根据出土物判断遗址年代应为东周时期。

（2）车马坑K1

K1 1973年烟台地区文管会清理。位于东和平村西部，耕土下40厘米处即为车马坑，被扰动。限于发掘条件，经发掘部分的车马坑南北长2.6、南端宽2.05、北端宽1.61、深1.07米。灰黄色花土填土。坑内一马的肋骨为原葬形态，底面铺一层朱红颜色，其他马骨、马齿位置凌乱，可见有两马头，一头口中含有铜马衔半副，其余铜马器、车器都散布于坑内（图6-95）。应为一座大墓的陪葬坑[1]。

出土器物有车器与马器，时代为春秋时期。

[1] 李步青、林仙庭《山东黄县归城遗址的调查与发掘》，《考古》1991年第10期，914页。

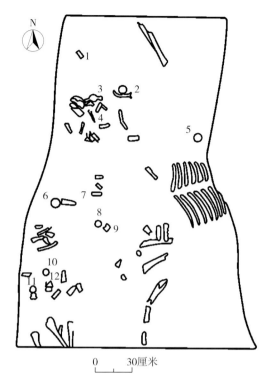

1、2.马器　3.马衔　4.马镳　5、6、8.铜环
7.铜管　9~12.蛙饰铜方环

图6-95　车马坑平面图

（改自李步青、林仙庭《山东黄县归城遗址的调查与发掘》,《考古》1991年第10期, 914页:图六）

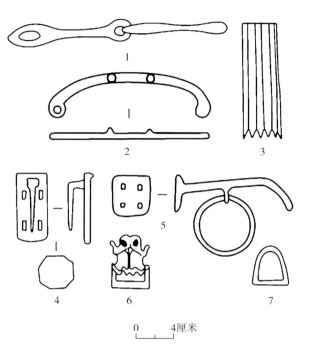

图6-96　车马坑出土铜车马器

（采自李步青、林仙庭《山东黄县归城遗址的调查与发掘》,《考古》1991年第10期, 915页:图七）

铜马衔　K1:7, 只有半副。二节分别长14、12.5厘米（图6-96:1；图6-97:1）。

铜马镳　1副。K1:4、5, 两只各长18厘米（图6-96:2；图6-97:3）。

铜车辖　1件。K1:2, 长8厘米。

蛙饰铜方环　4件。K1:6, 同式, 方环一侧边连铸一蛙（图6-96:6；图6-97:4）。

铜圆环　3件。K1:8, 直径10.5厘米。K1:9, 直径8厘米（图6-97:5）。

铜半圆环　1件。K1:10, 直边长4.4厘米（图6-96:7；图6-97:5）。

铜车器　2件。K1:1, 为一长方形铜板, 平面上有长方形四个穿孔, 背面光, 正面有拐尺形捉手（图6-96:4；图6-97:6）。K1:12, 为一铜杆, 一端弯曲, 另一端连一正方形铜板, 上有四个穿孔, 杆中部连一铜环。此二器平板皆有穿孔, 估计当是装镶在车木构件上的（图6-96:5；图6-97:6）。

铜管　1件。K1:11, 长12.6厘米。八棱形筒, 一端封口, 另一端开口, 尖齿环列（图6-96:3；图6-97:2）。

（3）和平村M2（见图6-70；图6-79）

M2　1973年清理。位于和平村村西。墓为土坑竖穴, 东西长2.5、南北宽1.77、深2.27米, 墓向100°。墓内单棺, 棺东西长2、南北宽0.65米。棺内人骨架一具, 仰身直肢, 头东向, 双臂交于腹前。棺室外的北、西、南三面为生土二层台, 宽12~15厘米。棺东有头箱, 内置陶器8件[1]。

---

[1] 李步青、林仙庭《山东黄县归城遗址的调查与发掘》,《考古》1991年第10期, 912~914页。

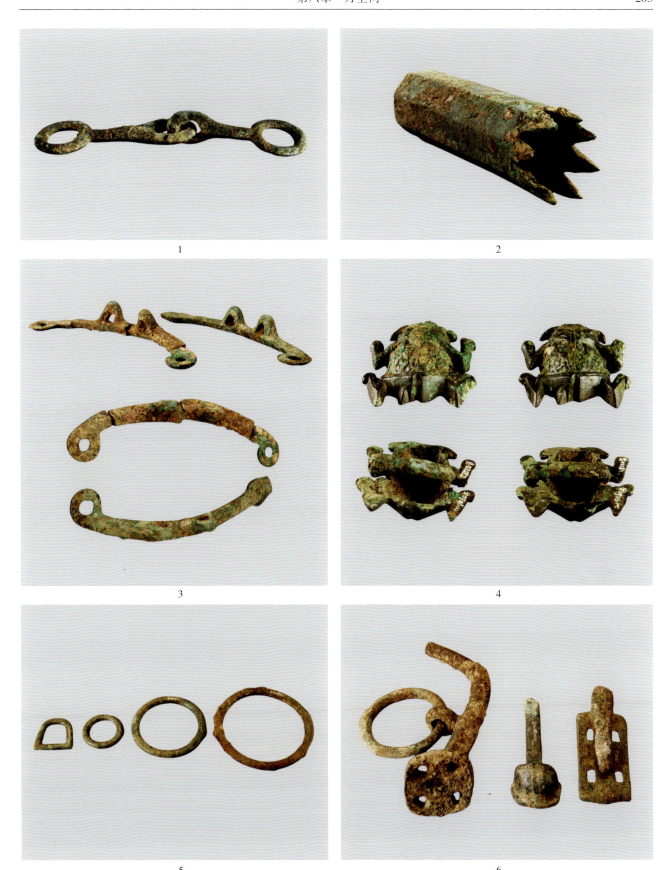

图 6-97 车马坑出土铜车马器照片

素面陶鬲　2件。形制相同。M2:5，红陶。器形不规整，斜折沿，浅袋足，实足部分较高。高18厘米（图6-98:1）。

绳纹陶鬲　2件。M2:6，夹砂灰陶。质硬，方唇，斜折沿，裆高稍瘦。高24.5厘米（图6-98:2）。

陶簋　2件，形制相同。M2:2，灰褐陶。大斜折沿，沿内一道凹弦纹，粗柄，喇叭形足。高20.5厘米（图6-98:3）。

陶罐　1件。M2:1，灰陶。外卷沿，矮领，鼓腹，肩微折，肩上有二菱形把手，饰二泥饼。高22厘米（图6-98:4）。

陶盔　1件。M2:7，灰陶。底口椭圆，盔顶沿前后中线有凸梁。前脸为倒"凹"形口，口宽12厘米。两侧面护耳部分各有三孔。素面，磨光。长径24.5、短径20.5、高20.2厘米（图6-98:5）。

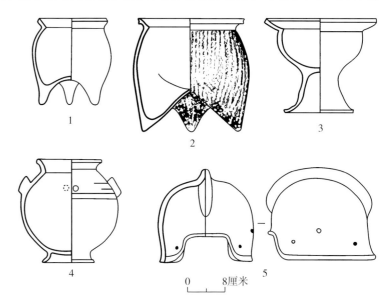

图6-98　和平村M2出土器物

（采自李步青、林仙庭《山东黄县归城遗址的调查与发掘》，《考古》1991年第10期，914页：图五）

时代约在西周中期。

（4）20世纪50年代和平村南出土铜器

20世纪50年代，和平村村南出土铜器30余件，仅余己侯鬲。

铜己侯鬲　HG53，宽沿斜折，弧裆近平，矮实足。通体素面，有扉棱。高10.8厘米。口沿上有一周铭文："己侯□□姜□□子子孙孙永宝用"（图6-99）。时代属于春秋时期[1]。

（5）1965年和平村东出土铜器

1965年，和平村村东出土一件铜鼎和一件铜矛[2]。

铜鼎　HG164，立耳，唇外折，直口，方圜底，兽足，腹饰雷纹。通高11.5、口径11厘米（图6-100:1）。属于西周晚期。

铜矛　HG165，尖端残，中脊圆柱状，侧刃宽薄。残长8.5厘米（图6-100:2）。

（6）1974年和平村出土铜器

1974年，和平村出土两件铜甬钟[3]。

HG:78，钟口呈叶形，柱状甬，绳状旋，并有铜挂钩，钩长10.5厘米，末端环状。尖状长枚，界以乳丁，舞、篆、隧部皆饰云雷纹。钲之中部有徽识。所有纹饰皆阴刻。通高39.5厘米（图6-101:1）。另一件残断，形制、纹饰与上一件略同，形体较小，旋残断，无钲部之徽识。残高25.5、钟口长径15.5、短径7厘米（图6-101:2）。

时代应为西周晚期。

[1] 李步青、林仙庭《山东黄县归城遗址的调查与发掘》，《考古》1991年第10期，915页。
[2] 李步青、林仙庭《山东黄县归城遗址的调查与发掘》，《考古》1991年第10期，915页。
[3] 李步青、林仙庭《山东黄县归城遗址的调查与发掘》，《考古》1991年第10期，916页。

1

1

2

2

图 6-99　和平村南出土铜己侯鬲
（采自山东省博物馆《山东金文集成》[上]，
齐鲁书社，2007 年，230 页）

图 6-100　和平村东出土铜器
（赵娟提供）

图 6-101　和平村出土铜甬钟
（采自山东省博物馆《山东金文集成》[上]，
齐鲁书社，2007 年，9 页）

3. 归城内外城圈之间的铜器发现与考古工作

归城内外城之间曾多次发现重要铜器，如小刘庄、南埠村出土铜器，有些发现虽然出土地点不详，但铭文内容非常重要[1]。中美联合考古队和项目组的区域调查也发现了一批遗址[2]。

（1）董家村出土西周晚期铜器及附近水井的清理

1969 年，在董家村东南近河岸台地上（见图 6-79）出土铜器 4 件，甗、盘、鼎、戈各 1 件，甗、盘出土同一单位，戈不存。应为西周晚期[3]。2000 年清理的水井 J1 位于鸦鹊河对岸，应属于同一遗址，一并介绍。

1）西周晚期铜器

铜甗　HG252，外折沿，二绳状附耳，通体素面，腹有一道凸弦纹，连裆，柱足，内无箅。口径 35、通高 56 厘米（图 6-102：1；图 6-103：1）。

铜盘　HG250，方唇，直口，外折沿，二方形附耳，圈足下设三兽足，足根饰兽头。口径 41、通高 16.5 厘米（图 6-102：3；图 6-103：3）。

铜鼎　HG251，方唇外折，直口，立耳，半球式浅腹，饰夔纹，兽足，足根饰兽面。口径 26.6、通高 27.8 厘米（图 6-102：2；图 6-103：2）。

[1] 参见《龙口归城》（下），790～792 页；图Ⅱ.2.1-6；表Ⅱ.2.1-6。
[2] 《龙口归城》（上），565～615 页。
[3] 李步青、林仙庭《山东黄县归城遗址的调查与发掘》，《考古》1991 年第 10 期、915 页。

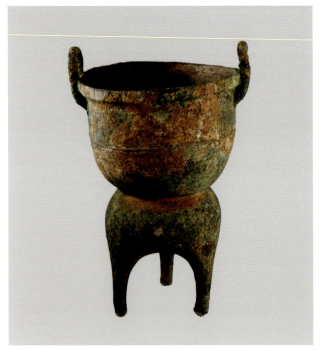

图 6-102　1969 年董家村出土西周晚期铜器照片

2）水井的清理

J1　位于村东鸦鹊河东岸断崖上（见图 6-79）。平面形状接近长圆形，东边较直，西部已被破坏。长径 1.8、深 4.25 米。井内堆积分为 4 层：第①层为黄土，厚 108 厘米，又细又硬，没有任何包含物。第②层为杂土堆积，厚 236 厘米，以草木灰土堆积为主，有明显分层，靠底部为近黄白色的炉灰层，此层中兽骨、陶器都很多。可辨器形有豆、盆、罐，应是春秋时期。为井废弃后的垃圾堆积。第③层为木灰浸染黏土形成的细土层，厚 60 厘米，淡灰色，较松软，出土陶片，能辨清器形的少，是井废弃后的第一次自然堆积，未做垃圾坑用。第④层为粗砂层，厚 20 厘米，灰绿色。紧贴井底，无其他包含物，应是水井使用时形成的沉淀层。井底以下的生土因水浸泡形成与井壁上下一线的裂隙（图 6-104：1）。

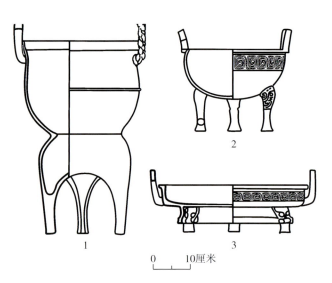

图 6-103　1969 年董家村出土西周晚期铜器

（采自李步青、林仙庭《山东黄县归城遗址的调查与发掘》，《考古》1991 年第 10 期，916 页：图八）

陶鼎　1 件。J1:2，口沿。夹砂红褐陶。方唇，侈口，卷沿，圆弧腹，带长梯形乳丁纹。手制。残高 7.2、口径 16、最大径 17.4 厘米（图 6-104：2）。

陶豆　8 件。J1:1，豆柄。泥质黑皮陶。柄中部偏上有一道凸棱纹，底座呈二层台式。轮制，磨光，做工粗糙。残高 12、底径 11.9 厘米（图 6-104：5）。J1:6，豆柄。泥质黑皮陶。柄中部偏下有一道凸棱纹，底座上还有一圈凸棱纹。轮制，磨光，做工粗糙。残高 12.4、底径 11.9 厘米（图 6-104：7）。

J1：7，豆盘。泥质黑皮陶。圆唇，微敞口，折腹，小弧底。轮制，通体磨光。残高5.2、口径18厘米（图6-104：4；图6-105：1）。J1：8，完整。泥质黑皮陶。圆唇，敞口，浅盘，折腹，小弧底，柄中部有一道凸棱纹。轮制，做工稍显粗糙。通高15.2、口径16.6厘米（图6-104：6；图6-105：4）。J1：9，豆

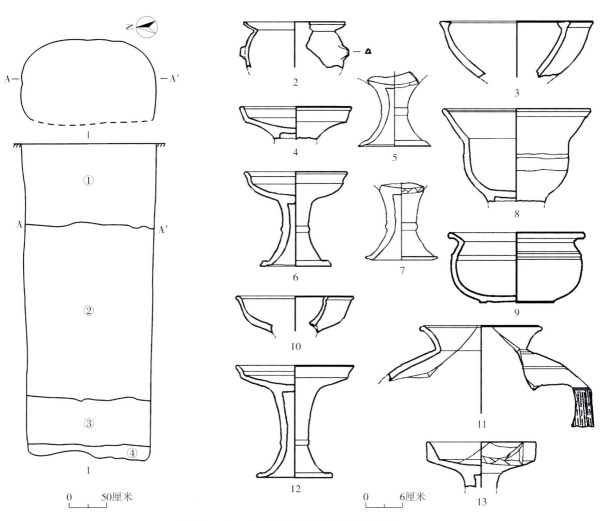

图6-104　J1平剖面图及其出土陶器

图6-105　J1出土陶器照片

盘。泥质黑皮陶。圆唇，侈口，卷沿，斜弧腹。轮制。残高 5.8、口径 19 厘米（图 6-104：10）。J1：10，豆盘。泥质灰陶。双唇，口内敛，卷沿，斜弧腹较深。轮制，通体磨光。残高 9、口径 25 厘米（图 6-104：3）。J1：12，豆盘。泥质灰陶。方唇，折弧腹，浅盘。轮制。残高 7.2、口径 18 厘米（图 6-104：13）。J1：13，泥质灰陶，施黑陶衣。圆唇，卷沿，侈口，斜折弧腹，浅盘，柄中下部有一道凸棱纹。轮制，磨光。高 18、口径 19 厘米（图 6-104：12）。

陶簋　1 件。J1：3，泥质黑皮陶。圆唇，侈口，直弧腹，圈足残，内唇有一道凹弦纹，腹部三道凹弦纹，其中两道并列。做工粗糙。残高 14.9、口径 24.4 厘米（图 6-104：8；图 6-105：3）。

陶盂　1 件。J1：4，泥质灰陶，施红陶衣。圆唇，口微敛，卷沿，圆弧腹，肩部有两道凹弦纹和一道凸棱纹，假圈足。整体厚重稳健。通高 11.6、口径 23 厘米（图 6-104：9；图 6-105：2）。

陶罐　1 件。J1：5，泥质黑皮陶。双唇，侈口，卷沿，斜肩，直腹，腹部绳纹，肩部有三组凹弦纹，位于两端和中间。轮制。残高 16.2、口径 18.6 厘米（图 6-104：11）。

J1 时代为东周时期。

（2）归城曹家 M1

M1　位于曹家村南 300 米河西岸黄土台地上，1965 年修水库挖土筑坝时发现并破坏的，仅余墓之东部（见图 6-70）。墓原长 5、深 3 米。墓底有一层朱彩，应为彩绘棺木。墓西部曾出土多件陶器，仅余一陶罐。墓东部出土 8 件铜器，据出土的朽木和一些铜器外壁的人字形竹编纹看，这些铜器入葬时曾放在竹木类的盛器中。还出土 1 件玉戈[1]。

铜鼎　2 件。M1：1，方唇外折，直口，立耳，柱足，足内侧有凹槽，口沿下纹带为火纹与四瓣目纹相间，雷纹地。通高 26.8、口径 25.5 厘米（图 6-106：1、图 6-107：1）。M1：2，方唇外折，腹饰夔纹，圜底，柱足。通高 21.7、口径 18.8 厘米（图 6-106：2；图 6-107：2）。

铜甗　1 件。M1：3，侈口，立耳，口沿下饰兽面纹，袋足为三个高浮雕兽面，腹内有抹角三角形铜箅，箅孔为 5 个"十"字，以一铜环将箅一角固定于甗壁。通高 40.6、口径 28 厘米（图 6-106：4；图 6-107：4）。

铜壶　1 件。M1：4，器形瘦长，颈设贯耳，饰兽面纹，圈足有二孔，盖内插口，饰凤纹，顶设喇叭形捉手，亦有二孔。通高 46、腹径 15.5 厘米（图 6-106：5；图 6-107：8）。

铜尊　1 件。M1：5，侈口鼓腹，饰兽面纹、凸弦纹，内底有五字铭文"作父辛宝彝"。高 18.5、口径 17.5 厘米（图 6-106：3；图 6-107：3）。

铜卣　1 件。M1：6，扁圆体，腹饰兽纹，一首二身，圈足，子母口，环形耳，提梁两端作兽头状。有盖，盖饰凤纹，盖内与卣内底对铭"作宝尊彝"。通高 23.5 厘米（图 6-106：6；图 6-107：5）。

铜爵　2 件，形制相同。M1：8，圜底，腹饰二道凸弦纹，鋬饰兽头。通高 21.8、流尾长 16、柱高 5 厘米。（图 6-106：7、8；图 6-107：6）。

玉戈　1 件。M1：10，黄白色，中起脊，偏锋，内端有孔。全长 25.8、宽 4.8 厘米（图 6-106：9；图 6-107：9）。

陶罐　1 件。M1：9，夹砂灰陶。圆唇外卷，矮领，溜肩，凹底，细绳纹。高 16.8 厘米（图 6-106：10；图 6-107：7）。

---

[1] 李步青、林仙庭《山东黄县归城遗址的调查与发掘》，《考古》1991 年第 10 期，912 页。

图 6-106　归城曹家 M1 出土器物照片

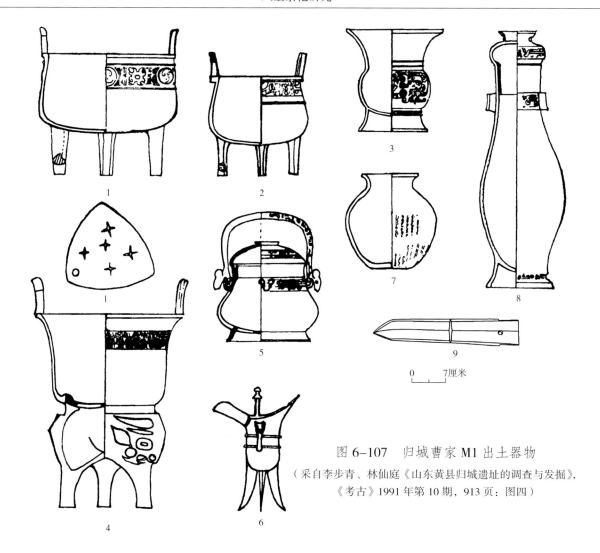

图 6-107　归城曹家 M1 出土器物
（采自李步青、林仙庭《山东黄县归城遗址的调查与发掘》，
《考古》1991 年第 10 期，913 页：图四）

归城曹家 M1 的时代为西周中期。

（3）1951 年南埠村出土铜器

1951 年南埠村出土了 8 件春秋时期铜器（图 6-108），其中 4 件盨及盘匜等 6 件铜器铭文带有"异伯"，4 件盨的器形、铭文相同，器体、器盖铭文内容相同，盘、匜的铭文内容说明为媵器[1]。

（4）归城征集铜器

征集于归城，壶、鬲（甗）二器[2]。

铜壶　HG70，体扁圆，贯耳，圜底，圈足有一对圆孔。通体素面，颈饰二道凸弦纹。口长径 19.4、短径 14.5、通高 31 厘米。为晚商时期（图 6-109：1；图 6-110：1）。

铜鬲　HG13，为甗之下部，口长方形，沿面有一周凹槽，为安装甑之处，二附耳，分档，四肥足，饰有简单的兽目。口部 17.5×25、高 26 厘米。为春秋时期（图 6-109：2；图 6-110：2）。

（5）1969 年小刘庄出土铜器

位于归城城址正南、距内城 1 千米的小刘庄，1969 年曾出土启卣、启尊等四件铜器（图 6-111）[3]。

［1］山东省博物馆编《山东金文集成》，齐鲁书社，2007 年，685、711 页。

［2］李步青、林仙庭《山东黄县归城遗址的调查与发掘》，《考古》1991 年第 10 期，916～917 页。现藏山东省博物馆。

［3］齐文涛《概述近年来山东出土的商周青铜器》，《文物》1972 年第 5 期，5～7 页。现藏山东省博物馆。

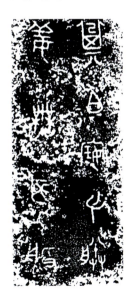

图 6-108　1951 年南埠村出土春秋时期铜器

（山东省博物馆提供）

（6）烟台市博物馆藏已侯纽钟

烟台市博物馆藏一件已侯纽钟，传为归城出土。扁平口，长方形纽孔，舞面饰长方形凸棱方框，柱状枚，篆部饰雷纹，钲部有铭："已侯乍宝钟"。通高 24 厘米（图 6-112）。时代为春秋时期[1]。

[1] 李步青、王锡平《建国以来烟台地区出土商周铭文青铜器概述》，《胶东考古研究文集》，齐鲁书社，2004 年，345 页。

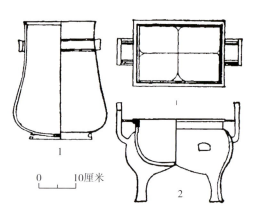

1　　　　　　　　　　　　　　　　　　2

图 6-109　归城征集铜器　　　　　　　　图 6-110　归城征集铜器照片

（采自鲁文生主编《山东省博物馆珍藏·青铜器卷》，山东文化音像出
版社，2004 年，17、18 页）

（采自山东省博物馆编《山东省博物馆藏品选》，山东友谊书社，1991
年，46 页）

图 6-111　1969 年小刘庄出土启卣、启尊

图 6-112　己侯钟

（7）归城内城出土铜钟

1914年前后，归城内城有人掘井得四钟，不久又有方鼎等出土，售于县城达观阁古董铺。1931年前后，归城沟北村掘得五铜钟，敌伪时期被迫售出。光绪《登州府志》载归城曾出土古乐器。王献唐推测山东省博物馆藏黄县丁树桢的两个编钟也是归城所出[1]。

（8）归姜水库遗址

位于兰高镇东迟家村西、南埠村西北、石黄公路南侧、归姜水库东部。遗址分布在山前缓坡上，东、西、南三侧都有连绵小山，地势稍有起伏，海拔75~80米（见图6-70）。地表采集到的遗物分属周、汉两个时期，周代遗物稍多，可辨认陶器类型有鬲、簋、豆、罐、盆、圈足、器盖等。汉代陶片较少，可辨认者主要是残瓦及一些陶器腹片等，未能挑选标本。

陶鬲　1件。2-006-1，夹砂红褐陶。方唇，侈口，折沿，外沿及腹部饰麦穗状绳纹，上腹微鼓，下残。口径14、残高5.2、厚0.6厘米（6-113：1）。

陶簋形豆　1件。2-006-2C，泥质灰陶。方唇，敞口，唇面有一条凹槽，折沿，沿面内凹，上有一条凹槽，腹部似敛口钵形，上有两条凹弦纹，下残。口径23、残高6.5、厚0.6~1.1厘米（图6-113：2）。

陶豆　2件。2-006-2D，豆盘。泥质黄褐胎黑皮陶。圆唇，敞口，折腹较高，上腹内曲，下腹弧收。素面。残高3.4、厚0.5~0.6厘米（图6-113：4）。2-006-4B，豆柄。泥质灰陶。束腰，中间有一道凸棱。残高4、厚1厘米（图6-113：5）。

陶罐　3件。2-006-2B，泥质灰陶。方唇，口部微敛，粗短颈，上腹微鼓。颈部与上腹部相接处有两道凸棱呈阶状突起，上腹部饰绳纹。口径11、残高4.2、厚0.55~0.9厘米（图6-113：3）。2-006-2E，泥质夹细砂灰胎黑皮陶。方唇，口部微敞，短颈，颈部有一条小凸棱，溜肩，下残。口径14、残

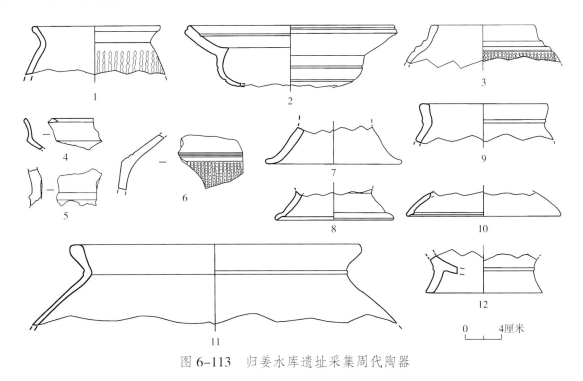

图6-113　归姜水库遗址采集周代陶器

[1] 王献唐《黄县䢵器》，《山东古国考》，7~8页。

高 4.2、厚 0.6~1.1 厘米（图 6-113：9）。2-006-5，夹砂灰陶。圆唇，侈口，折沿，沿面内凹，颈肩交接处有一周凸棱，斜肩，下残。口径 31.2、残高 8.6、厚 0.6~1.8 厘米（图 6-113：11）。2-006-4C，腹片。夹砂灰陶。折肩，肩部饰两周凹弦纹，腹部斜直，上饰粗绳纹。残高 5.8、厚 0.6~1.2 厘米（图 6-113：6）。

陶圈足　2 件。2-006-2A，夹砂灰陶。素面，喇叭状圈足。底径 15、残高 4、厚 0.8~1 厘米（图 6-113：7）。2-006-2F，泥质灰褐陶。素面，仅存圈足部分，喇叭状。底径 13、残高 3.4、厚 0.5~0.8 厘米（图 6-113：8）。

陶器盖　1 件。2-006-4A，泥质灰陶红褐胎。覆钵形盖，圆唇，内壁唇上有一条凸棱，盖面斜直，素面。口径 17、残高 2.6、厚 0.5~0.7 厘米（图 6-113：10）。

陶器底　1 件。2-006-4D，夹砂灰陶。仅残存圈足部分，下腹与圈足相接处有一道凸棱。底径 13、残高 4、厚 0.8~1 厘米（图 6-113：12）。

（9）归城曹家遗址

位于兰高镇归城曹家村东南 200 米，坐落在鸦鹊河支流西岸的二级阶地上。遗址西及南侧皆为岭地，地势起伏不大，海拔 95 米（见图 6-70）。采集到的遗物不丰富，但涵盖珍珠门文化、周、汉三个时期。其中珍珠门文化时期遗物有盆、腹片等；周代陶片可辨认器形有豆、罐、盆等；汉代遗物可辨认者有罐、瓦、白陶片等。珍珠门文化和汉代时期遗物较破碎，未挑选标本。

陶盆　2 件。2-010-5A，夹砂红褐陶。圆唇，敞口，卷沿，下残。残高 2.8、厚 0.8~1 厘米（图 6-114：1）。2-010-5C，夹砂夹蚌红褐陶。口部残，腹部较直。残高 4.9、厚 1.3~1.7 厘米（图 6-114：2）。

陶罐　1 件。2-010-5B，泥质灰陶。方唇，侈口，折沿，短颈，颈内壁微凹，下残。口径 17、残高 2.8、厚 0.4~0.7 厘米（图 6-114：4）。

陶器腹片　1 件。2-010-5D，泥质黄褐陶。口部残，上腹微鼓，腹部饰满绳纹，下残。残高 3.7、厚 0.6~0.8 厘米（图 6-114：3）。

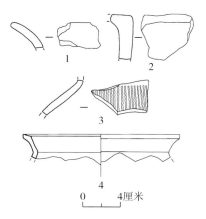

图 6-114　归城曹家遗址采集周代陶器

（10）归城曹家北遗址

位于兰高镇归城曹家村西北 500 米、归城姜家村西 300 米处，地处鸦鹊河支流东岸的山前坡地上，石黄公路横穿遗址。遗址处在归城曹家西北的小山坡及小山北部，地势起伏较大，海拔 55~105 米（见图 6-70）。遗物不丰富，有岳石文化、珍珠门文化、周代、汉代等不同时期的遗物，其中岳石文化及珍珠门文化的遗物极少。岳石文化遗物可见盆及鼎足；珍珠门文化遗物仅见圈足碗；周代遗物丰富，采集到的陶片可辨认者有鬲、豆、簋、盆、罐、壶、钵、纺轮等；汉代时期遗物也较少，可辨认器形有壶、罐，建筑材料筒瓦、板瓦等。

1）岳石文化

陶鼎　1 件。2-011-3A，夹砂夹蚌红褐陶。柱状足。残高 8.5、厚 2~4.6 厘米（图 6-115：1）。

2）珍珠门文化

陶圈足碗　1 件。2-011-12C，夹粗砂黄褐陶。残存器底部分，假圈足较矮，下腹弧收。底径 7、残高 3.5、厚 0.5~1.3 厘米（图 6-115：4）。

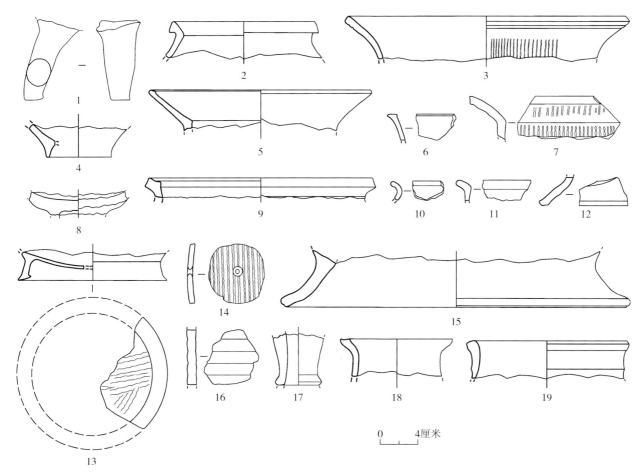

图 6-115　归城曹家北遗址采集岳石文化、珍珠门文化、周代和汉代遗物

3）周代

陶鬲　1件。2-011-4，夹砂灰陶。尖唇，侈口，卷沿，唇面微凸，上腹微鼓，下残。口径15、残高4、厚0.6~1.1厘米（6-115：2）。

陶盆　4件。2-011-3F，泥质灰陶。圆唇，敞口，折沿，内沿唇下有一道凸棱，腹壁较直，下残。口径24、残高4.4、厚0.6~1.1厘米（图6-115：5）。2-011-3H，夹砂夹云母红陶。方唇，敞口，唇面有一道宽凹槽，卷沿，外沿有两周凹弦纹，下部饰细绳纹。口径31、残高4.6、厚0.5~0.9厘米（图6-115：3）。2-011-3I，泥质灰胎红陶。方唇，敞口，唇面内凹，卷沿，内沿唇下有一凹槽，外沿有两道轮制凸棱痕，腹部近直，外沿及腹部饰绳纹。残高4.6、厚0.9~1厘米（图6-115：7）。2-011-12D，泥质红褐陶。尖圆唇，敞口，腹部斜收。残高2.8、厚0.5~0.9厘米（图6-115：6）。

陶豆　2件。2-011-3E，豆柄。泥质黄褐陶。束腰形，中间有道凸棱。残高5.5、厚0.7~1.5厘米（图6-115：17）。2-011-3G，豆盘底部。泥质灰陶。盘与柄相接处有多处刻划纹。残高2.5、厚1厘米（图6-115：8）。

陶壶　1件。2-011-3B，泥质黄褐陶。圆唇，敞口，唇面内凹，短颈。口径12、残高4、厚0.6~1厘米（图6-115：18）。

陶罐　3件。2-011-12G，夹砂黄褐陶。方唇，敞口，唇面微内凹，内沿有一道凸棱，下残。口径24、残高2.2、厚0.7~1.2厘米（图6-115：9）。2-011-12H，泥质黄褐陶。圆唇，侈口，卷沿，下残。残高 2.1、厚 0.5 厘米（图 6-115：10）。2-011-3C，夹砂红褐胎黑皮陶。圆唇，侈口，折沿，短颈，下残。残高 2.2、厚 0.5~1 厘米（图 6-115：11）。

陶器盖　1 件。2-011-12E，泥质灰陶。覆碗形，方唇，盖面斜直。残高 3、厚 0.7~0.9 厘米（图 6-115：12）。

陶圈足　2 件。2-011-12F，泥质红褐陶。矮圈足，喇叭状，圜形器底，器底上饰绳纹。底径 16、残高 3、厚 0.4~1.4 厘米（图 6-115：13）。2-011-3J，夹砂红褐陶。仅余圈足部分，喇叭状。底径 38、残高 6.2、厚 1~2.2 厘米（图 6-115：15）。

陶纺轮　1 件。2-011-3D，泥质灰陶。圆陶片制成，近圆形，对钻成孔，一面饰粗绳纹。最大径 6.4、厚 0.4~0.6 厘米（图 6-115：14）。

4）汉代

板瓦　1 件。2-011-12A，夹砂灰陶。残存一部分，凸面饰五道瓦棱纹。残长 5.9、残宽 5.8、厚 1 厘米（图 6-115：16）。

陶壶　1 件。2-011-12B，夹砂白陶。方唇，口微敞，短颈，颈部有一道凸棱，下残。口径 17.6、残高 4、厚 0.4~1.2 厘米（图 6-115：19）。

（11）归城姜家遗址

位于兰高镇归城姜家村北、东和平村西、北山村东南之间，处于鸦鹊河支流南侧阶地上。遗址地势较为平坦，起伏不大，海拔在 70 米左右（见图 6-70）。采集到的遗物数量不多，有珍珠门文化和周代两个时期的遗物，珍珠门文化陶器可辨认器形有鬲、鼎足等，周代陶片可辨认器形有鬲、甗、豆、盆、罐、簋、纺轮等。

1）珍珠门文化

陶鼎　1 件。2-012-1A，夹砂红褐陶。凿形足。残高 3.2 厘米（图 6-116：1）。

陶鬲　1 件。2-012-1B，夹砂红褐陶。残存足的一侧，矮袋足。残高 3 厘米（图 6-116：2）。

2）周代

陶豆　1 件。2-012-1G，豆盘底部。泥质灰陶。盘内饰刻划方格纹。残高 1.9、厚 1.2~1.7 厘米（图 6-116：3）。

陶罐　4 件，其中腹片 2 件。2-012-1F，夹砂红褐陶。方唇，侈口，唇面微内凹，折沿，内沿

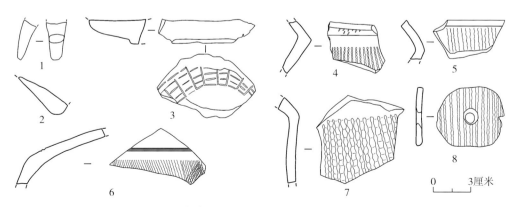

图 6-116　归城姜家遗址采集珍珠门文化、周代遗物

唇下有道凹槽，外沿饰细绳纹，下残。残高 3.2、厚 0.7~0.9 厘米（图 6-116：5）。2-012-3，泥质黑陶。残存颈部，折沿，斜肩，颈上及肩部饰绳纹。残高 4.2、厚 0.6~1.1 厘米（图 6-116：4）。2-012-1D，泥质灰陶。唇部残，侈口，折沿，上腹微鼓弧收，下残。残高 7、厚 0.8~1 厘米（图 6-116：7）。2-012-1E，泥质灰陶。残存肩部及腹部一部分，折肩，腹部弧收，肩部饰两周凹弦纹，腹部饰细绳纹。残高 4.4、厚 0.9~1.1 厘米（图 6-116：6）。

陶纺轮　1 件。2-012-1C，泥质灰陶。圆陶片制成，椭圆形，对钻成孔，一面饰绳纹。长径 5.4、短径 4.7、厚 0.5 厘米（图 6-116：8）。

（12）北山遗址

位于兰高镇北山村东北，凤凰山东南，鸦鹊河支流西北部山前阶地上。遗址西北高东南低，地势起伏不大，海拔 60~80 米（见图 6-70）。采集到数量较多的周代陶片，可辨认器形有豆、盆、罐、壶等。

陶盆　2 件。2-014-2B，夹砂红褐陶。方唇，敞口，卷沿，内壁磨光，下残。口径 50、残高 2.8、厚 1~2.4 厘米（图 6-117：1）。2-014-3C，夹粗砂云母滑石红褐陶。方唇，敞口，折沿，内沿转折处有一条凸棱，腹部斜直，下残。残高 6.8、厚 1~2.5 厘米（图 6-117：3）。

陶豆　2 件。2-014-2C，豆盘及柄的一部分。夹砂灰陶。盘较深。残高 2.3、厚 0.8~1.1 厘米（6-117：2）。2-014-3A，豆柄部分。泥质灰陶。束腰，下部呈喇叭状，中间有一道凸棱，内壁扭成螺旋形。残高 8.6、厚 0.8~1.8 厘米（图 6-117：6）。

陶罐　1 件。2-014-3B，夹砂黄褐陶。圆唇，口微侈，平折沿，沿面内凹，矮颈，颈内壁内凹，上腹微鼓，下残。残高 4、厚 0.5~1.1 厘米（图 6-117：4）。

陶器腹片　1 件。2-014-2A，泥质灰黑陶。残存腹片，上饰绳纹。烧制过火，内胎硫化。残高 10.4、厚 0.7~1.9 厘米（图 6-117：5）。

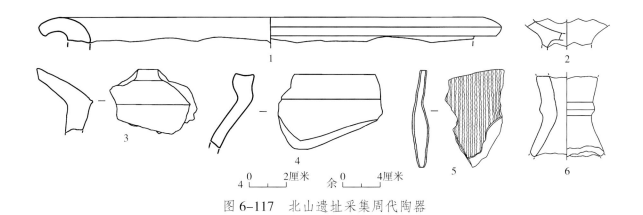

图 6-117　北山遗址采集周代陶器

（13）小于家遗址

位于兰高镇小于家村南，大于家村东北，鸦鹊河支流交汇处下游西侧的河边阶地上。遗址地势平坦，起伏不大，海拔约 50 米（见图 6-70）。遗物丰富，采集到较多的周代陶片，可辨认器形有鬲、簋、豆、盆、罐等。

陶盆　1 件。2-016-1B，泥质灰褐陶。尖圆唇，敞口，唇面微凹，外沿有两道凸棱，饰有绳纹，内沿唇部下有一凹槽，下残。残高 3.9、厚 0.7~0.9 厘米（图 6-118：1）。

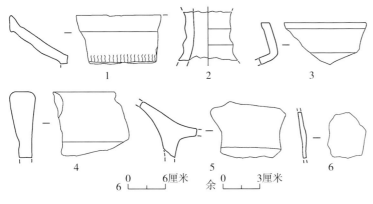

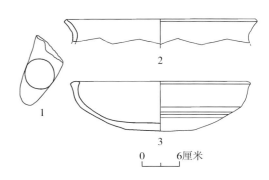

图 6-118　小于家遗址采集周代陶器

图 6-119　沟孙家遗址采集
珍珠门文化、周代陶器

陶豆　1 件。2-016-1A，豆柄局部。泥质灰陶。束腰状，中间有两条凸棱。残高 3.9、厚 0.7 厘米（图 6-118：2）。

陶罐　1 件。2-016-2A，夹砂黄褐陶。方唇，侈口，折沿，斜肩，下残。残高 3.3、厚 0.7~0.9 厘米（图 6-118：3）。

陶瓮　1 件。2-016-3，夹砂黄褐陶。方唇，敛口，唇部较厚，下残。残高 5.3、厚 1~2.1 厘米（图 6-118：4）。

陶器底　1 件。2-016-2B，泥质红褐陶。仅存部分圈足。残高 4.4、厚 0.6~1.2 厘米（图 6-118：5）。

陶器腹片　1 件。2-016-2C，夹砂红褐陶。甗或鬲起裆线部分。残高 7.4、厚 0.5~0.8 厘米（图 6-118：6）。

（14）沟孙家遗址

位于兰高镇沟孙家村南，东迟家村东北的山地上，西南部为鸦鹊河支流冲刷而成的河沟。遗址中心处在小小山顶部，地势起伏较大，海拔 65~100 米（见图 6-70）。采集到大量的陶片，包括珍珠门文化、周、汉三个时代，可辨认器形有鬲、簋、豆、盆、罐、瓮等，但陶片较破碎，仅挑选出珍珠门文化、周代的少量标本。

1）珍珠门文化

陶器足　1 件。2-017-1A，夹砂红褐陶。圆锥形足。烧制过火硫化。残高 7.4、最大径 4.4 厘米（图 6-119：1）。

陶盆　1 件。2-017-1B，夹砂夹蚌红褐陶。方唇，敞口，卷沿，下残。口径 31、残高 3.8、厚 0.6~0.75 厘米（图 6-119：2）。

2）周代

陶盆　标本 1 件。2-017-8，夹细砂灰陶。尖圆唇，口部微敛，腹部弧收，底部不平微凸。口径 29、底径 11、高 8、厚 0.6~1.6 厘米（图 6-119：3）。

（15）东迟家遗址

位于兰高镇东迟家北部，鸦鹊河两条小支流交汇处东南侧的阶地上，遗址东部为隆起的小山，海拔 75 米（见图 6-70）。面积约为 5 万平方米，发现了数量较多的周代陶片，可辨认器形有豆、罐、盆、器盖、把手、腹片等。

陶罐　1件。2-018-1A，夹砂青灰陶。方唇，侈口，折沿，短颈，颈内壁内凹，外壁有一道凸棱，下残。口径26、残高4.2、厚0.8~1.5厘米（图6-120：1）。

陶豆　3件。2-018-1C，豆盘及柄一部分。泥质青灰陶。浅盘，束腰形柄，中间有一道凸棱。残高4.6、厚0.6~1.1厘米（图6-120：2）。2-018-1D，夹砂灰陶。方唇，敞口，浅盘，腹部微折，弧收，上饰三条凹弦纹，下残。口径20、残高3.1、厚0.6厘米（图6-120：3）。2-018-1E，泥质灰陶。圆唇，敞口，豆盘较深，弧腹内收，腹部饰一周刻划网格纹，下残。口径16、残高5、厚0.8~1厘米（图6-120：5）。

陶器盖　1件。2-018-1B，夹砂灰黑陶。覆碗形，圆唇，唇与盖壁交接处内外侧皆有凹槽，盖面斜直，顶残。残高3.4、厚0.6~0.8厘米（图6-120：4）。

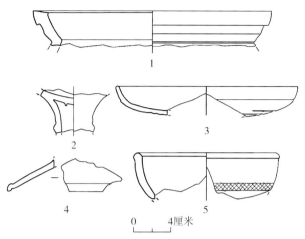

图6-120　东迟家遗址采集周代陶器

四　小结

通过历年的考古工作和2009年项目组对归城城址所在的莱山北麓至黄水河区域的调查成果分析，在鸦鹊河及其支流附近广泛分布有岳石文化和珍珠门文化遗址，根据文献和出土铜器铭文材料，此区域本为莱人之地，南埠村"冀伯安父"盨的铭文内容说明莱与己通婚。归城即莱之都城，建于西周早期偏晚，公元前567年齐国灭莱后[1]，归城作为城邑可能一直沿用至战国时期。

月主祠与庙周家的夯土台基均在外城圈内靠近莱山区域。月主祠位于莱山半山腰处，现存基址为唐代遗存。遗物的时代涵盖了战国、秦、西汉、东汉至北朝、唐等不同时期。从考古发掘成果分析，在战国时期就存在建筑，西汉、东汉至北朝、唐代一直修复沿用。建筑遗址出土遗物单纯，主要是建筑材料，极少数为生活器皿，其中有一些小型器具，如汉代小陶杯、唐代小瓷碗等酒具，应是在祭祀仪式中使用的器皿。

庙周家夯土台基出土的器物以瓦当和踏步砖等建筑材料为主，应是一个建于高台上的亭阁类建筑。早期瓦当的形制和风格兼具齐、秦的特征，可能是在修建过程中当地工匠秉持的工艺与雇主要求不同造成的，都属于秦代。踏步砖应为西汉时期。从建筑材料的数量推测当时夯土台建筑的规模并不很大，秦代始建，汉代增修。附近窑址烧制的产品与夯土台基的砖类一致，说明秦汉时期的建筑材料是当地烧制的，但大型板瓦和大型瓦当的产地仍需新的发现。

秦汉时期，只有汉宣帝明确到过归城月主祠祭祀，甘露四年（前50年），"成山祠日，莱山祠月"[2]。

[1]《左传·襄公六年》经载："十有二月，齐侯灭莱。"传："十一月，齐侯灭莱，莱恃谋也。……四月，晏弱城东阳，而遂围莱。甲寅，堙之环城，傅于堞。及杞桓公卒之月，乙未，王湫帅师及正舆子、棠人军齐师，丁未，入莱。莱共公浮柔奔棠。正舆子、王湫奔莒，莒人杀之。四月，陈无宇献莱宗器于襄宫。晏弱围棠，十一月丙辰而灭之。迁莱于郳。"《春秋左传注》（修订本），946~948页。齐侯镈钟是事于齐的宋穆公后代所作，该器作于齐庄公（前553~前548年）时，当春秋晚期，铭文中提到齐灵公灭莱（前567年），"余赐女釐都 剢"。釐或作"釐"或作"速"，即莱。参见郭沫若《两周金文辞大系图录考释》（二），《郭沫若全集·考古编》第8卷，科学出版社，2001年，431页。

[2]《汉书·郊祀志》，1250页。

附表 6-1　H1 出土器物统计表

器类	筒瓦	板瓦					陶碗	铁钉
质地	泥质	夹砂				泥质	夹砂	
颜色	青灰	红褐	黄褐	青灰	深红	青灰	红	
唐	2	6	26	15	1	23	1	若干

附表 6-2　G1 陶片统计表

器类／质地／颜色	铺地砖 夹砂 灰	铺地砖 泥质 灰	长条砖 泥质 灰	长条砖 夹砂 灰	长条砖 夹砂 黄褐	瓦当 夹砂 灰	瓦当 夹砂 褐	瓦当 夹砂 红	筒瓦 泥质 灰	筒瓦 泥质 青灰	筒瓦 夹砂 灰褐	筒瓦 夹砂 黄褐	筒瓦 夹砂 红褐	筒瓦 夹砂 青灰	板瓦 泥质 灰褐	板瓦 泥质 黄褐	板瓦 泥质 红褐	板瓦 泥质 青灰	板瓦 夹砂 青灰	板瓦 夹砂 灰褐	板瓦 夹砂 黄褐	板瓦 夹砂 红褐	板瓦 夹砂 紫红	板瓦 夹砂 白	陶杯 夹砂 白	陶罐 夹砂 白	瓷碗
战国			1	4						3	1			4		3			14	23	11	2					
秦				14		14		1																			
西汉	4	8	1	1	2	1	1	1	1	33	10				10	18			776	596	1149	844		3		2	
东汉至北朝														3					1		1	2			1		
唐					2	8				11			1	1		11	2		596	8	349	353	8		1		2
明																			8								

附表 6-3　莱山建筑基址 1984 年发掘出土建筑材料统计表

器类／质地／颜色	铺地砖 夹砂 灰	长条砖 夹砂 灰	长条砖 夹砂 黄褐	筒瓦 夹砂 青灰	筒瓦 夹砂 红褐	筒瓦 泥质 深灰	筒瓦 泥质 青灰	板瓦 夹砂 深灰	板瓦 夹砂 浅灰	板瓦 夹砂 黄褐	板瓦 夹砂 红	板瓦 夹砂 浅红	板瓦 夹砂 紫红	板瓦 泥质 灰
战国							2							
西汉	8	9		1	6	1	14	14	19	16	1	6		
东汉至北朝		4		1										
唐			2	9			136	98	65	98	10	56	3	1

附表 6-4　莱山建筑基址各探方陶片统计表

探方	时代	铺地砖		长条砖			瓦当	筒瓦							
		夹砂		夹砂			夹砂	夹砂				泥质			
		青灰	灰褐	青灰	灰褐	红	灰	青灰	灰褐	黄褐	红褐	青灰	灰褐	黄褐	红褐
T01	西汉							2				3			
	唐										3	4			
T02	西汉					1		15		5	4	9	4		
	东汉至北朝														
	唐							17	1	3	7	10		4	
T03	战国						1								
	秦						2								
	西汉							10	3	6	4	15		2	6
	东汉至北朝						1	1		1	1	3			
	唐														
	明											1			
T04	西汉											5			
	东汉至北朝							3	1				1		
	唐														
T05	西汉														
	唐											2			
T06	战国														
	西汉											1			
	东汉至北朝														1
	唐	1		21				157							
T07	西汉														
	东汉至北朝														
	唐							11		4	1	2		7	3

续表 6-4

探方	时代	铺地砖 夹砂 青灰	铺地砖 夹砂 灰褐	长条砖 青灰	长条砖 夹砂 灰褐	长条砖 夹砂 红	瓦当 夹砂 灰	瓦当 青灰	筒瓦 夹砂 灰褐	筒瓦 夹砂 黄褐	筒瓦 夹砂 红褐	筒瓦 青灰	筒瓦 泥质 灰褐	筒瓦 泥质 黄褐	筒瓦 泥质 红褐
T08	战国											3			
	西汉		2		3				2			9	2		
	唐			2								2			
	明											1			

探方	时代	板瓦 青灰	板瓦 夹砂 灰黑	板瓦 夹砂 灰褐	板瓦 夹砂 黄褐	板瓦 夹砂 红褐	板瓦 泥质 青灰	板瓦 泥质 灰黑	板瓦 泥质 灰褐	板瓦 泥质 黄褐	板瓦 泥质 红褐	陶盆 夹砂 白	陶罐 夹砂 白	陶罐 夹砂 灰	陶罐 泥质 灰褐	陶杯 夹砂 白	陶碗 夹砂 白	陶盘 夹砂 白	陶壶 泥质 灰	瓷碗	瓷罐
T01	西汉	131			87	6	33			40	28										
	唐	60		11	19	21	113		14	14	18									1	
T02	西汉	513		48	120	172															
	东汉至北朝																1				
	唐	238			86	86	293			118	92										
T03	战国																				
	秦																				
	西汉	334		137	226	133	456		65	103	58										
	东汉至北朝	1				1	1					1									
	唐	170		29	38	119	209			41				1							
	明																				
T04	西汉	168		24	48	59	140		25	75	69					1					
	东汉至北朝																1				
	唐	102		51	18	56	92		19	19	38									1	

续表 6-4

探方	时代	板瓦										陶盆	陶罐		陶杯		陶碗	陶盘	陶壶	瓷碗	瓷罐
		夹砂					泥质					夹砂	夹砂		泥质	夹砂	夹砂	夹砂	泥质		夹砂
		青灰	灰黑	灰褐	黄褐	红褐	青灰	灰黑	灰褐	黄褐	红褐	白	白	灰	灰褐	白	白	白	灰		灰
T05	西汉	16			12	6	10			7											
	唐	12	11		5	3	6	13													
	战国	5					8														
T06	西汉	23			15	6	9														
	东汉至北朝						1			1		1									
	唐	64		28	25	45			12	15	28										
T07	西汉				3																
	东汉至北朝																	1			
	唐	17	5	4	5	11	10		23	15					2	1					
T08	战国																				
	西汉	11			1	5	6						1								
	东汉至北朝																1		1		
	唐	34		18	20	44	172			110	89						2				
	明																				1

附表 6-5　庙岛家务土台基出土器物统计表

器类	踏步砖		铺地砖				半瓦当					圆瓦当		大瓦当			普通形制筒瓦						大型筒瓦	
质地	夹砂		夹砂				夹砂		泥质			夹砂		夹砂		泥质	夹砂					泥质	夹砂	泥质
颜色	青灰	褐	深灰	灰	浅灰	黄褐	青灰	黄褐	青灰	黄褐	红褐	灰	灰褐	青灰	黄褐	青灰	青灰	深灰	灰	浅灰	黄褐	土黄	灰	深灰
秦																	4	7	7	7	2			
汉	29	2	9	14	18	14	3	1	1	3	1	25	5	6	9	22	22	61	96	62	5	1	2	1

续表 6-5

时代	普通形制板瓦						巨型板瓦	异型板瓦	模具
质地	夹砂						泥质	夹砂	夹砂
颜色	青灰	深灰	灰	浅灰	灰褐	黄褐	灰	灰	深灰
秦	1	1	2	1					
汉	31	116	116	64	1	1	2	1	1

附表 6-6　Y1 出土器物统计表

时代	踏步砖	长方形大砖	筒瓦		板瓦				陶盆	陶器座
质地	夹砂	夹砂	夹砂		夹砂			泥质	泥质	泥质
颜色	灰	灰褐	褐	浅灰	青灰	灰黑	褐	青灰	灰	褐
西汉	4	1	1	5	37	77	18	1	2	1

第七章　日主祠

一　地望的考察

《史记·封禅书》："日主，祠成山。成山斗入海，最居齐东北隅，以迎日出云。"[1]裴骃集解"斗入海，谓斗绝曲入海也"[2]，属于望文生义。"头""斗"音训通假，"成山头"即为地方语音中的"成山斗"。据《汉书·地理志》，东莱郡十七属县之一不夜，颜师古注"有成山日祠。"[3]

日主祠所在的成山头当属东莱郡不夜县治下。《齐记》："不夜城，盖古有日夜出见于境，故莱子立城，以不夜为名。"[4]清咸丰时官宦孙福海著有《古不夜城记》："不夜城者，古莱子国也。本海隅出日之地，当日城名不夜，或取义在斯。然其地旧注文登。自我朝雍正十二年改成山卫为县，令其地在荣成城西三十里。向名不夜村，村前高阜之处曰官厅，曰城顶村内亦有后仓旧名。其余古迹虽湮而形势自若。"[5]清人张崧《不夜城考》："文（文登）以不夜名，非今城也。今城建于高齐天保七年，虽嶅于明之万历九年。东北八十里外有缭垣焉，隐隐可识。土人曰'此古不夜城也'。"[6]两文所指不夜城，其遗址位于今荣成市埠柳镇不夜村内（图7-1）。

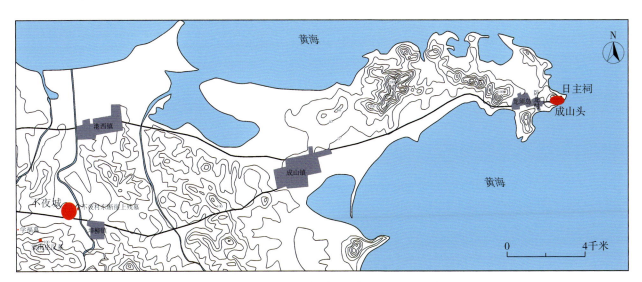

图7-1　日主祠、不夜城及其周边遗址分布图

[1]《史记·封禅书》，1367页。

[2]《史记·封禅书》，1368页。

[3]《汉书·地理志》，1585页。

[4]《史记·封禅书》，1368页。

[5]〔清〕孙福海《古不夜城记》，一卷，同治（1862~1874年）刻本。

[6]〔清〕李天隅修、岳康廷纂《荣成县志·艺文考》，道光二十年（1840年）刻本，二十九页。

成山头位于胶东半岛的最东端，现属威海荣成市成山镇。成山头地理上称为成山角或成山岬。西接大陆，北、东、南三面环海，海岸陡峭，水深浪急。地面上山峦起伏，沟壑纵横，最高处有南北并列的三座小山峰（图7-2）。

三国时期成山头上楼台尚存，太和六年（232年）魏国大将田豫"自入成山，登汉武之观"[1]。道光年间的《荣成县志》沿袭了各类记述："成山，城东三十里。……秦皇宫，在成山上，始皇东游时筑。后人即其遗址为始皇庙。……天尽头碑，始皇东游立石成山，又有狱讼公所四字，皆李斯传。相传，明季以上，官拓索不胜其扰，因沉于海。……秦皇桥，在成山下大海中，怪石嵯峨如人力为之设施者。有石柱二，随潮出没，桥名则后人所加耳。……日主祠，汉孝武八祠之一，在成山下，海岸尽处。过祠不复有岸矣。"[2]

二　祠祀遗址的调查与发掘

成山头的地理位置在航海、水文、气象、军事等方面具有重要意义，这里陆续建起了航海灯塔、海军雷达站、海洋水文观测站。20世纪80年代，由于开发为旅游景区，地貌发生了巨大变化。

1979年10月，因修建海洋观测站，发现一组四件玉器；1982年7月，在第一组玉器附近又发现了一组三件玉器。1982年9月，山东省文物考古研究所对玉器出土的地点进行了小规模发掘清理[3]。2008年，项目组对日主祠所在的成山半岛进行了区域系统调查，未发现其他遗址；2011年详细调查了成山头，并对其中的几处地点进行了发掘。

通过分析考古调查和发掘资料可知，成山头区域的古代遗迹现有六处：成山中峰遗址、成山南峰立石遗迹、酒棚遗址、灯塔地遗址、校场沟遗址、南马台遗址，彼此间相距数百米（见图7-2；

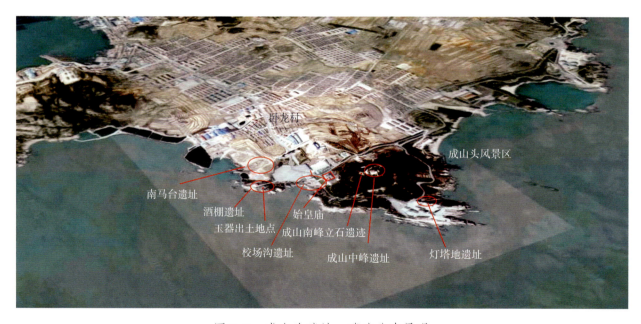

图7-2　成山头遗址、遗迹分布景观

[1]〔晋〕陈寿撰、〔宋〕裴松之注《三国志·魏书·田豫》，中华书局，1959年，728页。
[2]参见〔清〕李天隅修、岳慶廷纂《荣成县志》中《疆域》、《古迹》，清道光二十年（1840）刻本，五、九～十页。
[3]王永波《成山玉器与日主祭——兼论太阳神崇拜的有关问题》，《文物》1993年第1期，62～64页。

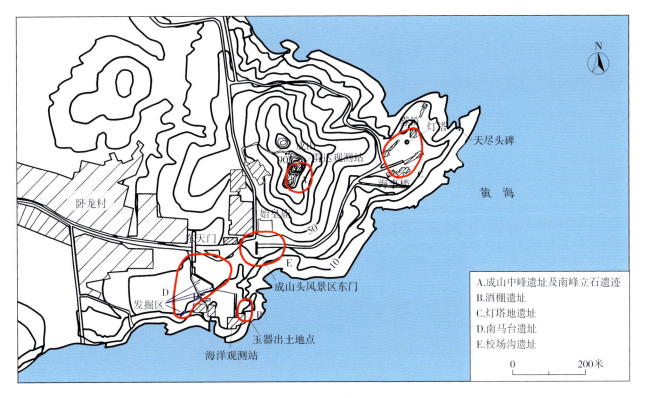

图 7-3　成山头秦汉时期遗址分布图

图 7-3）。成山中峰遗址位于中峰山巅，海拔 108 米，是成山头的最高点。其次是成山南峰立石遗迹，海拔 100 米。其他遗址海拔相近，酒棚遗址海拔 27 米，灯塔地遗址海拔 30 米，校场沟遗址海拔 25 米，南马台遗址海拔 25 米。

现将六处遗址历年的调查和发掘材料介绍如下。器物编号前数字为采集年份，编号中"YT"是指藏于烟台市博物馆的器物，"CS、CST"代指"成山头"，前者用于荣成市博物馆馆藏器物号。

（一）成山中峰遗址

成山中峰遗址位于成山头的最高峰，中峰以东 300 米为灯塔地遗址，西南 20 米处为成山南峰立石遗迹（见图 7-3）。遗址代写为 CZF 或 CSZ。

明代在中峰峰顶建有一座烽火台，以夯土筑成，外有散石包砌，中峰半山腰处的采石坑应与烽火台工程有关。20 世纪 50 年代海军在山顶建雷达站并开挖盘山公路，20 世纪末 21 世纪初，雷达站扩建工程破坏了遗址，大量遗物暴露。山坡上散落的建筑材料中，有踏步砖、铺地砖、筒瓦、板瓦等，遗物形体较大者主要分布在山顶，坡下的为细小碎块。

通过观察残留的遗迹和采集的遗物可知，在中峰顶部原建有建筑和踏步砖铺就的登山路（图 7-4）。遗物年代可分为秦、汉两期。

图 7-4　成山中峰遗址发现的踏步砖

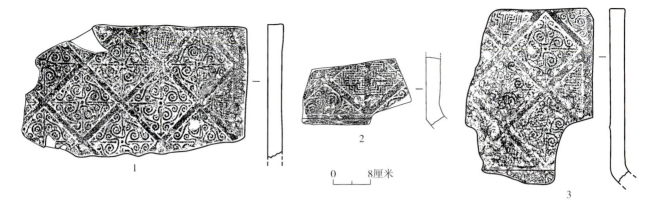

图 7-5　成山中峰遗址采集秦代踏步砖

图 7-6　成山中峰遗址采集秦代踏步砖照片

1. 秦代

踏步砖　斜向正方格内有同向卷云纹、斜向正方格内卷云纹或多重亚字形纹与如意纹两种。

斜向正方格内同向卷云纹踏步砖　3件。方形图像单元斜向分布，单元边线内各有一弓形纹，中有四组一大一小两个卷云纹。边缘部分为三角形图像单元，内填充半个多重亚字形纹和如意纹。CZF 采:13，踏面部分。夹砂青灰陶，火候高，质地十分坚硬。平整，中部稍向上凸起，花纹排列整齐，分布在边缘部分的三角纹错落不整齐，说明花纹是以一个印模分别印成的。厚3厘米（图7-5:1；图7-6:1）。CZF 采:15，踏面部分与小部分斜面。夹砂青灰陶，火候高，质地坚硬。表皮剥蚀严重，花纹不清。厚3~3.5厘米（图7-5:3；图7-6:3）。

斜向正方格内卷云纹或多重亚字形纹与如意纹踏步砖　1件。CZF 采:17，部分踏面并带有小部分斜面。夹粗砂青灰陶，质地坚硬。两种花纹填充的斜向方格相间成行。厚2.5~3厘米（图7-5:2；图7-6:2）。

瓦当　在中峰北坡只采集到1件，其余包括文字瓦当在内均在西坡发现。CZF 采:43，圆瓦当，不连筒瓦的部分。泥质灰陶。瓦当内面可见贴敷泥条痕，立面有旋切痕，当面较平，边轮不明显，

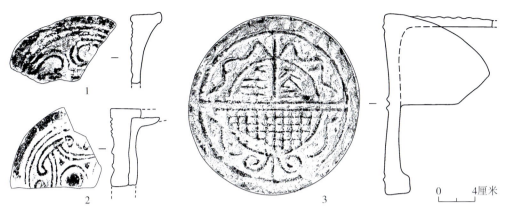

图7-7 成山中峰遗址采集秦代瓦当

图7-8 成山中峰遗址采集秦代瓦当照片

花纹仅见两个双勾卷云纹。瓦当中部厚1、残高2.5~3厘米（图7-7：1；图7-8：1）。YTCZF采：1，当面见双勾卷云纹，卷云纹间双勾弧线相连，其间为梯形泥突，当面中央为圆形当心。当面残长8、厚0.9~1.2厘米（图7-7：2；图7-8：3）。85YTCSZ：6，1985年6月采集。圆瓦当。泥质褐陶。连接筒瓦。当面由两个半圆形凸缘分为相等的两个部分，每个半圆形中，在中心位置又有一凸缘形成的小半圆，中间一条直线从中间竖立平分。一个小半圆中中线两侧各置一字，不识，两半圆中间各有一条折线；另一小半圆中为方格纹，两半圆中间中线两侧各有一卷云纹和侧S纹。长径19.2、短径18.5、厚1.3~2.3厘米（图7-7：3；图7-8：2）。

筒瓦 4件。CZF采：45，成山中峰西坡采集。夹粗砂，黄褐色陶皮，胎心黑灰色，质地粗疏。手制痕迹重，弧度不圆。前端端面平，向内凹入，凹入位置有断茬。筒瓦内外均为瓦棱纹，顶面瓦棱纹宽度为2厘米，底面瓦棱纹宽度为0.75厘米。瓦厚1.6厘米，向前渐厚，至前端厚2.6厘米（图7-9：1；图7-10：1）。CZF采：46，与CZF采：45类似。夹粗砂，质地更硬，内面黄褐色陶皮，但外面灰色陶皮，黑灰色胎心。筒瓦内外均为瓦棱纹，顶面瓦棱宽度为2厘米，但不均匀，底面瓦棱宽0.75~0.85厘米。近前端瓦棱不清晰，可能是连接当面的时候加泥抹平所致。瓦厚1.3厘米。前端残留向内折的断茬，茬口厚2厘米。按筒瓦直径复原，其直径约为60厘米（图7-9：4；图7-10：4）。CZF采：31，夹粗砂黄褐陶，质酥。底面素面，顶面饰斜向绳纹。顶面、底面均可见粗糙的手捏痕迹，侧边有较深的外切痕。瓦厚1.1厘米（图7-9：2；图7-10：2）。CZF采：32，夹粗砂黄褐陶，质酥。

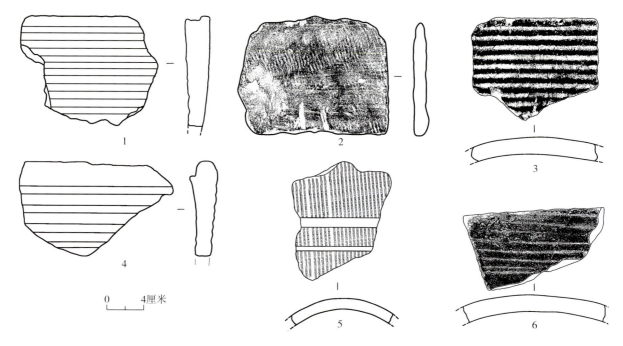

图 7-9　成山中峰遗址采集秦代筒瓦和板瓦

图 7-10　成山中峰遗址采集秦代筒瓦和板瓦照片

底面不平，顶面饰斜向粗绳纹。厚 1 厘米（图 7-9∶5；图 7-10∶5）。

　　板瓦　2 件。CZF 采∶41，夹砂较少的红褐陶，质地粗疏。形体规整，凹面素面，凸面有密集的瓦棱纹，侧边有外切痕。厚 1.8 厘米（图 7-9∶3；图 7-10∶3）。CZF 采∶40，夹细砂红褐陶，表皮黑灰色，质地硬。凹面素面，有手抹痕，凸面饰浅而宽度不一的瓦棱纹。厚 1.8 厘米（图 7-9∶6；图 7-10∶6）。

　　2. 汉代

　　踏步砖　花纹多样。按花纹图案，可分为四种。

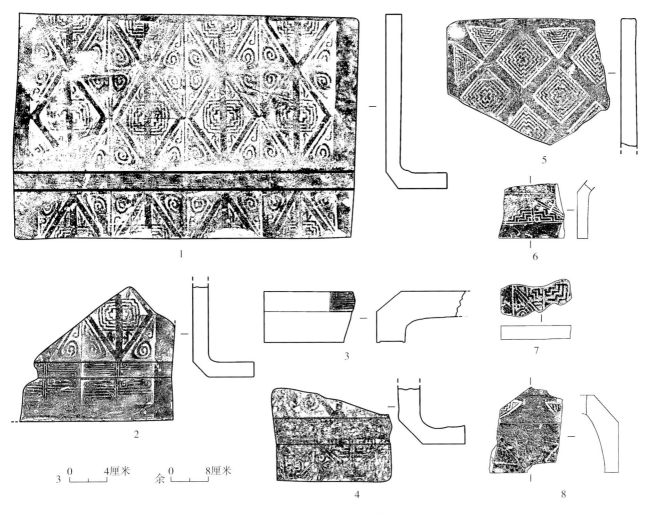

图 7-11　成山中峰遗址上采集汉代踏步砖

菱格内卷云纹、多重亚字形与如意纹踏步砖　共 9 件，其中项目组采集 5 件，烟台市博物馆藏 4 件。以瘦长的菱格为图像单元，中填充卷云纹或多重亚字形纹与如意纹，各自成行，后者是正方形图案单元内多重亚字形纹的变体，其两端的空余部分加填一对如意纹。踏面花纹相同，立面与斜面的花纹稍有不同。

踏面和立面花纹相同、斜面为一端勾卷的直线，2 件。CZF 采:1，完整。夹砂黄褐陶，质地坚硬。制作规整。踏面、立面花纹由长 15.5、宽 10 厘米的印模组成，画面布局规整，印痕大体一致，显得浑然一体，如同整模印成。斜面的图案则是七道两端勾卷的直线。踏面长 73、宽 34、立面高 12.5、厚 3~3.2 厘米（图 7-11:1；图 7-12:1）。

立面和斜面均为两端勾卷的直线，2 件。CZF 采:3，夹砂黄褐陶，质地坚硬。立面、斜面的花纹皆为两端勾卷的直线。立面高 10.3、厚 2.9~3.4 厘米（图 7-11:2；图 7-12:3）。

立面无纹饰、斜面图案为两端勾卷的直线，3 件。CZF 采:6，夹砂青灰陶，质地稍硬。立面部分较矮，立面高 3.2、厚 2.8~3.2 厘米（图 7-11:3；图 7-12:2）。

斜面与立面花纹为菱格内卷云纹或亚字形与如意纹图案单元的二分之一，2 件。CZF 采:9，夹粗砂浅灰陶。立面较矮，斜面与立面的两行图案较凌乱，为分别印成，高 9 厘米（图 7-11:4；图

图 7-12　成山中峰遗址采集汉代踏步砖照片

7-12：4）。

　　斜向分布的正方形图案单元、内有卷云纹或多重亚字形纹与如意纹踏步砖　4件。踏面部分的图像单元为斜向分布的正方形，图像单元内为卷云纹或多重亚字形与如意纹，两种图像相间成行。立面与斜面处为此类图像的一半。CZF 采：18，立面部分，其斜面部分缺损。立面高 9 厘米，属于比较高的一种，立面花纹为三角形内多重亚字形纹。底边较宽，为 3.3 厘米（图 7-11：6；图 7-12：6）。CZF 采：19，踏面部分。夹粗砂青灰陶，质地坚硬。厚 2.7 厘米（图 7-11：7；图 7-12：7）。

　　多重缺角正方形纹踏步砖　1件。方形图像单元斜向分布，单元内则为多重缺角正方形，图案的中心则变形为粗十字。三角形图案单元填充周边部分，内有半个多重缺角正方形。2011CZF 采：16，踏面部分。花纹图案由单体模印而成，有正方形、三角形两种，图案排列不齐，模印深浅也不一致。厚 3.5 厘米（图 7-11：5；图 7-12：5）。

　　散乱分布的三角形图像单元踏步砖　2件。三角形图像单元，内为多重亚字形纹的一半。CZF

采:20，较完整的立面和小部分踏面。夹砂稍少的青灰陶，较硬。形制不规整，踏面部分残留较小，不见花纹，立面和斜面部分均为压印的纹饰，分布稀疏且不整齐。高 16.8 厘米。厚度不匀，最厚 4.8 厘米（图 7-11:8；图 7-12:8）。

铺地砖　从数量上看，铺地砖远少于踏步砖。正方形，分为素面和几何纹两种，还采集一件图案特殊的刻纹砖。

素面铺地砖　2 件。CZF 采:25，残。夹砂青灰陶。厚 3.3 厘米（图 7-13:1）。CZF 采:26，残。夹砂青灰陶。厚 3.3 厘米（图 7-13:2；图 7-14:1）。

几何纹铺地砖　3 件。两种正方形图像单元两两相对，一种为四组三角折线纹两两相对，一种为四组回形纹组成的正方形。标本 CZF 采:22，残。夹粗砂青灰陶，质地较硬。平面向上凸起。边长 35.4 厘米（图 7-13:3；图 7-14:3）。

刻纹铺地砖　1 件。CZF 采:27，小残块。夹粗砂灰陶。底面平，顶面有深 0.5 厘米的凹沟，可能是某个图案的一部分，比较特殊。厚 4 厘米（图 7-13:4；图 7-14:2）。

瓦当　3 件。CZF 采:44，连筒瓦的部分，磨损重。泥质灰陶。瓦当内面可见较厚的贴敷泥条痕，当面花纹可见双线界格及带乳丁的双勾卷云纹。筒瓦厚 2、瓦当中部厚 1 厘米（图 7-15:1；图 7-16:

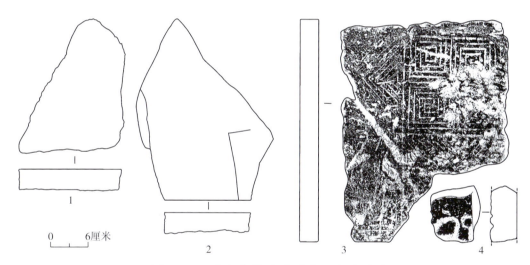

0　　6厘米

图 7-13　成山中峰遗址采集汉代铺地砖

1　　　　　　　　2　　　　　　　　3

图 7-14　成山中峰遗址采集汉代铺地砖照片

1）。烟台博物馆藏的 1 件，85YTCSZ：1，1985 年 6 月三山中峰采集。双线间隔中为双勾 T 形卷云纹（图 7-15：2；图 7-16：2）。CZF 采：42，连筒瓦的部分。夹粗砂青灰陶，质地坚硬。当面与筒瓦相接处内外皆以泥片贴敷并抹平，当面图案仅见边轮处的深峻弧线。两面均素面无纹，手制痕迹重。筒瓦厚 1.1~1.3 厘米（图 4-15：5；图 4-16：3）。

　　筒瓦　3 件。CZF 采：34，瓦舌部分。泥质灰陶，质地硬。底面光平，顶面包括瓦舌都布满绳纹。瓦舌长 5.1、厚 0.8 厘米（图 7-15：7；图 7-16：5）。CZF 采：30，瓦首部分。泥质青灰陶，质地极硬。底面光平，厚度向首端渐薄，顶面饰绳纹，侧边内切。厚 1.1 厘米（图 7-15：3；图 7-16：6）。CZF 采：33，夹砂灰陶。顶面瓦棱纹上隐约有斜向绳纹，底面隐约可见瓦棱纹，与顶面瓦棱纹宽度不对应。胎薄，厚 0.9 厘米（图 7-15：9；图 7-16：4）。

图 7-15　成山中峰遗址采集汉代建筑材料照片

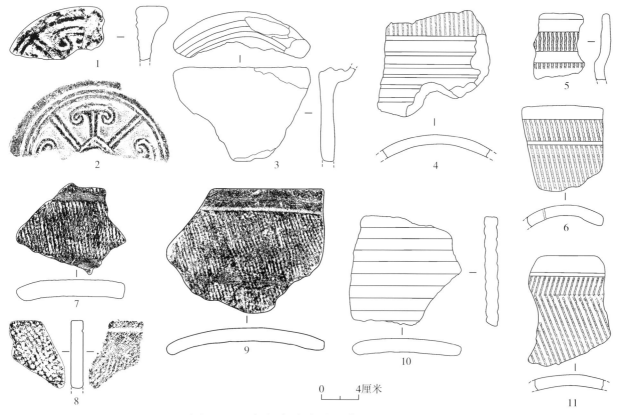

图 7-16 成山中峰遗址采集汉代建筑材料

板瓦 5件。CZF 采:35,近瓦尾的残块。夹粗砂灰陶,质地硬。尾端圆唇,凹面可见横向扫抹痕迹,凸面饰斜向绳纹,有横向刮抹痕。厚 1.4 厘米(图 7-15:6;图 7-16:9)。CZF 采:36,夹粗砂灰陶,质地硬。凹面素面,凸面饰斜向粗绳纹,可见两道较深、较宽的横向刮抹条带,两个条带之间的距离为 6 厘米,是较密集的一种。瓦弧半径 23、厚 1.8 厘米(图 7-15:4;图 7-16:7)。CZF 采:37,夹砂灰陶,质地硬。凸面饰斜向绳纹,有横向阴线,凹面密布麻点纹,瓦较平。厚 1.1 厘米(图 7-15:8;图 7-16:8)。CZF 采:38,夹砂较少的灰陶,质地硬。内外可见瓦棱纹。厚 1.5 厘米(图 7-15:11;图 7-16:10)。CZF 采:39,夹粗砂红褐陶,质地粗疏。形体不规整,尾端向下翻,圆唇,凸面近尾端有一道横凹线,斜向粗绳纹,绳纹短且分布杂乱,凹面素面、不平。厚 1.2 厘米(图 7-15:10;图 7-16:11)。

(二)成山南峰立石遗迹

位于成山南峰顶端(见图 7-2;图 7-3),在山体上挖槽嵌入立石。据观察,槽口为长方形,壁、底情况不明。立石为石灰岩质,主体呈西南—东北向,方向 345°。立石原为一块,历经长期自然侵蚀,破损严重。立石北侧保存较好,顶部稍有损蚀,底部发生断裂,有裂缝,东北部上部劈裂,缺失一条。立石南侧破坏严重,现仅西南底部残存一小块,且与主体断裂。立石表面较光滑,劈裂面稍显斑驳,无文字迹象。立石地表残存高度 1.38、宽度 1.52、厚 0.26~0.72 米(图 7-17)。

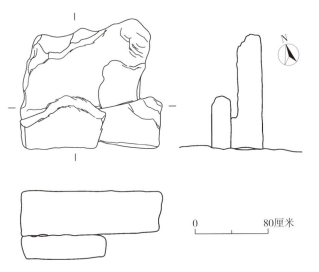

0   80厘米

图 7-17　成山南峰立石遗迹平剖面图、照片（南—北）

（三）酒棚遗址

酒棚岛位于成山头南海岸，是一个向南突出的小半岛，东为海岸峭壁，南北两侧各有一条自然冲沟（图 7-18）。原与陆地相隔极窄的海沟，之间有小路相连。20 世纪末，成山头建成风景旅游区，相连岛陆的小路被垫高加宽成现在的水泥路。遗址略呈圆形，东边、南边为高数十米的岩石悬崖，西部、北部为缓坡。岩石上原有底径约 20、高约 2 米的土堆，现地表以下为基岩，砖瓦碎片散落于周围山坡之下。其北 200 米为校场沟遗址，西北 100 米为南马台遗址（见图 7-2；图 7-3）。

1979 年 10 月，国家海洋局建设水文观测站，观测站在遗址上安装设备并围以南北长约 20、东西宽约 16 米铁栅栏做观测场，在栅栏内发现了一组玉器，原报告中称为 A 组。据回忆，玉器在地表以下 2 米左右发现，由 1 件玉璧、2 件玉圭、1 件玉珩组成，玉璧居中，圭置两侧，玉珩在上，方向不明，现藏于青岛市博物馆。1982 年 7 月，观测站修路时发现第二组玉器，原报告中称为 B 组，距当时地表深 15~20 厘米，由 1 件玉璧和 2 件玉圭组成，玉璧居中，圭置两侧，现藏于荣成市博物馆。第二组玉器距现铁栏杆北侧 9.7、东侧 2.6 米，第一组玉器位于第二组玉器东侧约 2.5 米处，两点连线方向实测为 113°。1979 年推平土堆时，在相当于两组玉器的中间曾发现砖铺的台阶。

1982 年 9 月，王永波在校场沟遗址与酒棚遗址之间、近酒棚遗址一侧的坡地上，发现并清理了一处残长 6.2、宽 0.7~0.9、深 0.4 米的烧沟遗迹，沟底和北壁保存有厚约 5 厘米的烧结层，沟上部为灰土层，最厚处约 35 厘米，灰土下为灰烬和烧土块堆积，最厚处约 30 厘米。沟内出土少量瓦、砖、瓦当和陶器残片[1]。

2011 年春，项目组对酒棚遗址进行了考古调查和钻探，酒棚遗址以西的土坡上仍有稀疏的汉代建筑材料分布，从观测场向北 8 米有一片松软的黑土分布，汉代建筑材料在此有集中分布。

1. 地层堆积

观测场西侧由于修路形成总长 31.3 米南北向断崖，南至水文观测站北墙，剖面上可见一层瓦砾分布，瓦砾层由南向北渐次降低，可能是汉代的活动地面（图 7-19）。

---

[1] 王永波《成山玉器与日主祭——兼论太阳神崇拜的有关问题》，《文物》1993 年第 1 期，63 页。

图 7-18　酒棚岛远眺（杨机臣摄。东北—西南）

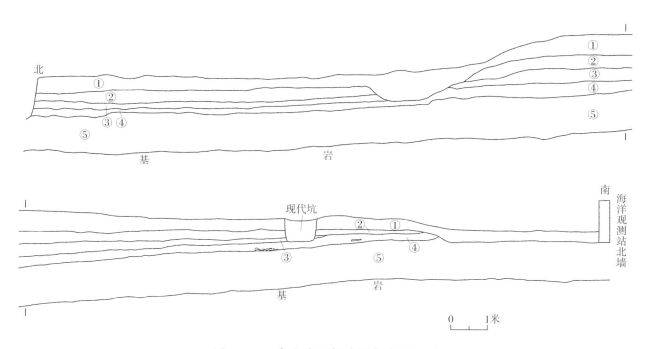

图 7-19　成山头酒棚遗址断崖剖面图

该处文化层堆积可依据土质、土色及包含物的情况划分为 5 层：

第①层，表土层，厚 30~60 厘米。遍布整个遗址区。沙土性质，质地疏松，土质结构杂乱，颗粒粗糙，包含大量黄土粒、沙石粒，含少量玻璃、塑料、瓷片等杂物。

第②层，深 30~60、厚 20~40 厘米。基本遍布整个遗址区。堆积厚度随山体由南向北呈坡状堆积。浅灰褐色，沙土性质，质地紧密，坚硬，土质略纯，但颗粒较粗，包含大量黄褐色沙粒及少量瓷片。

第③层，深 50~90、厚 15~35 厘米。该层分布南至国家海洋局北墙约 7 米处消失。堆积厚度随山体由南向北呈坡状堆积。深灰褐色，沙土性质，质地紧密，颗粒细小均匀，包含少量瓷片、陶片等。

第④层，深 60~120、厚约 16~40 厘米。该层分布范围南距国家海洋局北墙约 4.3 米处消失。堆积厚度随山体由南向北呈坡状堆积。灰黑色，黏土性质，结构较疏松，颗粒粗糙，包含少量陶瓦片、砖块、烧土粒等。

第⑤层，深 100~160、厚 100~110 厘米。该层遍布整个遗址区。堆积厚度随山体由南向北呈坡状堆积。浅黄褐色，沙土性质，结构紧密，土质粗糙，包含大量黄土。此层下为基岩。

从出土物分析，第②、③层堆积为宋代文化层；第④、⑤层堆积为汉代文化层。

2. 遗物

20 世纪七八十年代建设水文观测站的施工期间，除玉器的发现外，曾发现很多瓦砾。现在遗址位置及周围陶片比较稀少，可挑选建筑材料标本 6 件，与玉器均属汉代。

第一组玉器 共 4 件。由 1 件玉璧、1 件玉珩和 2 件玉圭组成（图 7-20、图 7-21）。

玉璧 边缘略破损。青玉。两面纹饰相同。外缘有一圈凹槽；凹槽内侧有一圈阴线刻三组连续图案单元，每单元由两个相向内卷云纹、两侧各一外卷云纹组成，间有轮制的槽；再内侧为一周绳索纹；再内侧为交错凹弦纹组成的蒲纹。直径 14.2、好径 2、厚 0.4 厘米。

玉珩 完整，有一处纵向断裂，已黏合修复。通体泛灰

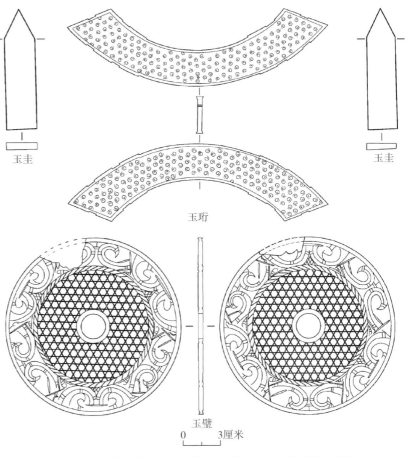

图 7-20　成山头酒棚遗址出土第一组玉器平剖面图

正面

背面

图 7-21　成山头酒棚遗址出土第一组玉器照片

白色，间有青色斑块。两面纹饰相同。玉珩中间有一穿孔，孔径约 0.1 厘米。上下缘的凹槽宽 0.692、深 0.05 厘米；两侧边缘各有一个凹槽，宽 0.63、深 0.05 厘米。玉珩四周有宽约 0.22 厘米的凸边框，边框内遍布凸起的谷纹，谷纹直径约 0.42 厘米。玉珩通长 20.8、宽 2.84、厚 0.49 厘米。

玉圭　形制相同，保存较好。一件青玉，通体素面。通长 9.2、最宽 2.4、厚 0.51 厘米。另一件青玉，通体素面，厚薄不均，左厚右薄。通长 9.3、最宽 2.3、厚 0.4~0.5 厘米。

第二组玉器　共 3 件。包括 1 件玉璧和 2 件玉圭（图 7-22；图 7-23）

玉璧　出土时破碎。颜色青白相间，质地较差，磨制光滑。两面均刻有谷纹。直径 13.9、好径 3.7、厚 0.4 厘米。

玉圭　形制相同，圭体宽分别为 5.6、4.6 厘米。质地同玉璧。素面。下端有一直径为 0.25 厘米的小孔。圭射较钝，射高 1.7 厘米。通高 13.5、厚 0.4 厘米。

铺地砖　3 件。分为素面和几何纹铺地砖两种。均为残块，磨损严重。

素面铺地砖　2011CJ 采：1，保留一边。表皮黄褐色，胎心黑灰色，陶质较疏松。制作较规整，顶面稍平，底面略粗

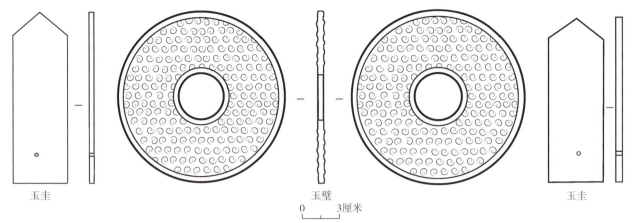

玉圭　　　　　　　　　　　　玉璧　　　　　　　　　　　玉圭

0　　3厘米

图 7-22　成山头酒棚遗址出土第二组玉器平剖面图

正面

背面

图 7-23　成山头酒棚遗址出土第二组玉器照片

糙。厚 2.4 厘米（图 7-25：1）。2011CJ 采：2　夹砂青灰陶，较硬。顶面平。残厚 3.8 厘米（图 7-25：2）。

几何纹铺地砖　2011CJ 采：3，残。表皮黑灰色，浅灰色胎心。顶面平整，可见回形纹。厚 3.8 厘米（图 7-24：1；图 7-25：3）。

板瓦　3 件。均为残块。2011CJ 采：4，泥质灰陶，较硬。凹面光平，凸面饰瓦棱纹。厚 1.4 厘米（图 7-24：3；图 7-25：4）。2011CJ 采：5，夹粗砂灰陶，较硬。凹面素面，不平，凸面饰斜向粗绳纹，可见较宽的刮抹凹痕。厚 2 厘米（图 7-24：2；图 7-25：5）。2011CJ 采：6，夹砂红褐陶，灰褐色胎心，质地粗疏。凹面素面，表皮多有脱落，凸面饰整齐的斜向粗绳纹。厚 1.4 厘米（图 7-24：4）。

附：1982 年在清理烧沟时曾发现商末周初时期的一件陶鬲足。夹砂灰陶。实足跟，袋足上饰绳纹。残高 9.2、厚 0.5~0.8 厘米（图 7-24：5；图 7-25：6）。

图 7-24　酒棚遗址采集遗物

图 7-25　酒棚遗址采集遗物照片

（四）灯塔地遗址

位于成山中峰以东 300 米处，东距成山岬角的东端 130 米，是成山遗址群中最东端的一处（见图 7-2；图 7-3）。现有移建的一座航海灯塔及其管理用房，20 世纪 80 年代曾在此建成山头文物陈列馆，21 世纪初成为旅游用房及停车场。灯塔以北、以东的沟谷中，现在仍可见较多汉代建筑材料。

遗址东西长 175、南北宽 200 米。遗址东北部稍高，向西南方向渐低。施工中出土了大量建筑材料。2011 年项目组调查该遗址时，在遗址北侧的沟谷及附近采集的标本，全为建筑材料，有踏步砖、铺地砖、瓦当、筒瓦、板瓦等，只有少量陶瓷等生活用品。时代上可以分为秦、汉和汉代以降三个时期，现把历年采集标本介绍如下。

1. 秦代

铺地砖　2 件。2011CD 采：36，砖的一角。夹砂陶，表皮黄褐色，灰黑色胎心。制作规整，厚度均匀。厚 3.3 厘米（图 7-26：1；图 7-27：1）。2011CD 采：35，砖的一角，夹砂陶，表皮黄褐色，灰黑色胎心，质地粗疏。厚度极薄，为 2.3~3.1 厘米（图 7-26：5；图 7-27：2）。

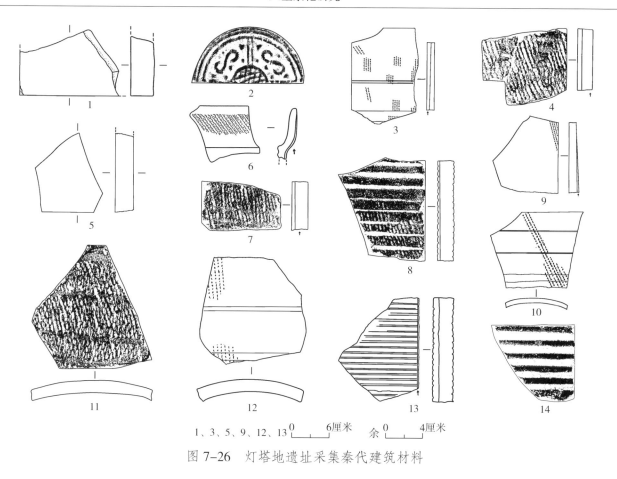

图 7-26　灯塔地遗址采集秦代建筑材料

　　半瓦当　1 件。CST12，夹砂褐陶。两个横置的 S 纹分布两侧，半圆形的当心为网格纹。直径 17.5、高 8.6 厘米（图 7-26：2；图 7-27：3）。

　　简瓦　3 件。2011CD 采：27，瓦舌。夹砂褐陶，质硬。瓦舌下凸较重，舌上面可见刮抹后的粗绳纹，底、背均见瓦棱纹。厚 0.8 厘米（图 7-26：6；图 7-27：4）。2011CD 采：21，夹粗砂红褐陶，质地较疏松。底面有瓦棱纹，顶面饰斜向粗绳纹及横向抹纹，侧边有较深的内切痕。厚 1.8 厘米（图 7-26：7；图 7-27：5）。2011CD 采：20，夹粗砂红褐陶，质地较疏松。底面素面，隐约可见横向扫抹痕迹，顶面饰斜向粗绳纹，侧边有深 1.1 厘米几乎切透的内切痕。厚 1.8 厘米（图 7-26：4；图 7-27：10）。

　　板瓦　8 件。手制痕迹较重，不平整，有的很薄。2011CD 采：10，夹砂红褐陶，质地较硬。瓦首略向内翻，凹面不平，有横向扫抹痕迹，凸面布满杂乱的短绳纹，并有不平整的横向抹划纹，侧边有内切痕。厚 1 厘米（图 7-26：3；图 7-27：6）。2011CD 采：11，夹砂黄褐陶，质地较硬。凹面不平，有纷乱的横向扫抹痕迹，凸面饰密集的细绳纹。厚 1.5 厘米（图 7-26：9；图 7-27：7）。2011CD 采：8，是一种厚大的板瓦。夹粗砂黄褐陶。凹面不平整，手制痕重，凸面饰较直的粗绳纹和刮抹纹、划纹。厚 2.1 厘米（图 7-26：12；图 7-27：8）。2011CD 采：5，夹粗砂灰褐陶，质地粗疏。瓦首较直，凹面不平，手制痕重，凸面饰斜向粗绳纹和横向刮抹纹。厚 1.4 厘米（图 7-26：11；图 7-27：9）。2011CD 采：7，夹粗砂灰褐陶，质地硬。凹面不平，有宽度不一的瓦棱纹，凸面饰瓦棱纹，局部留有拍印的斜向绳纹，侧边有内切痕。厚 1.8 厘米（图 7-26：8；图 7-27：11）。2011CD 采：4，夹粗砂灰褐陶，质地硬。凹面不平，有较密的瓦棱纹，凸面饰瓦棱纹，侧边有内切痕。厚 3.4 厘米（图 7-26：13；

图 7-27 灯塔地遗址采集秦代建筑材料照片

图 7-27：12）。2011CD 采：3，泥质黄褐陶，质粗疏。瓦尾部内翻较重，尾缘增厚，凸面饰斜向绳纹和横向刮抹纹，凹面手制痕迹重。厚 0.6 厘米（图 7-26：10；图 7-27：13）。2011CD 采：12，泥质红褐陶，质地硬。两面均见均匀的瓦棱纹。厚 1.2 厘米（图 7-26：14；图 7-27：14）。

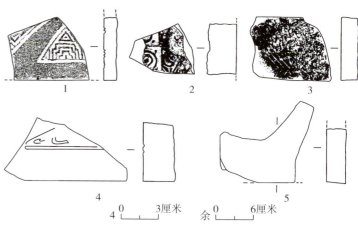

图 7-28　灯塔地遗址采集汉代踏步砖和铺地砖

2. 汉代

踏步砖　3 件。2011CD 采：30，踏面部分，带有边缘。泥质灰陶，质地坚硬。制作规整，边缘处可见清晰的三角形图案单元，内有多重缺角正方形图案。厚 2.1 厘米（图 7-28：1；图 7-29：1）。2011CD 采：33，踏面部分。夹粗砂灰陶，顶面有青灰色皮，质地硬。顶面有多重卷云纹图案。有两个相连的印模痕迹。厚度有残缺，残厚 4.8 厘米，是较厚的一种（图 7-28：2；图 7-29：2）。2011CD 采：31，踏面的边缘部分。夹砂灰陶。可见模糊的三角纹。厚 2.5 厘米（图 7-28：4；图 7-29：4）。

图 7-29　灯塔地遗址采集汉代踏步砖和铺地砖照片

铺地砖　厚度差别较大。分素面和几何纹铺地砖两种。

素面铺地砖　1 件。2011CD 采：37，砖的一角。夹砂陶，表皮灰色，淡褐色胎心，质地粗疏。顶面光平，底面粗糙。厚 3.2 厘米（图 7-28：5；图 7-29：5）。

几何纹铺地砖　1 件。2011CD 采：34，夹砂灰陶。顶面可见回形纹部分。厚 2.8 厘米，是较薄的一种（图 7-28：3；图 7-29：3）。

瓦当　3 件。2011CD 采：40，当心的残块。泥质灰陶，质地稍硬。当心半球形，居中有双线界格，其两侧较高的凸线，疑为文字残痕。厚 1.5 厘米（图 7-30：1；图 7-31：1）。2011CD 采：39，当面带筒瓦的残块。夹砂灰陶，质地稍硬。当面与筒瓦的连接部位厚 2.2 厘米，从断茬可见内外贴敷的泥片。当面表皮有脱落，仅辨双线界格、卷云纹痕迹。筒瓦厚 1 厘米。当面向中部渐薄，厚约 0.7 厘米（图 7-30：2；图 7-31：2）。2011CD 采：38，当面残块。夹砂黄褐陶，质地较疏松。瓦当侧边有一直径 0.7 厘米的瓦当切孔。当面花纹可见 0.3 厘米的边轮，其内两道凸棱，又内有乳丁、卷云纹残痕。当面厚 0.9 厘米（图 7-30：3；图 7-31：3）。

筒瓦　采集标本 6 件。2011CD 采：26，泥质深灰陶，质地极硬。瓦舌与筒瓦底面呈直筒形，瓦舌前端平直，厚 1.1 厘米，瓦背不平，可见斜向粗绳纹，瓦底面无纹饰，一侧有外切痕。厚 1.2 厘米

图 7-30　灯塔地遗址采集汉代建筑材料照片

（图 7-30：4；图 7-31：5）。2011CD 采：19，泥质灰陶，质地稍硬。底面背面皆不平，底面素面，有
纵列的手指捺窝，背面饰斜向粗绳纹。厚 1 厘米（图 7-30：5；图 7-31：6）。2011CD 采：28，夹砂灰陶，
质疏。瓦舌下宽，底、背面均见较浅的瓦棱纹，一侧有外切痕。厚 0.7 厘米（图 7-30：6；图 7-31：7）。

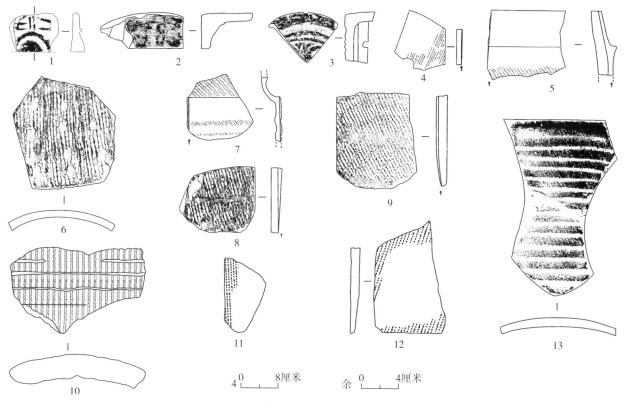

图 7-31　灯塔地遗址采集汉代建筑材料

2011CD 采：22，泥质红褐陶，质地硬。底面有较散乱的麻点纹，顶面饰斜向绳纹，侧边有较浅的内切痕。厚 1 厘米（图 7-30：7；图 7-31：4）。2011CD 采：24，夹砂红褐陶，质地较疏松。底面有麻点纹，顶面饰斜向粗绳纹及横向刮抹纹，侧边有内切痕。厚 1 厘米（图 7-30：8；图 7-31：8）。2011CD 采：23，瓦首部分，向首端渐薄，向上翘起。夹细砂红褐陶，质硬。底面有稀疏分布的小麻点，顶面饰斜向粗绳纹及横向刮抹纹，侧边有内切痕。厚 1.2 厘米（图 7-30：9；图 7-31：9）。

板瓦　采集标本 9 件。2011CD 采：15，带瓦首。泥质青灰陶，质地硬。瓦首向内翻，两面均见宽度不一的瓦棱纹。较厚，瓦首厚 0.6 厘米（图 7-30：10；图 7-31：13）。YTCSTCD：5，带瓦首。夹砂灰陶。通体饰粗绳纹，瓦首处有三道凹弦纹。厚 2.2~2.4 厘米（图 7-30：11；图 7-31：10）。2011CD 采：17，近瓦尾部分。泥质青灰陶。凹面光平，凸面饰密集的斜向粗绳纹。厚 1 厘米，近尾端减薄至 0.3 厘米（图 7-30：13；图 7-31：12）。2011CD 采：18，泥质青灰陶，质地软。凹面不平，素面，凸面饰密集的粗绳纹及横向抹划纹。厚 0.7 厘米（图 7-30：12；图 7-31：11）。

陶瓮　2 件。2011CD 采：29，口部。泥质灰陶。斜折沿，小直领。领部厚 0.9~1.2 厘米（图 7-32：1）。2011CD 采：1，近领部的肩部残片，有起领的痕迹。泥质灰陶，质地坚硬。内面口径处有横向扫抹痕迹，外表磨光，有两道横向划抹纹。厚 0.7~1.2 厘米（图 7-32：2）。

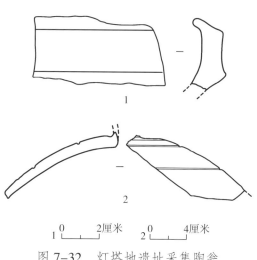

图 7-32　灯塔地遗址采集陶瓮

3. 汉代以降

发现的均为板瓦，介绍 6 件标本。

板瓦　2011CD 采:2，泥质黄褐陶，质地硬。瓦尾平整，尾缘增厚，略向内翻，凹面不平，有横向细划纹，凸面饰不平整的瓦棱纹和较直的绳纹、横向刮抹纹，侧边内切。厚 1.3~1.8 厘米（图 7-33:1；图 7-34:1）。2011CD 采:16，瓦首残块，弧度较小。泥质青灰陶，质地硬。首端内翻，边

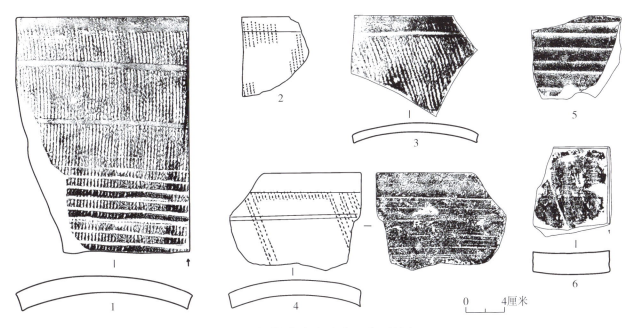

图 7-33　灯塔地遗址采集汉代以降板瓦

图 7-34　灯塔地遗址采集汉代以降板瓦照片

缘处有较深的划抹凹槽，凹面有较浅的斜向绳纹、横向细划纹，凸面为规则的斜向绳纹。厚0.8厘米（图7-33：2；图7-34：2）。2011CD采：9，泥质灰陶，质地硬。瓦首直，渐薄，凹面无纹，不甚平，凸面为斜向粗绳纹。厚1厘米（图7-33：3；图7-34：3）。2011CD采：6，夹砂灰陶，质地粗疏。瓦首直，增厚，凹面有较密集的横向细划纹，凸面饰斜向粗绳纹、不规则的横向刮抹纹。厚1.4厘米（图7-33：4；图7-34：4）。2011CD采：13，泥质红陶，质地极硬。凹面有宽度不一的瓦棱纹，凸面为较浅的瓦棱纹、斜向绳纹。厚1.8厘米（图7-33：5；图7-34：5）。2011CD采：14，夹砂灰陶，质地极硬。尾端平直，凹面饰细布纹，凸面光平，一侧有较深的内切痕。厚2.3厘米（图7-33：6；图7-34：6）。

（五）校场沟遗址

始皇庙以南及西南区域名为"校场沟"，1982年的调查中称"庙西"。地势低平，向西60米为南马台遗址（见图7-2；图7-3）。

校场沟遗址东西长175、南北宽90米。1982年，王永波了解到修大寨田时高处曾下挖1米左右，当时曾发现两处面积分别为60~70平方米的方形建筑基址，铺有地砖和陶质排水管道。从现场采集的标本观察，当为汉代建筑[1]。1987年烟台市博物馆曾在校场沟采集到一件汉代穿璧纹铺地砖，20世纪末在修建始皇庙南门台阶时发现过踏步砖。

铺地砖　夹砂灰陶。穿璧纹，纹饰规整，应为一次模印而成。厚4.9厘米（图7-35）。

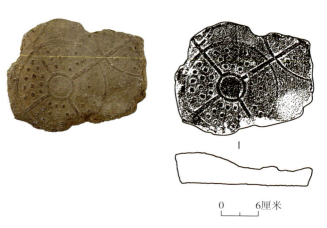

图7-35　校场沟遗址采集汉代铺地砖

（六）南马台遗址

在酒棚遗址西北侧，二者之间相隔南马沟（见图7-2；图7-3）。

2011年，项目组对南马台遗址有工作条件的区域进行了发掘。当时根据考古勘探的情况，选择以下五个地点进行了发掘（图7-36）。

T0101、T0102在南马台遗址的西南角，由东北向西南倾斜；T0201、T0202、T0203、T0204，在南马台遗址的中南部；T03在南马台遗址的中南部，T0201~T0204的东侧，由北向南倾斜；T04在南马台遗址西侧部分的东部边缘，由北向南倾斜；TG01在南马台遗址的中北部，由东向西倾斜。T0201~T0204四个探方最早的文化层为宋代，无遗迹，也无重要遗物。其他四个试掘地点虽然分散，但地层大体一致。

1. 地层堆积

地层堆积和重要遗迹自上而下依次为：①→②→③（T0101②、T0102②）→④（T0101③、T0102③）→

---

[1] 王永波《成山玉器与日主祭——兼论太阳神崇拜的有关问题》，《文物》1993年第1期，63页。

T03 散水和排水管、TG01 排水管→⑤。

　　以 T03 北扩方北壁剖面为例，其地层堆积如下（图 7-37）。

　　第①层，表土层，厚 25~30 厘米。浅黄褐色，沙土，质地松软，结构杂乱、颗粒粗糙。出土遗物有少量的汉代砖瓦碎片、现代瓷片、塑料制品等。

　　第②层，近现代扰乱层，T0101、T0102 无此层。深 25~30、厚 50~70 厘米。浅灰褐色沙土，质地紧密杂乱，颗粒杂乱。出土遗物除

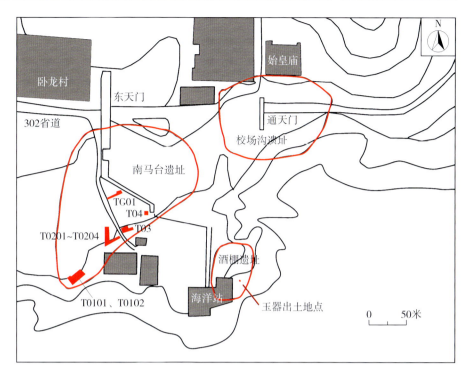

图 7-36　南马台遗址布方图

汉代瓦片外，还有近代铁钉、瓷碗等。分 3 小层：②a 遍布全方，厚 10~25 厘米，浅灰色。②b 分布在北半部扩方位置，厚 10~20 厘米，黄褐色砂土，是 20 世纪 70 年代平整土地时的遗留。②c 遍布全方，厚 10~25 厘米，浅灰褐色沙土。

　　第③层，宋代层。深 70~90、厚 5~25 厘米。深灰褐色沙土，质地疏松，颗粒细小均匀。出土遗物有汉代瓦片，宋代白瓷碗、盏残片及铁器等。

　　第④层，汉代层。深 75~115、厚 1~40 厘米。T0101 的最浅，距地表 30~90 厘米，厚 0~40 厘米；中北部的 TG01 次之，距地表 70~90、厚 0~30 厘米；在 T03、T04 堆积最深，T04 厚度为 15~30 厘米。灰黑色黏土，较松软。出土遗物以汉代瓦、砖为主。

　　第⑤层，汉代层。仅在 T03、T04 有发现。T03 的第④层的瓦砾层下有建筑遗迹，故第⑤层未做发掘。T04 发掘至底，陶片甚多。本层为浅黄色沙土，较紧密，颗粒粗，包含大量黄土块、褐土块、沙粒、礓石粒。出土遗物为汉代砖瓦。

　　第⑤层下为砂岩。

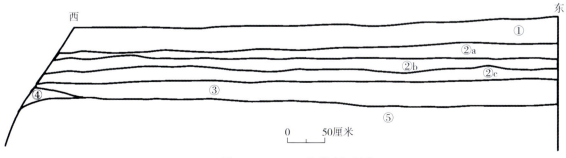

图 7-37　T03 北壁剖面图

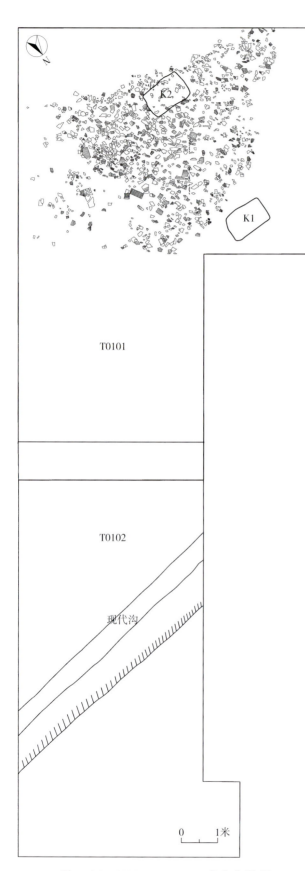

图 7-38 T0101、T0102 遗迹位置图

图 7-39 T0101 遗迹照片（南—北）

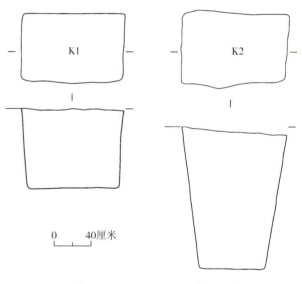

图 7-40 K1、K2 平剖面图

2. 遗迹

发现的遗迹主要有方形坑、排水管道、散水遗迹和柱洞等。

（1）方形坑 2 个。

均位于 T0101 扩方部分（图 7-38；图 7-39）。第③层瓦砾层下开口，开凿于砂岩上。它们之间水平距离 3.3 米，方向大体一致，以长侧边计方向为 98°。坑的形状、尺寸都比较接近，坑口为长方形，壁斜直，无工具痕迹（图 7-40）。

K1 坑口长 1、宽 0.75、深 0.85 米，底收小，不甚规整，底长 0.7、宽 0.65 米（图 7-40）。

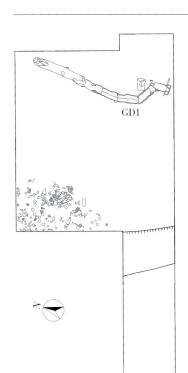

图 7-41　TG01 遗迹位置图

图 7-42　TG01 遗迹照片（北—南）

K2　坑口长 1.1、宽 0.75、深 1.5 米，底长 0.7、宽 0.3 米（图 7-40）。

两个坑填土相同，均为一次性堆积，不分层，浅黄色沙土，内含大量碎石子，靠上部陶片稍多，均为汉代遗物。两坑应是功用相同或为一组的建筑遗迹，但具体用途不明。

（2）排水管道 GD1、柱洞 D1

1）排水管道 GD1

GD1 位于探沟 TG01 的东部（图 7-41、42），其西侧有瓦砾堆积，瓦砾堆积的水平位置低于排水管道。该地点是成山南马台遗址的最高处山岗顶部。20 世纪 70 年代平整土地时，这一带曾挖出过建筑砖瓦。建筑应该在排水管道（GD1）处，西侧为倾斜的坡地。瓦砾堆积在第③层下，属第④层黑灰土。瓦砾堆积下没有发现建筑遗迹，应属于破坏后的堆积。

GD1 开口在第②层下，修筑于生土之上。由于位置高，土层较薄，因此受到破坏，保存下来的地层残破不全，整个探沟缺第③层，排水管道处缺第④层。

GD1 残迹全长 5.1 米。管道呈北高南低。北端被破坏，南端是出水口，保存较完整，方向为 188°。管道系陶质水管套接组成，共保留七节。管道南北向，但近出水口的三节水管做成较急的拐弯，可能有建筑物的柱、墙等阻碍而形成。南段的四节留存大部，但顶面被平整土地时铲掉，北段三节仅见管道底部残痕及碎陶片（图 7-43；图 7-44）。

陶水管为黑皮灰陶，质地较粗疏。水管外表饰瓦棱纹，粗端多有绳纹。圆筒形，出水口端收细与粗端套合。陶水管长度不一，但相差不大。南端第二节转弯所需，用的是长仅 22 厘米的一段残管，因拐弯处错缝，故用陶水管残片堵塞。陶水管外径（粗端）为 19~24 厘米，管壁厚 1~2 厘米（表 7-1）。

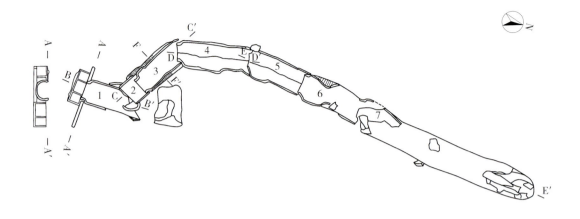

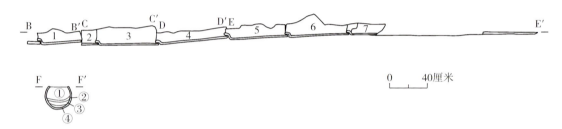

图 7-43　排水管道 GD1 平剖面图

图 7-44　排水管道 GD1 照片

南端保留了完整的出水口。出水口即南端第一节陶水管的子口，两侧各用一块饰同向旋纹的铺地砖块刻磨成内弧形，将子口卡住，并在卡口砖、水管口下垫以平板铺地砖来固定管道口。TG1∶1，此块垫在排水管管口下方，因长期的压力使砖呈两边翘起的状态。TG1∶2，排水管管口西侧的卡口砖，侧立放置，向管口的一侧磨成内（北）大外（南）小的圆弧口，以与管口紧密吻合。TG1∶3，排水管管口东侧的卡口砖，侧立放置，其西侧作成与 TG1∶2 相对的圆弧口，以卡住管口。

表 7-1　南马台遗址 GD1 陶水管信息统计表

概况 编号	保存状况	陶质、陶色	纹饰	尺寸（厘米）			
				长	粗端直径	细端直径	壁厚
1	粗端残缺	泥质黑皮灰陶	瓦棱纹	56		19.5	1.2
2	细端残缺	泥质黑皮灰陶	瓦棱纹	22	24		1
3	长度完整	泥质黑皮灰陶	瓦棱纹	68	28	19	1
4	长度完整	夹粗砂灰陶	瓦棱纹、绳纹	69.5	26.5	19.5	0.9
5	长度完整	泥质黑皮灰陶	瓦棱纹	67	25.4	19.4	1.1
6	长度完整	泥质黑皮灰陶	瓦棱纹	68	26.8	24	1.1
7	粗端残缺	泥质黑皮灰陶	瓦棱纹	52	28	20	1

　　陶水管内的堆积全为积土。发掘时在南端第三节水管内的积土内做了解剖，可见 4 层堆积：第①层约占总量的二分之一，为黄褐色积土，松散，是排水管道废弃后进入水管的；第②~④层为淤沙层，是管道使用时的堆积，其中第②层为浅黄色的细淤土，第③层为较粗的沙粒，第④层为较纯的黄沙土，含有大量水锈斑。

　　距管道南出水口 0.12 米处被整地铲掉，故不知排出水的水流方向以及储水等具体情况。

　　探沟 TG01 发掘结束后，取走南起陶水管第 3、4 和出水口的三块卡口砖做标本，其余原样回填。

　　卡口砖　3 件。用于陶排水管的出水口处，作固定排水管之用。其陶质、陶色、花纹均一致，可能属于同一块铺地砖。TG1:1，夹砂黄褐陶，质地稍粗疏，两面均平整。此块垫在排水管管口下方，因长期的受压砖两边翘起。砖顶面图案呈横平竖直布局，现保留一边的图案，由三个小正方形图像单元组成一个长条。其中两侧的图像相同，为同向旋纹，中间的为鱼或龟图案。完整的边长 35.3 厘米，厚 2.8 厘米（图 7-45：1、2）。TG1:2，排水管管口西侧的卡口砖，侧立放置，向管口的一侧磨成内（北

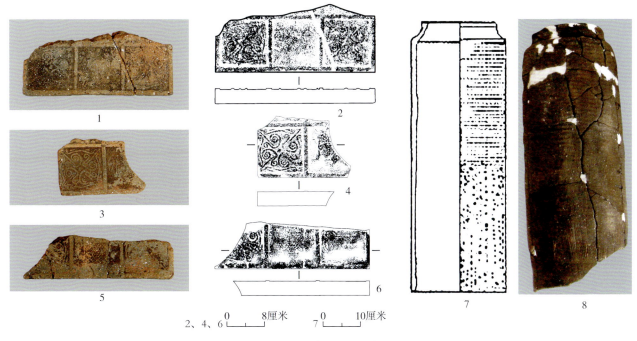

2、4、6　0　　8厘米　　　7　0　　　10厘米

图 7-45　GD1 卡口砖与陶水管

大外（南）小的圆弧口，以与管口紧密吻合。上边长 15.6 厘米，下边长 20.3 厘米，高 13 厘米（图 7–45：3、4）。TG1：3，排水管管口东侧的卡口砖，侧立放置，其西侧做成与 TG1：2 相对的圆弧口，以卡住管口。上边长 28 厘米，下边长 34 厘米，高 30 厘米（图 7–45：5、6）。

　　分析以上三块砖的花纹，可知这种完整铺地砖的图案应由九个图像单元组成，以同向旋云纹和鱼或龟纹相间布局。同向旋云纹占中心和四角，共五幅，其余为鱼或龟纹，共四幅。

　　陶水管　GD1：4，可复原。夹粗砂灰陶，稍硬。磨损严重。粗端稍向外撇，细端为子口，子口长 4.5、口径 19.5 厘米。距细端口沿 35 厘米处开始饰痕迹浅的瓦棱纹，余饰纵向绳纹。全长 69.5、管壁厚 0.9 厘米（图 7–45：7、8）。

　　根据陶水管和铺地砖的形制，排水管道 GD1 为秦代遗存。

　　2）柱洞 D1

　　D1 位于探沟 TG01 中西部（见图 7–41）。开口于②b 层下，打破生土。柱洞为圆筒形，填褐色砂土。直径 22、深 17 厘米（图 7–46）。这一地点是

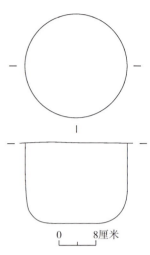

图 7–46　D1 平剖面图

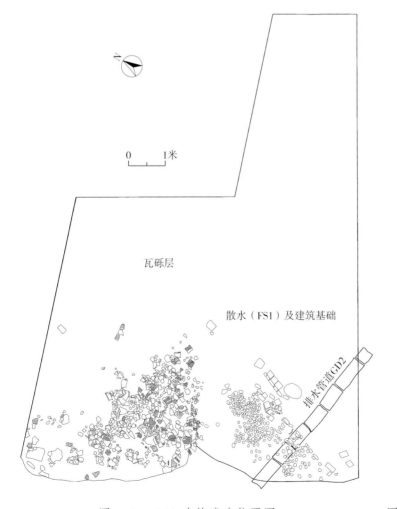

图 7–47　T03 建筑遗迹位置图

图 7–48　排水管道 GD2 照片（东—西）

图 7-49　散水 FS1 照片（北—南）

20 世纪 70 年代土地平整的重点区域，大部分文化层被彻底破坏，其东 10 米处是排水管道 GD1 及瓦砾堆积。推测该柱洞与排水管道 GD1 属于同一组建筑。

（3）散水 FS1、排水管道 GD2

两处遗迹位于探方 T03 的西南角，西是现代路口处的梯田断面，南为临海的陡坡。排水管道的截面可见于断面上，这里应是建筑遗址的南部边缘。建筑散水 FS1 和排水管道 GD2 在同一位置，系同一建筑的不同部分（图 7-47；图 7-48；图 7-49）。

1）散水 FS1（见图 7-47；图 7-49；图 7-50）

FS1 的上层是在南马台遗址中广泛分布的第④层黑土。FS1 的上部有较薄的一层黄土，厚薄不匀，为 1~5 厘米，没有平整的面，其下部即是卵石层，卵石之间也多见这种黄土，为铺筑卵石的建筑用土。卵石分布范围南北长 3.3、宽 2.2 米。西部卵石分布较散乱。北半部卵石最紧密，这里的卵石层厚约 18 厘米，没有经过扰动，卵石最多的地方可见上下三层卵石，其余地方多为二层，但没有分层铺筑的迹象。卵石地面的西部边缘不整齐，只有单层卵石，层厚 5 厘米。卵石范围的东侧是砖砌地面，较为整齐。砖砌地面的北部一段未经扰动，其西侧为长条砖侧立砌成，南北长 0.8 米，共 5 块砖。紧贴侧砖的东面以三块长条砖断块平铺成地面，共长 0.55 米。砖铺地面的南端有一大石块，近圆形，表面平整，直径为 35~40 厘米。砖铺地面的北端也有一较小的石块，两石块都略高出砖铺地面。砖铺地面以西 0.3 米处有一道与侧立长条砖平行的残砖堆积，南北大体呈直

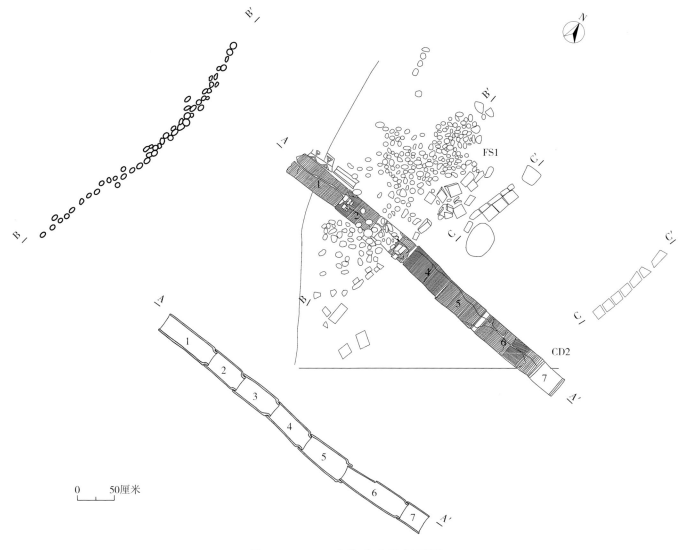

图 7-50　T03 建筑遗迹平剖面图

线分布。砖均为青灰色，宽 13、厚 8、长约 27 厘米。这一残砖堆积很可能也是一个砖铺地面，它的东侧边与侧立长条砖形成一条露天水道。

　　卵石地面为北高南低的斜面，卵石间隙中的沙土有水锈痕迹，可能这里是地面排水的部位。卵石地面的中间部位下凹，卵石散乱，下方有排水管道通过，可能因为排水管道后期修补所致。

　　水道、砖铺地面、卵石地面都与坡度基本一致，形成北高南低的坡面，很可能是一处建筑的户外铺装地面，房子位于其北。卵石地面是散水，砖铺地面可能是道路。

　　卵石大小不等，直径为 3~8 厘米，取材于 30~40 米外的海蚀岩岸。

　　2）排水管道 GD2（见图 7-47；图 7-48；图 7-50）

　　GD2 被 FS1 叠压，铺筑方向为 97°，东西基本为直线。由西北向东南倾斜，高低落差为 0.3 米。西北端暴露在现代路口的断面上，长度及走向不明。东南端压在现代陡坡（地堰）的生土上，被第

表 7-2　南马台遗址 GD2 陶水管信息统计表

编号＼概况	保存状况	陶质、陶色	纹饰	尺寸（厘米）			
				长	粗端直径	细端直径	壁厚
1	粗端残	夹砂灰陶	瓦棱纹	88.5		31	2
2	粗端残	夹砂灰陶	瓦棱纹、绳纹	52		28	1.5
3	完整	夹砂黑褐陶	瓦棱纹、素面	62	28		1.5
4	完整	泥质黑褐陶	瓦棱纹	63	28		2.5
5	完整	泥质黑褐陶	瓦棱纹	67	28		1.5
6	完整	夹砂灰陶	瓦棱纹、绳纹	94	27.4	23	1.6
7	未完全暴露	泥质黑褐陶	瓦棱纹、素面		28	20	2.5

④层黑灰土覆盖，据地形和堆积文化层的情形，应该离出水口不远。

GD2 残长 4.5 米，由七节陶质水管套接组成。管道两端虽残，但中间没有缺损。七节陶水管自西向东依次编为 1~7 号。水管的陶色、纹饰并不完全一致：水管 1、水管 2、水管 6 为灰陶，纹饰是瓦棱纹与绳纹相结合。其余水管呈黑褐色，纹饰以瓦棱纹为主，或瓦棱纹与素面相结合（表 7-2）。陶水管直径多为 28 厘米，出水口一端收细成子口，以与另一水管插接。但水管的长度不一致。除水管 1、水管 2、水管 7 残损外，其余水管 3、水管 4、水管 5、水管 6 的长度分别为 62、63、67、94 厘米。水管壁的厚度也不一致，在 1.5~2.5 厘米之间。水管 2 的长度只有 52 厘米，应是管道维修后所致。维修时，水管 1 为新的替代，该处开挖的范围比铺设管道的范围更大。为了保证新装的水管 1 稳定牢固，故在水管两侧的空隙里填塞踏步砖块、瓦片等固定。踏步砖的斜面踏面相交处较厚，类似楔形，正好用来插缝抵住圆形的水管（图 7-51）。这只新的水管 1 可能长度过长，故把相接的水管 2 砸掉了一段，并在相接处用碎瓦片堵上。修补处的上方正是散水地面最低洼的地方，卵石分布也最散乱，

图 7-51　排水管道 GD2 两侧填塞砖瓦情况（西—东）

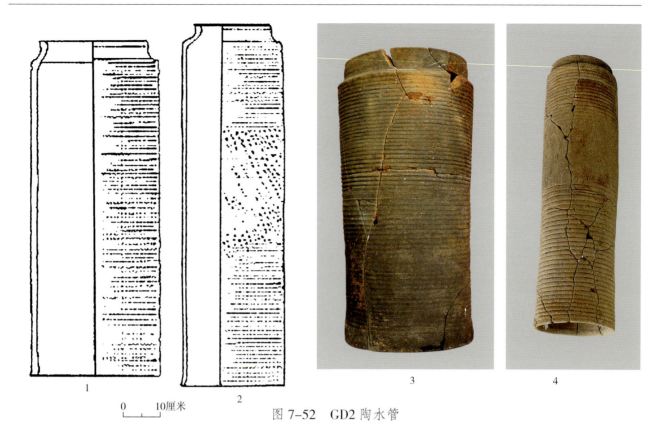

0　　10厘米

图 7-52　GD2 陶水管

可能就是这次修补管道施工所致。

GD2：1 夹砂灰陶，质稍硬。粗端稍向外撇，细端为子口，子口长 5、口径 31 厘米。除子口外通体饰瓦棱纹。全长 88.5、管壁厚 2 厘米（图 7-52：1、3）。

GD2：6 夹粗砂青灰陶，质硬。粗端稍向外撇，口径 27.4 厘米。细端为子口，子口长 4、口径 23 厘米。两端饰瓦棱纹，中间饰斜向粗绳纹。全长 94、管壁厚 1.6 厘米（图 7-52：2、4）。

排水管道 GD2 的陶水管的质料和形制均为秦代特征，从排水管道与散水的密切关系看，均属于秦代遗存。管道修补处的三角纹踏步砖等为汉代遗物，建筑散水所处的地层以及瓦砾堆积出土了秦汉两代的砖、瓦等建筑材料，可能汉代修复利用了秦代排水设施。

根据排水管道的方向，使用排水管道的建筑应在管道的西北面，这里有很大面积已被现代道路彻底破坏。管道上方的散水遗迹以北，有大片建筑瓦砾堆积，最厚处达 35 厘米。建材残碎程度较轻，有很多铺地砖、板瓦、筒瓦，其中两只半瓦当、三只圆瓦当都比较完整。这些现象都表明，瓦砾堆积处离建筑一定不远。卵石散水、砖铺道路、排水管道则都是这处建筑的遗留。

（4）瓦砾堆积

瓦砾堆积在 T0101、T03、T04、TG01 皆有分布，瓦砾与黑灰土相杂，是破坏后随地形形成的坡状堆积，如 T04 有大片瓦砾堆积，均残碎，应为二次堆积（图 7-53；图 7-54）。

图 7-53　T04 瓦砾堆积图

图 7-54　T04 瓦砾堆积照片（东—西）

3.遗物

主要为建筑材料和少量陶器残片等生活用品。建筑材料的种类有少量踏步砖、铺地砖、长条砖，瓦当、筒瓦、板瓦数量最多。

时代上可分为战国、秦代和汉代三个时期。

（1）战国时期

陶鼎　出土有二鼎足和一鼎耳，属于同一件仿铜陶礼器。夹细砂灰皮陶，皮色稍杂驳，有脱落，胎心黄褐色，陶质较硬。T04⑤：34，鼎耳，方形，上宽下窄，中孔长条形。宽7、高6.8厘米（图7-55：1、4）。T03⑤：2，足，外圆内方。截面直径3.3、残长11.1厘米（图7-55：3、5）。T03⑤：3，足尖部分，外圆内方。截面直径3.1、残长6.5厘米（图7-55：2、6）。

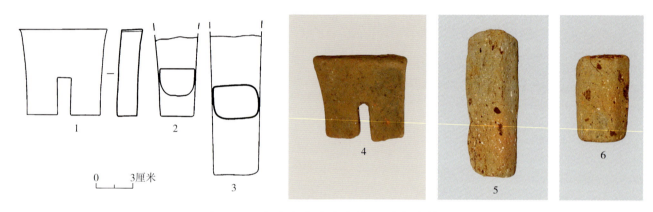

图7-55　南马台遗址出土战国时期陶鼎

（2）秦代

秦代遗物数量多，主要为各种建筑材料。

踏步砖　9块。踏面纹饰为斜向分布的正方形图像单元，图像单元内为同向旋纹，四边以半个多重缺角亚字形纹填充。斜面与立面为一次性压印的连属扁方菱形纹图像单元，间以三角形图像单元，前者内为多重缺角亚字形纹，后者内有一对涡纹。T04④：62，立面、斜面与小部分踏面。黑皮陶，灰色胎心，厚重，坚硬，制作规整，图案清晰规整。立面高14.5厘米，厚3.3～3.8厘米，立面底缘边廓宽3.6厘米（图7-56：1；图7-57：1）。T04⑤：55，踏面部分。夹砂青灰陶，厚3.2厘米（图7-56：2；图7-57：2）。T03④：64，可以复原。夹砂灰陶，无夹心，质地坚硬，局部呈火烧红色，踏面部分中部向上微凸，花纹布局比较均匀。花纹界格宽1.2厘米，但三面边廓宽度不一致，深浅有差别。长72厘米，高13.8厘米，厚3.3厘米（图7-56：3；图7-57：4）。

铺地砖　同向旋云纹铺地砖除GD1所出的管道卡口用砖外，T04也出土2块，皆残，但有侧边。T04④：48，夹砂黑皮陶，红褐色胎心。厚3.5厘米（图7-56：4；图7-57：5）。标本T04④：47，夹砂黑皮陶，红褐色胎心。花纹尺寸较大，方形图像单元的边长10.5厘米。厚2.8厘米（图7-56：5；图7-57：6）。

画像砖　1件。T03④：9，夹砂灰陶，质地极硬，两面平，顶面为压光面，顶面可见凸起的模印画像。图案有一道平直的边栏，边栏右侧图案残缺，左侧为鹳鸟啄龟，其下方有一残缺的蜥蜴或龙的尾部。厚2.7厘米（图7-56：6；图7-57：3）。

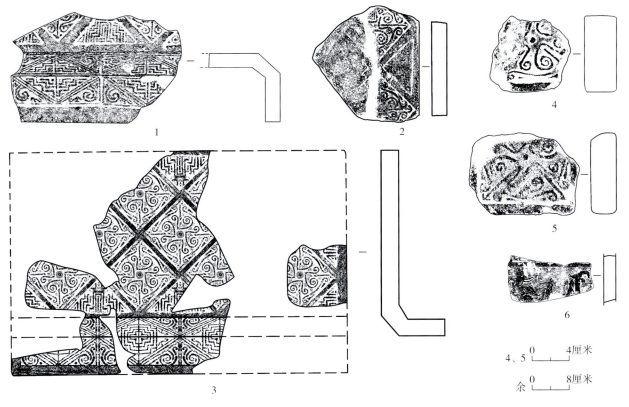

图 7-56 南马台遗址出土秦代建筑材料

图 7-57 南马台遗址出土秦代建筑材料照片

瓦当 采集 60 余块。分半瓦当、圆瓦当、大型瓦当三类，有的半瓦当底缘缺少边廓，可能半瓦当就是由圆瓦当切割而来的。陶质主要为夹砂灰陶和泥质灰陶，少数为泥质黄褐陶，个别为红褐陶，质地粗疏。瓦当与筒瓦的拼接方式有外接、内接、内外俱接三种做法，即用泥条在接缝处贴敷，而后抹平。瓦当纹饰比较简单，主要是带界格的云纹和 S 纹几种变体，半瓦当与圆瓦当的纹饰多数相同。

半瓦当　共9件。当面纹饰有双勾卷云纹和界格内填S纹两类。

双勾卷云纹，3件。T03④：7，完整。带有17厘米长的一段筒瓦。泥质灰陶，稍硬。筒瓦顶面饰绳纹，当面图案为双勾卷云纹，图案正中竖立的双线界格上端呈"丫"字形。瓦当直径17.8、厚1.2厘米（图7-58：1；图7-59：1）。T03④：6，完整。带有22厘米长的一段筒瓦。泥质灰陶，质地硬。外缘可见于筒瓦相接的抹泥痕，故瓦当外缘隆起，当面花纹凸起较高，为双勾卷云纹、双重大方格。当面直径17.2、筒瓦厚1厘米（图7-58：2；图7-59：2）。

界格内填S纹、当心内填网格纹，6件。T04⑤：6，完整。夹砂灰陶，陶皮脱落严重。瓦当拱高8.2、底边长17.6厘米（图7-58：3；图7-59：3）。T04⑤：2，完整。带有长36厘米的一段筒瓦，筒瓦尾端残缺。瓦当与筒瓦为内外拼接，隐约可见瓦棱纹，瓦身上距当面24厘米处有瓦钉孔，直径2厘米。拱高9、底边长18.6、厚1.2厘米（图7-58：4；图7-59：4）。

圆瓦当　T01③：1，当面保存三分之二，且带有38厘米长的一段筒瓦。泥质黄褐陶，质地稍

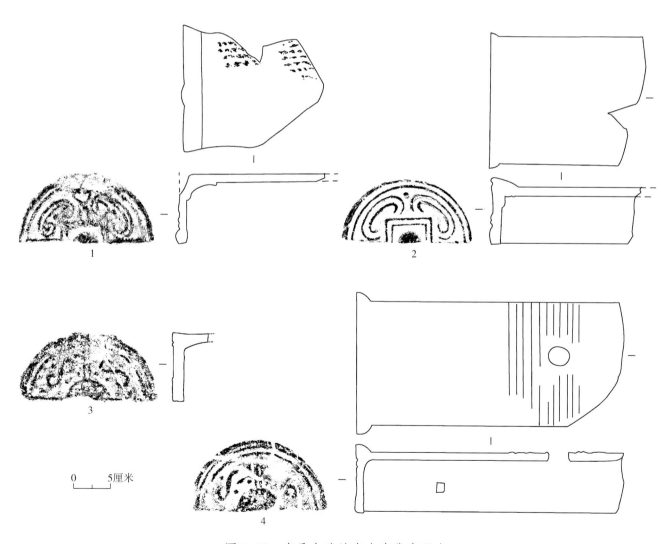

图7-58　南马台遗址出土秦代半瓦当

图 7-59 南马台遗址出土秦代瓦当照片

硬。制作规整,界格内图案为双勾卷云纹、双重方格内球形当心。筒瓦近末端有一个瓦钉孔,外大内小,直径 1.6 厘米。当面外廓宽 2.2、直径 17.7 厘米(图 7-59:5;图 7-60:1)。T03 ④:4,完整,带有 17 厘米长的一段筒瓦。泥质黄褐陶。花纹图案自外向内为:宽 1.2 厘米的外廓、双线凸棱,双线四界格内双勾卷云纹,界格线外端呈 "Y" 字形,双重微弧小方格内球形当心。筒瓦饰瓦棱纹。直径 18.3 厘米,厚 0.8~1.6 厘米(图 7-59:6;图 7-60:3)。T03 ④:5,完整,带有长 6 厘米的一段筒瓦。夹粗砂灰陶,质地疏松。当面图案为双重小方格、双勾卷云纹,但当面花纹印制角度稍有歪斜,可见施工潦草,瓦当与筒瓦的拼接方式为外接。筒瓦素面。直径 17.2 厘米(图 7-59:7;图 7-60:2)。

大型瓦当 1 件。T04 ⑤:3,残块,是连接筒瓦的边缘部分。泥质青灰陶,十分坚硬。做工细致,形体规整。二者拼接处没有明显的泥条贴敷痕迹,当面图案仅见宽 3 厘米的边廓、宽 1.2 厘米的凸棱,再向内的凸起线条可能为卷云纹。当面厚 0.9~1.6、筒瓦厚 1.4 厘米(图 7-59:8;图 7-60:4)。

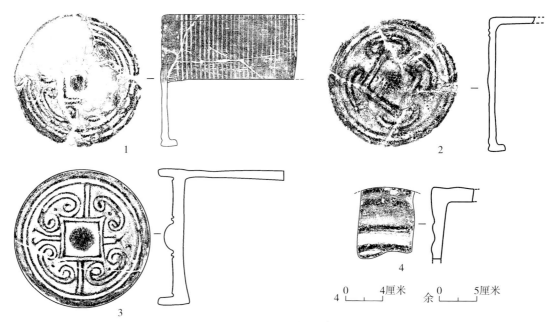

图 7-60　南马台遗址出土秦代圆瓦当

　　筒瓦　9 件。均呈半圆形，制作时为圆筒形，一切为二。多数为内切，少数为外切。加工时应以泥条盘筑，再用带绳纹的陶拍拍打而成，最后在绳纹上加以数道刮抹。陶质粗疏、胎薄、瓦舌与筒身连接处平缓。T04 ⑤：62，瓦身。陶皮暗灰色，胎心红褐色，夹粗砂，质粗疏。瓦棱宽 1.2 厘米，绳纹直向，两侧有深 0.6 厘米的内切痕。中部厚 1.3~1.7 厘米（图 7-61：1；图 7-62：1）。T03 ④：76，瓦尾部分。夹砂暗灰陶。薄胎，瓦尾的绳纹部分长 21 厘米，向尾端减薄，两侧有深 0.5 厘米的内切痕。瓦厚 1~1.4 厘米（图 7-61：2；图 7-62：2）。T01 ③：46，瓦尾部分，尾端向上弯。夹砂灰褐陶，色杂驳，质硬。尾段顶面饰斜向绳纹，绳纹带宽 11 厘米，余部为瓦棱纹，瓦棱宽度 0.8 厘米，瓦棱上普遍可见较浅的斜向绳纹，一侧内切痕深 0.4 厘米。厚 0.5~1.1 厘米（图 7-61：3；图 7-62：4）。T03 ④：73，带瓦舌的瓦首部分。夹砂红褐陶。顶面瓦棱趋平，底面纹路较深峻，不很规则。瓦舌残断，舌面有绳纹，舌根拼接平缓，距舌根 2.2 厘米处有圆形瓦钉孔，孔直径 2.1 厘米，一侧边有外切痕，二次切割，几乎透切。厚 1.3~1.5 厘米（图 7-61：4；图 7-62：3）。T03 ④：74，带瓦舌的瓦首部分。夹砂红褐陶，质硬。薄胎，瓦舌长 5.7 厘米，舌面有斜向绳纹，拼接平缓。瓦棱部分宽 12 厘米，顶面棱浅，底面棱深，余部为直向绳纹，一侧内切痕深 0.3 厘米。残长 25.8、厚 0.8~1.2 厘米（图 7-61：5；图 7-62：5）。T04 ⑤：64，夹粗砂灰褐陶，陶皮多脱落，质粗疏。残留瓦舌，舌根拼接平缓，瓦棱纹带较窄，仅 16 厘米，其余绳纹部分残留 20 厘米仍未到头，一侧切，切痕不清晰。厚 1.1 厘米（图 7-61：7；图 7-62：6）。T03 ④：77，夹砂灰陶。瓦舌长 4.3 厘米，舌根拼接平缓。瓦棱纹带较窄，为 12 厘米，棱宽 1.2 厘米，余为绳纹部分，一侧边有内切痕。厚 1~1.5 厘米（图 7-61：8；图 7-62：8）。T04 ⑤：69，夹砂灰陶，质粗疏。瓦身部分。形制不规整，尤其底面凹凸不平，顶面为棱宽 1.4 厘米的瓦棱纹，底面则除了一端有三道瓦棱纹外，全为不平整的手抹痕迹。残长 41.5、厚度不匀，厚 0.9~1.8 厘米（图 7-61：6；图 7-62：9）。T01 ③：51，瓦尾的一段。夹砂灰陶，质稍粗疏。薄胎，顶面为宽 17 厘米的极细密的斜向绳纹带，底面局部有均匀的麻点纹，瓦棱部分仅余 4.5 厘米宽，但底面却被抹平，是其他瓦

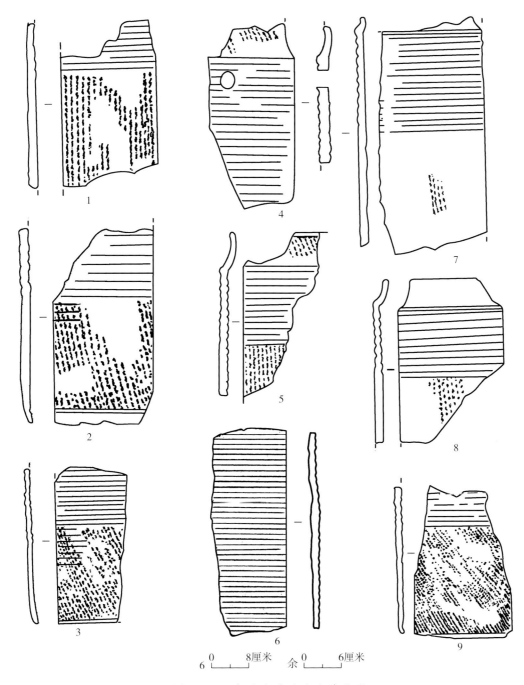

图 7-61　南马台遗址出土秦代筒瓦

不多见的情形，一侧边有深 0.4 厘米内切痕。厚 1.1 厘米（图 7-61∶9；图 7-62∶7）。

板瓦　3 件。T01③∶39，暗灰陶，陶皮脱落，夹粗砂，质粗疏，陶质陶色接近横 S 纹瓦当。尾部减薄，尾部平直，凸面有宽 13 厘米的斜向粗绳纹带，其上有两道横向刮抹纹，余部为宽 1 厘米的瓦棱纹，凹面无纹饰。中部厚 1.8、尾端厚 1 厘米（图 7-63∶1；图 7-64∶1）。T04⑤∶75，暗灰陶，陶皮脱落，夹粗砂，质粗疏，陶质陶色接近横 S 纹瓦当。尾部减薄且向内撇，凸面隐约可见宽 17 厘米稍直的绳纹带，余部为宽 1.2 厘米的瓦棱纹，一侧边保存完整，但切痕不清晰。尾端厚 1.3、中部厚 1.5 厘米（图 7-63∶2；图 7-64∶2）。T04③∶78，完整的尾部。夹砂红褐陶，质地较硬。凸面有

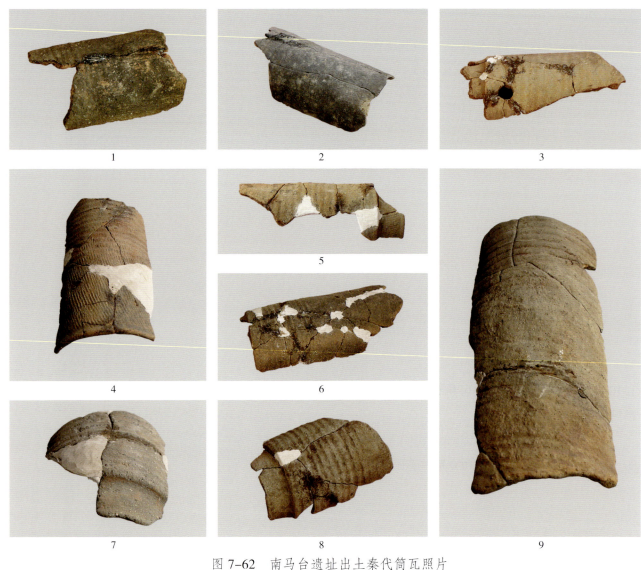

图 7-62　南马台遗址出土秦代筒瓦照片

图 7-63　南马台遗址出土秦代板瓦照片

宽 10 厘米的斜向细绳纹带，其上有两道横向刮抹纹，近尾缘有一道较深的横向刮抹纹，余部为宽 1.4 厘米的瓦棱纹，两侧有深 1.2 厘米的内切痕。宽 31.5、残长 26、尾端厚 0.8 厘米，中部厚 1.4 厘米（图 7-63：3；图 7-64：3）。

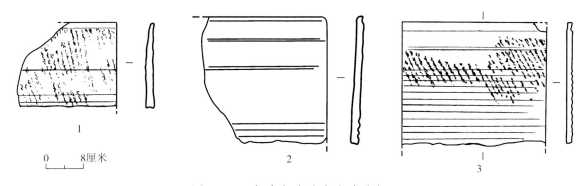

图 7-64　南马台遗址出土秦代板瓦

（3）汉代

包括建筑材料和生活用品两大类。建筑材料种类和数量多，有踏步砖、铺地砖、筒瓦和板瓦等类，砖上的花纹多样。

生活用品中只有陶器。T03 陶器皿数量很少，30~50 片，且多残碎严重，是多次搬运的结果，主要器类有盆、罐、瓮、釜等。T04 宽斜折沿盆片较多，占总数的 80%，多为泥质陶，少数为夹砂陶。T0101 出土陶片 20 余片，可辨识器皿约为 20 件，其中 10 件为宽折沿盆，其余有罐、瓮等，以下各举例说明。

踏步砖　数量较多，共 11 件。有夹砂灰陶、红褐色胎心夹砂黑皮陶、夹砂红褐陶、夹砂黄褐陶等。尺寸不一，尤其厚度和立面高度差别较大。由于受力要求的不同，一般踏面部分薄，立面部分较厚。花纹种类多样，踏面和立面花纹都是用单模压印拼合成整体图案，故很多标本的图案排列不整齐或深浅不一。可以辨别出图案的，根据图案形式的不同，可以分为以下几类：菱格内卷云纹或多重亚字形与如意纹；方格内多重缺角正方形、散乱分布的三角形图像单元等。

菱格内卷云纹或多重亚字形与如意纹踏步砖　3 件。以瘦长的菱格为图像单元，中填充卷云纹或多重亚字形纹与如意纹，与中峰遗址的相同。标本 T03 ④：66，夹砂黄褐陶，黑灰色胎心。顶面、底面均平整，花纹粗大。厚 3.3 厘米（图 7-65：1；图 7-66：1）。

方格内多重缺角正方形踏步砖　5 件。图像单元为斜向分布的正方形，单元内则为多重缺角正方形，图案的中心则变形为粗十字。边缘为三角形图像单元，内有半个多重缺角正方形。标本 T04 ③：58，踏面部分。夹砂黄褐陶。花纹压印十分潦草，厚 2.7 厘米（图 7-65：3；图 7-66：3）。

散乱分布的三角形图像单元踏步砖　1 件。三角形图像单元内为多重亚字形纹的一半和双重三角形。YTCSTNMT：4，仅有踏面部分。厚 4.2 厘米（图 7-65：4；图 7-66：4）。

方形图像单元内有多个三角形踏步砖　1 件。YTCSTNMT：9，图像单元为方形，一个正方形图像框中由双线分为上下相等且对应的两半，各有多个三角形（图 7-65：2；图 7-66：5）。

图案为一种特殊的三角折线纹踏步砖　1 件。或许是将三角折线纹的模子压印时用错了方向，界格线很细。T04 ③：50，夹砂灰陶。厚度均匀，顶面、底面皆平整，有侧边。厚 3.6 厘米（图 7-65：5；图 7-66：2）。

铺地砖　20 余件。分素面砖和花纹砖两类，均为正方形。薄板，底面粗糙不平，顶面平整，多

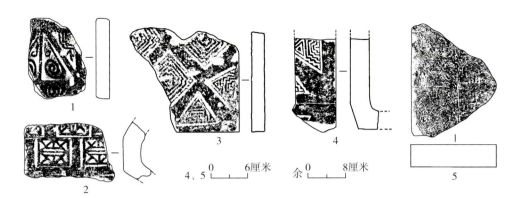

图7-65　南马台遗址出土汉代踏步砖

图7-66　南马台遗址出土汉代踏步砖照片

数有花纹，少数素面。铺地砖的陶质以夹砂灰陶居多，次为夹砂黄褐陶，少数有夹砂红褐陶等。铺地砖的尺寸比较接近，厚度为4.4~4.8厘米，个别厚5厘米以上，边长为36~39厘米。砖顶面的花纹大小不一致。

　　素面铺地砖　5件。铺地砖中数量最少的一种。T04③：45，夹砂灰陶，陶皮有脱落。顶面平整，底面不平，厚4.6厘米（图7-67：1；图7-68：1）。T03③：44，厚4.8厘米（图7-67：4；图7-68：2）。T03④：42，厚5.6厘米（图7-67：2；图7-68：3）。T03④：41，厚4.8厘米（图7-67：3；图7-68：4）。T03③：43，厚3.1厘米（图7-67：5；图7-68：5）。

　　花纹铺地砖　分菱格卷云纹、几何纹、正方形图像单元内为多重缺角正方形中心为十字形、穿壁纹等三种。花纹规矩，表面平整，有的花纹表面甚至留下了条状模范印痕，可见砖面花纹系整体一次模印而成。

　　菱格卷云纹，1件。正方形图像单元内置菱格卷云纹。T03④：68，边缘部分。夹砂黄褐陶，黑色胎心，质地稍硬。底面不平，顶面边廓较窄，宽 0.7 厘米，而平面图案中的界格宽度为 1 厘米。厚 2.7 厘米（图 7-67：6；图 7-68：6）。

　　几何纹，是铺地砖中数量最多的一种，12件。图案由两种几何纹两两相对形成的正方形，一

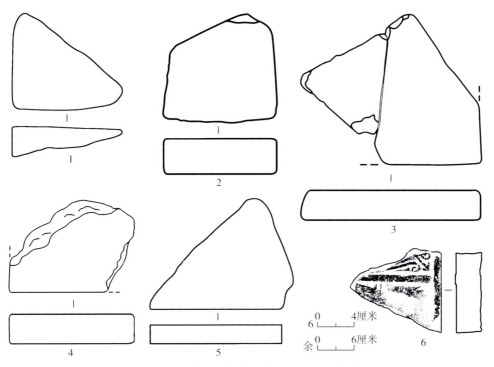

图 7-67　南马台遗址出土汉代铺地砖

图 7-68　南马台遗址出土汉代铺地砖照片

种几何纹由四个多重正方形回纹组成，另一种几何纹由四个多重三角折线纹组成。CS06，完整，三角折线纹、四个回纹形成的正方形两两相对。边长38、厚4.5~5.3厘米（图7-69：1；图7-70：1）。T03④：87，稍有残损。夹砂红褐陶。长40.8厘米，厚度不匀，为2.8~3.4厘米（图7-69：4；图7-70：2）。

正方形图像单元内为多重缺角正方形、中心为十字形，3件。标本T04⑤：46，有侧边。泥质黑皮陶，红褐色胎心，质地坚硬。厚3.5厘米（图7-69：2；图7-70：3）。烟台博物馆藏两件，标本YTNMT：7，夹砂灰陶，图案为多重缺角正方形，一个图像单元中部有穿孔。厚2.8厘米（图7-69：3；图7-70：4）。

穿璧纹，5块。质地稍硬，较厚。但花纹深度较浅，所以大部分花纹不太清晰。T03④：71、T03④：72、T03④：73为同一穿璧纹铺地砖的残块。夹砂灰陶，顶面深灰色，质地较硬。据花纹图案测算，砖的边长约为38、厚4.2厘米（图7-69：5；图7-70：5）。T03④：74，夹砂黄褐陶。有侧边，顶面图案可见璧纹之乳丁、凸起的圆圈等纹样。厚4.8厘米（图7-69：6；图7-70：6）。T03④：75，夹砂灰陶，质硬。规整，顶面光平，有侧边。图案为四璧（缺1璧）交汇处。厚5.3厘

图7-69　南马台遗址出土汉代花纹铺地砖照片

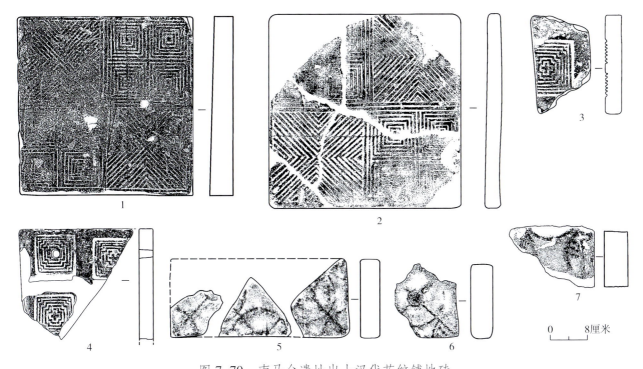

图 7-70　南马台遗址出土汉代花纹铺地砖

米（图 7-69：7；图 7-70：7）。

长条砖　主要出土于 T03 的散水 FS1 附近，应是砌筑用的建筑材料，与铺装地面的铺地砖、踏步砖不同。素面无纹饰。共 3 件。T03④：21，完整。夹砂灰陶，质地坚硬。形制比较规整，制作时着地的一面平，另一面稍凹，有手抹痕迹。长 28.6、宽 12.5、厚 7 厘米（图 7-71：1）。T03④：22，残断。夹砂陶，表皮黄褐色，灰色胎心质地稍粗疏。无纹饰。宽 12.5、厚 7 厘米（图7-71：2）。T03④：23，残断。夹砂灰陶，胎心呈较深的灰色，质地粗疏。形制不规整，宽 12.8、厚 7.3 厘米（图 7-71：3）。

瓦当　2 件。YTCSTNMT：1，残，双线界格内为单线卷云纹。当面直径 14、厚 1 厘米（图7-72：1；图 7-73：1）。

筒瓦　10 件。T01③：77，带有瓦钉孔的残

图 7-71　南马台遗址出土汉代长条砖

片。泥质黄褐陶，质地稍硬。据陶片弧度，应该是接近瓦首的部位。厚 1.8 厘米（图 7-72：2；图7-73：2）。T03④：79，夹砂青灰陶，质硬。瓦尾顶面饰宽 17 厘米的斜向绳纹带，其余 20 厘米宽度为较平的瓦棱纹，瓦棱宽度 0.8 厘米，与顶面瓦棱纹相对的底面部分也可见瓦棱纹，余部较平，两侧边有内切痕。通长 40.5、直径 17.6、厚 1.2 厘米（图 7-72：3；图 7-73：4）。T04④：68，带

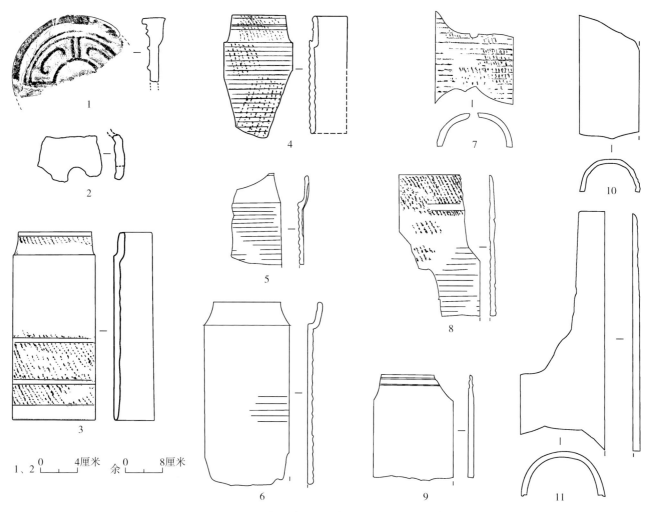

图 7-72　南马台遗址出土汉代建筑材料

瓦舌。泥质青灰陶，质硬。制作十分规整，顶面、底面均为瓦棱纹，顶面瓦棱纹上有浅浅的斜向绳纹，侧边连同瓦舌有一体的内切痕。瓦舌长 5.6、厚 0.9 厘米，舌根处陡接。瓦厚 1.2 厘米（图 7-72：4；图 7-73：5）。T01 ③：48，瓦首部分。泥质青灰陶，质硬。顶面、底面均为棱宽 0.9 厘米的瓦棱纹，侧边连同瓦舌有一体的内切痕，较深，几乎是透切。瓦舌长 5.6、厚 1.2 厘米（图 7-72：5；图 7-73：6）。T03 ④：78，接近完整。夹砂灰陶。瓦尾段为绳纹部分，瓦身向尾端渐渐减薄，侧边内切痕深 0.7 厘米。瓦舌长 5.7 厘米，舌根处陡接。残长 39、瓦中部厚 1.2 厘米（图 7-72：6；图 7-73：3）。T03 ④：72，接近首部的残段，带有 1 个瓦钉孔。夹砂灰陶，质硬。瓦身向尾端渐渐减薄，瓦钉孔处于绳纹带与瓦棱纹带交接处，直径 1.9 厘米。侧边透切。直径 16.7、厚 1.2~1.4 厘米（图 7-72：7；图 7-73：7）。T01 ③：52，夹砂灰陶，质硬。形体大，胎薄，向尾端渐渐减薄。绳纹带宽度 15 厘米，顶面有横向刮抹纹，顶面、底面均有瓦棱纹带。底面无纹饰，不平，内切痕深 0.4 厘米。直径 17.4、厚 0.5~1.1 厘米（图 7-72：8；图 7-73：8）。T04 ④：65，夹砂灰皮陶，胎心红褐色，质稍硬。向尾端渐渐减薄，绳纹带宽度 19.5 厘米，瓦棱纹带残，宽度不明，两种纹饰均不明显，内切痕深 0.6 厘米。直径 16.6、厚 0.5~1.6 厘米（图 7-72：9；图 7-73：9）。T04 ④：66，筒瓦中段，带瓦棱纹的一段。泥质黄褐陶，质地坚硬。是尺寸较小的一种筒

图 7-73　南马台遗址出土汉代建筑材料照片

瓦，顶面瓦棱纹明显，底面则稍模糊，瓦棱宽度 0.7 厘米，是纹路最细密的一种，侧边有外切痕，几乎是透切。直径 12.9、厚 1.0~1.2 厘米（图 7-72：10；图 7-73：10）。T03 ④：75，夹砂较少的黄褐陶。瓦身部分。顶面、底面皆为棱宽 1.4 厘米的瓦棱纹，从尺寸看，是一种大型筒瓦。残长 50.4、直径 18.2、厚 1.4~2.0 厘米（图 7-72：11；图 7-73：11）。

板瓦　14 件。板瓦多以尾端为多。根据板瓦尾端宽度，板瓦可以分为 44 厘米、42 厘米、36 厘米三种。板瓦的陶色较杂，以灰褐陶最多，其余有青灰陶、黄褐陶、红褐陶、黑灰陶、暗灰陶等。陶质以青灰陶最坚硬致密，其余多数陶质较疏松，硬度不大。尤其黑灰陶往往陶皮脱落，质地最粗疏。T01 ③：36，夹砂青灰陶，质地稍硬。瓦首缘厚、内卷，凸面有棱宽 1.4 厘米的瓦棱纹，凹面瓦棱纹不明显，两侧有深 0.2~0.3 厘米的内切痕。宽 33.5、厚 1.1~2 厘米（图 7-74：1；图

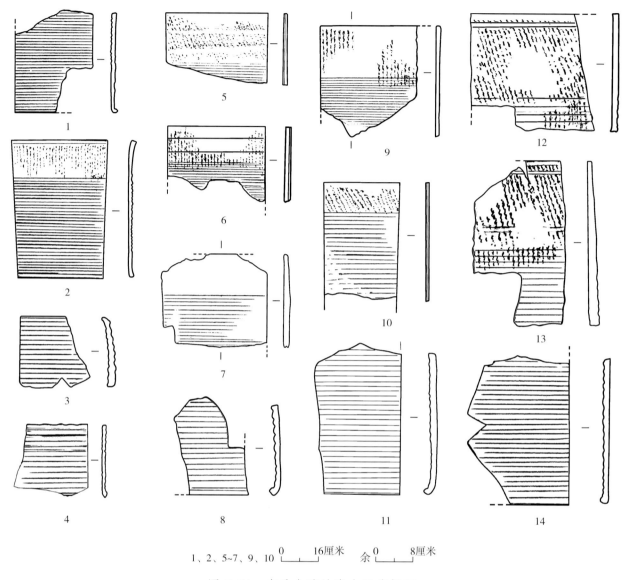

1、2、5~7、9、10 ⊢0──────16厘米   余 ⊢0────8厘米

图 7-74　南马台遗址出土汉代板瓦

7-75：1）。T03④：82，夹砂青灰陶，质较硬。呈尾宽首窄形，由尾向首渐薄，首尾两端均向内微弯曲。凸面纹样明显，由首向尾长 45 厘米的一段为瓦棱纹，棱宽 1.4 厘米，其余至尾端为略直的绳纹。两种纹饰相接处，瓦棱变矮，可见绳纹是在瓦棱纹的基础上拍打形成的。凹面略显平滑，隐约可见瓦棱纹，两侧边有内切痕，痕深 0.2 厘米。瓦首宽 37.5、瓦尾宽 42、全长 60 厘米，首端厚 2 厘米（图 7-74：2；图 7-75：4）。T01③：43，青灰陶，质地极硬。尾端微向内弯，是板瓦中最宽的一种，首端平直，尾端凸面宽 21 厘米的一段为斜向绳纹，绳纹之上有两道横向、平行的刮抹纹，绳纹以外部分为瓦棱纹，瓦棱宽 1.3 厘米，凹面无纹，不平整。宽 44、尾厚 2 厘米（图 7-74：5；图 7-75：2）。T03④：81，青灰陶，质地硬。尾端凸面绳纹带宽 17 厘米，以下为瓦棱纹，二者交汇处，两种纹饰错杂，凹面稍光平，隐约可见瓦棱纹，侧边内切痕较深，深 0.2~0.5 厘米。瓦尾宽 42、厚 2.6 厘米（图 7-74：6；图 7-75：3）。T04④：80，夹粗砂灰褐陶。尾端宽度不到边，首端平直，凸面饰直向粗绳纹，余为瓦棱纹，侧边切痕不清晰。残宽 42、厚 1.5 厘米（图 7-74：9；

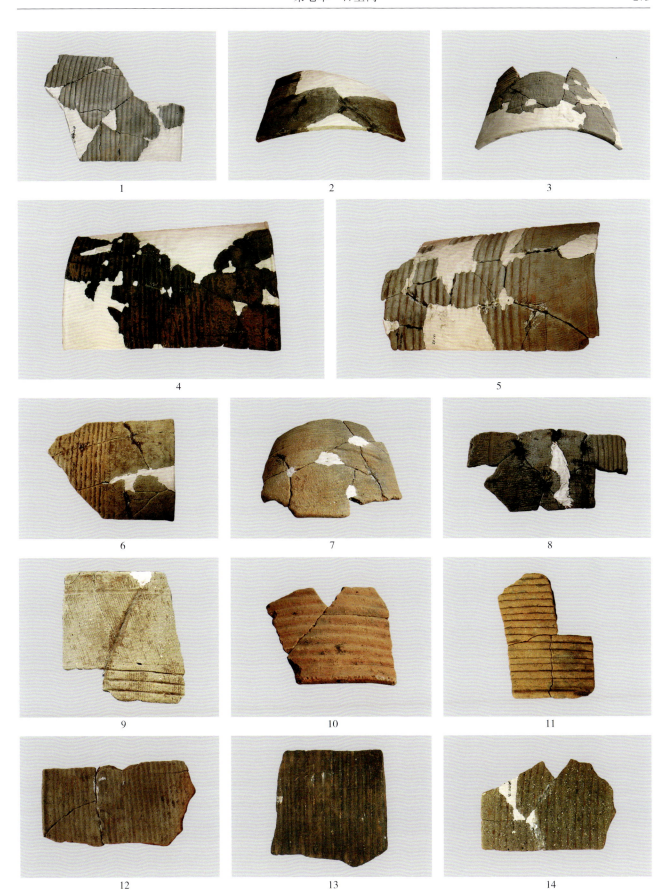

图 7-75　南马台遗址出土汉代板瓦照片

图 7-75：6）。T04④：77，夹粗砂灰褐陶。尾端宽度不到边，尾端渐渐减薄，首端圆弧，凹面尾部有手抹痕，余部隐约可见瓦棱纹，一侧边内切痕较浅，深度为 0.2 厘米。残宽 45、厚 1.5~3 厘米（图 7-74：7；图 7-75：7）。T01③：42，泥质青灰陶，质地较软。是一种最轻薄、尺寸最小的板瓦。尾部凸面有宽 13 厘米的斜向粗绳纹带，余为棱宽 1.4 厘米瓦棱纹，瓦凹面无纹，不平。侧边内切痕深度为 0.4~0.5 厘米。残长 49、瓦首宽 32、尾端厚 1.1、中部厚 0.6~0.7 厘米（图 7-74：10；图 7-75：5）。T04④：72，偏黄的灰褐陶，夹粗砂，质稍疏。尾部直，凸面有宽 17 厘米的斜向粗绳纹带，余为棱宽 1.8 厘米瓦棱纹。瓦身厚度向尾端渐渐减薄，瓦凹面无纹饰，不甚平整。一侧边保存完整，但切痕不清晰。厚 1.0~1.3 厘米（图 7-74：12；图 7-75：9）。T03④：89，夹粗砂青灰陶。器形厚且不平整，向尾端渐渐减薄，凸面绳纹带宽 20 厘米，直向粗绳纹，其间有三道较宽的刮抹痕，余为棱宽 1.3 厘米瓦棱纹，一侧边内切痕深 1.2 厘米。厚度为 1.2、中部厚 1.9 厘米（图 7-74：13；图 7-75：8）。T01③：33，夹砂黄褐陶，质地较硬。瓦首微向内弯曲，首缘内翻，凸、凹两面皆见棱宽 1.2 厘米的瓦棱纹，有一侧边，但切痕不清晰。厚 1.5 厘米（图 7-74：3；图 7-75：10）。T01③：34，泥质黄褐陶。首部稍直，但首缘下卷且增厚，凸面有棱宽 0.8~1.1 厘米的瓦棱纹，凹面瓦棱纹不明显。厚 0.8 厘米（图 7-74：8；图 7-75：11）。T03④：83，夹砂灰褐陶，胎心略黄，质地粗疏。首部稍直，但首缘厚、内卷，凸面有棱宽 1 厘米的瓦棱纹，凹面瓦棱纹不明显，一侧边可见较深的内切痕。厚 1~1.5 厘米（图 7-74：11；图 7-75：12）。T01③：41，深青灰陶，夹细砂，质地极硬。瓦首直，凸面有棱宽 0.8~1.0 厘米的瓦棱纹，凹面瓦棱纹经抹平，一侧边可见深 0.1 厘米的内切痕。首缘增厚至 0.9、其余部分厚 0.6~0.7 厘米（图 7-74：4；图 7-75：13）。T01③：38，夹粗砂青灰陶，质地稍疏松。瓦首直，首缘厚、内卷，凸面有棱宽 1.4 厘米的瓦棱纹，凹面瓦棱纹不明显，一侧边切痕不明显。瓦首厚 1.2 厘米（图 7-74：14；图 7-75：14）。

陶宽斜折沿盆　10 件。均为泥质，质地细密，稍硬。胎心为红褐色的灰皮陶，器壁一般较薄。T03④：101，圆唇，外卷沿，深腹，腹壁较直，器壁薄。残高 4、厚 0.6~0.9 厘米（图 7-76：1；图 7-77：1）。T03④：112，夹砂灰陶，陶质粗疏。圆唇，外卷沿，直口，深腹。残高 4.2、厚 0.8~1 厘米（图 7-76：2；图 7-77：2）。

陶豆　4 件。T03④：125，可复原。泥质灰褐陶，灰褐黄褐杂驳，质地粗疏。豆柄粗矮，豆盘浅，豆盘壁薄，最薄处仅 0.3 厘米，豆柄中部最厚，约为 1.2 厘米。器表不光洁，手制痕迹较重。盘口直径 16、底径 8.1、高 13 厘米（图 7-76：3；图 7-77：4）。T04④：30，豆盘。泥质灰皮陶，红褐色胎心，质地稍硬。浅盘，圆唇，直口立面，底内凹，据残痕，当为细豆柄。口径 12.8、残高 4.4、厚 0.7~1 厘米（图 7-76：4；图 7-77：5）。T04④：32，豆柄及豆盘底部。泥质灰陶，质地硬。盘内平，且边缘有磨损痕迹。可能是一种实心的豆柄，或豆残损后改作陶拍等别的用途。柄细长，底截面直径 2.2 厘米（图 7-76：8；图 7-77：6）。T04⑤：1，可复原。夹粗砂浅灰陶，质地稍硬。粗柄豆，豆盘底平，浅盘，向上渐薄，豆柄粗矮，喇叭形。口径 16.6、底径 10.6、高 9.2、盘壁厚 1.6 厘米（图 7-76：5；图 7-77：7）。

陶罐　5 件。T03④：107，罐底。夹粗砂灰陶。较薄，内面可见同心圆旋纹痕迹。据陶片弧度，可知该器底部为趋平的大圜底。厚 0.8 厘米（图 7-76：6；图 7-77：8）。T04④：38，口沿。

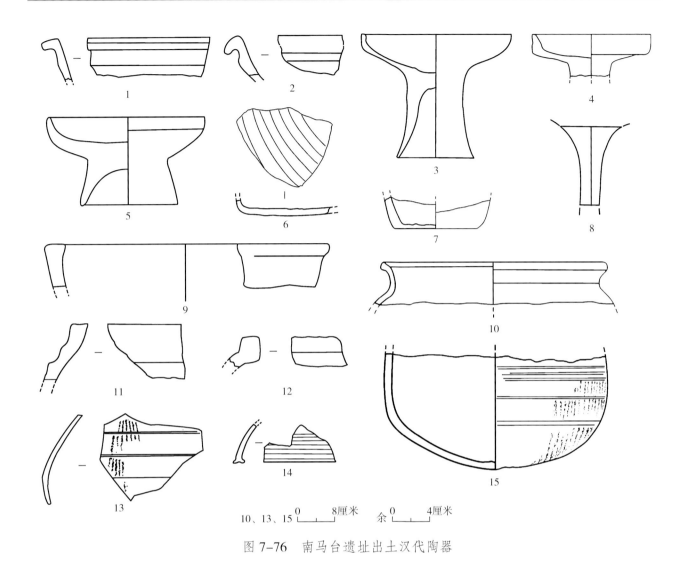

10、13、15 ⌐__⌐ 0 ____ 8厘米　　　　余 ⌐__⌐ 0 ____ 4厘米

图 7-76　南马台遗址出土汉代陶器

夹砂红褐陶，质地较硬。小敞口，小领外斜，平沿内折。口径 30.5、残高 4.5、厚 1.4~2.2 厘米（图 7-76：9；图 7-77：9）。T04 ④：36，罐口，肩部以下残。泥质青灰陶，质地坚硬。束领，外卷沿。口径 48.5、残高 9 厘米（图 7-76：10；图 7-77：10）。T03 ④：118，罐底，为底腹连接处。泥质黑皮陶，红褐色胎心，质地坚硬。大平底。底径 8.8、厚 0.4~1 厘米（图 7-76：7；图 7-77：11）。T03 ④：113，罐口。夹砂深灰陶。敛口，束领。厚 1.8 厘米（图 7-76：11；图 7-77：12）。

陶瓮　3 件。T01 ③：19，口沿。夹砂红褐陶。小直口。厚 1.3~2.4 厘米（图 7-76：12；图 7-77：3）。T03 ④：122，大瓮的中腹及底部。泥质青灰陶，质硬。器形为鼓腹，圜底，饰规则的细绳纹，腹底有数道抹划的弦纹。残高 24、腹径 48.4、腹壁厚 2、底部厚 1.2 厘米（图 7-76：15；图 7-77：13）。T03 ④：121，肩腹部。陶皮黑灰色，内面深灰色，红褐色胎心，质地坚硬。折肩，腹下收，饰纵向细绳纹。厚 0.9~1.5 厘米（图 7-76：13；图 7-77：14）。

陶器盖　1 件。T03 ③：49，泥质红陶。尖唇，大敞口，平沿内折，壁内外可见瓦棱纹。厚 0.5~1.2 厘米（图 7-76：14；图 7-77：15）。

图 7-77　南马台遗址出土汉代陶器照片

（七）成山头遗址历年采集的文物标本

具体采集地点不明，现藏于烟台市博物馆和荣成市博物馆。分建筑材料和生活用品两类，后者主要是陶器。时代上可分秦、汉两代，秦代有踏步砖、铺地砖和瓦当等。

1. 秦代

踏步砖　斜向分布的方格内填充同向旋纹，1件。CS20，大部分残缺。夹砂青灰陶，质硬。底面极粗糙，顶面平，是较薄的一种。残长14、残宽7、厚2.4厘米（图7-78：1；图7-79：1）。

铺地砖　1件。CS03，砖的一角，图案是特殊的一例。夹粗砂灰褐陶，质地硬。底面粗糙，顶面平。图案可见十字线分隔的四个画面：最完整的是同向旋纹，其余三个画面似为三个不同的动物图案，其一身上布满麻点，有须毛飘拂，可能是龙。残长18.2、残宽17、厚4厘米（图7-78：2；图7-79：2）。

瓦当　2件。分藏烟台市博物馆和荣成市博物馆。均为圆瓦当，双勾卷云纹。CS11，夹细砂浅灰陶，较薄。所带筒瓦厚约1厘米，制作规整，内外光平，不见纹饰。当面边轮为三道凸线，向内为四个双线卷云纹，又内为双弧线正方形，其内角位置各有乳丁一，当心呈半球形。直径16.5、厚

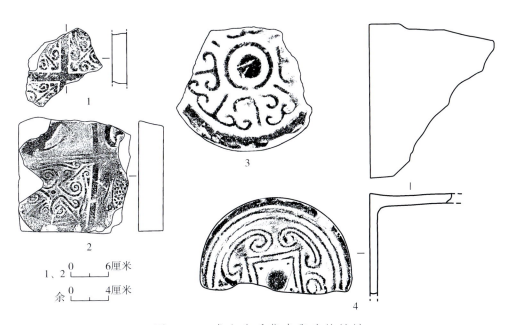

图 7-78　成山头采集秦代建筑材料

图 7-79　成山头采集秦代建筑材料照片

0.8~1.6厘米（图7-78：4；图7-79：3）。CS13，残损。泥质浅灰陶，质硬。当面中部极厚，边缘较薄，当面图案繁复而规整，外周为较宽的边轮，向内为八个方向交替相反的"T"形纹，当心圆圈内有半球状凸起。瓦当内面留有拼接贴上的泥片及手抹痕，瓦当所带筒瓦的一侧边尚残留一个瓦孔，中有残断的小木棍。直径18.6、厚1.1~2.8厘米（图7-78：3；图7-79：4）。

2. 汉代

踏步砖 7件。花纹多样。

菱格内卷云纹或多重亚字形与如意纹踏步砖 3件。斜面与立面部分的花纹为菱格卷云纹或多重亚字形与如意纹图像单元的二分之一。CS17，夹粗砂灰陶。底边有宽2.6厘米的边框，踏面和斜面两部分的花纹图案是多重亚字形纹和卷云纹半分后重新组合的纹饰。高12.4、厚3.2厘米（图7-80：1；图7-81：1）。CS18，立面、踏面部分均有残缺。夹粗砂灰陶。图案印痕较浅，是多重亚字形纹和卷云纹半分后重新组合的纹饰。残长23、残高10.6、厚3.2～4.4厘米。（图7-80：2；图7-81：8）。CS19，踏面部分，大部分残缺。夹砂陶，胎心黑，表皮黄褐色，质地稍粗疏。底面粗糙，顶面花纹为"米"字格内卷云纹和多重亚字形如意纹。残长12、残宽10、厚3厘米（图7-80：5；图7-81：2）。

方格内多重缺角正方形踏步砖 2件。CS14，踏面的一角。夹砂灰陶，火候高，质地极硬。底面凹，顶面略凸，光平。花纹为戳印而成，以致深浅不一，位置不整齐，边框宽1.5厘米。图案有两种，边缘位置的是小三角形内半个多重亚字形纹。长22、宽21、厚2.85厘米（图7-80：9；图7-81：4）。CS15，踏面的一部分，有边。夹砂陶，胎心黑，表皮黄褐色，质地稍粗疏。磨损较重，底面凹，顶面略凸。长24、宽16、厚2.7厘米（图7-80：3；图7-81：5）。

散乱分布的三角形图像单元踏步砖 1件。CS16，踏面部分残缺，主要为立面部分。夹砂灰陶。

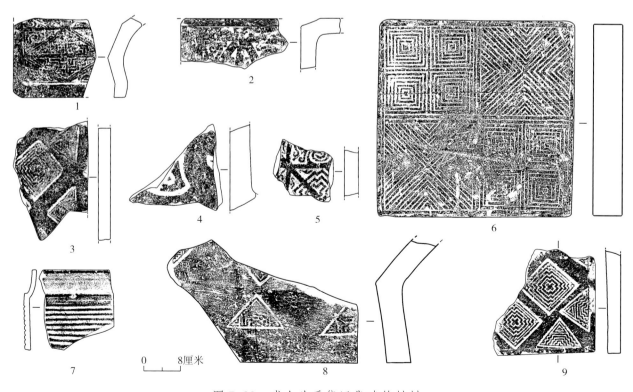

图7-80 成山头采集汉代建筑材料

图 7-81　成山头采集汉代建筑材料照片

是踏步砖中立面最高、较厚的一种，可见花纹为分布稀疏的戳印三角形，内为半个多重亚字形纹。高 17.2、厚 4.3 厘米（图 7-80：8；图 7-81：7）。

特殊花纹踏步砖　1 件。CS21，三角形残块。厚度、花纹都特别特殊。底面粗糙边缘处可见较直的向下折弯，故推测为踏步砖。夹砂较多，胎心为灰褐色，表皮黄褐色，似乎未烧透，质地稍粗疏。顶面平，残留部分有深达 1 厘米的阴刻花纹，风格粗犷大气，迥异于其他踏步砖。长边 23 厘米（图 7-80：4；图 7-81：6）。

铺地砖　7 件。烟台市博物馆藏 4 件、荣成市博物馆藏 3 件。花纹相同，为两种图像单元两两相对，一种图像单元为四组回形纹组成的正方形，另一种为四组三角折线纹组成的正方形。CS07，完整。夹砂青灰陶，质地稍硬。底面不平整，顶面布满花纹，花纹规整，等分为四区，对角的二区图案相同。边长42.4、厚6厘米（图7-80：6；图7-81：9）。

筒瓦 1件。CS10，泥质青灰陶，质地极为坚硬。一端带有瓦舌，微翘，圆唇，一侧边有外切痕。顶面底面皆可见瓦棱纹。瓦舌长4.9、残长17.3、残宽14.5、厚1~1.6厘米。可能为宫殿屋脊用瓦（图7-80：7；图7-81：3）。

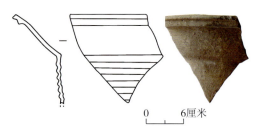

陶盆 1件。CS09，口沿，宽斜折沿。夹细砂灰陶，外表灰色、内红褐色。壁薄，内外光平，方唇，盆腹向下斜收，内外可见瓦棱纹。器壁厚0.6~0.8、唇部厚1厘米（图7-82）。

图7-82 成山头采集汉代陶盆

三 历史文化背景、不夜城城址的调查勘探和历年出土材料的整理

（一）历史文化背景

根据历年来的考古工作，不夜城城址周围区域分布有商末周初至汉代的遗迹、遗物，汉代的尤为丰富多样。在城址周围的山岗上，分布着十余座有高大封土的墓葬（见图7-1）。

1. 学福村墓葬

M1 位于不夜城城址以西2.5千米处的学福村西南，现代水库东岸台地上（见图7-1）。1990年夏发现，编号为M1[1]。

墓葬为土坑竖穴，墓口略呈椭圆形，两侧壁为放置棺椁各向外扩出，故墓壁为弧形，圜底。墓坑长4.1、宽1.8、深0.8米，大致为东西向。墓内填土为黄褐色沙质花土，并经夯实，坑四周筑有经过夯实的二层台。墓内葬具为连成一体的一棺一椁，上部已朽，下部保存尚好。椁四壁用圆木横卧叠垒，四角交叉处砍出凹口用以咬合，俯视呈"井"字形；棺也用圆木卧叠而成，南、北两侧壁与东、西端的椁木咬合在一起，棺的东、西两端则用圆木封堵；棺、椁的底部和盖顶皆以圆木纵列铺就。在西侧棺椁之间发现随葬的铜尊和铜壶，棺内出土有铜戈、铜镞和砺石等（图7-83）。

图7-83 学福村M1平剖面图

（采自威海市博物馆、荣成市文物管理所《山东荣成市学福村商周墓葬的清理》，《考古》2004年第9期，93页：图二）

铜尊 1件。M1：1，觚形，器体较粗，腹稍鼓，圈足下部残。腹部的主体花纹为夔纹，以云雷纹做底纹，颈部和圈足也饰有夔纹、云雷纹，器身上还有四条扉棱，器底内铸有铭文"作宝□彝"。口径20、高22.3厘米（图7-84：1；图7-85：1）。

---

[1] 威海市博物馆、荣成市文物管理所《山东荣成市学福村墓商周墓葬的清理》，《考古》2004年第9期，93~94页。

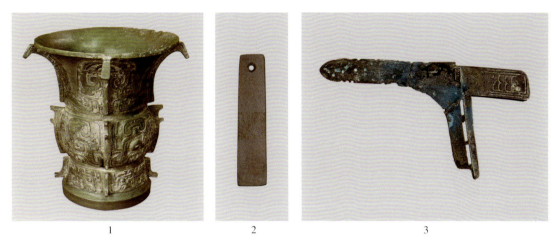

图 7-84 学福村 M1 出土器物照片

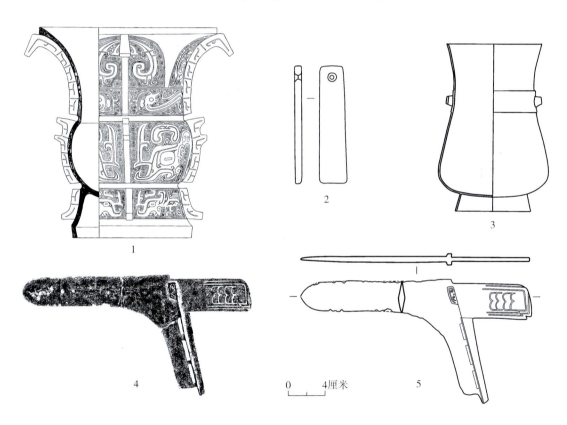

图 7-85 学福村 M1 出土器物

铜壶 1件。M1:2,尖唇,直口,长颈,垂鼓腹,矮圈足,颈部有一对贯耳。颈部饰两道凸弦纹,器表其他部分为素面。现采用修复后的器物图及尺寸,口径 10.4、最大腹径 12、圈足径 8.4、高 18 厘米(图 7-85:3)。

铜戈 1件。M1:3,长援,长方形直内,长胡上有三穿,前锋呈三角形,中脊突起,横断面呈菱形,援之后部饰有云雷纹,直内上饰鳞状纹。通长 24、援长 16.8、内长 6.7、胡长 9 厘米(图 7-84:3;图 7-85:4、5)。

铜镞 3件。M1:4、M1:5、M1:6,形制相同,双翼,实铤。均锈蚀严重。

砺石　1件。M1:7，青灰色。长条形，上端边缘略弧，有一圆穿孔。长 12.6、宽 2.8、厚 0.7 厘米（图 7-84:2；图 7-85:2）。

从出土器物形制推断，年代应为商末周初。

2. 不夜村东断崖上残墓（见图 7-1）

残墓出土铜鼎 1 件、铜壶 1 件，是否属于同一单位不详。

铜鼎　BYC01，变形严重。器壁极薄，立耳，斜沿外折，浅腹，大圜底，三兽足，内侧露有泥芯，底面有三角形铸范痕迹，腹中部饰一道凸弦纹，口沿下饰一周变体横 S 纹。口径 22、最大径 22.4、壁厚 0.3 厘米（图 7-86:1；图 7-87:1）。

铜壶　BYC02，器体较薄，锈蚀严重，壶内蓝色锈痕，外表绿色粉状锈。扁圆体，上细下粗，平口，内折沿，圜底，外设圈足，圈足两侧范线上各有一横扁形孔。两侧有粗糙的铸造范线，颈部饰二道凸弦纹，两侧设两只贯耳。口长径 16.6、短径 11.4、最大腹径 22.2、高 32.6、厚 0.3~0.8 厘米（图 7-86:2；图 7-87:2）。

时代为西周晚期或春秋早期。

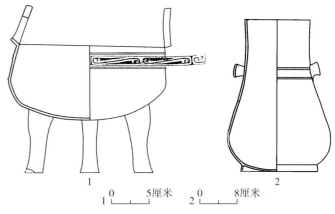

图 7-86　不夜村东残墓出土铜器

图 7-87　不夜村东残墓出土铜器照片

3. 不夜村西北丘梁上出土的两件铜鼎

1970 年在不夜村西北丘梁上出土，形制相同，出土情况不明。

铜鼎　BYC22，方唇，矮子母口，立耳，圆腹，中部有道突棱，圜底，三蹄形足，覆钵形盖，盖面三纽。通高 15.8、口径 14.6、盖径 16.6、厚 0.1~0.2 厘米。盖重 640、器体重 1420 克。（图 7-88:1；图 7-89:1）。BYC21，通高 15.8、口径 16.2、盖径 18.4、厚 0.3~0.4 厘米。盖 660、器体 2360 克（图 7-88:2；图 7-89:2）。

时代为战国时期。

1　　　　　　　　　　　2

图 7-88　不夜村西北丘梁上出土战国铜鼎照片

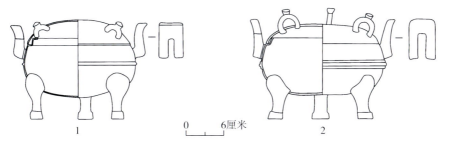

1　　　　　　　　　　　2

图 7-89　不夜村西北丘梁上出土战国铜鼎

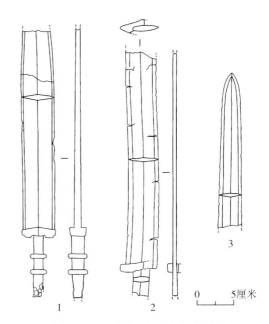

1　　　　2　　　　3　　　　　　　　1　　　　2　　　　3

图 7-90　不夜村出土战国铜剑照片　　　图 7-91　不夜村出土战国铜剑

4. 不夜村出土铜剑

20 世纪 70 年代，不夜村出土了战国时期铜剑，具体地点不详，现存三把。

铜剑　BYC30，残长 35.6、剑身宽 3.8~4.4、柄径 1~1.8、鐅宽 4.6 厘米（图 7-90：1；图 7-91：1）。BYC31，残长 32.4、剑体宽 4.2、剑柄宽 2.2、厚 0.1~0.7 厘米（图 7-90：2；图 7-91：2）。BYC32，残存剑锋尖部分。残长 20.6、宽 3.2、厚 0.1~0.5 厘米（图 7-90：3；图 7-91：3）。

5. 梁南庄汉墓

1981 年发掘的梁南庄汉墓位于埠柳镇梁南庄村南的土坡上（见图 7-1），同一封土下有两座南北并列的汉墓 M1、M2。在质地较松软的风化岩上开挖成长方形竖穴石圹，封土曾高达 7、8 米，现已平整为梯田[1]。

M1　墓口东西长 5.6、宽 4、深 4.4 米。墓底略下陷，墓圹东南角的两壁上，凿有两行上下交错排列的脚窝，墓四壁以砖砌成椁壁，高 155、厚 35~40 厘米，以立砌为主，间以平铺，椁上覆木板椁盖，木板已朽，但椁盖之上的夯土并未下陷，夯土共七层，每层厚 2.7 厘米，不见夯窝。砖椁与圹壁之间以土和海蛎壳分层填实。墓底铺砖三层，底一层立砌，上二层平铺为人字形（图 7-92）。

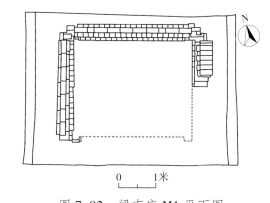

图 7-92　梁南庄 M1 平面图

（采自烟台市文物管理委员会《山东荣成梁南庄汉墓发掘简报》，《考古》1994 年第 12 期，1069 页：图二）

墓砖均为长 34~35、宽 12.5~14.5、厚 5~6 厘米的素面灰砖。

墓葬经扰乱，棺痕及尸体位置不明，器物位置不详。M1 器物中尚余铜器、玉器等，陶器、铁剑、铜镇等遗失。

铜镜　百乳镜，存 3 件。M1:8，镜面微凸，镜背面纹饰自内而外依次为连弧纹、乳丁纹、连弧纹，中央纹带为圆锥状乳丁，弧线衬底，两行七枚为一组，共四组，其间为小花纹。直径 11 厘米（图 7-93:5）。

铜盘　1 件。M1:1，斜折沿，直壁，腹壁一道凸弦纹，浅圜底。高 12、口径 63 厘米（图 7-93:1）。

铜壶　1 件。M1:10，侈口，高领，扁圆腹，肩饰两道凸弦纹，腹饰一道宽带，两只桥形横耳。此器制作粗糙，由口沿至圈足可见二道凸起的铸范接合痕迹，器壁较厚。重 20.6 千克。通高 45.2 厘米（图 7-93:6）。

铜鼎　2 件。M1:9，子母口，内敛，方形附耳，扁圆腹，腹中有较宽的腰沿，圜底，三马蹄足，浅盖，饰一道凸棱，盖纽为铁质，已锈蚀，原状不明。通高 32 厘米（图 7-93:3）。M1:13，大直口，卷沿，平底，矮圈足，通体素面，上腹部三道凸纹带，腹壁一对铺首衔环，三足为力士形，分足叉腰，面目锈蚀不清。通高 15 厘米（图 7-93:4）。

铜锅　1 件。M1:7，器壁甚薄，大口，小沿外卷，深腹，圜底，腹壁微起凸棱，双耳衔环。残高 12.9 厘米（图 7-93:2）。

铜铨　1 件。M1:6，圆筒形，平底，三矮足，足跟呈半球状，通体素面，中腰饰一道宽带，子母口，两桥形横耳与提链、提梁相连，提链环扣腐损严重。提梁宽扁形，两端饰简略的兽头形，盖为直壁弧顶，中设桥形纽。通高 20 厘米（图 7-93:7）。

铜染炉　1 件。M1:4，炉体下半部为长方斗形，上半部长圆形，口沿有三支钉，为放置器皿。四周为镂空花纹，纹样锈结不清。前端面似为一凸出的兽头，一侧可能为虎形，余不清，炉底有 10 个长方条

---

[1] 烟台市文物管理委员会《山东荣成梁南庄汉墓发掘简报》，《考古》1994 年第 12 期，1069 ~ 1077 页。

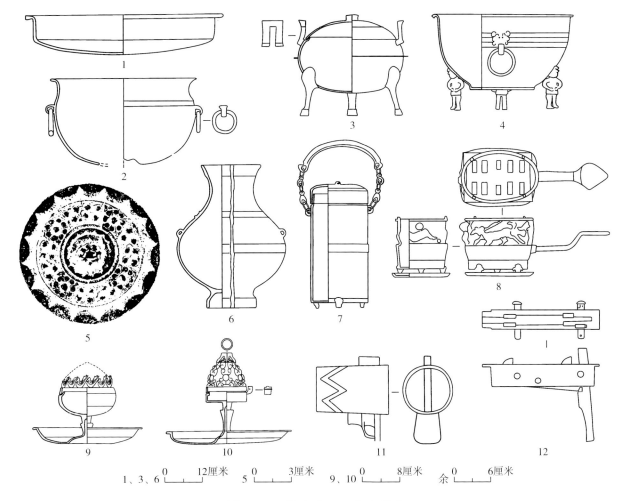

图 7-93　梁南庄 M1 出土器物

（采自烟台市文物管理委员会《山东荣成梁南庄汉墓发掘简报》，《考古》1994 年第 12 期，1073 页：图六；1074 页：图九、图一〇；
1075 页：图一一）

形镂孔，底正中设一圆柱足，边缘设四足，似为象形圆雕，炉足下为一较薄的抹角长方形浅盘，以承炉灰，后端面设一曲柄，柄断面上平下半圆，柄端收扁成叶形。通高 9.6、总长 25 厘米（图 7-93：8）。

铜熏炉　2 件。M1:3，残损，炉台为平底直沿，一侧铸有枢纽，连以炉盖，盖为镂孔勾线花纹，至顶部正中收为圆孔，炉盖底缘内侧铸有三个长约 0.7 厘米的柱状小足，插靠炉台内壁，使炉台与炉盖紧密扣合，浅盘形底座。高 19.5、直径 26.5 厘米（图 7-93：10）。M1:5，炉台为扁圆形，子母口柄。残高 14、底座直径 23.5 厘米（图 7-93：9）。

铜弩机　1 件。M1:11，长方体，郭边有木痕，似装于木件上，郭面上的箭槽为长条，有前后两道机牙。长 19 厘米（图 7-93：12）。

铜车辖　1 件。M1:12，残，为圆筒形状，末端封盖，器壁较薄，外表饰一周双折线阴纹，厚重，扁长体，帽部分为宽板形并有桥形纽。长 10、径 7.8 厘米（图 7-93：11）。

铜戈　1 件。M1:9，仅余援部，残长 2.6 厘米。

玉璧　M1:15，璧外圈纹样为三组兽面，蛇状身躯蜷曲勾连，内圈纹样为蒲纹，二圈之间以斜短线纹隔开。此器外圈纹样尚未刻磨完成，大部花纹系初刻的阴线，细、浅，凡平直的线条皆经冲磨，

图 7-94　梁南庄 M1 出土玉器

（玉璧拓片采自烟台市文物管理委员会《山东荣成梁南庄汉墓发掘简报》，《考古》1994 年第 12 期，1076 页：图十二、十三）

线条宽深，另面花纹也如此。由此可看出先简后易的加工顺序。璧直径 18.7、好径 2.5、厚 0.3 厘米（图 7-94：1、4）。M1：16，质地与纹样均精，饰谷纹。璧径 14.8、好径 6.1、厚 0.4 厘米（图 7-94：2、5）。

玉圭　M1：17，磨制规整，光洁。长 9.1、宽 2.3、厚 0.4 厘米（图 7-94：3）。

M2　墓口东西长 5.3、宽 4.55、深 4.4 米。底稍大。墓边略内弧，唯南壁造圹时坍塌，为不规则的外弧形。砖椁结构如 M1，高 155、厚 50~80 厘米，均为立砖，墓底平铺一层砖，排成直行。砖为长 29、宽 12、厚 5.5~6 厘米的素面灰砖。

椁室北部有棺木朽后的板灰和漆皮，应为重棺，外棺为黑漆，东西长 2.6、南北宽 1.35~1.4 米，人骨已朽。

M2 共出土器物 66 件，绝大部分置于椁室中，铜器、漆器主要置于东南部，陶灶、陶炉、铁灯等放置于西北角，大部分壶、钫等陶器放置于西南部。出土时，一些大型铜器如壶、盘等的器表朽土痕迹中可见席纹，壶、盘、鼎、炉等铜器上还沾满稻壳、谷壳，可知这些铜器入葬时或以席包裹，或装于盛具中，以谷物糠皮充塞，以防损坏（图 7-95）。

陶器共计 45 件。大部分为泥质灰陶，明器有施银灰陶衣者，如鼎、炉、灯、耳杯等，质地坚硬，仅有少数罐、盆、钵为夹砂红褐陶。还有铜器和漆器上的铜质附件等。

陶钵　9 件，分 2 式。Ⅰ式，7 件，M2：42，侈口，折腹，圜底。高 5.6 厘米（图 7-96：1）。Ⅱ式，2 件，M2：43，平底，余同Ⅰ式。高 6.6 厘米（图 7-96：2）。

陶钫　5 件。M2:24，侈口，鼓腹，腹中部有双耳，圈足。通高 30.8 厘米（图7-96:4）。

陶罐　4 件，分 2 式。Ⅰ式，3 件，M2:27，侈口，宽沿，斜肩，鼓腹，圜底。高 17.6 厘米（图 7-96:8）。Ⅱ式，1 件，M2:23，敛口，圆腹，小平底。高 11.6 厘米（图 7-96:9）。

陶耳杯　8 件。M2:58，杯呈椭圆形，圜底，器壁甚薄，两侧有新月状耳，微上翘。口长 19 厘米（图 7-96:14）。

陶盆　2 件，分二式。Ⅰ式，M2:28，敞口，外卷沿，腹饰瓦纹，平底。高 10.2 厘米（图 7-96:3）。Ⅱ式，M2:57，侈口，外卷沿，唇部一周碎绳纹，折腹，圜底。高 11.4、口径 47.2 厘米（图 7-96:5）。

陶壶　10 件，分二式。Ⅰ式，8 件，M2:36，侈口，短颈，扁圆腹，腹中部饰三道凹弦纹，圈足。通高 41.6 厘米（图

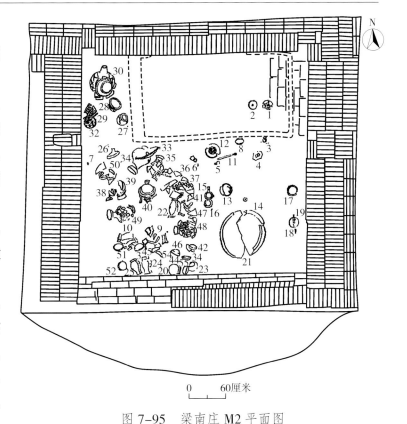

图 7-95　梁南庄 M2 平面图

（采自烟台市文物管理委员会《山东荣成梁南庄汉墓发掘简报》，《考古》1994 年第 12 期，1070 页：图三）

7-96:6）。Ⅱ式，2 件，M2:37，侈口，短颈，长圆腹，腹中部饰绳纹一周，圈足。通高 44.2 厘米（图 7-96:11）。

陶汽柱甑　1 件。M2:33，上腹部饰凸棱一周，内底中心圆筒状凸起，顶饰弦纹二周，底有十字叶形镂孔。高 11.8、口径 45.4 厘米（图 7-96:10）。

陶鼎　1 件。M2:40，子母口，内敛，方形附耳，扁圆腹，腹饰宽腰沿，平底，三蹄足。通高 26 厘米（图 7-96:7）。

陶方炉　1 件。M2:29，长方形，四足，足断面成曲尺形，四侧面及底部皆为条形镂孔，长侧面四孔，短面二孔，底面三孔。口长 25.4、宽 16.7、深 9.8、高 14 厘米（图 7-96:16）。

陶圆炉　1 件。M2:32，圆形，直壁，环器身有条形镂孔七，圜底，亦有条形曲尺形镂孔为一条形孔中分，三蹄足。高 12、口径 24 厘米。下有托盘，折沿，折腹，平底，内底中心一周凸棱。高 6.4、口径 33.6 厘米（图 7-96:13）。

陶釜　1 件。M2:56，平唇，小直口，球腹，腹中有腰沿，圜底。高 20.3 厘米（图 7-96:15）。

陶灶　1 件。M2:30，圆台形，底大口小，与陶釜套合，腹中部两侧各有一横耳，前部开方形灶门，后部竖一圆筒形烟囱。灶外表饰压印粗绳纹的附加堆纹泥条，底、口部各一周，腹中部斜交叉，以起加固作用。通高 20.7、底径 41.2 厘米（图 7-96:15）。

陶熏炉　1 件。M2:38，盖、台、座皆为浅盘形，中为实柄，盖顶一鸟，环以三角形镂孔，盖中部两周剔刺纹。通高 24.2 厘米（图 7-96:12）。

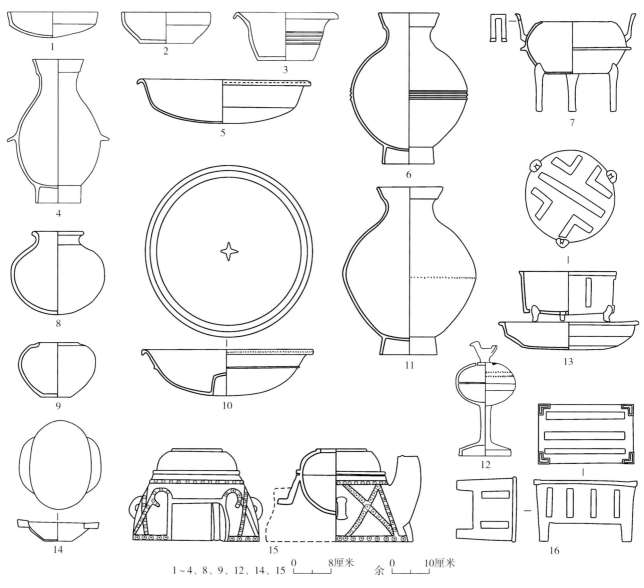

图 7-96　梁南庄 M2 出土陶器

（采自烟台市文物管理委员会《山东荣成梁南庄汉墓发掘简报》,《考古》1994 年第 12 期, 1071 页: 图四; 1072 页: 图五）

铜镜　2 件。昭明镜。M2:1, 镜背微凸, 半球纽, 连球座, 镜背纹饰在三道宽平纹带之间, 有两圈铭文。内圈 20 字: "内清质以昭明, 光而夫日月, 心忽而忽雍塞而不泄"; 外圈 24 字: "内清质以昭明, 光象辉日月, 心忽而□忠, 然雍塞而不泄"。直径 12.5 厘米（图 7-97:2）。M2:18, 铭文一周, 22 字: "内清以明昭明, 光象辉日月, 心忽而扬忠, 然雍塞而不泄", 内为连弧纹、直线、菱格, 余同上, "辉""日"二字之间有一乳丁, 不知为字或为铭文隔断。直径 18 厘米（图 7-97:1）。

铜盘　1 件。M2:21, 口径约 70 厘米。

铜鼎　1 件。M2:22, 残碎, 器体变形, 扁腹, 腹中饰凸弦纹, 蹄足较矮, 附耳, 盖为平顶, 正中桥纽圆环。子母口, 内敛, 方形附耳, 扁圆腹, 腹中有较宽的腰沿, 圜底, 三马蹄足, 浅盖, 饰一道凸棱。通高 17 厘米（图 7-97:8）。

铜鐎壶　1 件。M2:15, 器残碎, 直口, 小领, 盖已失, 肩部有残端的枢纽, 扁圆腹, 中部饰一道腰沿，圜底，三蹄足，方形嘴，嘴上部边缘饰兽头，一侧有长 7 厘米的扁方空心手柄。通高 12 厘米（图 7-97：3）。

铜熏炉　2 件。M2：12，炉台为平底直沿，一侧铸有枢纽，连以炉盖，盖下部两道纹饰为方框交叉直线，上部为一道圆圈，中顶残损，炉盖底缘内侧铸有三个长约 0.7 厘米的柱状小足，插靠炉台内壁，使炉台与炉盖紧密扣合，浅盘形底座。残高 19.5 厘米（图 7-97：9）。M2：13，残碎，从残片观察，也有浅盘，炉台为平底直沿，一侧铸有枢纽，连以炉盖，炉台直径 14.5 厘米。腹壁一对铺首衔环，子母口，盖的镂孔为山形纹（图 7-97：13）。

铜带钩　1 件。M2：19，长钩，柱端面凸，背平。通长 8.7 厘米（图 7-97：4）。

铜盖弓帽　1 件。M2：5，外表鎏金，孔内有朽木。通长 2.4 厘米（图 7-97：5）。

铜管　1 件。M2：4，尖锥状。残长 5.7 厘米（图 7-97：6）。

铜棒　1 件。M2：7，残长 8.6 厘米（图 7-97：7）。

铜足　1 件。漆器铜质附件。M2：14，为漆樽、漆奁的附件，蹄足，中空，半球形足跟，内侧有插钉。长 4.4 厘米（图 7-97：10）。

铜衔环　1 件。漆器铜质附件。M2：8，桥形耳，内侧有二插钉。环径 2.2 厘米（图 7-97：11）。

铜铺首　4 件。漆器铜质附件。M2：6，锈蚀严重，兽面纹样不清晰，边缘粘有木痕，截面半圆形，横长 6、纵长 4、环径 5 厘米。

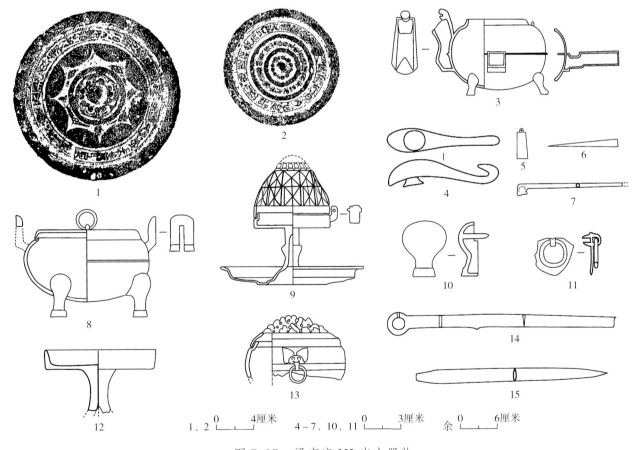

图 7-97　梁南庄 M2 出土器物

（采自烟台市文物管理委员会《山东荣成梁南庄汉墓发掘简报》，《考古》1994 年第 12 期，1074 页：图一〇；1075 页：图一一）

铁削 1件。M2：11，尖端稍残，扁方柄，环首，平背，直刃，其外原有布类包裹。残长37厘米（图7-97：14）。

铁匕 1件。M2：31，锈蚀较重，两面刃，据朽痕，似盛于红漆木匣中。长约29厘米（图7-97：15）。

铁灯 1件。M2：26，锈蚀，灯盘浅平，直沿，壁较厚，灯座形制不明，外表粘有朽木，可能为柱柄插于木座上。灯盘直径18厘米（图7-97：12）。

M1、M2为夫妻合葬墓，M1随葬长铁剑、弩机等兵器，推测墓主为男性；M2多随葬漆奁等，墓主为女性。时代为西汉中期。

另，收录荣成市博物馆藏标注为"梁南墓出土"陶壶，具体出土单位不明；标注有"07或08年梁南村南残墓中出土"的器物，器物形制与两墓的随葬品一致。

陶壶 BYC42，泥质灰陶。圆方唇，敞口，短束颈，圆腹，平底，小圈足。口径17.4、底径14.6、高32.2、最大腹径32.4、厚0.7~1.4厘米（图7-98：1；图7-99：1）。

铜鼎 BYC41，圆唇，敛口，圆腹，圜底，三蹄足。口径6.4~6.6厘米（图7-98：3；图7-99：2）。

铜蹄形足 2件。漆器铜质附件。形制相同。BYC35，高4.4、厚0.1~0.2厘米（图7-98：2；图7-99：3）。

铜铺首 2件。漆器铜质附件。形制相同。BYC33，通长6、衔环径3.5、柄径0.4厘米；兽首宽1~4.2、厚0.2~0.5厘米（图7-98：4、5；图7-99：9）。

铜铃 BYC36，3件，素面，形制相同。高5.1、宽2~2.5、厚0.1、顶径1.5~2、底径1.7~2.5厘米（图7-98：6；图7-99：4）。BYC37，内部有舌，器表有枚。高3.8、宽2.3~3.7、厚0.1厘米（图7-98：7；图7-99：5）。BYC38，纹饰不清。高3.3、宽2.2~2.7、厚0.1厘米（图7-98：8；图7-99：6）。BYC39，

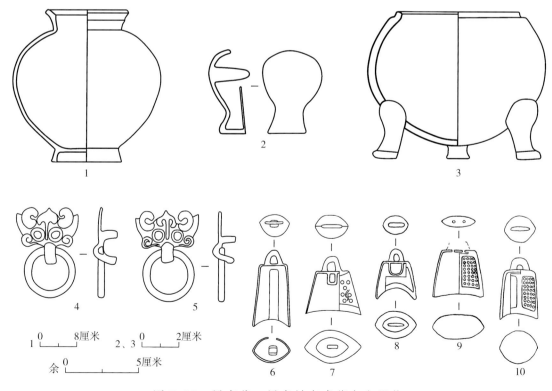

图7-98 梁南墓、梁南村南残墓出土器物

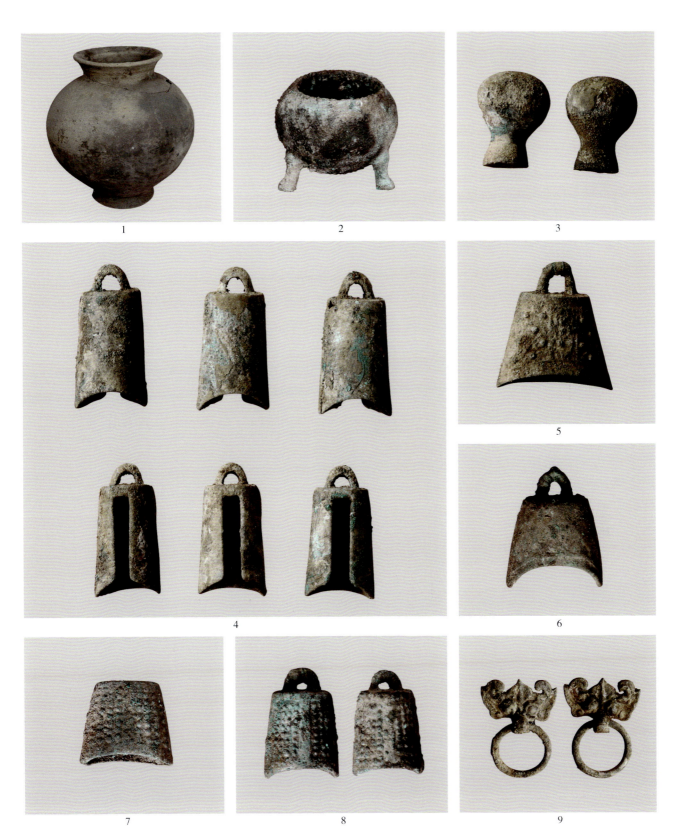

图 7-99 梁南墓、梁南村南残墓出土器物照片

悬残，器表有枚。残高3.1、宽2.4~3.4、厚0.1~0.2厘米（图7-98：9；图7-99：7）。BYC40，2件，带悬、器表有枚，形制相同。高4.2、厚0.2、宽2~2.6厘米（图7-98：10；图7-99：8）。

（二）不夜城城址的调查、勘探和历年出土材料的整理

1. 地理位置和城址形制（图7-100）

不夜城城址位于成山头以西26千米的荣成市埠柳镇不夜村内（见图7-1），城址位于群山环抱的小盆地中央，在一个平缓的南北向丘陵余脉上，南为低缓的丘陵，北为平原。城址东西两侧各有一条小河，两河在城址北侧不远处相汇。

城址绝大部分被不夜村压占，据当地村民反映，村庄南部的原堆积曾被挖掉2米左右，其他地方的堆积也曾遭到很大破坏。2013年8月项目组对不夜城城址进行了钻探，范围覆盖不夜村及周围区域。在不夜村西部和北部发现了城墙基槽的迹象，基槽宽度应为8~12米，其底部距现地表0.6~0.9米。西部基槽中仍残存0.1~0.2米黄灰色夯土，北部基槽中则为黄褐色填土。根据这些线索推测，城址整体为东北—西南方向，与山梁方向大体一致，城址宽度可能在150~270米之间，长度可能在200~700米之间。

图7-100　不夜城城址历年发现的遗迹与遗物出土地点（郭明建绘制）

此外，在遗址东部的一排探孔中也发现了夯土的痕迹，长度为 50~60 米，宽度由于现代建筑物阻碍未能探知。夯土为浅灰黄色，距地表 0.3~0.9 米，厚度 0.3~0.5 米。而夯土层下还有黄褐色的淤沙层和灰绿色淤土层，距地表 1.3~1.4 米，其下为基岩。夯土的性质尚不明确。

在本次钻探中，大多数探孔并未发现文化层和其他遗迹现象，表土层以下为较厚的黄褐色淤沙层或淤沙黏土层，再下即为砂质基岩。淤沙层的厚度自村庄中部和南部向周围逐渐变厚，在村庄中部，很多探孔表土层下即为砂岩，而在钻探区域的边缘，很多探孔至 1.5 米处仍为淤沙层，未见底。

在历年的调查中，在不夜城城址中发现了砖铺地面、红烧土、瓦砾堆积、水井等汉代遗迹（见图 7-100）。

2. 历年出土遗物

包括建筑材料、生活用品、生产工具等，时代上可分为战国、西汉及东汉以降。遗物现藏荣成市博物馆。

（1）战国时期

瓦当　1 件。BYC13，残，仅余连接筒瓦的部分。夹砂灰陶，质硬。图案为树木纹，边廓较宽。厚 1.3~1.9、残长 5.8 厘米（图 7-101）。

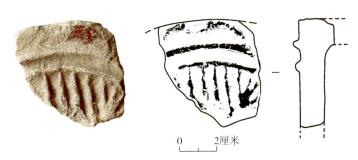

图 7-101　不夜城遗址采集战国时期瓦当

（2）西汉

素面铺地砖　2 件。2011 年不夜村东北采集。BYC05，砖之一角。夹砂灰褐陶，质地极硬。底面粗糙，顶面平。残长 28、残宽 21、厚 4.6 厘米（图 7-102∶1；图 7-103∶1）。BYC06，砖之一角。夹细砂，灰褐陶，坚硬。极规整，底面粗糙，顶面平整。残长 14、宽 12.5、厚 2.3 厘米（图 7-102∶2；图 7-103∶2）。

瓦当　1 件。1978 年出土。BYC25，有"长生无极"四字。当面直径 17.4~18、厚 1.4~3.3 厘米（图 7-102∶3；图 7-103∶4）。

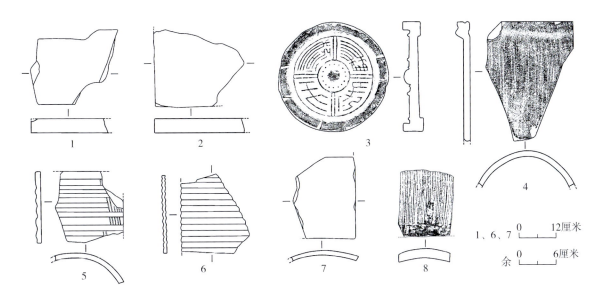

图 7-102　不夜城城址采集西汉建筑材料

图 7-103　不夜城城址采集西汉建筑材料照片

　　筒瓦　2 件。1978 年采集。BYC12，夹砂灰陶。属较薄的一种，顶面饰细绳纹，底面饰细密的布纹。残长 19、宽 14.2、厚 0.9~2.3 厘米（图 7-102：4；图 7-103：5）。BYC14，残片。泥质浅灰陶。是较薄的一种筒瓦，顶面饰瓦棱纹加绳纹，瓦棱不深，不规整。残长 11.4、残宽 11、厚 0.7~0.9 厘米（图 7-102：5；图 7-103：3）。

　　板瓦　3 件。BYC15，残。夹砂红褐陶，火候不匀，深色夹心。饰瓦棱纹，凸面深凹面浅，瓦棱上又可见斜向绳纹，内切。残长 25.5、厚 1.4 厘米（图 7-102：6；图 7-103：6）。BYC16，残。夹砂浅灰陶，质稍硬。凸面隐现不规则斜向绳纹，内切。残长 26、厚 1.8 厘米（图 7-102：7；图 7-103：7）。BYC17，1978 年村西发现。残块。泥质青灰陶，质坚硬。瓦首圆，凹面饰细密的布纹，凸面饰密集的直行绳纹。残长 10.8、厚 1.2~1.4、残宽 8.6 厘米（图 7-102：8；图 7-103：8）。

　　陶鼎　1 件。BYC47，1992 年在不夜村西南的东西向公路南侧发现大片红烧土，在其北侧接近路中央处发现水井一口，井中出土这件陶鼎。夹细砂灰陶。残高 12.8、口径 16.6、厚度 0.6~1 厘米（图

7-104：1；图 7-105：1）。

陶盆　1 件。BYC53，夹砂灰陶。方圆唇，口部微敛，上腹曲收，下腹斜收，小平底。口径 19.8~20.4、高 9、底径 10.2、厚 0.6~1.4 厘米（图 7-104：2；图 7-105：2）。

陶豆　2 件。BYC52，尖唇，直口，深盘，高柄，底部残缺。残高 19.8、口径 17.4、厚 0.5~1.8 厘米（图 7-104：3；图 7-105：4）。BYC50，高 24.6、口径 16~16.6、底径 12.6 厘米（图 7-104：8；图 7-105：5）。

陶壶　2 件。BYC26，泥质灰陶。方唇侈口，唇面有道凹槽，束颈，圆鼓腹偏下，大平底，假圈足。器盖不规则，覆盏形，盖面弧直，小喇叭状捉手，舌部平直。盖径 8、通高 25.4、口径 13、最大腹径 21.8、底径 17 厘米（图 7-104：4；图 7-105：6）。BYC51，口部微撇，方唇，颈部微束，斜

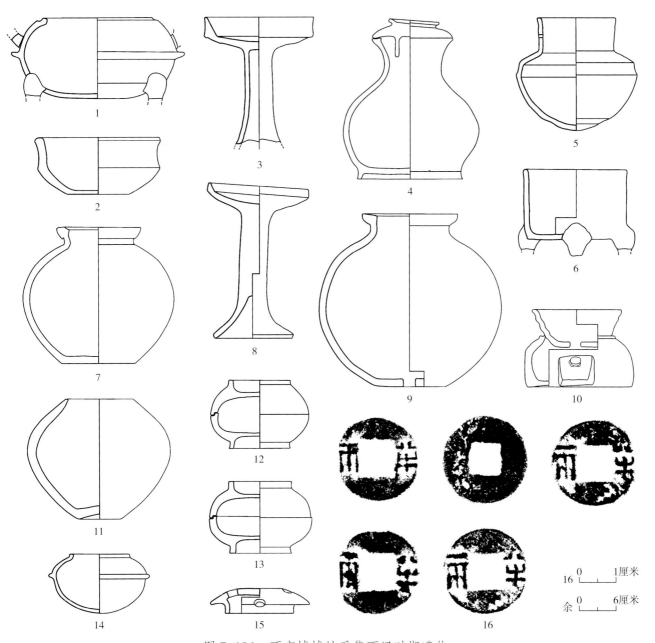

图 7-104　不夜城城址采集西汉时期遗物

图 7-105　不夜城遗址采集西汉陶器

肩，上腹部有凹槽，下腹斜收，圜底，假圈足残，颈部有两个穿孔。残高17.8、口径12.6、最大腹径19.2、厚0.6~0.8厘米（图7-104：5；图7-105：3）。

陶樽 1件。BYC46，夹砂灰黑陶。足部残，圆形直口，筒形腹至底部微收，平底微凸，三足残缺。口径16.8、底径16、残高13.6、厚0.7~1厘米（图7-104：6；图7-105：7）。

陶罐 2件。BYC43，尖圆唇，侈口，短直颈，球腹，平底微弧，下腹部有绳纹，但磨蚀不清，底部有一孔。口径15.4、高27.4、底径11.8、最大腹径29.6、厚1.2~2.3厘米（图7-104：9；图7-105：8）。BYC44，尖唇，侈口，短颈，内沿中部微凸，球腹，平底。口径13.6、高21.6、底径12、最大腹径24.2、厚1.2~2.2厘米（图7-104：7；图7-105：9）。

陶小口罐 1件。BYC54，尖唇，敛口，圆鼓腹，下腹斜收，小平底内凹，残存一半。残高19、底径7、厚0.4~0.8厘米（图7-104：11；图7-105：10）。

陶盒 2件。BYC19，夹砂灰陶。方唇，矮子母口，浅腹，深圈足，盖面弧收。高10.8、最大腹径15.6、口径14、底径9.6、顶径9.8、厚0.7~2厘米（图7-104：12；图7-106：1）。BYC45，夹砂夹滑石灰陶。方唇，矮子母口，弧腹内收，深圈足，素面。高11.4、顶径10、口径14.6、底径9.4、厚0.6~1.8厘米（图7-104：13；图7-106：2）。

陶釜 1件。BYC48，夹砂灰陶。口径9.8、通高9.6、厚0.5~0.8、最大腹径16.4厘米（图7-104：14；图7-105：11）。

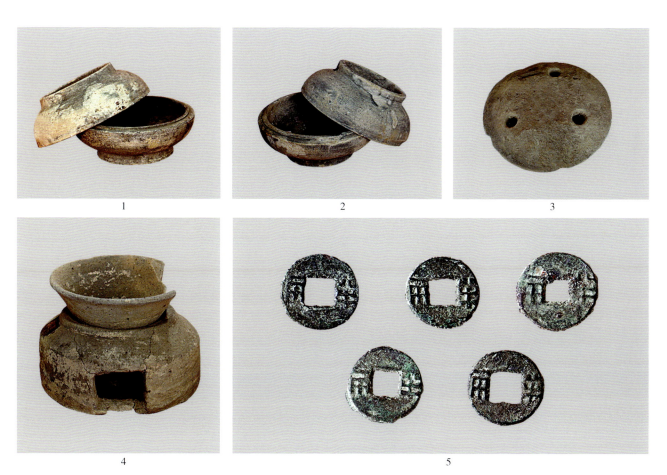

图7-106 不夜城城址采集西汉时期遗物照片

陶器盖　1件。BYC49，夹细砂黄褐陶。方唇，直口，蘑菇形盖，盖面弧收，顶部微平，盖面有三孔。口径11、高4、厚0.7~1.2、顶径16厘米（图7-104：15；图7-106：3）。

陶灶　1件。BYC20，夹砂灰陶。上有小盆，敞口，圆唇，斜直腹，小平底，底部有孔。灶体方唇，敛口，唇沿内凹，斜肩，直腹，大平底内凹，正面方口为进火口，背面穿孔做通风。通高12.4厘米，灶体口径12.2、底径17.4厘米，盆口14.6、底径7.2、厚0.6~2厘米（图7-104：10；图7-106：4）。

铜钱　村西北角修涵洞时出土一陶罐，内有半两，共11斤（图7-104：16；图7-106：5）。

（3）东汉时期以降

长条砖　1992年在不夜村西南、东西向公路南侧与红烧土共出。4件。一侧面带有花纹。BYC07，残。青灰色，质地坚硬。侧边饰多重菱形纹，线条呈弧面状，顶面光平，底面可见绳纹。残长15、宽13.5、厚6.8厘米（图7-107：1；图7-108：1）。BYC08，残。青灰色，质地坚硬。一端有母榫，顶面平，底面绳纹。侧边花纹为纵横交替排列的弧线菱形纹。残长19.8、宽13.5、厚6.8厘米（图7-107：2；图7-108：2）。BYC09，残。青灰色，含砂稍多，质地坚硬。一端有公榫，顶面平，底面不平，侧边花纹为上下两行单线菱形纹。残长16.8、宽13、厚6厘米（图7-107：3；图7-108：3）。BYC10，残断。青灰色，含砂稍多，质地坚硬。一端有较短的公榫，侧边花纹为上下两行单线菱形纹，菱形中心有乳丁二，两行之间以竖短线相连。残长20.8、宽12.8、厚6.6厘米（图7-107：4；图7-108：4）。

陶水管　1958年出土，原有四节，尺寸形制略同，完整。BYC18，夹砂青灰陶，火候极高，陶胎内外一色，质地坚硬。管内可见泥条盘筑及横抹的痕迹，外壁饰纵向绳纹。管口处6~7厘米的宽

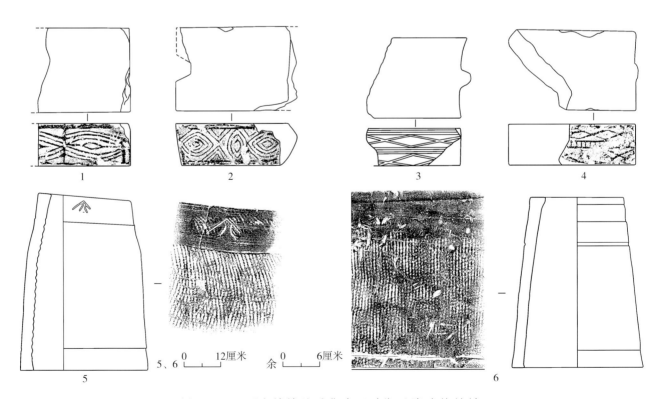

1　　　　　　2　　　　　　3　　　　　　4

5, 6　0　　12厘米　　余　0　　6厘米

5　　　　　　　　　　　　　　　　　　　6

图7-107　不夜城城址采集东汉时期以降建筑材料

图 7-108 不夜城城址采集东汉时期以降建筑材料照片

度被抹光。水管口由细渐粗，使用时两管以粗细两端套接。细端管口外侧在抹光部分刻划一个"六"字，长 54.7 厘米；粗端外径 41.5、内径 32.7、细端外径 29.6、内径 20.6 厘米，口沿部分稍厚。壁厚约 3.8 厘米，中部稍微外鼓（图 7-107：5；图 7-108：5）。BYC23，粗绳纹。细端口径 30~32、粗端口径 39~40、长 54、管壁厚 3.6~4.8 厘米（图 7-107：6；图 7-108：6）。

铁犁 1958 年出土。3 件。BYC55，稍残。整体呈鞋形，中后部为銎。长 35、最宽 23.8、銎口厚度 1.5、脊部最厚 4 厘米（图 7-109：1；图 7-110：1）。BYC56，前部残。整体鞋形，中后部为銎。残长 38.5 厘米、最宽 27、銎口厚度 1~1.2、脊部最厚 4 厘米（图 7-109：2；图 7-110：2）。BYC57，前部残。残长 22.2、最宽 32.2、厚 1~1.7 厘米。中部有两道脊，高 1.2、1.4 厘米（图 7-109：3；图 7-110：3）。

石磨盘 2 件。BYC03，上下扇两合，均为赭红色花岗岩。上扇直径 43、边厚 7.5 厘米。上扇顶面为圆形漏斗，漏斗外侧边缘高 0.3、宽 2.1 厘米，内侧深 5 厘米，漏斗中心设一上窄下宽的隔梁，将漏斗一分为二，每边各有一磨眼。漏斗以外的部分向内缘成斜坡状，表面满饰整齐的斜线錾纹。底面凹，中心有直径 22.5 厘米的凹面。中为边长 3.2 厘米的铁磨芯，铁磨芯内有直径 1.5 厘米的圆孔。铁磨芯两侧有相距 10 厘米的长方形磨眼，磨眼长 2.3、宽 1.3、深 2.5 厘米。底面外部宽 10.2 厘米的部分刻成磨齿，磨齿宽平，齿距不甚规整，约 2 厘米。斜纹分布为面积不等的六个部分。下扇直径 43 厘米，中厚，边缘直立，立缘高 5 厘米，底面平，做工粗糙。顶面中高四周低，分布着磨齿，磨齿七区，均为斜线分布，但不是做成齿沟，而是由短线凹点组成。中心为直径 3 厘米的铁磨芯，周围直径 12 厘米的圆形部分无磨齿（图 7-109：4；图 7-110：4）。BYC04，灰白色花岗岩。上下二扇扣合。上扇直径 44 厘米，边缘直立，高 4 厘米。

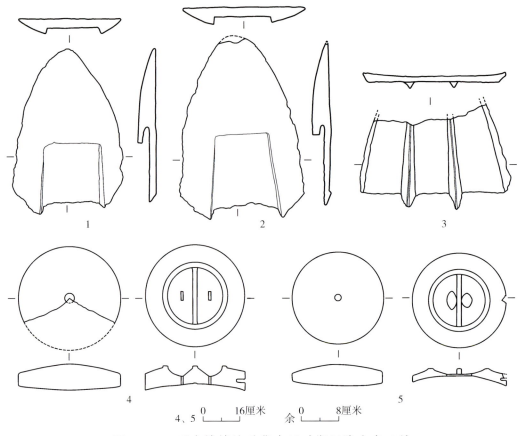

4、5　0 ├──┤ 16厘米　　　余　0 ├──┤ 8厘米

图 7-109　不夜城城址采集东汉时期以降生产工具

图 7-110　不夜城遗址采集东汉时期以降生产工具照片

上扇顶石呈坡状，顶面粗琢，中央为圆形漏斗，漏斗边缘不规整，内深 4 厘米，中设隔梁，隔梁两侧的漏孔被磨损成两个大洞。底面被磨成光滑的内凹石，中心部位有直径 3 厘米的圆孔，磨芯不存。下扇直径 37、立面高 5 厘米。底面平，制作粗糙。顶面弧。磨齿沟为麻点状，无行，无分区。中心部位有直径 11 厘米的圆形范围内无磨齿，中心为直径 3 厘米的圆形铁磨芯（图 7-109：5；图 7-110：5）。

四　小结

根据文献和考古工作成果，荣成市成山头上的秦汉时期遗址即为日主祠。虽然遭到严重破坏，但仍能从残迹中发现功能不同的一组组合，包括亭阁建筑、立石、祭祀地、祠庙等。

秦汉时期各类建筑应该高下错落、鳞次栉比。从目前材料分析，在成山中峰、灯塔地、南马台等遗址秦代建有规模和功用不同的建筑，汉代利用和修复了秦代建筑。

成山中峰是成山头的制高点，发现了大量的秦汉时期踏步砖、少量的铺地砖和瓦当等建筑材料，根据不同建筑材料的功用，估计在顶峰处建有规模不大的亭阁类建筑，登山的台阶逶迤绵长，铺有踏步砖。

成山南峰立石处于祠祀环境中，立于山顶亭阁之下。立石的埋置情况与泰山刻石大致，如董逌所言“昔所建立，盖凿石为穴，下寝其中”[1]，从秦始皇在东方游历立石为记的情况看，成山立石很可能为始皇立石之一，不知出于何种原因其上没有镌刻文字。

酒棚遗址出土了两组祭祀玉器。玉器的出土位置应为施祭的具体地点。从以前发掘的烧沟遗迹和出土器物情况看，伴随着瘗埋玉器的祭祀仪式还应有奉献牺牲等祭祀行为，祭祀地点附近应该有建筑。根据与甘肃鸾亭山汉代祭祀遗址的对比[2]，应为汉代祭祀遗存。

南马台遗址根据排水管道的形制，排水管道 GD1 为秦代遗存。根据建筑散水遗迹 FS1 所处的地层以及瓦砾堆积出土的砖、瓦、瓦当、排水管道修补处的三角纹踏步砖等遗物的时代特征，散水遗迹 FS1、排水管道 GD2 的修建时代为秦代，西汉时期进行了修补使用。

根据前人的回忆和遗物采集情况，在校场沟和灯塔地等地点都有大规模建筑存在，由于破坏严重，只有少量建筑材料遗留下来，具体情况不明。灯塔地在秦、西汉以后又沿用了一段时间。

成山中峰出土的踏步砖花纹压印整齐，宛若一体，大瓦当残块尽管很小，但陶质、陶色、形态、纹样、工艺水平均与月主祠庙周家夯土基址出土的同类器物完全相同。这样的陶质、陶色、工艺水平在成山遗址中很特殊，可能不是在成山当地制造的。

成山头为海陆相接之处，礁岩嶙峋，不适合居住和耕作。成山头临近的不夜城遗址及其周边区域，在商末周初、东周时期就分布有高等级墓葬，成山头遗物中有早年出土的商末周初时期陶鬲足，本次发掘出土了战国时期的陶鼎残片，说明在秦汉皇帝莅临祭祀之前即为祭祀之地。

---

［1］〔宋〕董逌《广川书跋》卷四，明毛氏汲古阁刻本，十七～十八页。
［2］早期秦文化联合考古队《2004 年甘肃礼县鸾亭山遗址发掘主要收获》，《中国历史文物》2005 年第 5 期，4、14 页。

由于条件所限，考古工作未能解决不夜城城址形制和起止年代等问题，但从城址内遗迹分布和遗物的出土情况分析，不夜城东周时期已为大型居邑，两汉时期很繁盛。

文献记载了秦始皇、秦二世、汉武帝、汉宣帝到过成山，且武帝到过多次。

秦始皇（前 219 年）："于是乃并勃海以东，过黄、腄，穷成山，登之罘，立石颂秦德焉而去。"[1]"三十七年（前 210 年）十月癸丑，始皇出游。……少子胡亥爱慕请从，上许之。……自琅邪北至荣成山，弗见。"[2]

汉武帝："太始三年（前 94 年），东幸琅邪，礼日成山，登之罘，浮大海，用事八神延年。"[3]

汉宣帝："甘露四年（前 50 年），成山祠日。"[4]

---

［1］《史记·秦始皇本纪》，244 页；《史记·封禅书》，1367 页。

［2］《史记·秦始皇本纪》，260、263 页。

［3］《汉书·郊祀志》，1247 页；《汉书·武帝纪》，206 ~ 207 页。

［4］《汉书·郊祀志》，1250 页。

第八章　四时主祠

一　地望的考察

《史记·封禅书》："四时主，祠琅邪。琅邪在齐东方，盖岁之所始。"[1]据《汉书·地理志》，秦置琅邪郡五十一属县之一琅邪，颜师古注："越王句践尝治此，起馆台。（存）[有]四时祠。"[2]

《水经注》："琅邪，山名也。越王句践之故国也。句践并吴，欲霸中国，徙都琅邪。秦始皇二十六年，灭齐，以为郡。城即秦皇之所筑也。二十八年，遂登琅邪，作层台于其上，谓之琅邪台。台在城东南十里，孤立，特显出于众山，上下周二十里余，傍滨巨海。秦王大乐之，因留三月，乃徙黔首三万户于琅邪山下，复十二年。所作台，基三层，层高三丈，上级平敞，方二百余步，广五里。刊石立碑，纪秦功德。台上有神渊，渊至灵焉，人汙之则竭，斋洁则通。神庙在齐八祠中，汉武帝亦尝登之。"[3]"刊石立碑，纪秦功德"即指始皇刻石六种之一琅琊刻石，明嘉靖《青州府志·山川》"今李斯篆碑剥落不可读"[4]所言"李斯篆碑"。陈烨于明万历二十七年与知县颜悦道相见于琅琊台上，还亲眼见"秦碑益断泐不似畴昔，为之一叹"[5]。清顺治年间，知县程涝于碑南面磨平迸裂痕，刻"长天一色"四隶字[6]。阮元《山左金石志》载友人所言，"台（琅琊台）上旧有海神祠、礼日亭，皆倾圮。祠垣内西南隅，秦碑在焉。"[7]光绪二十六年（1900 年）四月前后一日午后大雷雨，此石顿失。中华民国十年（1921 年）、十一年中搜求访得，黏合完好，存于教育局古物保存所中[8]。新中国成立后，刻石移置于山东博物馆，1959 年，入藏中国历史博物馆（现中国国家博物馆）（图 8-1）。

图 8-1　琅琊刻石

（采自中国国家博物馆编《中华文明——〈古代中国陈列〉文物精萃》，中国社会科学出版社，2010 年，277 页）

[1]《史记·封禅书》，1367 页。

[2]《汉书·地理志》，1586 页。

[3]《水经注疏》，2263～2264 页。

[4]〔明〕杜思修《青州府治·山川》卷六，明嘉靖四十四年（1565 年）刻本，上海古籍书店影印，1965 年，十七页。

[5]〔清〕崔俊修、李焕章纂《青州府志·古迹》卷四，康熙十二年（1673 年）刻本，二七页。

[6] 容庚《秦始皇刻石考》，《容庚文集》，中山大学出版社，2004 年，184 页。

[7]〔清〕阮元撰《山左金石志》卷七，清嘉庆二年（1797 年）刻本，一～二页。

[8]《秦始皇刻石考》，《容庚文集》，184 页。

琅琊台位于青岛市黄岛区（原胶南市）琅琊镇，东临龙湾，西靠琅琊镇，北依车轮山。因与琅琊刻石的依存关系，它应为四时主祠之所在。秦汉时期的四时主祠在后世文献中偶见，汉宣帝于甘露四年（前 50 年）祠四时于琅琊[1]，明嘉靖《青州府志》载琅琊山"台侧有四时祠，上有神泉，人污之即竭"[2]，但具体地点现难以查考[3]。

关于琅琊郡址有二说，一是在琅琊台下，一是在东武。"密州诸城县东南百七十里有琅琊台，越王勾践观台也。台西北十里有琅琊故城。"[4]明嘉靖《青州府志》："琅琊在县东南一百五十里琅琊山下，汉琅琊郡治，隋置丰泉县，寻改曰琅琊。"[5]康熙十二年《青州府志》："琅琊城在琅琊台下，相传越王勾践所徙都也。广七十步，袤一百七十步，狭隘已极，南北二面城址犹存，东西二面皆成巨壑。有东南二门，址亦存。隋开皇间改为丰泉县。"[6]类似记载不绝[7]。

东武之说始于《齐乘》，"诸城县"下云："汉为东武琅邪之郡治。"[8]康熙十五年《青州府志》："古城在县东南门外冈上，……琅琊台条下：陈氏（陈烨）曰'盖秦所置琅琊郡在东武即今之县城，《齐乘》所言是。'"[9]

为了寻找上述的琅琊郡旧址，2008 年以来，中美联合考古队在琅琊台西北的琅琊镇一带，发现了一处秦汉时期的大型遗址，地表陶片的分布面积达 24 平方千米，疑为琅琊郡旧址，亦即秦始皇"徙黔首三万户琅邪台下"的具体居住地[10]。2012 年 11 月项目组对上述发现的大遗址进行了勘探。遗址保存情况较差，多数地段并无文化堆积，也没有找到城墙和城壕的线索。琅琊台下所谓的故城即为明代卫所"夏河所"之故址[11]。琅琊台下周围区域和东武均未发现可以与容三万户相匹配的秦汉时期遗址，琅琊郡址的具体地点未知。

二　祠祀遗址的调查与勘探

2008 年中美联合考古队在琅琊台东侧海边的一座小山包上，发现了另一处高出地面 10 余米的夯土台基[12]，因规模较小，故称小台。小台位于台西村东北，与琅琊台东西并列，直线距离 800 米（图 8-2）。

琅琊台、小台均为大规模夯土台基，发现有与道路建设相关的遗迹和排水管道遗迹，历年来出土了大量砖瓦等遗物。

---

[1]《汉书·郊祀志》，1250 页。

[2]〔明〕杜思修《青州府治·山川》卷六，明嘉靖四十四年（1565 年）刻本，上海古籍书店影印，1965 年，十七页。

[3]"古在琅琊山上，今失其址。"参见〔清〕崔俊修、李焕章纂《青州府志·古迹》卷四，清康熙十二年（1673 年）刻本，三十二页。"四时祠古在琅琊山上，今失其址。"〔清〕陶锦修、王昌学、王柽纂《青州府志·古迹》卷九，清康熙六十年（1721 年）刻本，八页。

[4]《括地志辑校》，137 页。

[5]〔明〕杜思修《青州府治·古迹》卷七，明嘉靖四十四年（1565 年）刻本，上海古籍书店影印，1965 年，四十六页。

[6]〔清〕崔俊修、李焕章纂《青州府志》卷四，康熙十五年（1676 年）刻本，二十三页。

[7]"盖城即在山下。相传越王勾践既并吴，欲霸中国，徙都琅琊，故又曰越王国。……今碑石与南北城址尚存。"参见〔清〕陶锦修，王昌学、王柽纂《青州府志》卷九，康熙六十年（1721 年）刻本，八页。"琅邪城在县东南百五十里。"〔清〕毛永柏修，李图、刘耀椿纂《青州府志》卷二十四上，咸丰九年（1859 年）刻本，二十六页。

[8]〔元〕于钦撰《齐乘》卷三，清乾隆四十六年（1781 年）刻本，八页。

[9]〔清〕崔俊修、李焕章纂《青州府志·古迹》卷四，康熙十二年（1673 年）刻本，二十五页。

[10]《遥远国度里的帝王印迹——琅琊台遗址群调查与阐释》，《东方考古》第 7 集，1 ~ 14 页。

[11]"又有夏河寨千户所，在灵山卫西南。"《明史·地理志》，中华书局，1974 年，950 页。

[12]《遥远国度里的帝王印迹——琅琊台遗址群调查与阐释》，《东方考古》第 7 集，1 ~ 14 页。

图 8-2　琅琊台与小台的相对位置（东—西）

（一）琅琊台

2015 年，经过勘探基本明晰了琅琊台夯土范围，大概可分为山顶"T"字形夯土堆积、山北长坡状夯土堆积及山南五处不规则夯土堆积三个部分（图 8-3）。借助景区建设挖基坑的机会，探明两处夯土的夯筑方法。夯土之上，可见散落的砖瓦残片，年代从秦至清代均有，现只介绍秦、西汉、东汉以降三个时期的器物。

1. 夯土的分布范围

（1）山顶"T"字形夯土堆积

为琅琊台夯土的主体部分，覆盖于台顶，夯土随山势向周围延伸堆积，平面略呈"T"字形，总面积约 45000 平方米。"T"字一横位于琅琊山顶，长约 300、宽约 100 米；"T"字一竖为台顶向南部延伸的缓坡，长约 180、宽 70~100 米（图 8-4）。

根据现有地形及夯土保存情况，夯土大致可划分为三层平台。琅琊山顶即"T"字一横处，地势高耸，为第一层。"T"字一竖大致可划分出第二、三层平台，第二层是台顶东南以下 50 米处至琅琊刻石亭，第三层为琅琊刻石亭以南至停车场位置。顶部夯土面积近 30000 平方米，第二、第三层台面积各约 3000 平方米（见图 8-3）。

为了解夯土厚度，在三层平台上各选择一点勘探至底部。台顶选择在"琅琊刻石景点"南，深约 4.5 米至基岩；第二层台勘探选择在琅琊刻石亭西侧，深约 2.3 米至底部；底部平台勘探选择在停车场东部，深约 4.5 米至基岩。

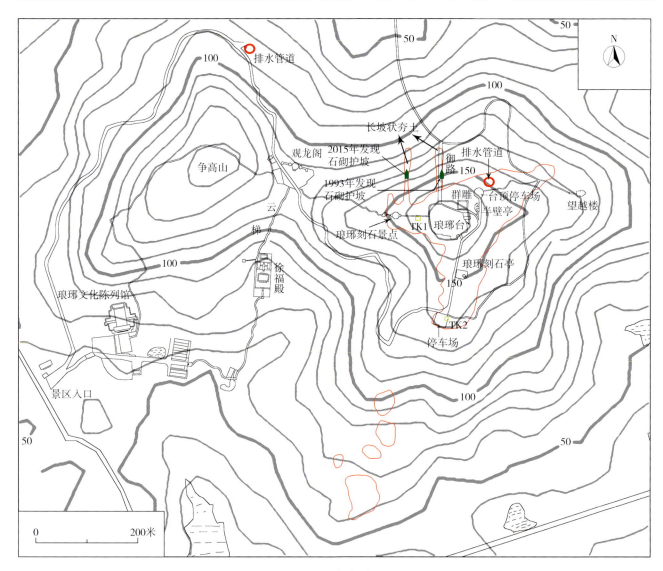

图 8-3　琅琊台遗址平面图

（2）山北长坡状夯土堆积

从海岸至琅琊台顶建有登爬的道路，"登山石道如故，土人名曰御路，今台下路有三，犹广三四丈，想见万夫除道一时骚动之苦云。"[1]明嘉靖《青州府志》载琅琊山："惟登山石道如故，山人呼曰'御路'。"[2]阮元《山左金石志》："琅邪台在诸城县治东南百六十里。台三成，成高三丈许。最上正平，周二百步有奇。东南西三面环海，迤北为登台沙道。"[3]

在琅琊山北坡，发现有两条基本平行的长坡状夯土。一条叠压于新建"御路"之下，另一条位于"御路"西约 50 米处，均与

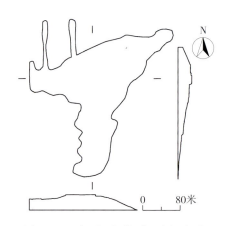

图 8-4　山顶 "T" 字形和山北
长坡状夯土堆积平剖面图

[1]〔清〕毛永柏修，李图、刘耀椿纂《青州府志》卷二十一，清咸丰九年（1859 年）刻本，四十一～四十二页。
[2]〔明〕杜思修《青州府治·山川》卷六，明嘉靖四十四年（1565 年）刻本，上海古籍书店影印，1965 年，十七页。
[3]〔清〕阮元撰《山左金石志》卷七，清嘉庆二年（1797 年）刻本，一～二页。

台顶夯土相连接。以西长坡夯土为例：平面呈长条状，坡底宽坡顶窄，宽2~15米不等。夯土坡东西两面皆为深沟，因雨水冲刷侵蚀，形成明显的剖面，夯层历历可见。自台顶沿北坡向下延伸，南北长近百米，应该为上山的道路。

（3）山南不规则夯土堆积

在琅琊大台南部，发现了五处夯土遗迹，大致顺山势沿山坡而下至山脚，保存残缺不全。这五处夯土遗迹均呈台状，上下可串联起来，遥相呼应。面积共8000余平方米，小型夯土的面积约300平方米，大的则近5000平方米。

2. 夯筑方法

景区管理部门为铺设光缆挖了两处基坑，编号为TK1和TK2，借以了解夯土的结构和夯筑方法。

TK1位于台顶西部，"御路"西南部，"琅琊刻石景点"南（见图8-3）。东西长约3.3、南北宽约1.5米。TK1挖设光缆时上部夯土已被破坏0.4~0.6米，2015年挖基坑时候又向下挖了0.3~0.6米，剖面上暴露了夯土层厚0.35~0.6米。以TK1西壁剖面为例，夯土大致可划分六层，每层夯土多以黄褐色土夯筑致密，含有较多基岩颗粒及少量陶片（图8-5）。在剖面及第④、⑤、⑥层的夯面上，均发现有夯筑时用以笼土的包裹痕迹，其形状不规则，中间为灰白色淤土，周围有锈痕，疑似"包裹"腐朽后的痕迹。这种痕迹也与良渚遗址用芦荻、茅草把泥土包裹起来堆筑堤坝的"草裹泥包"痕迹类似。第⑤和⑥层可见精细夯筑的夯面，表面有一层厚约0.2厘米的铁锈色板结物，夯面上还发现有一些完整夯窝，应为金属圆头平底夯，直径6~8、深约0.5厘米（图8-6）。

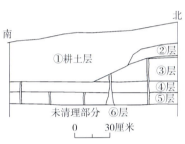

图 8-5　TK1 西壁剖面图

图 8-6　TK1 夯土平面上笼土"包裹"和夯窝痕迹

TK2位于"琅琊刻石亭"以南的停车场东北角，东西长约1.6、南北宽约1.5米（见图8-3）。以TK2南壁剖面为例，第①层厚0.5~0.7米，现代扰乱层，以下即为夯土。据勘探，现地表下2.6米至基岩。已发掘的夯土厚0.6~0.8米，可分为七层，层厚8~20厘米不等（图8-7）。第⑦层的夯土层经清理发现，夯面平整，有少量夯窝，但排列不规则。夯窝为平底，直径约5、深约0.5厘米，两夯窝间距5厘米。

3. 遗迹

（1）石砌护坡

2处。均位于上山路的中部，被称为"塔形石砌构筑物"（见图8-3），与上下延伸的夯土坡相连接，当是起维护支撑夯土的作用。

一处石砌护坡为1993年修筑"御路"时发现，以修整过的条形石块层层收分砌筑（图8-8）。北侧面暴露地面部分底长约4、顶部长约3米，西侧面底长约3、顶部长约2.5米（图8-9）。

另一处为2015年在西侧上山路的中间位置发现，东距1993年发现的石砌护坡50米。形制基本相同，剖面呈梯形，高约10米（图8-10）。

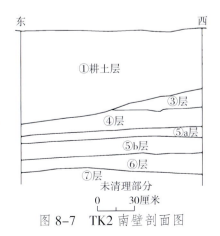

图 8-7　TK2 南壁剖面图

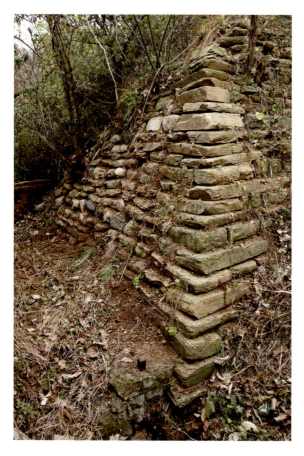

图 8-8　1993 年发现的石砌护坡（北—南）

图 8-10　2015 年发现的石砌护坡（西—东）

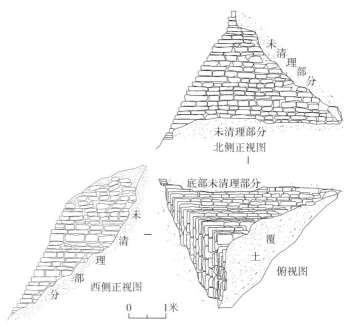

图 8-9　1993 年发现的石砌护坡视图（郭明建绘）

石砌护坡的时代不明。

（2）排水管道

共发现 2 处。1993 年修筑盘山公路时发现了一处（见图 8-3），现叠压于公路下，露出的剖面部分加玻璃罩保护展示。陶水管两端一粗一细，粗端外径 45、内径 35 厘米，细端外径 35、内径 25 厘米，壁厚 5、长约 60 厘米。水管为单根，节节套接，组成东西向排列的管道（图 8-11）。

为秦代遗存。

2012 年修筑台顶公厕时发现了另一处，位于琅琊台顶停车场东北角（见图 8-3）。排水管道顶部距现地表深约 1.2 米，其中上部扰土层深约 0.6 米，扰土层下即为夯土，共有八层，每层厚 8~10 厘米。排水管道为三组并排，南北向排列，方向约 10°。粗端在南，细端向北，南高北低，两两套接（图 8-12；图 8-13）。陶水管黄褐泥质陶，一端粗，一端细。长约 55、粗端外径 45、细端外径 35、壁厚约 5 厘米。陶水管器壁厚，绳纹粗深。

时代晚于东汉。

图 8-11　1993 年发现的排水管道

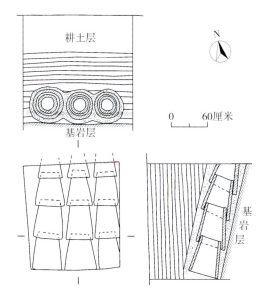

图 8-12　2012 年发现的排水管道

图 8-13　2012 年发现的排水管道照片

4. 遗物

作为历史名胜的琅琊台从古至今都有大量遗物出土。明万历二十六年，"知县颜悦道建海神庙，掘地得古瓦、文石，瓦制甚大，石方二尺许，皆刻窗棂形，渠深数分而不透，不识何用，或者以为秦时物也。"[1] 近年出土遗物大多保存在黄岛区博物馆和琅琊台博物馆，遗物以建筑材料为主，种类多样，有铺地砖、长条砖、空心砖、筒瓦、板瓦等，偶见生活用具。时代上从秦至清代，现只介绍与本书有关的秦、西汉、东汉以降三期。

（1）秦代

均为建筑材料，有铺地砖和瓦当等。

铺地砖　分素面和花纹铺地砖两种。

素面铺地砖　3 件。标本 1，残，夹粗砂青灰胎黄褐皮陶。整体扁平，平面可能为长方形。残长41.9、残宽31.2、厚约7.3厘米（图8-14:1；图8-15:1）。标本2，残，夹粗砂灰陶。整体扁平，可能为长方形。残长42.8、宽29.8、厚7.6厘米（图8-14:2；图8-15:2）。标本3，整体扁平，平面可能为长方形，残存局部。残长26.3、残宽18.6、厚3.7厘米（图8-14:4；图8-15:4）。

花纹铺地砖　2 件。标本 1，残。整体扁平，可能为方形，中心高，边缘低，形成阶状，表面饰瓦

[1]〔清〕宫懋让修、李文藻等纂《诸城县志·古迹考》，乾隆二十九年（1764 年）刻本，六页。

棱文，残存 14~15 道凸棱，残长 21.3、残宽 19.7、厚 4.8 厘米（图 8-14：5；图 8-15：5）。标本 2，残。夹砂黄褐陶。整体扁平，中间高起，边缘较低，形成阶状，表面饰菱形刻划纹，残长 13、残宽 16.4、厚 1.8~5 厘米（图 8-14：6；图 8-15：6）。

　　瓦当　2 件。标本 1，残，当面磨损。两周圆圈形成巨大的当心，四周双竖线四分界格，中为变形云纹（图 8-14：7；图 8-15：7）。标本 2，仅存当面。夹砂红褐陶。当面上端边缘微残，中部饰三道平行凸棱，凸棱上下部分对称，饰卷曲纹及折线纹。从瓦当边缘断碴观察，当面与瓦筒分别制成

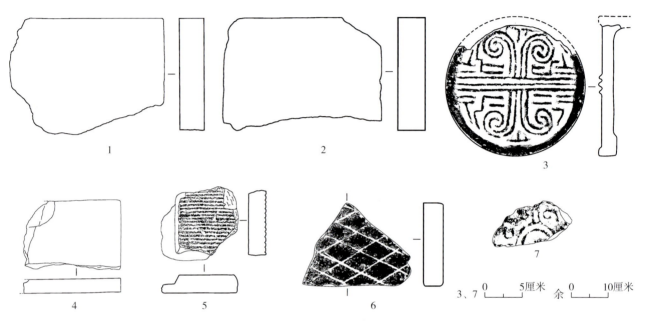

图 8-14　琅琊台遗址出土秦代建筑材料

图 8-15　琅琊台遗址出土秦代建筑材料照片

后再粘接而成。当面下端后侧有外切痕。直径 18.9、厚 1.5~2.1 厘米（图 8-14:3；图 8-15:3）。

2. 西汉时期

铺地砖　8 件。长方形图像单元内填充复合小菱形纹。未发现完整者，厚 2.8~5 厘米不等。标本 1，夹砂灰胎黄褐皮陶。残存一角，表面饰七组复合小菱形纹，其中一组残存边角。残长 10.2、残宽 12.9、厚 3.6~4 厘米（图 8-16:1；图 8-17:1）。标本 2，夹砂灰陶，残存部分饰两组复合小菱形纹。残长 11.2、残宽 14.7、厚 3.7 厘米（图 8-16:2；图 8-17:2）。标本 3，夹砂黄褐陶，局部呈灰黑色，整体扁平，平面可能成矩形，表面残存十二组复合小菱形纹，其中九组保存较好。残长 17.9、残宽 12.7、厚 5 厘米（图 8-16:3；图 8-17:3）。

空心砖　2 件。标本 1，夹砂灰陶。模制而成。外表光滑，内里粗糙，转折处内侧为圆弧，外侧

图 8-16　琅琊台遗址出土西汉时期建筑材料照片

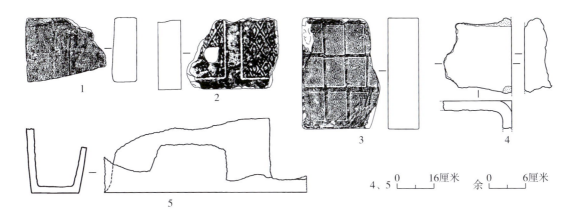

图 8-17　琅琊台遗址出土西汉时期建筑材料

为直角。青灰胎，黄褐皮。残长 87、残宽 31.6、壁厚 2.2~2.4 厘米（图 8-16：4；图 8-17：5）。标本 2，琅琊台的冲沟内采集。残长 29.3、宽 31.6、高 11.6、厚 4.0 厘米（图 8-16：5；图 8-17：4）。

　　"千秋万岁"瓦当　3 件。当面饰"千秋万岁"四字。标本 1，夹砂陶，陶色由内而外依次为青灰、红褐色，当面和筒瓦粘接而成，当面十字线四等分当面，饰"千秋万岁"四字。当面直径 18.2 厘米，筒瓦残长 5.6、厚 1.7~2.5 厘米（图 8-18：1；图 8-19：1）。标本 2，当面残，瓦筒残失。夹砂青灰陶。当面直径约 18.4、厚 1.8~3 厘米（图 8-18：2；图 8-19：2）。标本 3，夹砂红褐陶。当面十字形凸棱等分当面。直径 18、厚 2.4~2.9（图 8-18：3；图 8-19：3）。

　　筒瓦　3 件。标本 1，残。夹砂灰陶。瓦舌方唇，较高，顶面饰纵向细绳纹，底面残留斜向绳纹印痕。残长 16.9、残宽 13.4、厚 0.9~1.1 厘米（图 8-18：4；图 8-19：6）。标本 2，残。夹砂灰陶。底面有两周轮制形成的凸棱和横向绳纹的印痕。瓦舌方唇，较高，顶面饰纵向细绳纹，瓦舌外壁有抹绳纹，纹饰不清晰。残长 8.5、残宽 10.2、壁厚 1.1~1.3 厘米（图 8-18：5；图 8-19：

图 8-18　琅琊台遗址出土西汉时期建筑材料照片

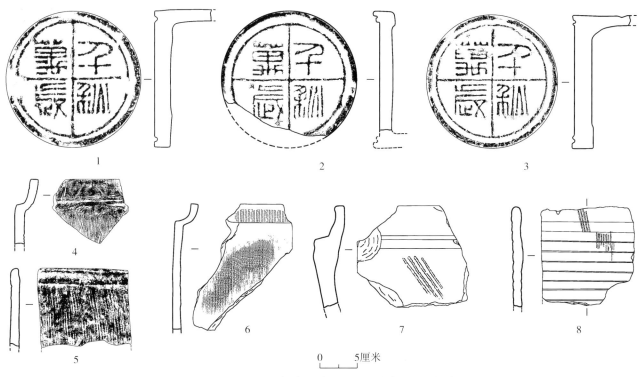

图 8-19　琅琊台遗址出土西汉时期建筑材料

4）。标本 3，瓦尾部分。夹砂灰陶。底部有两道凹弦纹，余为绳纹。厚 1~1.2 厘米（图 8-18：6；图 8-19：5）。

　　板瓦　2 件。标本 1，残。夹砂橙黄陶。瓦舌方圆唇，较高，与瓦身相接处有一周凸棱，瓦身中部凸面残存斜向绳纹印痕。残长 13.6、残宽 15.1、壁厚 1.2~3.4 厘米（图 8-18：7；图 8-19：7）。标本 2，残。夹砂灰陶。瓦舌外侧饰斜向细绳纹，凸面饰绳纹和瓦棱纹复合纹饰。残长 13.3、残宽 12.6、厚 1.3~1.4 厘米（图 8-18：8；图 8-19：8）。

　　陶水管　5 件。标本 1，夹砂灰陶。饰瓦棱纹，粗端饰斜细绳纹，长 66、细口直径 22.4、粗口直径 28.5、壁厚 1.8~2.2 厘米（图 8-20：1；图 8-21：1）。标本 2，夹砂灰陶。饰瓦棱纹。细口直径 26.8、粗口直径 33.2、残高 68、壁厚 1.7~3 厘米（图 8-20：2；图 8-21：2）。标本 3，残。夹砂灰陶。筒身内外壁布满瓦棱纹，细端外侧满布竖绳纹并有两道弦纹。残长 50、口径 34.8、管身直径 38、厚约 2 厘米（图 8-20：4；图 8-21：4）。标本 4，仅存口部。夹砂灰胎黄褐皮陶。外壁饰七周瓦棱纹，内壁有六周轮制形成的凸棱，残长 12.4、残宽 17、厚 2.5~3.6 厘米（图 8-20：5；图 8-21：3）。标本 5，仅存残片。夹砂浅灰胎灰皮陶。器体内外壁均饰瓦棱纹，残存 21 周。管口内径 20.2、残高 24.5、壁厚 1.5~2.8 厘米（图 8-20：3；图 8-21：5）。

　　3. 东汉时期以降

　　铺地砖　2 件。标本 1，残。夹砂黄褐陶。砖面的两道凸棱形成的对角十字纹将一个图像单元分成四份，每份内饰圈点纹和折线纹。砖面部分纹饰磨损不清。残边长 17.1、残边宽 18、厚 3.8 厘米（图 8-22：1、5）。标本 2，残。夹砂黄褐陶。正面饰正方形图像单元，内有三角几何复合纹饰。残长 23.1、残宽 17.3、厚 3.5 厘米（图 8-22：4、6）。

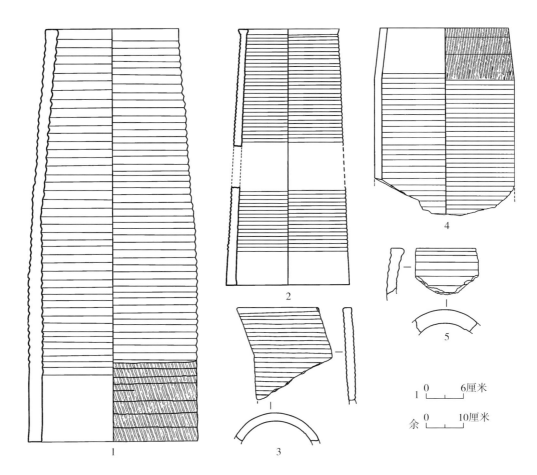

图 8-20　琅琊台遗址出土西汉时期陶水管

长条砖　分素面和花纹长条砖两种。

素面长条砖　1件。灰皮红胎陶。外侧较平，一侧边缘有凹槽，内侧可见手指按压印。宽19、厚2.7厘米（图8-22：3、7）。

花纹长条砖　1件。夹砂灰陶。整体扁平，平面呈长方形，四角局部残损，表面有模糊的粗绳纹、侧面有菱形纹、卷云纹等复合纹饰，另一侧面残存少许纹饰及几道刻划纹，短边一侧有榫卯的母口。残长31.6、宽15厘米（图8-22：2、8）。

卷云纹瓦当　2件。标本1，夹砂深灰陶。当面边缘有三周凸棱，中心有两周凸棱形成当心，其间有横纵各两条凸棱将当面四等分，再各饰一卷云纹。当面直径16、厚2.4~2.7厘米，瓦筒部分残长约2、壁厚1.8厘米（图8-23：1；图8-24：1）。标本2，夹砂灰陶。当面边缘有三周凸棱，中心两周凸棱形成当心，其间当面四等分，每格饰一朵卷云纹，瓦当外壁饰纵向细绳纹。当面直径20、厚1.5~3.6厘米（图8-23：2；图8-24：2）。

附：瓦当装饰器具

夹砂青灰陶。边缘部分残，当面与陶板粘接而成，用途不详。当面边缘有三周凸棱，中心有两周凸棱形成当心，双线等分其间，每格内饰一卷云纹。平板残长24.5、残宽17.3、厚2.6厘米，当面直径16、当面厚度3.8厘米（图8-23：3；图8-24：3）。

图 8-21　琅琊台遗址出土西汉时期陶水管照片

板瓦　3 件。均带瓦钉。标本 1，灰皮红褐陶。馒头状瓦钉，中空。满布绳纹。残长 20.4、残宽 15、厚 2.4 厘米，瓦钉高 9 厘米（图 8-25：1、4）。标本 2，泥质灰陶。表面压印有纵向绳纹。瓦的表面有一枚口小底大的柱状瓦钉，底部已残，是在表面压印绳纹完成后再粘接瓦钉的。残长 23.6、残宽 20.6、厚 2.6 厘米；瓦钉残高 4.4、上口径 5.6、下口径 7、厚 1.4~1.8 厘米（图 8-25：3、6）。标本 3，夹砂灰陶。表面压印有纵向绳纹。瓦的表面有一枚口小底大的柱状瓦钉，上部已残，是在表面压印绳纹完成后再粘接瓦钉的。板瓦残长 19.7、残宽 8.6、厚 2.6 厘米；瓦钉残高 7.1、上口径 5.5、下口径 7.6、厚 1.4~1.8 厘米（图 8-25：2、5）。

陶水管　2 件。标本 1，夹细砂红褐陶。口细底粗的圆柱形，细端口沿外侈，粗端口沿斜直，管身饰滚压粗绳纹，粗口端外壁饰数道浅凹弦纹。泥条盘筑成型。长 55.6、细端口径 27.8、粗端口径 31.6、厚 3.8~4.7 厘米（图 8-26：1；图 8-27：1）。标本 2，残。夹砂陶，由内向外陶色依次为浅灰、黄褐、灰色。器体外表饰斜向粗绳纹和瓦棱纹，内侧也有数周制作时形成的凸棱。管口内径 28.6、残高 27.5、壁厚 2.1~2.9 厘米（图 8-26：2；图 8-27：2）。

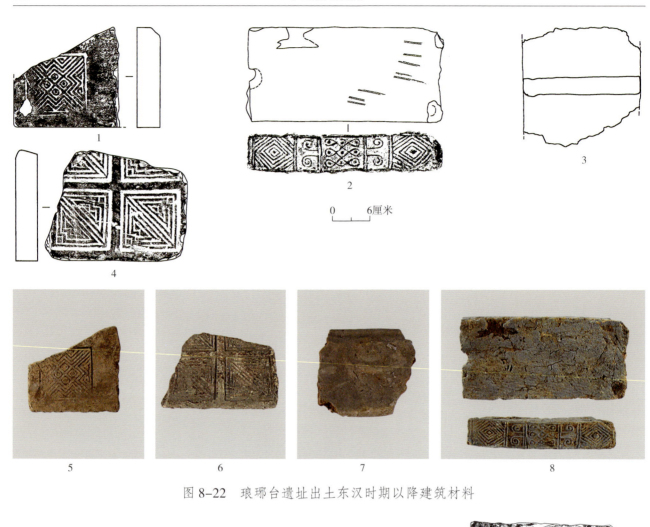

0　　　6厘米

图 8-22　琅琊台遗址出土东汉时期以降建筑材料

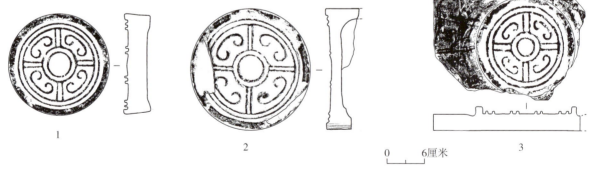

0　　　6厘米

图 8-23　琅琊台遗址出土东汉时期以降瓦当

图 8-24　琅琊台遗址出土东汉时期以降瓦当照片

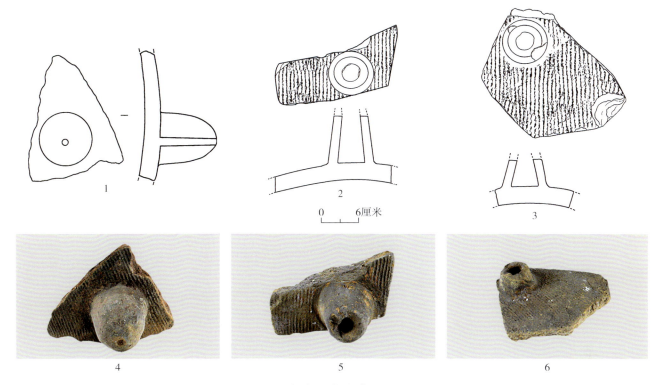

图 8-25　琅琊台遗址出土东汉时期以降板瓦

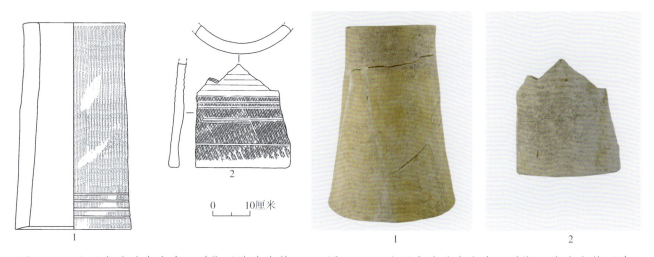

图 8-26　琅琊台遗址出土东汉时期以降陶水管　　图 8-27　琅琊台遗址出土东汉时期以降陶水管照片

（二）小台

　　小台位于琅琊台东部，滨海而建（见图 8-2），是在山岭上加高加宽而形成[1]。2015 年进行了勘探，小台东部主要为山岩，西部则是以夯土为主。由于水土流失及人为破坏，现残留被切分成三块的夯土高台，最高一处夯土台残高近 20 米（图 8-28）。夯土范围平面形状不规则，南北长约 240、东西宽约 140 米，面积 26000 余平方米。加上东部山体，小台原使用面积还要更大（图 8-29）。

[1]《遥远国度里的帝王印迹——琅琊台遗址群调查与阐释》，《东方考古》第 7 集，8 页。

图 8-28　琅琊台小台（西北—东南）

2015 年调查发现了一处排水管道遗迹，位于小台一处残存夯土的东南角底部，其上残存夯土高约 4 米，夯层明显，夯打致密。详述如下：

1. 西壁夯土（图 8-30）

第①层为覆盖夯土的现代层和上部夯土，为保护夯土未做清理。

第②～⑧层呈北高南低的坡状堆积。第②～④层夯土较为一致，均是取用黄色生土夯筑而成，这三层夯层较薄，土质纯净，含有少量的石子，第②层厚约 7～8 厘米，第③层厚 8～9 厘米，第④层厚 8～11 厘米；第⑤、⑥层缺失；第⑦层厚 20～30 厘米，灰褐色沙质黏土层，含有少量石子；第⑧层厚 20～30 厘米，夯土为褐色沙质黏土层，含有少量陶片、石子。

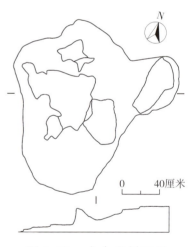

图 8-29　小台平剖面图

第⑨～⑪平行夯筑，各层近似，夯土为褐色沙质黏土层，含有少量陶片、石子，第⑨层厚 15～35 厘米，第⑩层厚 12～14 厘米，第⑪层厚 10～18 厘米。

第⑫～⑭层，继续呈北高南低的坡状堆积，夯土为灰褐色沙质黏土层，含有少量的陶片、石子，第⑫层最厚处约 23 厘米，第⑬层厚 10～15 厘米，第⑭层厚 7～15 厘米。第⑭层下为排水管道遗迹，北高南低倾斜排列。

2. 北壁夯土（图 8-31）

第①层为未清理夯土部分。

第②～④层，呈坡状堆积，东高西低。第②～④层夯土较为一致，均是取用黄色生土夯筑而成，这三层夯层较薄，含有少量的石子，第②层厚 7～8 厘米，第③层厚 8～9 厘米，第④层厚 80～110 厘米。

图 8-30　小台排水管道遗迹西壁剖面图（东—西）

图 8-31　小台排水管道遗迹北壁剖面图（南—北）

第⑤层，最厚约 20 厘米，黄褐色沙质黏土层，含有少量石子；第⑥层，最厚约 10 厘米，灰褐色沙质黏土层，含有少量石子。

第⑦～⑨层平行夯筑。第⑦层厚 17~27 厘米，灰褐色沙质黏土层，含有少量石子。第⑧、⑨层近似，夯土为褐色沙质黏土层，含有少量陶片、石子。第⑧层厚 25~30 厘米，第⑨层厚 32~36 厘米。

第⑩、⑭层为二次夯筑。第⑩层夯土为褐色沙质黏土层，含有少量陶片、石子，厚 25~30 厘米；第⑭层，灰褐色沙质黏土层，厚 10~18 厘米。

第⑮~⑰层，呈西高东低倾斜趋势，地层近似，夯土为褐色沙质黏土层，含有少量的陶片、石子，第⑮层最厚处约 30 厘米，第⑯层最厚约 16 厘米，第⑰层厚 10~20 厘米。第⑰层下为排水管道遗迹。

夯土下部暴露的排水管，单排，南北方向，北高南低铺设而成。陶水管为夹砂灰陶，外壁饰有细绳纹，内壁粘连有大量铁锈，每节长约 68、粗端口径 28、细端口径 25、壁厚约 1 厘米，其形制比在琅琊台发现的单排陶水管要小得多。仅采集到部分残片，未能修复。从陶水管的形制和纹饰推定，年代应为秦代，说明琅琊小台也应是秦代夯筑的。

三　历史文化背景

2007 年，中美联合考古队在琅琊台所处的吉利河和白马河流域展开区域系统调查。调查发现，龙山文化早期（前 2600~ 前 2300 年）遗存在这一地区有广泛分布；西周时期，作为外来的周文化所形成的新聚落，大都出现在原龙山时期中心聚落位置上，但面积有所缩小；东周时期，这个区域先后归属莒国和齐国，本时期的文化遗存几乎遍布了整个区域[1]；汉代，遗址规模和等级大幅提高（图 8-32）。

从东周时期和汉代的遗址分布看，有两处遗址聚集区域，一是琅琊台遗址及其西北区域，另一个是以祝家庄、安子沟遗址为中心的区域。琅琊台遗址及其西北区域，在商末周初时期即有东皂户遗址，夏河城遗址出土了齐半瓦当，说明当时应有高等级的建筑存在。秦汉时期皇帝亲至琅琊台，大兴土木，在大小台上修建了规模宏大的建筑。以祝家庄、安子沟遗址为中心的区域从战国时期开始即有高等级墓葬的存在，祝家庄遗址发现了排水管道遗迹并出土瓦当、铺地砖等汉代遗物。除上述两个区域外，尚有西周至汉代的大型遗迹和出土遗物。以下分区域大致按时代顺序介绍。

（一）琅琊台遗址及其西北区域

均属于琅琊镇，除上文介绍的琅琊台和小台的遗存情况外，这个区域还有属于商末周初时期的遗址，有的地点出土了战国时期的遗物（图 8-33）。

1. 东皂户遗址

有铜器、陶器等遗物发现，时代从商末周初延续至战国时期。

铜剑　1 件。剑锋呈锥状，剑脊不明显，断面呈六边棱形，剑柄残失。两段长分别为 13.5、12.3 厘米，最宽处 3.2、厚 0.3~0.5 厘米（图 8-34：1；图 8-35：1）。

铜削　1 件。内弧刃，背厚略弓，方柄，半月形扁首，刃部断面呈三角形，柄部断面呈长方形。长 18.9、刃部宽 0~1.6、厚 0.1~0.3 厘米（图 8-34：2；图 8-35：2）。

[1] 中美日照地区联合考古队《鲁东南沿海地区系统考古调查报告》上册，文物出版社，2012 年，99～121 页。

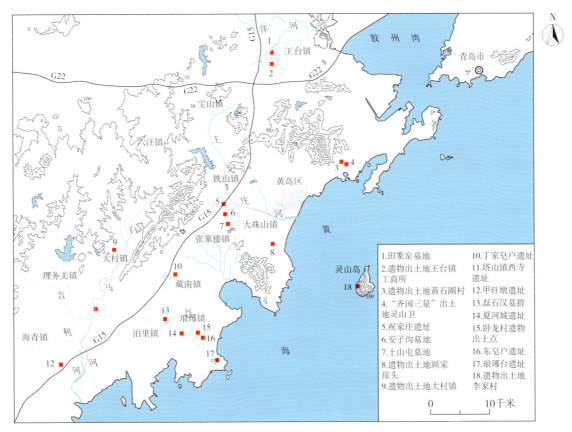

图 8-32 琅琊台周边遗址分布示意图

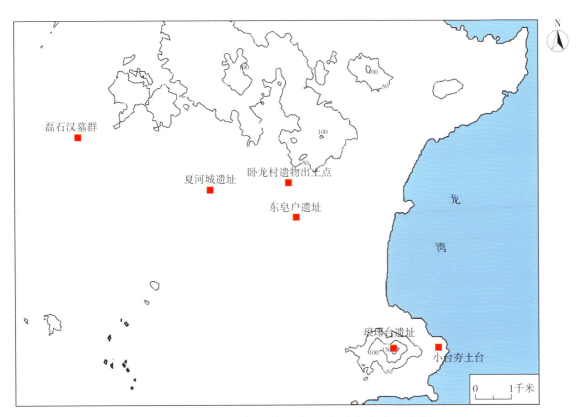

图 8-33 琅琊台及其西北区域遗址分布示意图

图 8-34　东皂户遗址采集遗物照片

铜镞　2 件。标本 1，三角形尖锋，两翼后掠，中部凸起，脊凸起于器表，脊下出铤，铤断面呈圆形。残长 4.4、宽 0.2~1.7 厘米（图 8-34：4；图 8-35：3）。标本 2，平面近桂叶形，双翼，中脊凸起，脊截面近椭圆形，铤残。残长 6.3 厘米（图 8-34：5；图 8-35：4）。

陶簋　1 件。泥质灰陶。圆唇，敞口，宽折沿，弧腹斜收，圜底，圈足。腹部两道凹弦纹间有连续的"Z"字纹带，字间空隙填以竖绳纹。下腹近底部一组凹弦纹，其下再施竖绳纹。口径 34、圈足径 16.2、高 21.2、厚 0.8~1.2 厘米（图 8-34：3；图 8-35：6）。

陶纺轮　1 件。夹砂灰陶。圆形，截面呈长方形，中间有一圆孔，素面。直径 4.4~4.5

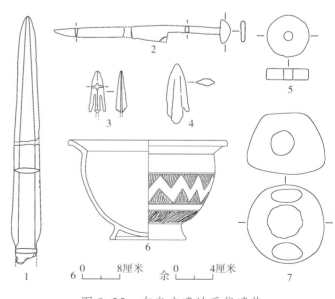

图 8-35　东皂户遗址采集遗物

厘米、厚 1.2、中间孔直径 1 厘米（图 8-34：7；图 8-35：5）。

陶垫 1 件。夹砂灰陶。整体为上小下大的圆柱形，柱体中部有一圆形孔洞，底面呈弧形。顶面径 4、底面径 8.2、高 6.5 厘米（图 8-34：6；图 8-35：7）。

2. 夏河城遗址采集战国时期齐半瓦当

标本 1，早年采集。夹砂灰陶。边缘有一周宽凸棱，中间饰一卷曲树纹，将瓦当二等分，两格分别饰一只鹿纹，瓦筒部分饰粗纹和一周抹痕，瓦筒内侧留有间断的斜向拍印痕。直径约 16、高 7.7、厚 1.2~1.4 厘米（图 8-36：1、2）。标本 2，2006 年夏河城城北村出土。夹砂灰陶。当面以一棵几何形的树木将区域划分为两部分，分别在中部偏上位置装饰有对称的圆点。左侧圆点下装饰一马（鹿），右侧图像磨损。模制，瓦当与筒瓦贴塑制成，二者交接处有明显的贴塑痕迹。直径 12、高 7.7、厚 0.9~1.2 厘米（图 8-36：3、4）。

3. 卧龙村出土"齐法化"刀币

早年出土，情况不明（图 8-37）。

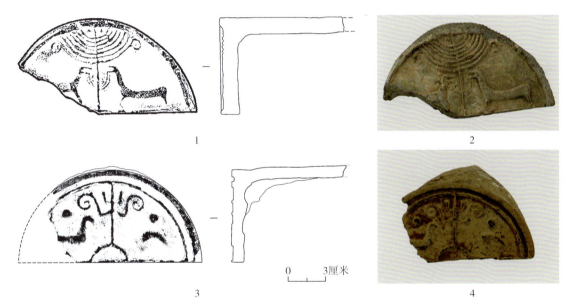

图 8-36 琅琊镇夏河城遗址采集战国时期半瓦当

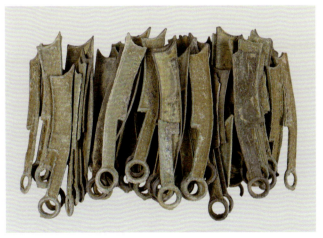

图 8-37 琅琊镇卧龙村出土"齐法化"刀币

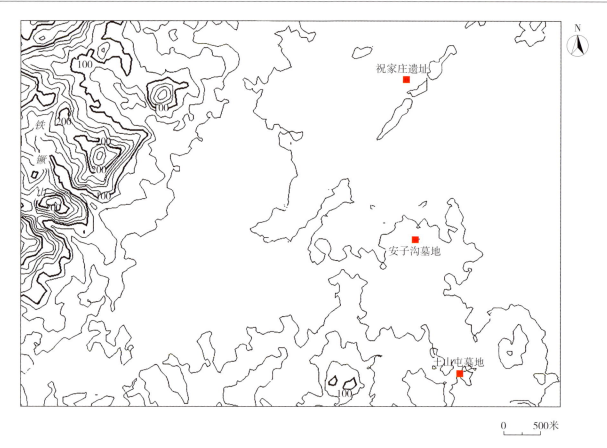

图 8-38　以祝家庄遗址为中心的区域遗址分布示意图

（二）以祝家庄遗址为中心的区域

主要包括祝家庄、安子沟、土山屯等遗址（图 8-38），西汉中晚期遗址的等级和出土遗物的精美程度突出。土山屯为一处大型墓葬区，2011 年青岛市文物保护考古研究所联合黄岛区博物馆发掘了西汉中晚期至东汉早期的 13 座墓葬，出土了铜器、漆器等；2016 年为配合工程又发掘了东周至东汉时期的 70 座墓葬，资料待刊。

现把与本课题相关的 2012 年祝家庄遗址发掘资料、历年征集和采集于祝家庄和安子沟遗址的遗物公布如下：

1. 祝家庄遗址

2002 年，山东省文物考古研究所联合黄岛区博物馆为配合工程清理了三座宋元墓葬。发掘面积500 平方米，堆积年代包括龙山文化、西周、战国、汉、北朝、宋六个时代，出土龙山文化的陶器、石器，战国时期的陶器、青铜器以及唐宋时期的瓷片等[1]。2012 年，青岛市文物保护考古研究所联合黄岛区博物馆为配合工程建设进行了抢救性清理，发掘探沟五处 TG1～TG5，发现了西汉中晚期围沟和排水管道遗迹（图 8-39），遗物有铺地砖、瓦当等建筑材料，生活用品主要为陶器等[2]，还有陶拍等

[1] 郑同修、于法林《胶南市祝家庄新石器时代至宋元遗址及宋元时期墓葬》，《中国考古学年鉴·2003 年》，文物出版社，2004 年，206～207 页。
[2] 参见青岛市文物保护考古研究所、黄岛区博物馆《黄岛区祝家庄遗址发掘简报》，《青岛考古》（二），科学出版社，2015 年，118～131 页。

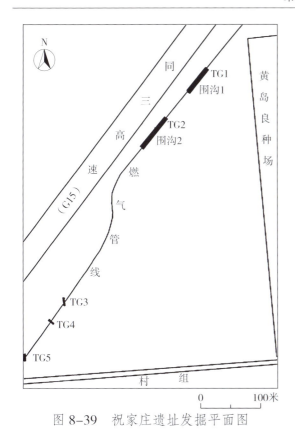

图 8-39　祝家庄遗址发掘平面图

图 8-41　TG3 内排水管道 1、2 照片（北—南）

图 8-40　TG3 内排水管道 1、2 平剖面图

生产工具。

（1）遗迹

围沟　位于遗址东北部，根据 TG1、TG2 内的堆积判断，应为同一条围沟的不同位置，因为发掘面积所限，围沟的走向、宽、深等具体情况不明（见图 8-39）。

排水管道　位于遗址东南部，发现四组，TG3 发现二组，TG4、TG5 各发现一组。双排排水管道的铺设是先在当时的地面上挖一条口宽 1.85、深 0.7~0.75、底宽 0.7 米的沟槽，沟壁不规整，斜曲内收状，平底，然后双排平铺陶排水管，陶排水管两端口径为一端粗一端细，连接方式为套接。排水管道 1，位于 TG3 内，陶排水管 1 打破 2。陶排水管 1 在耕土层下，打破文化层及生土。双排，呈南北走向，南高北低，底部距地表 1.1 米。受条件所限，揭露长度约 10 米，暴露陶排水管约 20 节（图 8-40；图 8-41）。排水管道 2，在耕土层下，打破文化层，被陶排水管 1 打破。单排，东西向，底部距地表 0.6 米，因条件所限，仅揭露为 TG3 内残存部分（见图 8-40；图 8-41）。排水管道 3，位于 TG4 内，在耕土层下，打破文化层及生土。底部距地表约 0.7 米，双排，东西向，保存较差。因条件所限，揭露长度约 5 米（见图 8-39；图 8-42）。排水管道 4，位于 TG5 内，在耕土层下，打破文化层及生土。双排，呈南北走向，北高南低，底部距地表 0.7 米，因条件所限，揭露长度 8.5 米（见图 8-39；图 8-43）。

（2）遗物

遗物多为采集品，主要为建筑材料如砖、瓦当、筒瓦、陶排水管、石柱础等。陶水管只采集了工程损坏移动过的两件，余清理后回填保留于原位。瓦当和石柱础的位置均在排水管道 3 和排水管道 4 之间。

铺地砖　均为残块，根据花纹可分为两种。

图 8-42　TG4 内排水管道 3 照片（东南—西北）

图 8-43　TG5 内排水管道 4 照片（南—北）

正方形图像单元内为多重缺角正方形、中心为十字铺地砖　2 件。2012 采集:14，夹砂灰陶。一面有图案，中间突起 3.2 厘米长的格栏。残长 20、残宽 13、厚 4 厘米，边缘和突起部位厚 4.7 厘米（图 8-44:1；图 8-45:1）。标本 3，残。夹砂灰陶。整体扁平。残长 16.8、残宽 12.9、厚 4.5 厘米（图 8-44:4）。

长方形图像单元内为复合小菱形纹铺地砖　1 件。2012 采集:15，夹砂灰陶。残存部分可见两凹一凸十字格栏。残长 16.6、残宽 14.6、厚 3.5 厘米（图 8-44:2；图 8-45:2）。

空心砖　1 件。2012 采集:16，

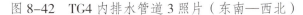

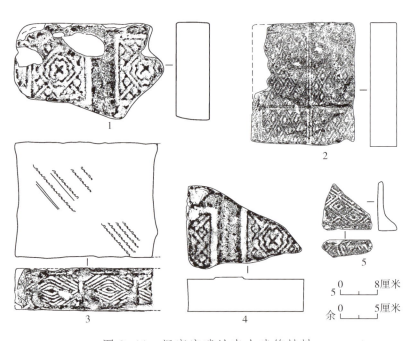

图 8-44　祝家庄遗址出土建筑材料

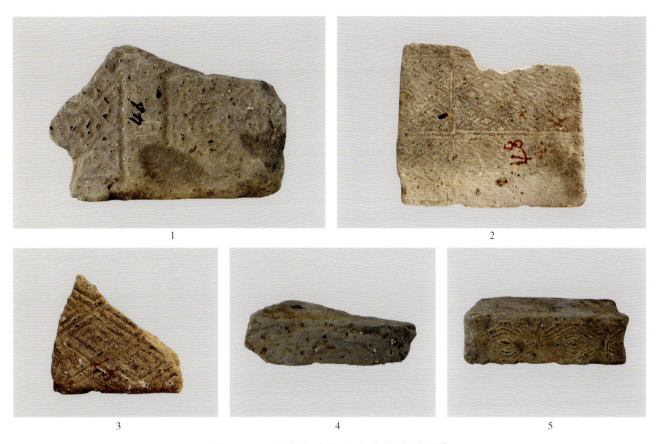

图 8-45　祝家庄遗址出土建筑材料照片

夹砂灰陶。两面均有复合菱形纹。残长 11、残宽 9.5、残厚 3.8、壁厚 1~2 厘米（图 8-44：5；图 8-45：3）。

长条砖　2 件。分素面和花纹长条砖两种。

素面长条砖　2012 采集：17，泥质灰陶。烧制火候较高。残长 22、宽 19.5、厚 5.5 厘米（图 8-45：4）。

花纹长条砖　标本 1，整体扁平，一长侧面饰三组多重菱形纹，砖面上残存很浅的麦粒状绳纹。残长 19.6、宽 16.5、厚 5.8 厘米（图 8-44：3；图 8-45：5）。

瓦当　均为"千秋万岁"圆瓦当。按字体大致分五种，还有两件与上述几类有异，由于残破过甚，具体情况不明。

字体刚劲有力、线条清晰、浑厚饱满、字体方正规矩、方正的字形与外圈的弧形形成外圆内方的鲜明对比瓦当　共 9 件。又分单栏十字格、双栏十字格，双栏十字格当心为圆、单栏十字格四字外围饰乳丁。2012 采集：3，单栏十字格界，残，边轮内局部饰两圈凸弦纹。直径 19.7 厘米（图 8-46：1；图 8-47：1）。2012 采集：5，残缺大半，直径不详。圆形当心，单栏十字格界，边轮内饰一圈凸弦纹。篆书，看其所剩字位置应为右上读，"秋"字残剩多半，"岁"字完整，字体方正规矩，笔画浑厚饱满（图 8-46：2；图 8-47：4）。2012 采集：6，残缺大半。单栏十字格界，边轮内饰一圈凸弦纹。篆书，仅剩"万"字，字体方正规矩，笔画浑厚饱满。直径 17 厘米（图 8-46：4；图 8-47：6）。2012 采集：7，残缺大半。双栏十字格界，中心所饰不详，边轮内饰一圈凸弦纹。篆书，仅"千""万"二字残剩各半，字体方正规矩，笔画浑厚饱满。直径 16 厘米（图 8-46：5；图 8-47：2）。

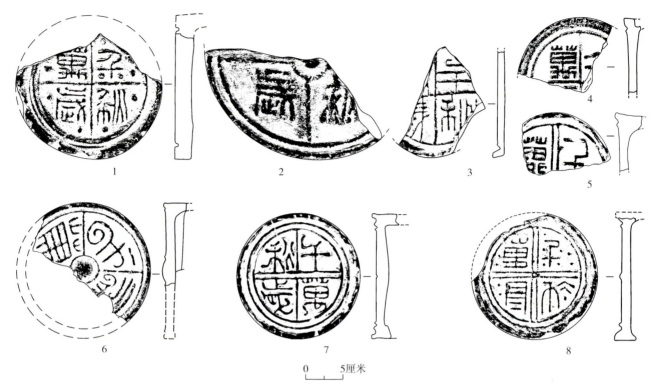

图 8-46　祝家庄遗址出土"千秋万岁"瓦当

图 8-47　祝家庄遗址出土"千秋万岁"瓦当照片

　　字体方正规矩瓦当　3件。2012采集：12，残缺大半，直径不详。单栏十字格界，边轮内饰一圈弦纹。篆书，仅"千""秋"二字相对完整（图8-46：3；图8-47：5）。

　　字体随形盘曲瓦当　1件。2012采集：4，圆形当心，单栏十字格界，残剩大半，边轮内饰一圈凸弦纹。直径17.9厘米（图8-46：6；图8-47：7）。

　　字体线条流畅、用笔刚劲有力、随形就势瓦当　2件。2012采集：1，十字形格界，横双竖单，边轮内饰两圈凸弦纹。"千秋万岁"四字篆书，"千秋"二字书写方正，"万岁"二字下部书写随其圆形轮廓。瓦当和瓦筒连接处为手指捏合，未见切痕。直径16.6厘米（图8-46：7；图8-47：8）。

　　字体刚劲有力、线条清晰、书写随形就势、笔画少处用乳丁填充瓦当　1件。2012采集：2，双栏十字格界，中心方格饰乳丁，边轮稍残，边轮内饰一圈凸弦纹。"千秋万岁"四字篆书，右上读，"岁"字单独看难以辨识。直径17厘米（图8-46：8；图8-47：3）。

　　筒瓦　5件，其中4件为采集品。TG3②：3，夹砂灰陶。瓦舌内收，肩部有凸棱，外切未透。顶面饰竖直较粗绳纹，印痕较浅。瓦舌下7.2厘米滚印绳纹后刮抹为素面，绳纹与素面交接处饰两道凹弦纹。底面无纹饰，可见分布均匀的指窝。长40、直径15.6、壁厚0.5、瓦舌长4.4厘米（图8-48：1；图8-49：1）。2012采集：18，残存尾端。夹砂灰陶。外切未透。表面饰斜直较粗绳纹，印痕较浅。残存三道较浅的凹弦纹。内面无纹饰。残长21.6、残径15.2、壁厚0.5~1.3、瓦尾宽2厘米（图8-48：2；图8-49：2）。2012采集：19，残存瓦尾。泥质灰陶。外切未透。表面饰较竖直细绳纹，印痕较浅。内面无纹饰。残长18.6、壁厚0.8~1.1厘米（图8-48：3；图8-49：3）。标本25，夹砂灰胎深灰皮

图8-48　祝家庄遗址出土筒瓦照片

陶。瓦舌圆唇，口沿外侧及顶面饰压印斜向粗绳纹。残长9.8、残宽9.5、厚0.5~0.8厘米（图8-48：4；图8-49：4）。标本26，夹砂灰陶。瓦舌圆唇，顶面残存四周瓦棱纹。残长9.3、残宽10.9、厚0.5~1.1厘米（图8-48：5；图8-49：5）。

陶瓦丁帽 3件。均为采集。2012采集：20，夹砂灰陶。呈隆起圆丘状，表面饰莲花瓣状浮雕图案，通高5.5、底径8厘米，底部从外围至中心凹进0.5厘米，中心置一边长1.1、深1.4厘米的方孔（图8-50：1；图8-51：1）。2012采集：22，夹砂灰陶。呈隆起圆丘状，平底。上部残。表面饰小菱形纹图案，顶部为莲花瓣状图案。通高5.6厘米、底径6.8厘米，中心置边长0.7厘米的方孔，上细下粗（图8-50：2；图8-51：2）。

陶水管 标本2件。TG3：1，夹砂灰陶，粗端饰多周轮制瓦棱纹，拍印细绳纹之后加饰两道凹弦纹。长66.4、细端外径23.6、壁厚1.8、粗端外径30、壁厚2.2厘米（图8-50：3；图8-51：4）。TG3：2，夹砂灰陶。细端始至器身约三分之二处外饰多周轮制瓦棱

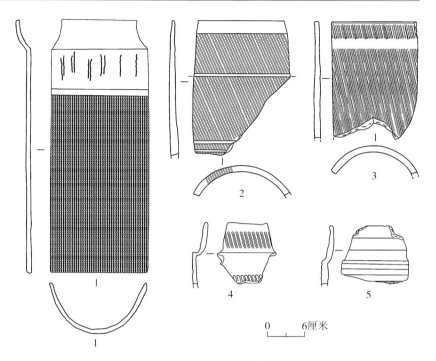

图8-49　祝家庄遗址出土筒瓦

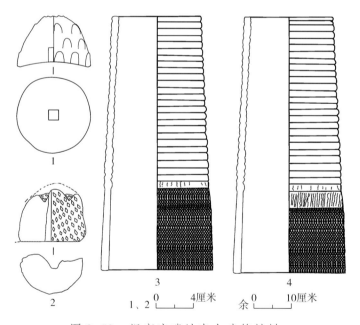

图8-50　祝家庄遗址出土建筑材料

纹，粗端拍印细绳纹之后加饰两道凹弦纹。长68、细端外径23.6、壁厚1.6、粗端外径29.6、壁厚2.4厘米（图8-50：4；图8-51：5）。

石柱础 1件。2012采集：24，花岗岩。粗加工，圆形饼状。直径约50、厚12~15厘米（图8-51：3）。

陶盆 2件。TG1③：1，泥质灰陶。方唇，侈口，唇中有一圈凹槽，折沿。口径42、厚0.6~1厘米（图8-52：1）。TG1③：2，泥质褐陶。方唇，侈口，唇中有一圈凹槽，折沿。口径40、厚0.8厘米（图8-52：3）。

图 8-51 祝家庄遗址出土建筑材料照片

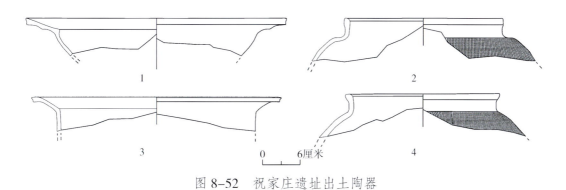

图 8-52 祝家庄遗址出土陶器

陶罐 2 件。TG3 ②：2，泥质灰陶。圆唇，直口，短颈，溜肩，腹饰绳纹。口径 26、厚 0.8~1.6 厘米（图 8-52：2）。TG2 ③：1，泥质灰陶。圆唇，口微侈，折沿，短颈，溜肩，腹饰绳纹。口径 25.2、厚 0.8~1.3 厘米（图 8-52：4）。

陶拍 1 件。2012 采集：23，夹砂褐胎灰皮陶。素面。整体看似蘑菇状，通高 8 厘米。拍面呈圆弧状，直径 7.2 厘米、柄部为圆柱状，直径 2.7~3 厘米（图 8-53：1、3）。

陶纺轮 1 件。夹砂灰陶。平面呈圆形，中心有一穿钻，直径 4.5、厚 2.1 厘米（图 8-53：2、4）。

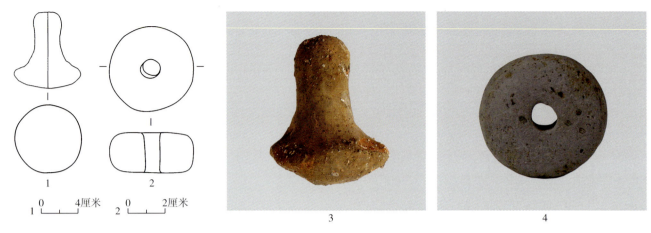

图 8-53　祝家庄遗址出土陶拍和纺轮

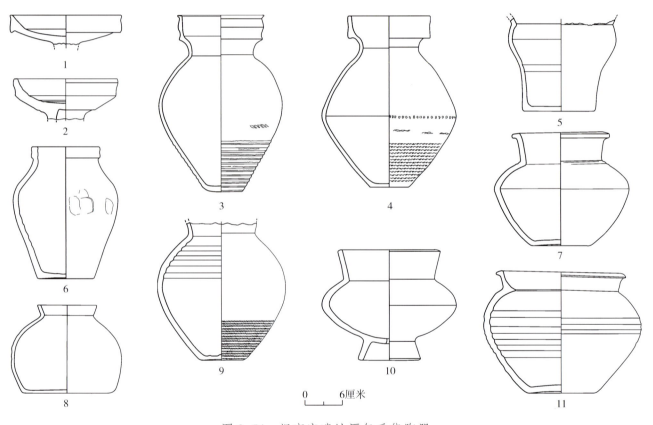

图 8-54　祝家庄遗址历年采集陶器

附：黄岛区博物馆藏祝家庄遗址历年采集陶器。

陶豆　2件。标本 10，夹砂灰陶。尖圆唇，敞口，斜折腹，折腹处有一凹槽，柄部残失。泥条盘筑加轮修成型，盘底残留泥条缝隙，周身密布轮修指痕，盘底残留粘接痕迹，为盘、柄分制后粘接而成。残高 4.7、口径 18、厚 0.9~2 厘米（图 8-54：1；图 8-55：1）。标本 13，豆盘与一部分柄。夹砂灰褐陶。浅盘，口部残。盘内有一周凸棱，盘底内凹，底部经打磨。轮制。盘口径 16.5、残高 6.3 厘米（图 8-54：2；图 8-55：2）。

图 8-55　祝家庄遗址历年采集陶器照片

陶盘口壶 3件。标本12，夹砂灰黄陶。方圆唇，折沿，斜肩，鼓腹，下腹内敛，平底微弧。腹部有绳纹痕迹，下腹饰滚压绳纹，罐体不对称。轮制。口径14.2、底径6.3、高28.2、厚0.5~0.8厘米（图8-54:3；图8-55:3）。标本30，口部残。夹砂黄褐陶。束颈，溜肩，圆鼓腹，下腹斜收，平底微内凹。轮制，内壁上部有拉坯形成的凸棱，下腹外壁横向滚压绳纹。最大腹径21、底径7、残高22、厚0.6~1厘米（图8-54:9；图8-55:4）。标本11，夹砂灰陶。盘状口，方圆唇，束颈，溜肩，圆折腹，下腹斜收，小平底。折腹处饰一周戳印纹，下腹滚压横向绳纹，轮制成型。口径13.2、最大径21.6、高27.4、厚0.6~1.4厘米（图8-54:4；图8-55:5）。

陶盂 1件。夹砂灰陶。方唇，侈口，斜直颈内束，斜肩，鼓腹，下腹急收，圜底近中心处有一钻孔，高圈足外侈。外壁素面，内壁有刮划痕迹。口径15.2、最大腹径21.6、圈足径9.9、高17.6、厚0.8~1.2厘米（图8-54:10；图8-55:6）。

陶罐 5件，其中1件为釉陶。标本8，夹砂酱釉陶。方唇，直口，束颈，溜肩，鼓腹，下腹斜收，平底微内凹。口至中腹施酱釉。泥条盘筑成型，下腹内壁残留泥条盘筑缝隙，腹部拍窝明显。高21、口径11、最大径17、底径9、厚0.8~1.1厘米（图8-54:6；图8-55:9）。标本14，夹砂灰陶。方圆唇，侈口，斜折沿，斜肩鼓腹，平底微内凹。素面，轮制。陶罐不对称，腹有轮制留下的凸棱，底部不平。口径9.7、最大腹径17.7、底径15、高14、厚0.4~0.5厘米（图8-54:8；图8-55:7）。标本16，口残，罐体不对称。夹砂黄褐陶。鼓肩，下腹内敛，平底。素面，罐内壁有轮制凹槽，肩部有轮制痕迹。底径11.4、残高14.9、厚0.7~1.2厘米（图8-54:5；图8-55:8）。罐1，夹砂黄褐陶。侈口，卷沿，颈斜直、微束，溜肩，上腹较鼓，下腹弧收，最大腹径偏上，平底内凹。素面，轮制痕迹不明显，口沿不平。口径13.2、最大腹径21.6、底径9.2、高18~18.3、厚0.8~0.9厘米（图8-54:7；图8-55:10）。罐2，夹砂黄褐陶。口微侈，卷沿，直颈微束，折肩，下腹斜收，平底微内凹。口沿不平，肩部至腹中内外壁有数周轮制形成的凸棱。素面。口径19.6、最大腹径25.4、底径10.6、高19.2~19.6、壁厚0.6~0.9厘米（图8-54:11；图8-55:11）。

2. 安子沟墓地

分布有汉代高等级墓葬，被破坏的墓葬随葬品藏于黄岛区博物馆，包括玉器、铜器和陶器等，出土单位不详。

玉环 2件。一件为青玉，边缘削薄，有磨损痕迹，内部较厚，剖面呈三角形，外缘为不规则圆形，内圆规则。外径12~12.6、内环6.3、最厚处0.8厘米（图8-56:1；图8-57:1）。另一件为白玉，有残损。外径4.15、内径1.9、厚0.25厘米（图8-56:7；图8-57:2）。

玉璏 1件。白玉。璏面上饰卷云纹，背面可见铁锈，锈上有丝织品残朽后的痕迹，初步推测此物原为铁剑所配。长9.75、宽2.6厘米（图8-56:5；图8-57:3）。

铜带钩 3件。标本1，钩首柱状，钩颈较短，钩面隆起，圆饼状钮部分已残。通长6.25，最宽处0.8、高1.4厘米（图8-56:6；图8-57:7）。标本2，钩首凫状，钩颈细长，钩腹隆起兽面，圆饼形钮。通长8.2、高2.2厘米（图8-56:9；图8-57:5）。标本3，钩首凫面形，腹短呈椭圆形，腹两侧刻出双翅，钮为饼形。通长3、高2.2厘米（图8-56:8；图8-57:6）。

铜镜 2件。均圆钮。一件钮座外饰四组短线纹，其外两周凸弦纹间有铭文。铭文"见日之光天下大明"，铭文间填以涡纹，其外两周短斜线纹有铭文"见日月之光长，心忽而衷（哀）"。直径

图 8-56　安子沟墓地出土器物照片

11.6、缘厚 0.35~0.4（图 8-56：2；图 8-57：8）。另一件铭文："见日之光天下大明"，铭文间填以涡纹，其外两周短斜线纹间有铭文："内而清而以昭而明，光夫象夫日月，心忽扬而不泄"，字句不完整，有减字。直径 10.8、缘厚 0.5~0.6 厘米（图 8-56：3；图 8-57：9）。

　　陶壶　2 件。标本 1，泥制灰陶。尖唇，平沿，束颈，圆鼓腹，平底，喇叭口圈足，器盖较平，近口处面外凸，以便与口嵌套。通身素面，仅盖顶一圈弦纹。口径 14、底径 12.6、腹最大径 23.2、盖径 15.3、通高 30.6 厘米（图 8-56：4；图 8-57：4）。标本 2，器身泥质灰陶，器盖夹砂灰陶。方唇、微侈口，高领，溜肩，鼓腹，圈足，肩颈间有一道凹弦纹，盖顶较平。口径 14.8、底径 17.4、腹径 34.8、器高 40.2、通高 41.1 厘米（图 8-56：10；图 8-57：10）。

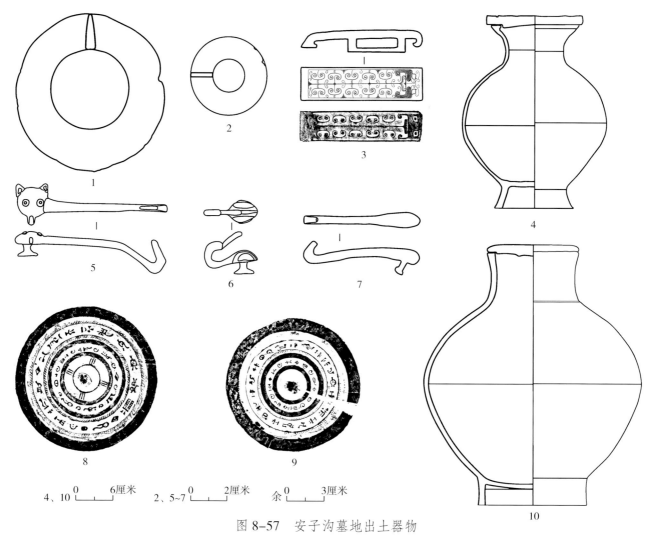

4、10 |—0—6厘米| 2、5~7 |—0—2厘米| 余 |—0—3厘米|

图 8-57　安子沟墓地出土器物

（三）其他遗址和出土遗物

1. 灵山卫黄石圈村出土铜鬲

村已搬迁，现为万科·青岛小镇所在（见图 8-32）。在三面小山环绕一面向海的山坳中，出土过一件铜鬲。非生活遗存，疑为祭祀活动遗留。

铜鬲　尖唇，侈口，束颈，上腹部略外鼓，连裆，锥状袋足。上腹部饰一周蟠螭纹，余素面。裆部有烟炱痕，其中一袋足底部可见明显修补痕迹。范线不明显，局部可见有垫片等铸造痕迹。蟠螭纹上有丝织品残朽后留下的痕迹。口径21、腹最大径23、通高19.4厘米（图 8-58）。

2. 灵山岛李家村沙嘴子出土铜器（见图 8-32）

20 世纪 80 年代铜鼎与铜锛一起征集所得。1974 年村民打井时发现，出土于灵山岛西南两座山峰间的山坳中，近海。2016 年夏进行了勘查，周围均为砂岩，非生活遗存，疑为祭祀活动遗留。

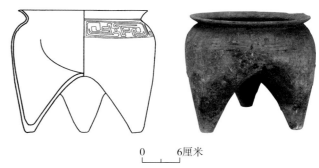

0 |—6厘米|

图 8-58　灵山卫黄石圈村出土铜鬲

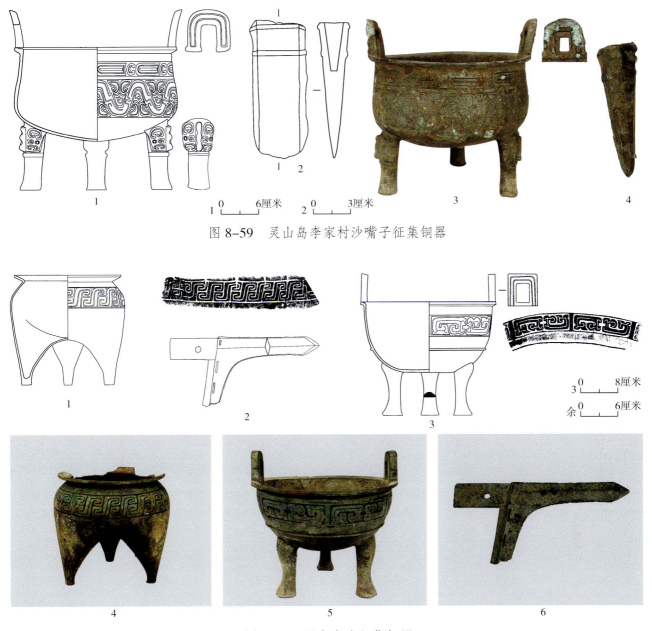

图 8-59　灵山岛李家村沙嘴子征集铜器

图 8-60　顾家崖头征集铜器

铜鼎　方唇，侈口，折沿，微垂腹，圜底，三马蹄形足，两立耳，上腹饰环形纹，腹中部饰兽面纹及波带纹，足上有一条附加堆纹和环形纹。口径 26、通高 28、厚 0.5 厘米（图 8-59：1、3）。

铜锛　扁平长方形，双面刃，长方銎，銎口有两道凸弦纹。通长 11、宽 4.5、銎深 4 厘米（图 8-59：2、4）。

3. 顾家崖头采集铜器（见图 8-32）

铜鬲、鼎、戈各一件，出土情况不明。

铜鬲　方唇，侈口，短束颈，上腹部微外鼓，连裆，锥状袋足。上腹部两道弦纹间饰一周蟠螭纹，裆部有烟炱痕迹。底部可见明显范线痕，局部有垫片等铸造痕迹。口径 17.2、腹径 18.4、通高 17.5、厚 0.25~0.6 厘米（图 8-60：1、4）。

铜鼎　方唇，侈口，盆形腹，底较平，马蹄形足，两立耳。上腹部饰一周简化的蟠螭纹，两个一组，共六组。下腹部饰一周凸棱纹，立耳饰环形纹。器身厚重，腹底和腹外壁可见大量烟炱痕迹。腹底可见三角形范线和三个明显垫片痕迹。口径 29.4、唇厚 0.7、壁厚 0.5、通高 30.4、耳厚 1.4、耳宽 6.6 厘米（图 8-60∶3、5）。

铜戈　前锋尖锐，长胡，上有三穿，内为长方形，上有一圆穿，援部断面呈菱形。长约 24、宽约 11.4、胡厚 0.8 厘米（图 8-60∶2、6）。

4. 灵山卫出土的"齐氏三量"

1857 年出土于灵山卫（见图 8-32）。

"子禾子"釜　战国初年，齐国大夫田和取代齐康公后所作量器。高 38.5、口径 22.3、腹径 31.8 厘米；容量 20460 毫升。现藏中国国家博物馆（图 8-61∶1）。

"左关"釜　罐形，直口束颈，圆肩连腹，向下收敛成小平底，腹两侧有一对把手。素面无饰。腹外壁铸铭文 34 字。铭文："陈猷立（莅）事岁，□月戊寅，于兹安陵亭，命左关师发敕，成左关之釜，节于廪釜，屯者曰陈纯。"通高 8.65、口径 22.65、底径 18.08 厘米；重 12.08 千克；实测容积 20580 毫升。现藏上海博物馆（图 8-61∶2）。

"左关"铊　半球体，有流，无纹饰。高 10.8、口径 19.4 厘米；实测容积为 2070 毫升。现藏上海博物馆（图 8-61∶3）。

1　　　　　　　　　　　　2　　　　　　　　　　　　3

图 8-61　灵山卫出土"齐氏三量"

5. 大村镇征集战国时期铜器（见图 8-32）

铜戈 1 件、铜带钩 3 件。具体出土情况不明。

铜戈　1 件。前锋尖锐，长胡，上有三穿，内为长方形，上有一长方形穿，援部断面呈菱形。长 17、宽 8.2、胡厚 0.6 厘米（图 8-62∶1、5）。

铜带钩　3 件。标本 1，凫形。钩首柱状，钩颈细长，钩腹宽大，钩面隆起，尾端弧收，纽为饼形。通长 5.9、钩腹最宽处 1.8、高 1.9 厘米（图 8-62∶2、6）。标本 2，兽首凫形。钩首兽首状，钩颈细长，钩腹宽大，钩面隆起，尾端弧收，饼形纽。通长 7.8、钩腹最宽处 1.8、高 2.4 厘米（图 8-62∶4、7）。标本 3，凫形。钩首柱状，钩颈细长，钩腹宽大，钩面隆起，尾端弧收，饼形纽。通长 6.6、钩腹最宽处 1.9、高 2 厘米（图 8-62∶3、8）。

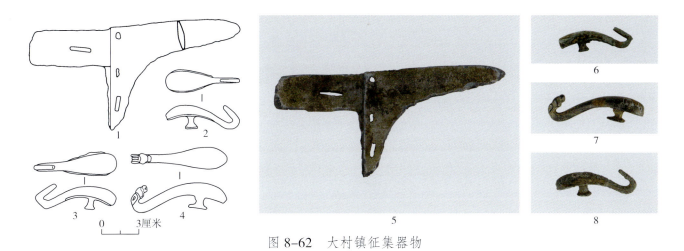

图 8-62　大村镇征集器物

6. 田家窑墓地

位于王台镇田家窑村东约 0.5 千米处（见图 8-32），阁老山的南坡。2000 年 1 月对一座墓葬进行了抢救性发掘，编号 M1[1]。2002 年，在 M1 南约 10 米，另有一座墓被破坏，村民上交该墓出土的青铜器 8 件，编号"采"。

（1）M1

墓葬为土坑竖穴砖椁墓。平面长方形，东西长 4.6、南北宽 2.2、墓口距墓底深 2.85 米，墓口距地表深 0.3 米，方向 90°。墓内砌有砖椁，高 1.35 米，系墓圹四周用长方形素面青砖错缝叠砌，底部用单砖铺"人"字形地砖。砖长 28、宽 12~13、厚 4 厘米。砖椁上铺 6 块长 2.1、厚 0.2、宽 0.45~0.95 米不等的石板，上填有约 0.2 米厚的蛤蜊壳。墓室内残留板材杇痕及红色髹漆残迹，据此判定该墓为一棺一椁。墓内人骨大多腐朽，根据残留骨骼判断，墓主头向东（图 8-63）。

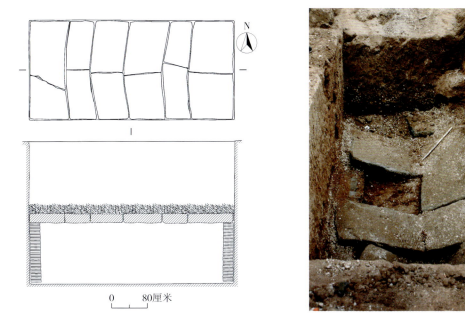

图 8-63　田家窑 M1 平剖面图和清理现场照片

[1] 参见黄岛区博物馆、青岛市文物保护考古研究所《黄岛区田家窑墓地 M1 发掘简报》，《青岛考古》（二），科学出版社，2015 年，74~83 页。

　　M1 出土文物丰富，计有铜器、玛瑙器、琉璃器、玉器、陶器、骨器等，总数百余件，其中以玉器占大宗。墓主头顶部分列彩绘陶樽四件，左右两侧对称放有大陶罐两件，头、颈部及下身则分别放有玉钺、铜镜、其他玉器等。

　　铜器包括镶嵌玛瑙铜牌饰、带钩、铜镜等。

　　玉器包括戚、璏、璧、饰件、长方形器、圭形器、半球、四边形器、刀形器、琮形器、纽扣形器、玉料等。

　　铜牌饰　2 件。镶嵌玛瑙，形制基本相同。平面长方形，器表有织物包裹痕迹，外周青铜牌框锈绿斑驳，纹饰已辨识不清。正面镶嵌玛瑙，阴刻透雕螭龙纹饰，背面有两个铜纽用于穿系。M1:1，长 10、宽 5.2、厚 0.35 厘米（图 8-64；图 8-65:1）。M1:2，阴刻透雕螭龙纹饰模糊不清，不易辨认。长 10、宽 5.2、厚 0.5 厘米（图 8-65:2）。

　　铜带钩　1 件。M1:3，锈蚀严重，断为三截。长条形，钩首蛇头状，钩颈细长。通长 12 厘米（图 8-65:3）。

　　铜镜　3 件。形制相同。圆形，饼状镜纽。M1:4，锈蚀严重。直径 6.5、厚 0.4 厘米（图 8-65:4）。M1:5，残。直径 13.6、厚 0.4 厘米（图 8-65:5）。M1:6，残。直径 13.2、厚 0.3 厘米（图 8-65:6）。

　　玛瑙器　2 件。M1:13，玛瑙珠。酱色，纺锤形，中间有穿孔。器表光滑，中有黑色絮状物。上下面有切割痕迹。长 2.2、两端直径 0.5、中部直径 1、孔径 0.15 厘米（图 8-66:1、5）。　M1:14，玛瑙片。红色，圆形，中间微凸出，中心有穿孔。直径 2.5、厚 0.4、孔径 0.2 厘米（图 8-66:2、7）。

　　琉璃器　2 件。M1:15，琉璃球。半球形，浅蓝色，表面有密集气孔。直径 1.5、高 0.9 厘米（图

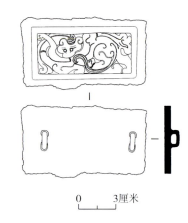

图 8-64　田家窑 M1 出土铜牌饰

图 8-65　田家窑 M1 出土铜器照片

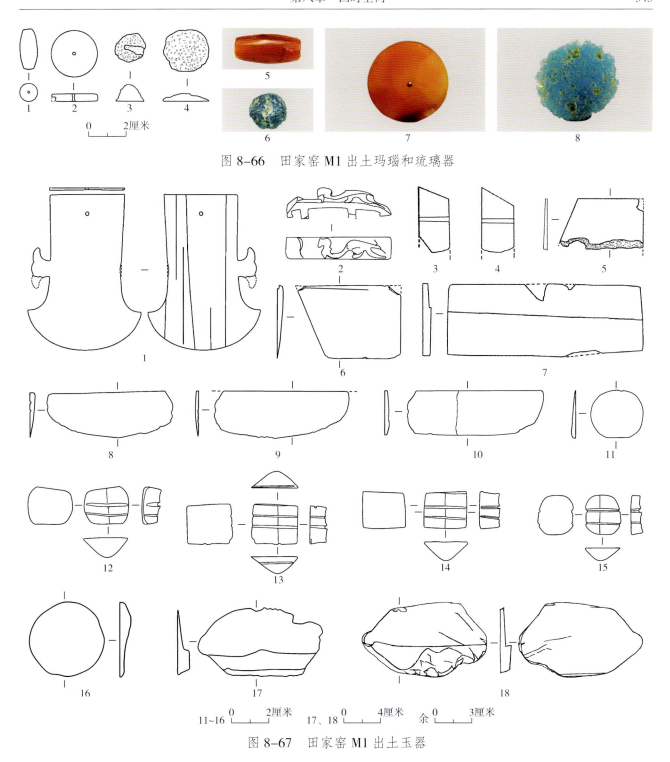

图 8-66 田家窑 M1 出土玛瑙和琉璃器

图 8-67 田家窑 M1 出土玉器

8-66：3、6）。M1：16，琉璃片。近圆形，浅蓝色，表面有密集气孔。直约 2.5、最厚处 0.55 厘米（图 8-66：4、8）。

玉戚 2 件，为同一件戚对剖而成。M1：17，青玉。体扁薄，两侧外张，弧刃。素面，器身有一钻孔，两肩平直等长，肩的一侧有倒钩式刺突。长 12.35、刃宽 9、肩宽约 6、厚 0.1~0.15 厘米（图 8-67：1；图 8-68：1）。

玉璜 1 件。M1：18，青玉。体呈长方形，两侧下弯微卷，正面高浮雕螭龙纹，图案仅具轮廓，

图 8-68　田家窑 M1 出土玉器照片

尚未雕琢完成，背面方形銎残缺。长 8.4、宽 1.8、残高 2.5、厚 0.5 厘米（图 8-67：2；图 8-68：2）。

　　玉璧　1 件。M1:19，残缺大半，碎成 11 片。谷纹（图 8-68：3）。

　　玉长方形器　4 件。M1:48，白玉质，扁平长方体，其中一件残缺大半。标本 1，长 10.5、宽 1.3~1.6、厚 0.2~0.4 厘米。标本 2，长 10.2、宽 1.3~1.5、厚 0.15~0.35 厘米。标本 3，长 10.4、宽 1.3~1.5、厚 0.3~0.45 厘米。标本 4，残长 4.6、宽约 1.6、厚 0.2~0.25 厘米（图 8-68：4）。

玉圭形器 2件。青玉。扁平长方体，上端斜刃，下端残缺。M1：22，残长5.4、宽2.7、厚0.3~0.4厘米（图8-67：3；图8-68：6）。M1：23，残长5.4、宽2.7、厚0.3~0.4厘米（图8-67：4；图8-68：5）。

玉半球形器 13枚。M1：24，直径1~2、厚0.7~1.7厘米（图8-68：7）。

玉四边形器 2件。呈直角梯形，一边斜刃。M1：25，长8.3、高5.7、厚0.05~0.45厘米（图8-67：6；图8-69：1）。M1：26，下端有残缺。长6.9、残高4.5、厚0.2~0.3厘米（图8-67：5；图8-69：2）。

玉刀形器 4件。M1：27，青玉。半圆形，背部平直，较厚，刃部呈弧形。通长10.2、宽4.3、厚0.4~0.5厘米（图8-67：8；图8-69：3）。M1：28，青玉。背部平直较厚，正面微弧削薄，磨制较光滑。残长10.7、宽3.8、厚0.1~0.3厘米（图8-69：4）。M1：29，青玉。扁平长方形，上表面光滑，下表面粗糙，上下两端微残，左右两侧有打磨痕迹。长10.8、宽3.5、厚0.2~0.3厘米（图8-67：9；图8-69：5）。M1：30，青玉。扁平长方形，上表面光滑，下表面粗糙，有切割痕迹，上下两端残，刃端打磨光滑，背部平直。长11.1、宽1.4~3.6、厚0.1~0.4厘米（图8-67：10；图8-69：6）。

玉琮形器 7件，其中四件形制大体相同，青玉。三棱柱状，通体磨光，两侧面有二或三周磨制形成的凹弦，呈竹节状，剖面呈三角形。其余三件为切割后剩余部分，可见有磨制后形成竹节状凹弦（图8-70：1）。M1：31，高1.8、宽2.35厘米（图8-67：12）。M1：32，高2~2.1、宽2.5厘米（图8-67：13）。M1：33，高1.8~2、宽1.9厘米（图8-67：14）。M1：34，高2.1、宽1.9厘米（图8-67：15）。

玉纽扣形器 1件。M1：35，青玉。平面圆形，底部较平，顶部凸起。直径2.25、厚0.3、高0.7厘米（图8-70：3）。

圆玉片 3件。圆饼形，磨制较为光滑。M1：36，直径2.5~2.8、最厚0.2厘米（图8-67：11；图8-70：4）。M1：37，直径3.9、厚0.2~0.6厘米（图8-70：5）。M1：38，直径3.1、厚0.2~0.4厘米（图

1 2 3

4 5 6

图8-69 田家窑 M1 出土玉器照片

图 8-70　田家窑 M1 出土玉器照片

8-67∶16、图 8-70∶6）。

　　玉饰件　7 件。M1∶20，青玉质，心形，长 1.6、厚 0.3 厘米（图 8-70∶7）。M1∶21，略呈椭圆形。长 1.6、厚 0.3 厘米（图 8-70∶8）。五件未完成品。青玉。形制各异，磨制光滑（图 8-70∶2）。

　　玉料　12 件。M1∶42，青玉。平面长方形，中部有一道切割痕迹，长 16.3、宽 5.9、厚 0.4~0.6 厘米（图 8-67∶7；图 8-71∶1）。M1∶43，白玉。玉板两面切割，边缘不规则且未雕琢，全长 13.5、宽 7.8、厚 0.4~1.2 厘米（图 8-67∶17；图 8-71∶4）。M1∶44，长 13.6、宽 7、厚 0.4~1.2 厘米（图 8-67∶18；图 8-71∶5）。M1∶45，3 件。多边形状，有切割痕迹（图 8-71∶2）。M1∶46 白玉。（图 8-71∶6）。M1∶47，5 件。青玉。形制各异，有切割痕迹（图 8-71∶3）。

　　陶樽　4 件。形制基本相同。泥质灰陶。弧顶子母口盖，顶部有桥形纽。方唇，直口，直腹较深，平底，三蹄形足。盖顶及器腹部有红色云气纹饰。M1∶7，口径 18.8、底径 19、器高 10.2、盖径 17.6、盖沿径 19.8、盖高 4.8、通高 14.2、厚 0.4~0.8 厘米（图 8-72∶1；图 8-73∶1）。M1∶8，缺盖。

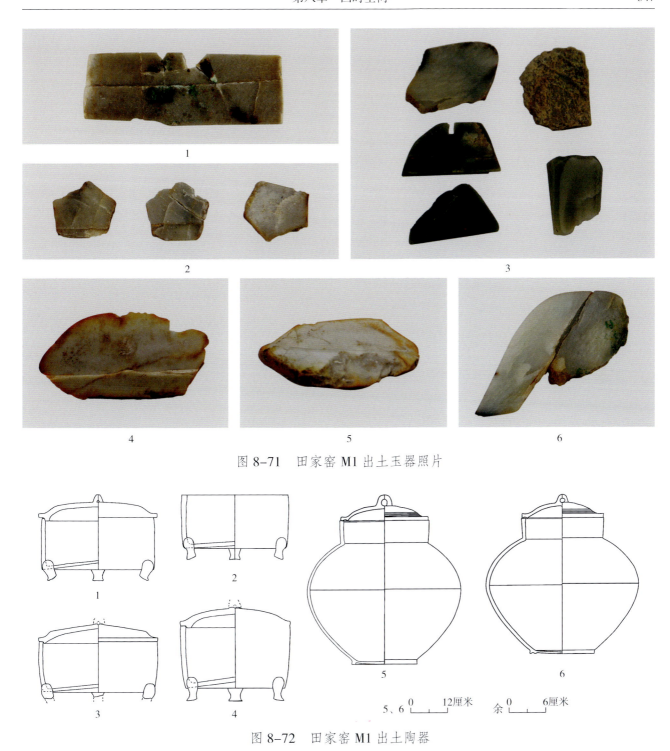

图 8-71 田家窑 M1 出土玉器照片

图 8-72 田家窑 M1 出土陶器

5、6 ⊢—————┤ 12厘米　　余 ⊢—————┤ 6厘米

口径 17.6、高 10.6、厚 0.7~0.8 厘米（图 8-72：2；图 8-73：2）。M1:9，盖顶纽残缺。口径 18.4、器高 12.4、盖径 16.4、盖高 3.6、通高 15、厚 0.6~1 厘米（图 8-72：4；图 8-73：3）。M1:10，盖顶纽及三蹄足残。口径 18.6、器残高 9.4、盖径 16.6、盖残高 3.4、残高 12.4、厚 0.7~1.2 厘米（图 8-72：3；图 8-73：4）。

陶罐 2 件。形制基本相同。泥质灰陶。弧形盖，盖顶有单环纽，盖顶周围有轮制形成的凸棱和凹弦。器身方唇，敞口，高领，溜肩，鼓腹，平底，矮圈足。M1:11，口径 27.2、圈足径 21.2、

图 8-73　田家窑 M1 出土陶器照片

图 8-74　田家窑 M1 出土骨器

腹径 50、通高 51.2、厚 0.8~1 厘米（图 8-72：6；图 8-73：6）。M1：12，口径 29.2、圈足径 21.2、腹径 50、通高 54.4、厚 0.8~1 厘米（图 8-72：5；图 8-73：5）。

　　骨器　出土 50 余件。长方形，体扁平，长短不等且多已残断，大多穿孔，磨制较光滑，器表有的有红黑彩绘痕迹，推测原应有彩画图案，已剥落不清（图 8-74：1）。M1：48，长方形，有三处穿孔，长 18.2、宽 1.5、厚 0.2、孔径 0.3 厘米（图 8-74：2、3）。

　　M1 年代当为战国晚期至西汉早期。

　　（2）田家窑墓地另一墓

　　村民上交八件出土青铜器，包括鼎、盖豆、壶等。

　　铜鼎　2 件。形制大小相同。出土时鼎内均盛有多块动物脊骨。器表有织物包裹痕迹。弧形盖，顶置三环形纽，盖与器身相扣合呈扁圆形，鼎身敞口，为子母口，方唇，鼓腹，圜底近平，三蹄形

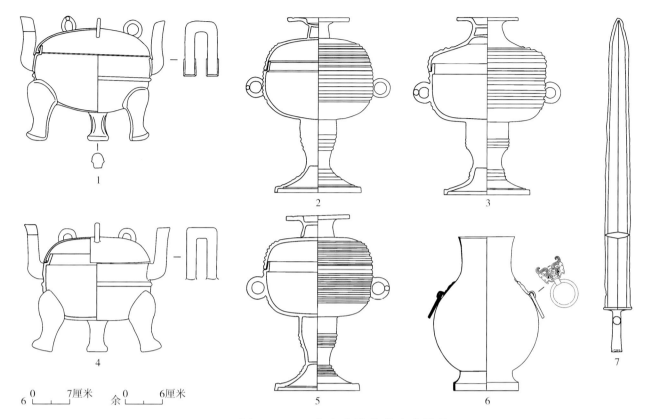

图 8-75　田家窑墓地墓葬出土器物

足，口沿下有对称二附耳，腹中部饰凸弦纹一周。采：1，口径 17、腹径 17.4、通高 20.2、壁厚 0.2 ~ 0.5 厘米（图 8-75：1；图 8-76：1 左）。采：2，口径 20.2、腹径 22.2、通高 19.9、壁厚 0.2~0.5 厘米（图 8-75：4；图 8-76：1 右）。

铜盖豆　4 件。形制相同。3 件较为完整，1 件柄与身分离。覆碗形器盖，碟形捉手，豆盘较深，盖与器身相扣合呈扁球体。豆盘为子母口，微敛，深腹，圜底近平，空心柄较粗，喇叭形圈足，腹部两对称环形耳，盖及豆盘满饰瓦棱纹，豆柄上下同饰瓦棱纹。盖纽、器盖，豆盘，豆柄均为分铸后粘接而成（图 8-76：3）。采：3，口径 17.4、圈足径 13.9、通高 28、壁厚 0.1~0.4 厘米（图 8-75：2）。采：4，口径 17.4、圈足径 13.8、通高 28、壁厚 0.1~0.4 厘米（图 8-75：5）。采：5，口径 17.6、圈足径 13.9、通高 28、壁厚 0.2~0.4 厘米（图 8-75：3）。采：6，口径 17.4、圈足径 13.8、通高 28、壁厚 0.1~0.4 厘米。

铜壶　2 件。形制相同。采：7，残破。侈口、长颈、溜肩、鼓腹、圜底、圈足，肩部对称双耳，双耳为铺首衔环形制。口径 10、圈足径 13、腹径 20.8、高 29.4、厚 0.1~0.4 厘米（图 8-75：6；图 8-76：2）。

此墓的时代为战国时期。

（3）1999 年黄岛区博物馆在田家窑征集一把青铜剑

剑身有锈。刀部磨损。剑身内凹，剑茎截面为近圆形，剑身截面为八边形。全长 53.2、茎径 6.5、剑身长 46.2 厘米。为春秋时期（图 8-75：7；图 8-76：4）。

7. 甲旺墩遗址（见图 8-32）

以往的考古工作已确认遗址为龙山时期环壕聚落并有汉代遗存，以下介绍的器物包含历年采集的铜器和陶器两类，具体出土情况不明。

图 8-76　田家窑墓地墓葬出土器物照片

　　铜铟　2 件。标本 1，器壁较薄，尖唇，侈口，斜折沿，鼓腹，平底矮圈足。底部有范线，腹中部饰有一周长宽凸棱，凸棱上加饰细凸棱，凸棱上饰两个铺首衔环。口径 22.2、高 12、底径 12、壁厚 0.1~0.3 厘米（图 8-77：1；图 8-78：1）。标本 2，口部残损，口略呈椭圆形。尖唇，侈口，折沿，上腹近直，下腹弧收，平底，矮圈足，底部有一条斜向范线，腹中部饰三周凸棱，两侧饰一对铺首衔环。长径 22.8、短径 22、通高 11.9、壁厚 0.1~0.15 厘米（图 8-77：2；图 8-78：4）。

　　铜鋞镂　1 件。标本 1，器盖敞口，束腰，顶面微弧，顶面饰有三个长方形饰件，纽残。器身鼓腹，圜底，蹄形足，足内侧竖直，一足残，器物左右分饰两耳。顶径 10.4、高 18.8、厚 0.2 厘米（图 8-77：3；图 8-78：2）。

　　铜鋆　1 件。标本 1，器身形似鋞镂，但缺少三足。覆钵形器盖，器盖为子母口，微敛，子口较高，弧腹，顶面饰一桥形纽。器身口为尖圆唇，侈口，束颈，扁垂腹，圜底，上腹附两耳，耳上有一衔环，其中一侧衔环残失，上腹饰一周凹弦纹。器盖口径 7、高 4.1、壁厚 0.2~0.5 厘米；器身口径 9、最大腹径 12.6、器高 12、厚 0.1 厘米（图 8-77：4；图 8-78：5）。

　　铜熏炉　1 件。由圆盘形底座和豆形炉体组成。炉体为半圆形，上覆碟形盖，盖顶附一环形纽，盖顶面饰盘龙纹及镂孔。豆盘为子母口，深弧腹，盘口左右对称饰一对铺首衔环，盘底微喇叭形圈足，圈足饰盘龙纹及镂孔。托盘为方唇，折沿，弧腹，假圈足，底部中心上鼓，自炉腹底至托盘底

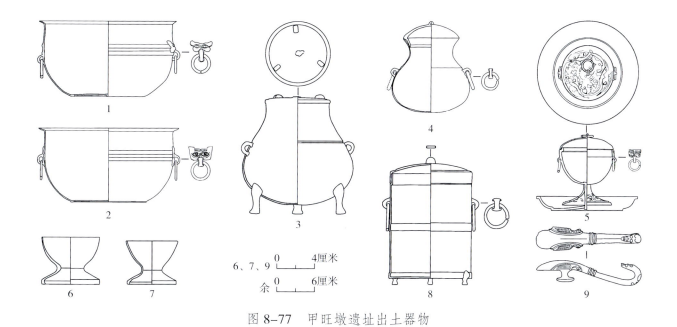

6、7、9 0 ____ 4厘米

余 0 ____ 6厘米

图 8-77 甲旺墩遗址出土器物

图 8-78 甲旺墩遗址出土器物照片

部中央有一圆柱连接，豆盘与托盘可转动。通高 12.3 厘米，炉体高 11.3、口径 9、厚 0.2~0.4 厘米；托盘口径 16.5、底径 11.6 厘米（图 8-77：5；图 8-78：8）。

铜铚　1 件。圆筒形，盖顶面外弧，中央附一半圆形扁纽，边缘有一台阶式凸棱。器体子母口，子口较高，腹中部及近底端各一带状凸弦纹。平底下附三兽形足。上腹左右对称饰两环状耳，一环缺失。高 20.3、口径 12.4、厚 0.2~0.3 厘米（图 8-77：8；图 8-78：3）。

铜卮　2 件。标本 1，尖唇，敞口，半球形腹，束腰，喇叭形圈足，圈足底部高耸形成杯座，杯底有一穿孔，可能为支座。外壁鎏金，局部脱落。口径及圈足径均为 6.2、高 5、壁厚 0.1~0.4 厘米（图 8-77：6；图 8-78：6）。标本 2，尖唇，敞口，半球形腹，束腰，喇叭状圈足，圈足底部竖直形成杯座，杯底有一穿孔，可能为支座。外壁鎏金，局部脱落。口径 5.5、底径 5.2、高 4.6、壁厚 0.1~0.2 厘米（图 8-77：7；图 8-78：9）。

铜带钩　1 件。琴面形，背部圆纽，器身细长，纽居中，兽首，中部饰三道凸棱，下部饰两半蝉形纹。体长 11.4、腹宽 2.5 厘米（图 8-77：9；图 8-78：7）。

陶壶　4 件。标本 1，泥质灰陶。方唇，直口，直颈，球腹，圜底近平，腹中部附两耳，其中一耳残存断茬。底面有螺旋状刮抹痕，外壁轮修后磨光。口径 9、底径 13.2、高 18.6、壁厚 0.7~0.8 厘米（图 8-79：1；图 8-80：1）。标本 2，泥质灰陶。圆唇，敞口，高颈，溜肩，鼓腹，下腹弧收，底微内凹，腹部对称饰两耳。泥条盘筑，轮修成型，内壁有泥条缝隙。口径 9.4、最大径 19.4、底径 10.2、高 20.5、厚 0.5~0.7 厘米（图 8-79：2；图 8-80：2）。标本 3，泥质灰陶。方唇，直口，直颈，

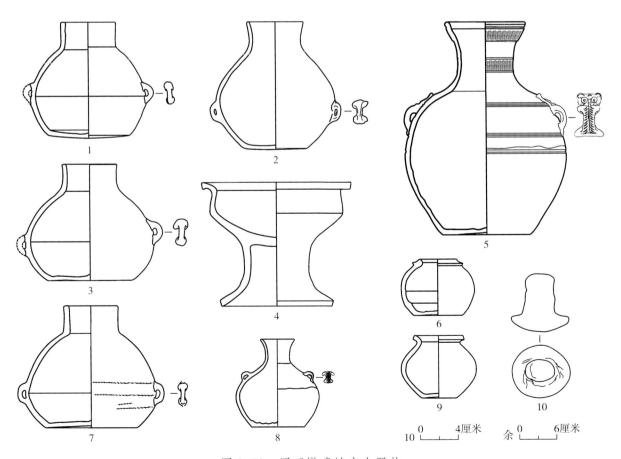

图 8-79　甲旺墩遗址出土器物

图 8-80　甲旺墩遗址出土器物照片

球腹，平底局部内凹，腹中部附两耳，两耳不对称，其中一耳残存断茬。外壁轮修，磨光，底面有螺旋状刮抹痕，内底有旋突。口径 9、底径 14、高 18.7、壁厚 0.7~0.8 厘米（图 8-79：3；图 8-80：3）。标本 4，泥质灰陶。方唇，直口，直颈，扁球形垂腹，平底内凹，下腹附双耳。外壁轮修，磨光，底面有杂乱的刮抹痕，腹部外壁饰几周间断的浅麦粒状绳纹。口径 9、底径 14.8、高 19.6、壁厚 0.7~0.9 厘米（图 8-79：7；图 8-80：4）。

　　陶豆　1件。夹砂灰陶。方唇，侈口，微束颈，折腹，喇叭形圈足。泥条盘筑成型，腹壁内侧有泥条痕迹。口径 24.5、底径 18、高 19.8、壁厚 0.7~1.8 厘米（图 8-79：4；图 8-80：5）。

　　釉陶双耳瓶　2件。标本 1，青釉，褐胎。侈口，卷沿，束颈，溜肩，扁鼓腹，平底，肩部附双耳。内壁口沿及外壁颈部以下至肩部施青釉，双耳上中间饰一道凹槽，两侧饰羽毛状刻划纹。口径 5.6、最大腹径 15.6、底径 8.6、壁厚 0.4~0.5 厘米（图 8-79：8；图 8-80：10）。标本 2，青釉。圆唇，侈口，卷沿，束颈，溜肩，肩及上腹附两耳，球形腹，平底微内凹。口沿内外壁及外壁的颈部至上腹部施青釉，口沿外壁饰一周凹槽，颈部饰两周凹弦纹，口沿外侧及颈部分别饰十三周凹水波纹，上腹饰两组、四周凹弦纹及一周宽凹槽，两耳为兽首，中间有一道凹槽，两侧有羽毛状刻划纹。轮制。口径 13、底径 14、高 33.9、壁厚 0.6~0.7 厘米（图 8-79：5；图 8-80：6）。

陶罐 2 件。标本 1，夹砂灰陶，局部呈黄褐。尖圆唇，敛口，卷沿，束颈，扁球腹，平底内凹。口沿外侧饰一周凸棱。轮制，内底有拉坯形成的旋突，外壁有轮修指痕，底面有偏心螺线。口径 6、底径 7.8、最大腹径 11.8、高 9、壁厚 0.6~0.7 厘米（图 8-79：6；图 8-80：8）。标本 2，泥质灰陶。方唇，侈口，束颈，溜肩，鼓腹，下腹弧收，平底微内凹。素面。轮制成型，通体螺旋状拉坯指痕，下腹外留有环形刮削修整痕，底面有偏心螺纹。口径 7.8、最大径 12、高 10、底径 5.4、厚 0.5~0.7 厘米（图 8-79：9；图 8-80：9）。

陶拍 1 件。夹砂灰陶，局部黑褐。蘑菇形，手制。高 6.1、垫面直径 5.2~6.2 厘米（图 8-79：10；图 8-80：7）。

8. 丁家皂户墓地[1]

位于藏南镇丁家皂户村西南约 400 米的岭地上，同三高速（G15）东侧（见图 8-32）。2002 年春，山东省文物考古研究所对高速公路工程占压区域的封土及墓葬进行过一次发掘清理[2]，2011 年 11 月青岛市文物保护考古研究所联合黄岛区博物馆对工程占压区域的墓葬进行了抢救性发掘清理。

本次共发掘土墩墓三座，封土均为圆形，相距较近，分别编号 F1、F2、F3，封土下共有墓葬 8 座（图 8-81）。现将各土墩墓的发掘及收获简报如下：

（1）封土概况

F1 底部近圆形。现存高度 3.60 米，底径 13~15 米。封土分层明显，每层厚度为 0.1~0.5 米，多为黄褐色黏土，之间夹有沙土层。F1 内有四座墓葬，分别为 F1M1、F1M2、F1M3、F1M4。封土上部有两个盗洞，顶部的一个平面形状呈圆角长方形，长 1.3、宽 0.8 米；西北侧的一个平面形状呈椭圆形，长 1.0、宽 0.5 米。两个盗洞均至 F1M2 墓室底部并造成了严重破坏。

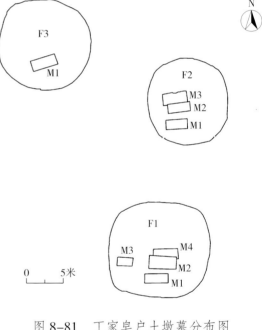

图 8-81　丁家皂户土墩墓分布图

F2 底部近圆形，直径约 11 米，现存高度 1.6 米。封土分层明显，厚度为 0.1~0.65 米，多为黄褐色黏土，之间夹有砂土层。F2 内有 3 座墓葬，分别为 F2M1、F2M2、F2M3。

F3 近圆形，直径 12、存高 1.3 米。封土分层明显，厚度为 0.1~0.5 米，多为黄褐色黏土，之间夹有砂土层。其下有一座墓葬，编号 F3M1。

[1] 参见青岛市文物保护考古研究所《黄岛区丁家皂户汉墓发掘简报》，《青岛考古》（二），科学出版社，2015 年，132~142 页。
[2] 宋爱华、李曰训、纪中良《胶南市丁家皂户汉代墓葬》，《中国考古学年鉴·2003 年》，文物出版社，2004 年，223 页。

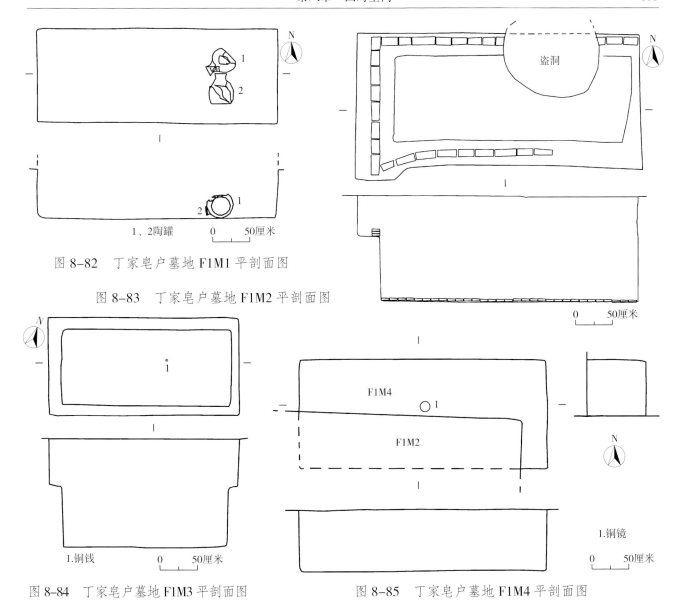

图 8-82 丁家皂户墓地 F1M1 平剖面图

图 8-83 丁家皂户墓地 F1M2 平剖面图

图 8-84 丁家皂户墓地 F1M3 平剖面图

图 8-85 丁家皂户墓地 F1M4 平剖面图

（2）墓葬形制

各墓葬形制均为长方形岩坑竖穴墓，规模和方向相近。

F1M1 东西长 3、南北宽 1.26、深 0.65 米，方向 90°。墓室棺板已朽，墓主人骨不存，墓底东端随葬 2 件陶罐（图 8-82）。

F1M2 东西长 3.7、南北宽 1.95、深 1.4 米，方向 91°。墓室被两个盗洞破坏。西、南、北三面留有二层台，台宽 0.3、高 0.85 米，台上错缝砌砖三层。墓底 "人" 字形结构铺砖一层。砖长 23、宽 12、厚 4 厘米。底部及西、南、北三壁尚存明显的红色漆皮。棺板已腐，墓主人骨骼不存（图 8-83）。

F1M3 东西长 2.35、南北宽 1.3、深 1.45 米，方向 75°。内有二层台，宽分别为：东端宽 0.1、西端宽 0.18、南侧宽 0.15、北侧宽 0.16、高 0.8 米。墓室中部偏东北出土铜钱一枚，仅剩锈蚀痕迹（图 8-84）。

F1M4 东西长 3.35、南北宽 0.7~0.8、深 0.8 米，方向 89°。棺板已腐，墓主人不存，墓室中部随葬铜镜 1 件（图 8-85）。

F2M1 东西长 3.08、南北宽 1.45、深 1.3 米，方向 90°。棺板已朽，但朽痕可见，棺长 2.2、宽

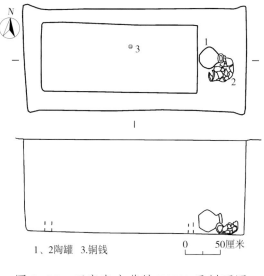

1、2陶罐 3.铜钱

图 8-86　丁家皂户墓地 F2M1 平剖面图

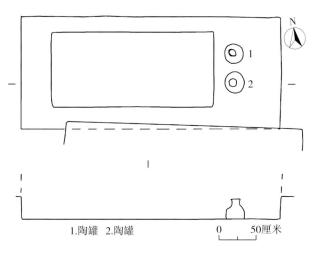

1.陶罐　2.陶罐

图 8-88　丁家皂户墓地 F2M3 平剖面图

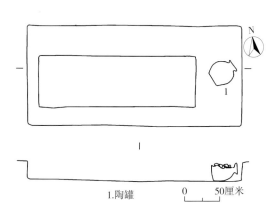

1.陶罐

图 8-87　丁家皂户墓地 F2M2 平剖面图

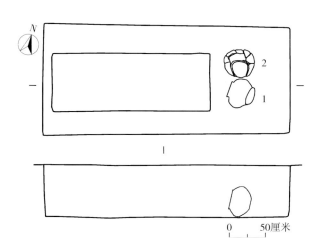

图 8-89　丁家皂户墓地 F3M1 平剖面图

0.96 米。其东侧随葬 2 件陶罐，墓室中部偏北随葬铜钱 1 枚，出土时已锈蚀成粉末状（图 8-86）。

　　F2M2　东西长 3.05、宽 1.4、深 0.26 米，方向 98°。棺板已朽，朽痕可见。棺长 2.25、宽 0.72 米。其东侧随葬 1 件陶罐（图 8-87）。

　　F2M3　东西长 3.5、宽 1.4、深 0.3 米，方向 95°。棺板已腐但痕迹可见。棺长 2.2、宽 1 米。其东侧随葬 2 件陶罐（图 8-88）。

　　F3M1　东西长 3.4、东壁宽 1.45、西壁宽 1.55、深 0.7 米，方向 72°。棺板已朽，但可见红色漆皮等痕迹。棺长 2.2、宽 0.8 米。其东侧随葬 2 件陶罐（图 8-89）。

　　（3）遗物

　　主要为铜器和陶器等，铜器只有铜镜和铜钱。

　　铜镜　1 件。F1M4:1，星云纹镜。九乳纹纽座。周围四组七纽星云纹饰，间饰四组九乳纽星云纹饰，镜缘饰十六个连弧纹。直径 10.9 厘米（图 8-90）。

　　铜钱　2 枚。F1M3:1、F2M1:3，已锈蚀为粉末状，仅可辨认为五铢钱。

　　陶罐　9 件。F1M1:1，泥质灰陶。圆唇，敞口，束颈，溜肩，鼓腹，平底。下腹部饰两道横绳纹。

口径 14、底径 22、最大腹径 28、通高 28.4、器壁厚 0.6~0.8 厘米（图 8-91：1；图 8-92：1）。F1M1：2，泥质灰陶。尖唇，敞口，长束颈，溜肩，鼓腹，平底。下腹部饰两道横绳纹。口径 13.2、底径 20、最大腹径 27.2、通高 28、器壁厚 0.6~0.8 厘米（图 8-91：2；图 8-92：4）。F2M1：1，泥质灰陶。方唇，侈口，束颈，溜肩，鼓腹，平底。下腹部及底部饰横绳纹。口径 17.2、底径 11.8、最大腹径 40.8、通

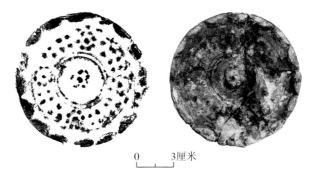

图 8-90 丁家皂户墓地出土铜镜

高 34、器壁厚 0.6~1.2 厘米（图 8-91：3；图 8-92：7）。F2M1：2，泥质灰陶。圆唇，侈口，短束颈，溜肩，鼓腹，平底。下腹部及底部饰横绳纹。口径 20.8、底径 11.4、最大腹径 32.8、通高 29.6、器壁厚 0.5~0.8 厘米（图 8-91：4；图 8-92：2）。F2M2：1，泥质灰陶。方唇，侈口，束颈，溜肩，鼓腹，平底。下腹部饰一条横绳纹，其下及底部为竖绳纹。口径 18.6、底径 14、最大腹径 36、通高 35、器壁厚 0.8~1.0 厘米（图 8-91：5；图 8-92：5）。F2M3：1，泥质灰陶。圆唇，敞口，束颈，溜肩，鼓腹，平底。素面。口径 15.4、底径 25.4、最大腹径 31.4、通高 29.4、器壁厚 0.8~1 厘米（图 8-91：8；图 8-92：8）。F2M3：2，泥质灰陶。圆唇，敞口，束颈，溜肩，鼓腹，平底。素面。口径 16、底径 21、最大腹径 28.2、通高 28.6、器壁厚 0.8~1 厘米（图 8-91：6；图 8-92：3）。F3M1：1，泥质灰陶。圆唇，侈口，短束颈，溜肩，鼓腹，小平底。素面。口径 27、底径 14.8、最大腹径 42、通高 31.2、器壁厚 0.4~1.1 厘米（图 8-91：7；图 8-92：6）。F3M1：2，泥质灰陶。方唇，侈口，短束颈，溜肩，鼓腹，小平底。

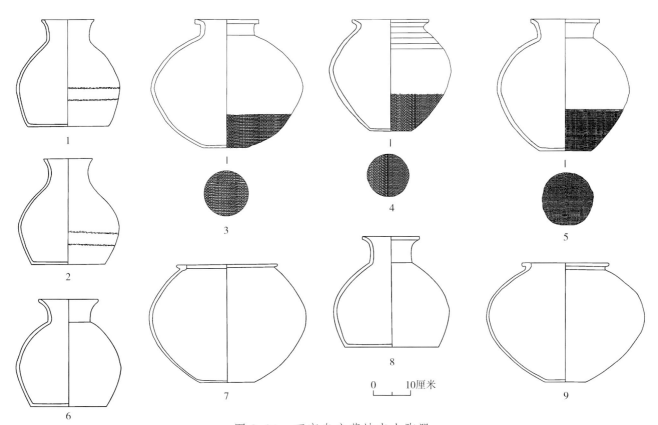

图 8-91 丁家皂户墓地出土陶器

图 8-92 丁家皂户墓地出土陶器照片

素面。口径 23.6、底径 11、最大腹径 42.8、通高 31.8、器壁厚 0.4~0.9 厘米（图 8-91：9；图 8-92：9）。

丁家皂户墓地为一处汉代墓葬群。土墩墓在山东地区多见于鲁东南沿海一带，如胶州赵家庄[1]、盛家庄[2]、胶南殷家庄[3]、日照海曲[4]等汉代墓地。从陶器和 F1M4 出土的汉代星云纹铜镜等随葬品看，丁家皂户墓地年代应为西汉中晚期。

9. 王台镇工商所采集釉陶器（见图 8-32）

釉陶双耳瓶 褐胎青釉。尖圆唇，侈口，折沿，束颈，广肩，圆鼓腹，下腹斜收，平底，矮圈足。轮制，口沿至颈部内外壁、外壁肩及上腹施青釉，颈部饰三周凹弦纹，口沿外壁及颈部下方分别饰六周和八周水波纹、戳印纹，肩部附两耳，铺首衔环，耳上饰羽毛状刻划纹，肩部至上腹饰三

［1］兰玉富、李文胜、王磊、马健《山东胶州赵家庄抢救性发掘汉代墓地》，《中国文物报》2006 年 1 月 20 日。

［2］郑禄红、王磊《胶州盛家庄汉墓发掘报告》，《青岛考古》（一），科学出版社，2011 年，84 ~ 117 页。

［3］郑禄红、翁建红《胶南殷家庄汉墓发掘报告》，《青岛考古》（一），科学出版社，2011 年，41 ~ 49 页。

［4］何德亮、郑同修、崔圣宽《日照海曲汉代墓地考古的主要收获》，《文物世界》2003 年第 5 期。

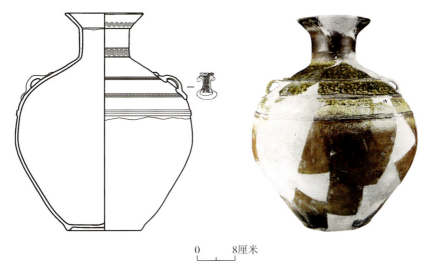

0　　　8厘米

图 8-93　王台镇工商所采集釉陶双耳瓶

组九周凸棱纹。口径 17、最大腹径 38.2、底径 16、高 46.2、壁厚 0.5~0.7 厘米（图 8-93）。

10. 塔山镇西寺遗址采集器物（见图 8-32）

包括铜兵器、陶器两类，铜兵器包括戈、镞等，陶器包括钵、鼎、豆、双耳瓶、罐、壶及器盖等。时代从战国晚期至西汉中晚期。

铜戈　1 件。前锋作弧形，尖削，长胡，上有三穿，内略为长方形，上有一横穿，援部断面呈菱形，援、胡及内侧棱均开等宽利刃，下阑一侧微残。长 28、宽 12、厚 0.1~0.5 厘米（图 8-94：1；图 8-95：1）。

铜镞　7 件。标本 1，近柳叶形，整体呈三棱锥状，尖略钝，断面呈三角形，铤部断面呈圆形，尾端残。残长 3.3 厘米（图 8-94：4；图 8-95：3）。标本 2，平面似桂叶形，双翼，中脊凸起，断面呈菱形，尾端残。残长 4.2 厘米（图 8-94：5；图 8-95：4）。标本 3，三棱锥形，三面刃线平行，尾端脊线微收成铤，铤的断面呈圆形，前锋有打磨痕迹，近铤部锈蚀严重。长 5.6、侧面宽 0.1~0.5、铤径 0.4 厘米（图 8-94：2；图 8-95：2）。标本 4，三角形尖锋，两翼残，中部起脊，脊凸起于器表，断面呈菱形，脊下出铤，铤断面为菱形。残长 3.6 厘米（图 8-94：6；图 8-95：5）。标本 5，三角形尖锋，三角形长翼后掠，两翼根部有两对称的缺口，镞身中部起脊，脊凸起于器表，脊下出铤，铤横断面略呈菱形。长 5.1、宽 0.1~2、厚 0.1~0.8 厘米（图 8-94：3；图 8-95：6）。标本 6，桂叶形镞，尖微钝，中间有脊，截面为菱形。长 4.5 厘米（图 8-94：7；图 8-95：7）。标本 7，桂叶形，双翼，中脊凸起，脊两侧有凹槽，铤截面为椭圆形。长 5.3 厘米（图 8-94：8；图 8-95：8）。

陶钵　1 件。泥质黄褐陶。圆唇，敛口，上腹近竖直，下腹微折，折棱不明显，平底。外壁腹中部饰一"井"字形刻划纹。口径 14.4、底径 10.6、高 9~9.4、壁厚 0.8~1.1 厘米（图 8-96：1；图 8-97：1）。

陶鼎　1 件。泥质灰陶。子母口微敛，子口较矮，方唇，浅腹较直，圜底，马蹄形足，两侧有两个不对称的方孔，用来安插附耳。器盖为直口，方唇，直腹，盖面微弧，顶面饰三个台阶状捉手。口径 19.4、高 17.6~18.3、壁厚 0.6~1 厘米；器盖口径 22.4、高 5.8~6.6、壁厚 0.8~1 厘米（图 8-96：4；图 8-97：4）。

陶豆　2 件。标本 1，口沿及圈足部分残。泥质灰陶。方圆唇，敞口，浅弧腹，细柄，喇叭形圈足。素面。轮制成型，器表满布细密的拉坯痕迹，豆柄内有螺旋状褶皱。口径 14.8、底径 10.2、高 14.2、厚 0.6~1.5

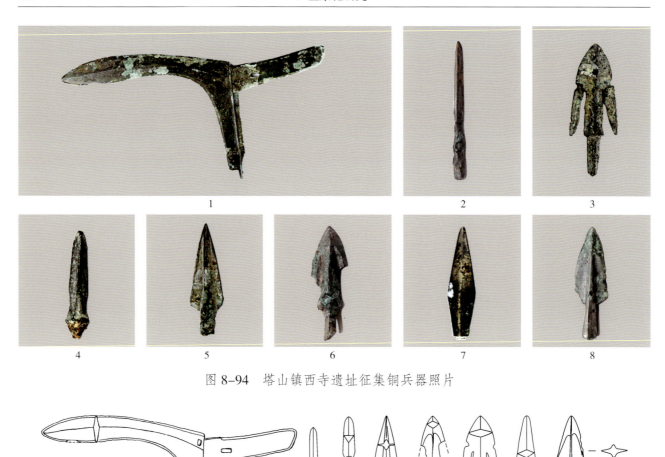

图 8-94　塔山镇西寺遗址征集铜兵器照片

图 8-95　塔山镇西寺遗址征集铜兵器

厘米（图 8-96：7；图 8-97：2）。标本 2，泥质灰陶。子母口微敛，方圆唇，深弧腹，细长筒形柄，喇叭形圈足。素面。口径 14.8、圈足径 13.4、高 25.8~26.2、壁厚 0.8~1.6 厘米（图 8-96：10；图 8-97：3）。

釉陶双耳瓶　1 件。青釉褐胎。方唇，侈口，卷沿，束颈，溜肩，肩部附两耳，圆鼓腹，平底。内壁口沿至颈部、外壁口沿至上腹饰青釉，外壁颈部有八周水波状戳印纹，双耳上中间饰一道凹槽，两侧饰羽毛状刻划纹，每一耳的左侧均有一道弧形刻划纹，下腹有数道凹弦纹，器体颈部、下腹近底部有多处烧制形成的凸起。口径 11、最大腹径 16.4、底径 9.2、高 20、厚 0.5~0.9 厘米（图 8-96：5；图 8-97：7）。

陶罐　4 件。标本 1，夹砂灰陶。方唇，敞口，卷沿，斜直颈，折肩，斜弧腹，底部内凹。肩部刻划符号，下腹饰拍印细绳纹，下腹内壁有一圈凸棱。口径 24、底径 9、高 22.7、厚 0.6~1.6 厘米（图 8-96：6；图 8-97：10）。标本 2，夹细砂灰陶。口部残失，束颈，溜肩，鼓腹，下腹弧收，平底微内凹。肩部饰三周凹弦纹，下腹饰纵向滚压绳纹。轮制。最大径 17.5、底径 9.4、残高 11、厚 0.5~0.7 厘米（图 8-96：2；图 8-97：9）。标本 3，夹砂灰陶。口部残失，束颈，鼓肩，圆折腹，下腹斜收，平底内凹。周身饰滚压细绳纹，折腹处饰一浅凹弦纹。泥条盘筑成型，内壁有明显的泥条缝隙。最大径 23、底径 9.5、残高 19.7、

图 8-96　塔山镇西寺遗址采集陶器照片

厚 0.5~0.7 厘米（图 8-96：8；图 8-97：5）。标本 4，夹砂灰陶。尖圆唇，侈口，折沿，束颈，折肩，下腹斜收，近平底。外壁下腹及器底饰交错绳纹，下腹绳纹上有一至两周抹痕。轮制。口径 15.2、最大肩径 25、底径 7.2、高 19.2、壁厚 0.8~1 厘米（图 8-96：9；图 8-97：6）。标本 5，泥质深灰胎灰皮陶。口沿大部分残失。方圆唇，侈口，坡沿，斜弧颈内束，宽折肩，下腹弧收，圜底。素面。泥条盘筑加轮修。口径 17、最大肩径 28.6、底径 16、高 24、壁厚 0.9~1.15 厘米（图 8-96：11；图 8-97：11）。

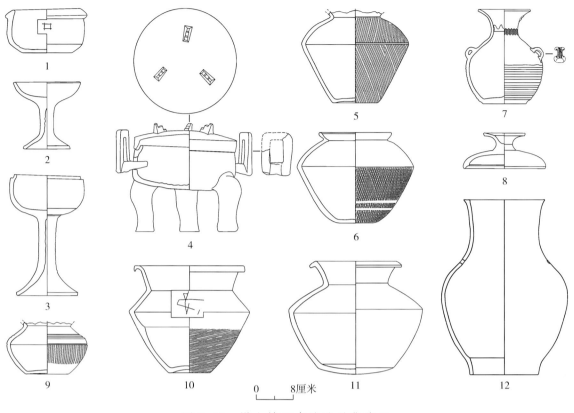

图 8-97　塔山镇西寺遗址采集陶器

　　陶壶　1 件。夹砂灰陶。方唇，敞口，高领，束颈，溜肩，鼓腹，下腹弧收，近底端斜直，肩部有对称两圆孔。泥条盘筑加轮修成型，器身局部有拍打痕迹，内壁有泥缝和轮修痕迹。口径 17.4、底径 14.6、最大径 27、高 37，厚 0.6~0.8 厘米（图 8-96：12；图 8-97：12）。

　　陶器盖　1 件。泥质浅灰胎灰皮陶。覆钵形，圆唇，敛口，斜弧腹，盖顶碟形捉手。外壁素面，内壁上腹饰一周凸棱。口径 17.6、捉手直径 8.8、高 7.5、壁厚 0.5~1 厘米（图 8-96：3；图 8-97：8）。

四　小结

　　根据文献和琅琊刻石的传世情况，四时主祠即在琅琊台左近，只是具体地点不明。

　　从采集的遗物和考古勘探情况分析，琅琊台在秦、西汉、东汉至北朝乃至明清时期都有过建设，秦汉时期的遗物可以分为三个阶段，素面及瓦棱纹阶状地砖、变形云纹瓦当为秦代遗物，空心砖、筒瓦等属于西汉早期，文字瓦当、复合菱形纹的地砖等应属西汉中晚期。小台则为秦代所建。

　　关于越国在琅琊台建都，除《汉书·地理志》颜师古所注和《水经注》的记载外，还见于以下文献：今本《竹书纪年》："贞定王元年癸酉，於越徙都琅琊。"[1]《越绝书·越绝外传记地传》："勾践伐吴，霸关东，从琅邪，起观台，台周七里，以望东海。"[2]《吴越春秋》也记述了此事，"越王既已诛忠

[1] 王国维《今本竹书纪年疏证》，《王国维遗书》第 8 册，上海书店出版社，2011 年，104 页。
[2] 张仲清校注《越绝书·越绝外传记地传第十》，国家图书馆出版社，2009 年，200 页。

臣，霸于关东，从琅琊，起观台，周七里，以望东海。"[1] 越王勾践所建都之琅琊台是否为今之黄岛区琅琊台，辛德勇在前人论述基础上，综合考虑了当时的政治地理环境，认定为是[2]。此说从唐代起即遭不断质疑，如《太平寰宇记》引《郡国县道记》[3]，今人陈伟也力陈其非[4]。明万历时人胡应麟认为琅琊台另有其地："贞定王元年癸酉，于越徙都琅邪。按《吴越春秋》文颇与此合，然非齐之琅邪，或吴越间地名有偶同者。"[5] 明末清初人刘翼明也依循了相同思路[6]。从考古调查和发掘材料看，琅琊台周围区域未发现越国在此建都筑台的考古学证据，琅琊台应另有其地。

琅琊台所在的区域，商末周初时期中原势力开始侵入。顾家崖头、灵山卫黄石圈、灵山岛李家村出土了单件青铜器，实地考察传出铜器的地点，均出土于三面环山一面向海的山坳中，周围没有发现遗址和墓葬，疑为春秋时期的祭祀遗存。夏河城发现的战国时期的瓦当、灵山卫出土的齐国三量，表明了齐国对这个区域的实际控制。琅琊台所在的区域，商末周初至战国时期应为当时的中心，秦汉时期为迎接秦汉皇帝的驾临，大建台阁，成为区域核心。西汉中期以后，祝家庄、安子沟所在的区域崛起，成为另一个中心。祝家庄遗址规模宏大，有围沟、多处排水管道、出土"千秋万岁"瓦当，从地砖、瓦当的形制与纹饰看，年代与琅琊台西汉中晚期器物相同。种种迹象表明，它是西汉中晚期的政治中心，疑为汉宣帝的驻跸之所。

据文献所载，秦始皇、秦二世、汉武帝、汉宣帝均亲至琅琊台。

秦始皇，（前 219 年）"南登琅邪，大乐之，留三月。乃徙黔首三万户琅邪台下，复十二岁。作琅邪台，立石刻，颂秦德，明得意。"[7]

"其明年（前 218 年），始皇复游海上，至琅邪，过恒山，从上党归。"[8]

"三十七年（前 210 年）十月癸丑，始皇出游。……少子胡亥爱慕请从，上许之。……还过吴，从江乘渡。并海上，北至琅邪。"[9]

秦二世在始皇三十七年曾从游，继位后也亲至，"二世元年（前 209 年），东巡碣石，并海南，历泰山，至会稽，皆礼祠之，而刻勒始皇所立石书旁，以章始皇之功德。"[10]

汉武帝"（元封）五年（前 106 年）冬，行南巡狩，至于盛唐，望祀虞舜于九嶷。登潜天柱山，自寻阳浮江，……遂北至琅邪，并海，所过礼祠其名山大川。"[11]

太始三年（前 94 年），"东幸琅邪，礼日成山，登之罘，浮大海，用事八神延年。"[12]

汉宣帝，甘露四年（前 50 年）"又祠四时于琅邪。"[13]

[1]〔汉〕赵晔撰《勾践伐吴外传》，《吴越春秋》卷六，明古今逸史本。
[2] 辛德勇《越王勾践徙都琅邪事析义》，《文史》2010 年第 1 期，1～44 页。
[3]〔宋〕乐史撰《太平寰宇记》，中华书局，2007 年，495～496 页。
[4] 陈伟《淮、泗一带的角逐》，《楚东国地理研究》，武汉大学出版社，1992 年，122 页。
[5]〔明〕胡应麟撰《少室山房笔丛》，卷三三戊部《三坟补逸》上，上海书店出版社，2001 年，335～336 页。
[6]〔清〕莽鹊立《山东盐法志·本朝艺文》卷十四录〔清〕刘翼明撰《琅邪台考》，清雍正刻本，二十四～二十七页。
[7]《史记·秦始皇本纪》，244 页；亦见《史记·封禅书》，1367 页。
[8]《史记·封禅书》，1370 页；亦见于《史记·秦始皇本纪》，249 页；《汉书·郊祀志》，1205 页。
[9]《史记·秦始皇本纪》，260、263 页。
[10]《史记·封禅书》，1370 页；亦见于《史记·秦始皇本纪》，267 页；《汉书·郊祀志》，1205 页。
[11]《汉书·武帝纪》，196 页；亦见于《史记·封禅书》，1400、1411 页；《史记·孝武本纪》，480 页。
[12]《汉书·郊祀志》，1247 页；亦见于《汉书·武帝纪》，206～207 页。
[13]《汉书·郊祀志》，1250 页。

结　语

通过对八主祠遗址及其周围文化环境的考古调查和发掘工作，搞清了祠祀遗址所处的文化环境和堆积情况，结合相关文献和研究，对八主祭祀形成的时间、历史文化背景及其历史影响等诸多问题形成如下认识。

一、八主祠遗址的基本情况及其历史文化环境

八主即天主、地主、兵主、阴主、阳主、月主、日主和四时主，祠祀地点均分布在山东半岛，在汉代的星野制度中属齐地。天主、地主、兵主三祠在半岛腹地的淄博、泰安和汶上一带，余在东部沿海。

月主和日主祠祀遗址保存最好，基本呈现了秦汉时期祠庙的组合形式。天主、阴主和阳主的祠祀地点明确，天主祠和阴主祠因破坏严重，只有依稀可辨的遗迹或零星遗物发现，阳主祠因为军事单位占用，目前未能展开工作，但也未遭大规模建设破坏，希望将来的工作能展现秦汉时期祠祀遗址原貌。地主和兵主的祠祀地点不明。四时主祠应在琅琊台附近，具体地点失察。

八主祠中，除兵主所在区域的文化环境不详外，其他祠祀地点均临近居邑城址或位于其中。文献和考古材料说明，它们在秦汉时期以前即为祭祀之地。

齐国临淄城南的牛山脚下，原有天齐渊，泉水涌出如天之腹脐，喻为天下的中心，因以为祭，称"天齐"，借用为天主。梁父为封禅中禅地的地点之一，沿用为地主。阴主、阳主祠均位于临近陆地的海岛之上，阳主祠祀遗址的具体情况尚不明确。阴主祠所在的三山岛荒僻孤绝，临近曲城，采集的遗物中有属于东周时期的，在秦汉之前可能即为祭祀地点。月主、日主的祠祀地早为当地的祭祀之地。月主祠位于莱国都城归城的外城圈内，从位于莱山山腰的月主祠举目东望，中秋之夜的月亮从莱山中部一个陡直的窄缝中冉冉升起，精妙的月相引发了对月亮的崇拜。从发掘情况和采集的遗物分析，战国时期就存在建筑，一直到唐代不断修复重建，秦汉时期作为八主中月主的祭祀地。荣成市成山头地处山东半岛的最东端，海陆相接，岩壁峭立，浪花拍岸，旭日东升之际海鸟祥集，从遗物年代和地理环境分析，虽不能确定为祭日场所，但商末周初时期即为祭祀之地，后作为日主祠被纳入八主祭祀中。四时主祠所在的琅琊台，文献材料中多见越王勾践在此建都的记载，但考古工作未发现任何实物资料，勾践建都的琅琊应另有其地。战国时期的琅琊台区域为齐所把持，秦汉时期大兴土木，秦修建了琅琊台和小台，汉代只利用了的琅琊台。另外，位于琅琊台西北的祝家庄遗址出土了"千秋万岁"瓦当、陶水管等高等级建筑材料，器物的形制纹饰与琅琊台出土的西汉中晚期器物相同，遗址周围还分布有西汉中晚期大型墓葬。祝家庄遗址可能为当时的琅琊郡址，或为

汉宣帝驾临时的驻跸之所。

项目组对保存情况尚可的月主、日主祠祀遗址进行了细密的调查和发掘工作，揭示了秦汉时期祠祀遗址相对完整的布局和组合形式。汉代在秦代建筑基础上，扩大了规模并瘗埋玉器为祭。在月主祠所在的归城，秦汉时期为迎接皇帝的驾临，在归城内修建了离宫别馆。建筑所用的夯土台虽被破坏得支离破碎，从出土的大量花纹繁复多样的瓦当分析，秦代在高耸的夯土台上建有亭阁，汉代又增铺了逶迤上行的踏步砖。窑址的发现，说明建筑所需砖瓦为当地烧制。在海岬成山头上，秦汉时期建筑规模急剧扩大，当时各类建筑应是高下错落、鳞次栉比，包括亭（观）、立石、祠庙、施祭地点等，从残迹中仍可约略看出为一组不同功能的建筑组合。从现有遗迹遗物的分布情况观察，秦代在最高点成山中峰上修建了亭阁，在南峰上立石，在南马台修建了带排水设施的祠庙或行宫。汉代在通往中峰亭阁的山路上加铺了踏步砖，在灯塔地和庙西等处增修了建筑，充分利用了南马台上的秦代设施，在排水管道 DG2 上有清晰的加固排水管道的维修迹象，并在酒棚岛上填土造台，埋玉为祭。在灯塔地，秦汉以后建筑仍在修复使用。

八主的祭祀地点大都临近城址或居邑，如天主与临淄城、地主与梁父城、阴主与曲城、阳主与三十里堡城、月主与归城、日主与不夜城，这些祭祀地点承担了这些居邑或城址的祭祀功能，秦汉时期也成为皇帝东巡时的迎驾和后勤保障之所。可以说，八主祭祀在国家祀典中的立废，与这些城邑的兴衰关系密切。

二、八主祭祀形成的时间

最早载录八主祭祀的是《史记·封禅书》，司马迁对于八主祭祀出现时间的推断是模糊的，"莫知起时""自古而有之""太公以来作之"，所论诸说最晚的是"太公以来作之"，即西周初年齐国始封之时，但综合分析八主祠的分布地点和周代诸侯国疆域的划分和管控情况，此说难以成立。

西周以来，齐鲁两个封国是山东半岛最主要的政治势力[1]，齐、鲁分踞半岛中部的南北，齐长城横亘半岛东西，"长城之阳，鲁也；长城之阴，齐也"[2]，它们西有曹，齐东有莱，鲁东有莒、杞等地方势力（见图 X-1）。战国时期，随着周王室式微，诸侯间相互侵伐，齐地又有越、楚、秦等势力的侵入。战国最晚期，各诸侯国相继殄灭，秦齐对峙，曾被各方势力把持的齐地才归于齐。

八主祠中，天主祠因居齐都临淄南郊，一直为齐所有，其他祠祀之地，自西周至战国时期，曾分属不同的国家。

地主祠，祠泰山梁父，梁父山为泰山下的众小山之一，位于鲁国腹地。

济水源出河南省济源市王屋山，春秋时济水流经魏、曹、鲁、齐之境，济水为曹、鲁分界[3]，济东为鲁地，即当今巨野、寿张、东平县一带，兵主祠地当属鲁。战国晚期鲁为楚所灭[4]，秦灭楚后，

［1］《史记·鲁周公世家》，1515 页；《史记·齐太公世家》，1480 页。

［2］黎翔凤撰，梁运华整理《管子校注》，中华书局，2004 年，1500 页。

［3］参见《左传》僖公三十一年："取济西田，分曹地也……分曹地，自洮以南，东傅于济，尽曹地也。"《春秋左传注》（修订本），485～486 页。

［4］楚灭鲁具体时间有争论，只是稍有前后。一为鲁亡于楚考烈王七年或八年，"（顷公）二十四年，楚考烈王伐灭鲁。顷公亡，迁于下邑，为家人，鲁绝祀。"见《史记·鲁周公世家》，1547 页。《六国年表》分为两节，楚取鲁在八年，灭鲁在十四年："（楚考烈王八年）取鲁，鲁君封于莒。""（楚考烈王十四年）楚灭鲁，顷公迁卞，为家人，绝祀。"见《史记》，748～749 页。刘歆之说，鲁灭在周灭后六年即楚考烈王之十三年，见《汉书·律历志》，1022 页。

齐实有其地[1]。

山东北部，本为莱人之地，"太公闻之，夜衣而行，黎明至国，莱侯来伐，与之争营丘"[2]。商末周初时期，东部沿海区域在外来势力侵入之前，阴主祠、月主祠周围区域都分布有珍珠门文化或岳石文化等土著莱人的物质文化遗存，黄县（今龙口市）莱阴出土西周初期的莱伯鼎，乃是莱国之地的明证[3]。阴主祠、月主祠和日主祠附近的城邑曲城、归城、不夜城作为城邑，修建年代虽然在西周中期以后，但此前都是当地土著的大型聚居之地[4]。莱国于春秋晚期被齐所灭[5]，阴主、月主、日主等祠祀地归齐所有。

根据文献和出土青铜器铭文，阳主所在的烟台市区属纪国。鲁庄公四年（前690年），齐襄公伐纪，纪国灭亡[6]。

四时主祠在今黄岛区（原胶南市）琅琊台，西周以来分属不同的政治势力，原属莒国。莒国乃土著方国，包括现今山东东南部和江苏北部[7]。楚灭莒后[8]，从齐长城的修筑情况看，齐与楚可能在此对立[9]。琅琊与楚相隔甚远，战国晚期在秦的逼迫之下，楚不能实有其地，亦成齐之属域。

周代分封的诸侯国，疆域分明，"天子非展义不巡守，诸侯非民事不举，卿非君命不越竟"[10]。以下两条记载非常形象地备注了当时的情况："（齐）桓公二十三年，山戎伐燕，燕告急于齐。齐桓公救燕，遂伐山戎，至于孤竹而还。燕庄公遂送桓公入齐境。桓公曰：'非天子，诸侯相送不出境，吾不可以无礼于燕。'于是分沟割燕君所至与燕。"[11]"（鲁庄公）二十三年夏，公如齐观社，非礼也。曹刿谏曰：'不可……诸侯有王，王有巡守，以大习之，非是，君不举矣。'"[12]

各诸侯王所获分封，包括疆域中神灵的祭祀权，如祭祀疆域中的山川神以及疆域所对应天上的二十八宿、十二次[13]。诸侯对神灵祭祀的越位标志着对疆域的侵犯，只有周王才享有各国山川神灵的

---

[1] 在鲁国腹地泰山脚下东更道，发现了战国晚期齐人用获自鲁的楚器祭祀泰山的遗存，参见李零《东更道七器的再认识》，《中国国家博物馆馆刊》2017年第10期，128页。

[2] 《史记·齐太公世家》，1480页。

[3] 参见《西周铜器断代》（上册），118~119页。

[4] 几地多有与莱相关的记载和传说。曲城，"周成王十四年，秦师（清孙渊如校正本作齐师）围曲城，克之。"参见〔南朝〕沈约撰《竹书纪年注》卷下，四部丛刊景明天一阁本。归城即为莱人故城，亦多有相关传说，"黄，有莱山松林莱君祠。""不夜"，颜师古引《齐地记》云："古有日夜出，见于东莱，故莱子立此城，以不夜为名。"《汉书·地理志》，1585页。

[5] 《春秋左传注·襄公六年》传为："十一月，齐侯灭莱，莱恃谋也。……四月，晏弱城东阳，而遂围莱。甲寅，堙之环城，傅于堞。及杞桓公卒之月，乙未，王湫帅师及正舆子、棠人军齐师，丁未，入莱。莱共公浮柔奔棠。正舆子、王湫奔莒，莒人杀之。四月，陈无宇献莱宗器于襄宫。晏弱围棠，十一月丙辰而灭之。迁莱于郳。"《春秋左传注》（修订本），947~948页。齐侯镈钟是事于齐的宋穆公后代所作，作于齐庄公（前553~前548年）时，从铭文"余赐女（汝）釐都鋚剒"看，齐灵公灭莱当春秋晚期。参见《两周金文辞大系图录考释》（二），《郭沫若全集·考古编》第8册，431页。

[6] 《春秋左传注》（修订本），165页。

[7] "平丘之会，晋昭公使叔向辞昭公弗与盟。子服惠伯曰：'晋信蛮夷而弃兄弟，其执政贰也。'"韦昭于此注曰："蛮夷，莒人。兄弟，鲁也。"见徐元诰撰，王树民、沈长云点校《国语集解》，中华书局，2002年，189页。"考莒原有国土，其都居莒，即今山东莒县，其属域有介根，在今高密县境；有密，在今昌邑县境；有渠邱、有防，在今安丘县境；有且于，在今莒县境；有莒舒、蒲侯氏、大庞、常仪靡，亦在今莒县境，有慈，在今沂水县境。是莒之领域，当春秋之际，其地略有今莒县安丘昌邑诸城高密沂水赣榆等县之全境或其一部。"张维华《齐长城考》，《禹贡半月刊》第七卷第一二三合期，1937年，145页。

[8] "简王元年（前431年），北伐灭莒。"《史记·楚世家》，1719页。

[9] "至于其东南境长城之建筑，似在楚人灭莒之后。"张维华《齐长城考》，《禹贡半月刊》第七卷第一二三合期，1937年，146页。

[10] 《春秋左传注》（修订本），235~236页。

[11] 《史记·齐太公世家》，1488页。

[12] 《春秋左传注》（修订本），226页。

[13] 参见刘瑛《〈左传〉、〈国语〉方术研究》的"星气之占"部分，《中国典籍与文化研究丛书》（第二辑），人民文学出版社，2006年，25~42页。

护佑，楚昭王和周夷王有疾时，祭祷对象不同，形象地说明了祭祀的所有权不同。楚昭王有疾，"卜曰：'河为祟。'王弗祭。大夫请祭诸郊。王曰：'三代命祀，祭不越望。江、汉、睢、漳，楚之望也。祸福之至，不是过也。不穀虽不德，河非所获罪也'"。而周夷王病，"王愆于厥身，诸侯莫不并走其望，以祈王身。"[1]

八主祠所在的各个地点，战国晚期之前均是异国而处，直到齐国在地域上"南有泰山，东有琅邪，西有清河，北有勃海"[2]时，八主的各个祠祀地点才尽归于齐域，原分属不同诸侯国的不同神祇，只有在专属齐国时才有可能被整合为八主祭祀，司马迁历数八神时也是以齐为中心来叙述其方位，所谓"齐地八神"应该是战国晚期齐人的理念。

三、八主祭祀形成的历史背景及其本质

人通过自身所处的环境来感知天、地、日、月的存在，通过气温降雨的律动来体会四时的交替变化。在中国祭祀传统中，对天、地、日、月的祭祀，历史久远[3]。

阴阳是古人对事物的对立转化本质、发展变化内在原因的认识。事物的对立性很容易从客观世界感知，如以山川为基准所分阴阳之位，卜辞中商人早已具备的上下天土对立之观念，陈梦家先生指出是阴阳二极之张本[4]。山东黄县出土的"冀伯左窆盨"的铭文中，"其阴其阳"是对于盖、器而言，盖下覆为阴，器上仰为阳[5]。《老子》公元前4世纪就被广泛接受并形成稳定的文本[6]，其最珍贵的哲学遗产就是揭示了阴阳的对立转化，"万物负阴抱阳，冲气以为和"[7]。对立转化的原则被推广运用到社会生活的各个领域，正所谓"凡论必以阴阳（明）大义"[8]。

八主中的阴、阳、四时作为神祇被祭祀是首次出现，胡适在谈及齐地宗教时认为，齐地宗教经过整理，把各地的拜物拜自然的迷信，加上一点系统，便成了天地日月阴阳兵与四时的系统宗教了。在初期只有拜天脐，拜某山而已[9]。这"一点系统"应该与战国以来思想家们热衷于讨论的宇宙生成模式有关。

从传世和出土文献材料中，可以窥知战国中晚期以来关于宇宙生成模式的各种思潮，或许也只是当时的部分思潮而已。在世界本原问题的认识上，既有神明类造物主"太一""太极"，如出土于湖北省荆门市战国中晚期墓葬中的《太一生水》[10]，也有世界由无而生的《老子》类世

[1]《春秋左传注》（修订本），1636、1475～1476 页。

[2]《史记·苏秦列传》，2256 页。

[3] 参见王睿《"八主"祭祀研究》，北京大学博士研究生学位论文，2011 年，30～39 页。

[4] 陈梦家《古文字中之商周祭祀》，《燕京学报》十九期，1936 年，131～133 页。

[5] 王献唐《黄县冀器》，《山东古国考》，21 页。

[6] 李零《从简帛古书看古书的经典化》，2005 年 2 月 24 日在清华大学的演讲。

[7] 高明《帛书老子校注》，中华书局，1996 年，29 页。

[8]《称》，裘锡圭主编《长沙马王堆汉墓简帛集成·肆》，中华书局，2014 年，187 页。

[9] 胡适《中国中古思想史长编》，上海世纪出版集团，2014 年，147 页。

[10] 荆门市博物馆编《郭店楚墓竹简》，文物出版社，2005 年，125 页。对于"太一""太极"的性质是"无"还是神明的认识有不同意见，高亨倾向于为"无"，"太极者，宇宙之本体也。宇宙之本体，《老子》名之曰'一'，《吕氏春秋·大乐》篇名之曰'太一'，《系辞》名之曰'太极'。"高亨《周易大传今注·系辞上》，齐鲁书社，1998 年，538 页。从《包山楚简》的相关内容和西汉武帝时期的"太一"崇拜情况看，应为神明。参见湖北省荆沙铁路考古队《包山楚简》，文物出版社，1991 年，图版九五。

界观如《恒先》[1]《道原》[2]《鹖冠子·度万》[3]《淮南子·天文》[4]等。关于宇宙构成要素和运行模式，五行论认为，木、火、土、金、水是万物构成的基本要素，它与阴阳学说相结合，用相生相克的关系来解释政治、社会、人生、自然各方面的变化，是一种循环论模式；"太一生水"是线性发展模式，构成要素则是太一、水、天、地、阴、阳、四时等。邹衍的九州观则带有浓厚的地理景观概念："以为儒者所谓中国者，于天下乃八十一分居其一分耳。中国外如赤县神州者九，乃所谓九州也。于是有裨海环之，人民禽兽莫能相通者，如一区中者，乃为一州。如此者九，乃有大瀛海环其外，天地之际焉。"[5]湖南长沙子弹库战国楚帛书为历忌之书，用图式和文字反映了在当时的社会生活中影响广泛的一种宇宙论模式[6]。帛书上的中宫虽然没有画太一和北斗，但有互相颠倒的两篇文字，以模拟天左旋和地右转。它以春夏秋冬分居四正，青赤白黑四木分居四隅，构成四方八位。边文左旋排列，代表斗建和小时；四木右旋，代表岁徙和大时[7]。

天、地、日、月、阴、阳、四时，是战国时期多种宇宙生成论的构成要素，并亦多见于承继了战国时期思想的汉代思想著作中。

《太一生水》："大一生水，水反辅大一，是以成天。天反辅大一，是以成地。天地（复相辅）也，是以成神明。神明复相辅也，是以成阴阳。阴阳复相辅也，是以成四时。四时复（相）辅也，是以成沧热。沧热复相辅也，是以成湿燥。湿燥复相辅也，成岁而止。故岁者，湿燥之所生也。湿燥者，沧热之所生也。沧热者，（四时之所生也）。四时者，阴阳之所生（也）。阴阳者，神明之所生也。神明者，天地之所生也。天地，大一之所生也。是故大一藏于水，行于时，周而或（始，以己为）万物母；一缺一盈，以己为万物经。此天之所不能杀，地之所不能埋，阴阳之所不能成。"[8]

《吕氏春秋·仲夏纪·大乐》，"音乐之所由来者远矣。生于度量，本于太一。太一出两仪，两仪出阴阳。阴阳变化……四时代兴，或暑或寒，或短或长，或柔或刚。万物所出，造于太一，化于阴阳。"[9]

《十六经·观》中亦有相关论述，借黄帝而言，"始判为两，分为阴阳，离为四时。"[10]

《礼记·礼运》："是故夫礼，必本于大一，分而为天地，转而为阴阳，变而为四时，列而为鬼神。"[11]

《汉书·礼乐志》的《邹子乐》假托邹衍所作，内容上反映了一种宇宙生成模式，"惟泰元尊，媪神蕃釐，经纬天地，作成四时。精建日月，星辰度理，阴阳五行，周而复始。云气雷电，降甘露雨，

---

[1] 马承源主编《上海博物馆藏战国楚竹书》（三），上海古籍出版社，2003年，287～299页。

[2] 《道原》，《长沙马王堆汉墓简帛集成·肆》，189页。

[3] 黄怀信撰《鹖冠子汇校集注》，中华书局，2004年，162～163页。

[4] 刘文典撰，冯逸、乔华点校《淮南鸿烈集解》，中华书局，1989年，79～80页。

[5] 《史记·孟子荀卿列传》，2344页。

[6] 李零《长沙子弹库战国楚帛书研究》，中华书局，1985年，34页。

[7] 李零《"式"与中国古代的宇宙模式》，《中国文化》1991年第4期，1～30页。

[8] 《郭店楚墓竹简》，125页。

[9] 陈奇猷校释《吕氏春秋新校释》，上海古籍出版社，2002年，258～259页。

[10] 《长沙马王堆汉墓简帛集成·肆》，152页。

[11] 孙希旦撰《礼记集解》，中华书局，1989年，616页。

百姓蕃滋，咸循厥绪。"[1]

《淮南子·天文》："道始于虚廓，虚廓生宇宙，宇宙生气。气有涯垠，清阳者薄靡而为天，重浊者凝滞而为地。清妙之合专易，重浊之凝竭难，故天先成而地后定。天地之袭精为阴阳，阴阳之专精为四时，四时之散精为万物。积阳之热气生火，火气之精者为日；积阴之寒气为水，水气之精者为月。日月之淫为精者为星辰。天受日月星辰，地受水潦尘埃。"[2]

战国晚期和汉初的文献也反映了天、地、日、月、阴、阳、四时不只是宇宙论中的构成要素，对它们的顺应用来作为安排人间社会秩序的依据。

《周易·系辞上》："是故《易》有太极。是生两仪。两仪生四象。四象生八卦。八卦定吉凶。吉凶生大业。是故法象莫大乎天地，变通莫大乎四时，县象莫大乎日月。"[3]

《文子·道原》："大丈夫恬然无思，淡然无虑，以天为盖，以地为车，以四时为马，以阴阳为御，行乎无路，遊乎无怠，出乎无门。"《精诚》："（黄帝）调日月之行，治阴阳之气，节四时之度，正律历之数……"[4]

《管子·四时》："阴阳者，天地之大理也。四时者，阴阳之大经也。刑德者，四时之合也。刑德合于时则生福，诡则生祸。"《版法解》："版法者，法天地之位，象四时之行，以治天下。"[5]

《淮南子·原道》："以天为盖，以地为舆，四时为马，阴阳为御，乘云凌霄，与造化者俱。"[6]

八主祭祀中，兵主蚩尤的存在显得突兀难解。不同于其他七个崇拜对象，蚩尤作为叛乱者而载于早期史籍，如《书·吕刑》"蚩尤惟始作乱"[7]、《庄子·盗跖》"与蚩尤战于涿鹿之野"[8]等。比较详细的记述见于《逸周书·尝麦》，蚩尤臣属赤帝，在赤帝与黄帝争战中赤帝失败，杀之以取悦黄帝[9]。战国时期黄老道盛行，随着黄帝地位的日益突出，蚩尤作为黄帝的对立面也名声大噪。《十六经》中的《五正》《正乱》，对黄帝大战蚩尤和对蚩尤的惩罚有着戏剧化的记述[10]。

用兵前祭神，古称"禡祭"。《诗经·周颂·桓》："桓桓武王，保有厥土……于昭于天，皇人间之。"毛序："桓，讲武类禡也。桓，武志也。"郑玄笺："类也，禡也，皆师祭也。"孔颖达疏："谓武王时欲伐殷，陈列六军，讲习武事。又为类祭于上帝，为禡祭于所在之地。治兵祭神，然后伐纣。"[11]蚩尤敢于挑战黄帝，其与战争、兵器有关而成为兵主。《山海经·大荒北经》："蚩尤作兵，伐黄帝。"[12]《管子·地数》："葛卢之山发而出水，金从之，蚩尤受而制之，以作剑、铠、矛、戟。"[13]许慎《五经异议·公羊》："甲午祠兵。祠者，祠五兵：矛、戟、剑、盾、弓鼓，及祠蚩尤之造兵者。"[14]

---

[1]《汉书·礼乐志》，1057 页。

[2]《淮南鸿烈集解》，79 ~ 80 页。

[3]《周易正义》，《十三经注疏》，82 页。

[4] 彭裕商《文子校注》，巴蜀书社，2006 年，4 ~ 5、33 ~ 34 页。

[5]《管子校注》，838、1196 页。

[6]《淮南鸿烈集解》，8 页。

[7] 黄怀信整理《尚书正义》，上海古籍出版社，2007 年，771 页。

[8]〔清〕王先谦集解《庄子集解》，中华书局，1987 年，262 页。

[9] 黄怀信、张懋镕等撰《逸周书汇校集注》，上海古籍出版社，1995 年，781 ~ 783 页。

[10]《长沙马王堆汉墓简帛集成·肆》，155、159 页。

[11]《毛诗正义》，《十三经注疏》，604 ~ 605 页。

[12] 袁珂校注《山海经校注》，上海古籍出版社，1980 年，430 页。

[13]《管子校注》，1355 页。

[14]〔清〕陈寿祺撰《五经异议疏证》卷中，清嘉庆刻本。

应劭曰：《左传》曰：'黄帝战于阪泉，以定天下。蚩尤好五兵，故祠祭之求福祥也。'"[1] 当年汉高祖刘邦起事前即在沛廷祭蚩尤，夺得天下后在长安立蚩尤祠[2]。

李零解读了兵主纳入八主祭祀系统的原因，指出天地人三者并称和相互关联在战国时期很流行，称为"三才"（也叫"三仪""三极""三元"），就是用天地所代表的自然法则作为人间秩序的终极依据，把天、地、人贯穿起来[3]。三者的关系当是比照"夫人生于地，悬命于天，天地合气，命之曰人"[4]。三者之中，人最重，"天地之性（生）人为贵"[5]。军事是立国治民之本，"国之大事，在祀与戎"[6]。人道依存于兵道[7]，"兵主"祭战神蚩尤，就是相当祭祀"人主"[8]，反映了当时的政治思想观念。

战国时期，在诸侯兼并的态势下，求自保和发展的各国诸侯渴求人才，诸子学说的指向无一不是治国方略，以秉持的学术政治思想为基础来构拟新型社会制度，正所谓"百家殊业，皆务于治"[9]。《礼记·王制》与《管子》《吕氏春秋》中的某些篇章，都有将学术思想转化为意识形态的内容。《礼记·王制》以邹衍的九州地理景观为基础，来划定各种社会秩序[10]；《管子》《吕氏春秋》的理论基础是五行论，它们与四时强行配比来力图规划社会活动。《周礼》依据天地和春夏秋冬四时的节律来制订标准，安排社会活动、规定行事内容，后成为王莽改制的蓝图。《周易》是猜测宇宙运行与人事间的互动规律。八主则是在宇宙论、人与自然关系的思想基础上，创设了一种新型祭祀体系。

八主祭祀体系不同于中国传统上至为重要的祖先崇拜，不属于人神系统，亦非单纯的某个自然神。它应是东方思想家在经历了血缘分封制毁坏崩塌后的离变之痛，对于人、人所依赖的自然环境以及人在自然环境中的地位所创造的神明体系。

商周两代是以血缘制为基础的族群政治发展而来，国家宗教以祭祀祖先为主，祭祀形式在祖先神排序、祭祀时间、地点和祭品等方面，形成了严密完整的制度。

周代对血缘制的重视，不仅表现在自己族群的内部，还表现在对外族血缘的追溯和延续上。周代实行以血缘为基础的分封制，周初封国七十一，同姓五十五[11]，除姬姓外，还有姜齐等异姓亲族所建之国和宋陈杞等少数非周人之封国[12]，目的是"故封建亲戚，以蕃屏周"[13]。可见血缘政治的影响之深。

在血缘关系为主导的宗法制社会中，确定血缘的来龙去脉就等于确认身份、地位、权力的正当与否，祖先祭祀成为权力合法性的最好证明[14]。分封制公元前 11 世纪开始，到战国时期已经存在了

---

[1]《史记·高祖本纪》集解所引，351 页。

[2]《史记·封禅书》，1378 页。

[3] 李零《"三一"考》，《中国方术续考》，东方出版社，2000 年，239 页。文中认为汉武帝所立"三一"实质是"天一、地一、人一"。

[4]〔清〕张隐菴集注《黄帝内经·素问宝命全形论》，上海科学技术出版社，1959 年，103 页。

[5]《孝经注疏》，《十三经注疏》，2553 页。

[6]《春秋左传注》（修订本），861 页。

[7]"庞子问鹖冠子曰：'圣人之道何先？'鹖冠子曰：'先人。'庞子曰：'人道何先？'鹖冠子曰：'先兵。'"见《鹖冠子汇校集注》，114～115 页。

[8] 李零《花间一壶酒》，同心出版社，2005 年，103 页。

[9]《淮南鸿烈集解》，427 页。

[10]"凡四海之内九州。州方千里，州建百里之国三十，七十里之国六十，五十里之国百有二十，凡二百一十国。"，见《礼记集解》，315 页。

[11]《史记·汉兴以来诸侯王年表》，801 页。

[12]"尧子丹朱，舜子商均，皆有疆土，以奉先祀。"《史记·五帝本纪》，44 页。"周武王克殷纣，求禹之后，得东楼公，封之于杞，是为重封，故亦称夏。"见《春秋左传注》（修订本），33 页。

[13]《春秋左传注》（修订本），420 页。

[14] 葛兆光《中国思想史》，第一卷，复旦大学出版社，2013 年，34 页。

九百年，血缘纽带关系变得薄弱，诸侯国间攻伐不止，灭国灭宗事件屡有发生，周天子只能维持表面的"天下共主"的象征意义。面对靠血缘关系维持的和谐与秩序坍塌的社会现实，思想界在以血缘关系为基础的祖先祭祀之外，寻求新的宗教支持。

在盛行探讨宇宙论的思想背景下，天地日月四时属于时空系统，阴阳为物质的本质属性，这些客观对象和哲学概念成为宇宙构成要素，不仅需要顺应协调，还升格为神明，成为祭祀对象，并强调了以"兵主"所代表的人的地位，生成了强调人与自然关系的新型祭祀体系。

八主在思想上与齐国稷下学宫黄老学派最为接近，属于自然类的宇宙观，不认同神创宇宙，有很深的阴阳思想等。虽然不能指认八主祭祀具体的创立者，但可以寻其思想踪迹。马王堆帛书《十六经》中的《观》《道原》与《鹖冠子》中的《度万》所论宇宙生成模式[1]，前者《经法》中的《六分》与《鹖冠子》中的《近迭》《泰鸿》[2]，所论人与自然关系的基本思想与八主类同，并且《十六经》中的《五正》《正乱》和《鹖冠子》中的《世兵》都有与蚩尤相关的内容[3]，马王堆帛书中的"黄老言"和《鹖冠子》是目前发现与八主最为接近的思想认识。

在宇宙论和政治思想基础上建立起来的八主祭祀体系，战国时期可能只是存留于思想层面，并未真正得到王侯的认同和实施。

四、八主祭祀的历史影响

秦汉时期，国家政治体制否定了血缘制为基础的分封制，实行皇权下郡县二级行政制度。对王朝的控制不再依赖血缘关系，而是由地缘政治来主导，除郡县制等垂直管理模式外，还沿袭了古老的"巡狩""封禅"等行政宗教手段来加强对领土的直接控制。

政治体制的变化必然导致国家宗教等意识形态的变化，分封制的瓦解降低了以血缘为纽带的祖先祭祀体系的重要性，以地缘政治为基础的集权政治需要新的宗教体系。秦皇汉武时期就是国家宗教的转型期，汉成帝时期郊祀制的确立则标志着新型国家宗教体系的完成。

秦的宗教政策，是在保有和突出秦原有的宗教祭祀外，全面接纳原各诸侯国的山川祭祀，通过对神祇祭祀的专擅来标志对领土的占有。秦以首都咸阳为中心，重新排序山川祠祀，以与秦的国土相应合，西部神祠如秦故祠，最北一线为湫渊、恒山；最东一线临海，由勃海南达越的会稽；南线为蜀的渎山、沔水和楚的湘山[4]。西汉初期对秦代的宗教政策全面接受，汉朝皇帝只是随个人经历和兴趣的不同对神祠祭祀偶有调整，如汉高祖改秦祭祀四帝为五帝、在长安命建蚩尤祠[5]，文帝去除移祸之令、设立渭阳五帝庙[6]等，武帝时期开始了以太一崇拜为中心的神祇等级化改革，薄忌太一坛、三一坛、甘泉太一坛乃至明堂的设立，均以太一统领五帝，其下为众神[7]。除明堂制度经王莽改造后保留下来外，汉武帝的等级化神谱只是历史的一瞬，很快在汉成帝时期的宗教改革中被废止。

[1] 相关内容参见《长沙马王堆汉墓简帛集成·肆》，152、189页；《鹖冠子汇校集注》，162~163页。
[2] 相关内容参见《长沙马王堆汉墓简帛集成·肆》，134页；《鹖冠子汇校集注》，114~117、138~139、227页。
[3] 相关内容参见《长沙马王堆汉墓简帛集成鹖肆》，155、159页；《鹖冠子汇校集注》，272页。
[4]《史记·封禅书》，1371~1372页。
[5]《史记·封禅书》，1378页。
[6]《史记·封禅书》，1380、1382页。
[7] 薄忌太一坛、三一坛，《史记·封禅书》，1386页；亦见于《汉书·郊祀志》，1218页。甘泉太一坛，见《史记·孝武本纪》，469页；《史记·封禅书》，1394页；《汉书·郊祀志》，1230页。明堂，《史记·封禅书》，1401页。

　　秦皇汉武的宗教政策，"其特点是衔接古今，协同上下，调和东西，折衷南北。如他们对各地原有的宗教和民间的宗教都是采取兼收并蓄，分级设等，由太祝设祠官领之；郊祀与封禅也是东西并行，甚至对北方匈奴地区和南方两粤地区的宗教也加以利用。"[1] 秦皇汉武利用巡守和封禅来实施对东方的经略，宗教政策上的多元化和兼容性，加上对长生不老之术的痴迷，精研天地奥秘和人事废兴、练就了一套政治生存术的东方思想家，成功兜售了他们的宗教思想。秦皇汉武均到泰山行封禅礼，对八主祭祀也礼遇有加，八主中除天主未得到过秦汉皇帝的祭祀外，秦始皇曾禅梁父、汉武帝至梁父礼祠地主；阳主祠所在的芝罘，秦始皇曾三至，秦二世从游，又于二世元年亲至，汉武帝也亲临；日主祠所在的成山，秦始皇二度亲临，汉武帝到过多次；秦始皇、秦二世、汉武帝曾多次到过四时主祠所在的琅琊。汉宣帝遍祠八主中的七主，并于曲城祠八神[2]。

　　八主中的某些祭祀对象在汉代新兴祭祀系统中获得一席之地或地位有所提升。如刘邦得天下后在长安立蚩尤祠。"日""月"在秦原有的神祇中只作为天星的成员来祭祀[3]，在汉武帝构制的神谱甘泉泰一坛中受到隆重对待，"祭日以牛，祭月以羊彘特，太一祝宰则衣紫衣及绣。五帝各如其色，日赤，月白"[4]。"（元鼎四年，前 113 年）十一月辛巳朔旦冬至，昧爽，天子始郊拜泰一。朝朝日，夕夕月。"[5] 汉武帝时的亳忌太一坛祭阴阳使者[6]，李零推测与八神中的阴主阳主有关[7]。汉宣帝又立"日""月"之祠，"京师近县鄠，则有劳谷、五床山、日月、五帝、仙人、玉女祠"[8]。"天齐"本是齐国原有的祭祀对象，"天齐渊"本为泉水，把它想象为天之腹脐来寓意天下的中心所在。此意念被借用至都城长安，在汉长安城外今人所称七里塬上，发现以一巨型坑为主体的遗址群，巨型坑之时代、地望、形状及其地名均与史载汉初所修建的"天齐"祠相合，为模仿"天齐"祭祀，挖坑以像天之腹脐来借喻为天下中心[9]。

　　八主祭祀虽然在国家祀典中只存续了秦汉两代，时长二百年，但它的宗教理念对中国国家宗教的发展影响深远。从秦皇汉武的国家宗教转型期到汉成帝时期郊祀制的确立，都可以看到八主祭祀所代表的东方祭祀传统的影响。

　　东方祭祀传统中，阴阳对等的理念根深蒂固。古老的封禅礼中用禅地来对应封天，在八主祭祀中得到充分体现，天与地、阴与阳、日与月，阴阳对等的祭祀模式对国家宗教形成与发展施以影响。

[1] 李零《秦汉礼仪中的宗教》，《中国方术续考》，185 页。

[2] 秦始皇事见《史记·封禅书》，1367、1370、1377 页；《史记·秦始皇本纪》，244、249～250、263 页；《汉书·郊祀制》，1205、1209 页。秦二世事见《史记·封禅书》，1370 页；《史记·秦始皇本纪》，260、267 页。汉武帝事见《史记·孝武本纪》，474～475、480、485 页；《史记·封禅书》，1397～1398、1401、1403 页；《汉书·郊祀制》，1234～1235、1243、1247～1248 页；《汉书·武帝纪》，196、206～207 页。汉宣帝事见《汉书·郊祀制》，1250 页。

[3] "雍有日、月、参、辰、南北斗、荧惑、太白、岁星、填星、辰星、二十八宿、风伯、雨师、四海、九臣、十四臣、诸布、诸严、诸逐之属，百有余庙。"《汉书·郊祀志》，1206～1207 页。

[4]《史记·孝武本纪》，469 页。

[5]《史记·孝武本纪》，470 页；亦见于《汉书·武帝纪》，185 页。

[6] "后人复有上书，言'古者天子常以春解祠，祠黄帝用一枭破镜，……阴阳使者以一牛。'令祠官领之如其方，而祠于忌太一坛旁。"《史记·封禅书》，1386 页；亦见于《汉书·郊祀志》，1218 页。

[7] 李零：《"三一"考》，《中国方术续考》，东方出版社，2000 年，245 页。

[8]《汉书·郊祀志》，1250 页。

[9] 秦建明、张在明、杨政《陕西发现以汉长安城为中心的西汉南北向超长建筑基线》，《文物》1995 年第 3 期，6～8 页。按：原文图一中的"王帝坛"应为"五帝坛"之误。另见，西北大学文化遗产学院、咸阳文物考古研究所《陕西三原县天井岸村汉代礼制建筑遗址调查简报》，《考古与文物》2017 年第 1 期，45～51 页。

武帝从宽舒议正式立汾阴后土祠，宽舒所立太一坛及后来的泰畤，后土的祭祀地位与太一或五帝对应。八主中强调的以兵主所代表的人主，在皇权集权统治的政治体制中，皇帝的祖先神与诸神并祀，汉武帝按公玉带所献明堂图，令奉高县作明堂于汶上，"祠太一、五帝于明堂上坐，令高皇帝祠坐对之。祠后土于下房。"[1]宽舒和公玉带都是东方术士，前者是黄锤史，今龙口烟台一带的齐人，后者则是济南人。

顺应时世之变并以兼济天下为己任是儒家在意识形态领域最终取得独尊地位的重要原因，从早期的"君子不语怪力乱神"等无神论思想，到战国中晚期援道家的宇宙观入儒，儒家思想的核心"礼"也从属于宇宙论。"是故夫礼，必本于大一，分而为天地，转而为阴阳，变而为四时，列而为鬼神。……夫礼必本于天，动而之地，列而之事，变而从时，协于分艺。"[2]汉初董仲舒把子思、孟子为代表的神秘主义"天人合一论"与黄老学派慎到的思想相结合，把"天人感应论"作为社会发展进化论的思想基础，在政治思想上确立了君权的一统地位，并用天道来限制君权；在宗教上，强调"郊重于宗庙，天尊于人也"[3]。

汉元帝时期开始了一系列宗教改革，虽然改革的理由或据经或托古，但改革的方向是由儒家思想主导实施，主要是减少宗庙的祭祀数量和简化祭祀仪式[4]。汉成帝时匡衡为相，继续宗庙改革的同时罢祀群神，改为不到原地祭祀而是迁至长安，成为南郊祭天、北郊祭地的郊祀制雏形[5]。虽有反复，最终在汉平帝元始五年（5年）王莽当政时确立下来[6]。

郊祀制是以国都为中心，阴阳观念体现在对天地祭祀的对应和方位的安排上，四时的观念由祭祀时间来表现，构筑了以君王为中心的微观宇宙型的祭祀模式。它所侧重的既不是秦所祭祀的族群始祖四帝或刘邦开创的五帝，也不是汉武帝神谱中确立的太一，最终采用了当时儒家的宇宙论式祭祀体系和强调皇权所代表的人与自然的关系，这种宗教理念和祭祀模式成为延续两千年的国家祭祀体制。在郊祀制确立的二百多年前，这种宗教理念和祭祀模式的齐地八主祭祀中就曾出现过。

---

[1]《史记·封禅书》，1401 页。

[2]《礼记集解》，616 页。

[3]《郊事对》，董仲舒著，周桂钿译注《春秋繁露》，中华书局，2011 年，200 页。

[4]《汉书·韦贤传》，3116～3117、3120～3121 页。

[5]"（建始）二年春正月，罢雍五畤。辛巳，上始郊祀长安南郊。诏曰：'乃者徙泰畤、后土于南郊、北郊，朕亲饬躬，郊祀上帝。'"《汉书·成帝纪》，305 页。"四百七十五所不应礼，或复重，请皆罢。"《汉书·成帝纪》，305 页；亦见于《汉书·郊祀志》，1257 页。

[6] 祭祀地点于永始元年（前 16 年）再迁回原地，于绥和二年（前 7 年）迁回长安，于建平三年（前 4 年）恢复原地，见《汉书·郊祀志》，1264～1265 页。

后　记

2009 年 5 月初的一天，大风，极寒。项目组的主要人员李零、栾丰实、林仙庭、王富强、王睿齐集荣成市成山头，张启明也应约赶来。张老师退休前是荣成市博物馆的保管员，对当地遗址分布和遗物出土情况了如指掌。

望着因景区建设导致地貌大变的成山头，林仙庭回忆起十年前成山头的样貌以及他和张启明来调查时的情景。听说成山头要开发成旅游景区，深知其历史价值的两位考古工作人员来勘察和采集文物标本。在暴土狼烟的工地上，散布着大量秦汉时期的砖瓦，两人能做的也只有捡拾起来做文物标本。

夕阳西下，两人把一天的收获坐地分赃，你一块砖，我一块砖，你一块瓦，我一块瓦，然后各自装进编织袋离开。林仙庭已坐上开往烟台的公共汽车，突然看到张启明追着汽车边跑边喊，忙下车询问是否丢了东西。不想老张开口说："老林啊，这些东西还是你带回烟台博物馆保存吧，我快退休了，放在县里博物馆，时间长了怕就没了……"

爆笑后，大家心里泛起的是苦涩……

如果在经济建设大潮中，我们的地方文物考古工作者无力螳臂挡车，把人弃我取的砖头瓦块收纳保存是他们的职业操守，那么，把他们以及后来项目组所付出的辛苦和研究成果整理出版，推动专业领域的发展，揭示中国思想史上重要一环，应该是项目组义不容辞的责任。

王睿拟定了全书体例，栾丰实撰写了绪论中的研究方法和工作过程后，大家开始了本书的撰写。具体分工如下：王睿独立完成了第一章、第三章、结语、绪论中栾丰实执笔外的其余部分，以及第二章、第四至第八章中"地望的考察"和"小结"部分。林仙庭负责撰写了第四、五章中的"祠祀遗址的调查"、"历史文化背景和曲城城址"、"历史文化背景和三十里堡城址"，第六、七章中的"祠祀遗址及其相关遗迹的调查与发掘"、"祠祀遗址的调查与发掘"，共计六个小节的撰写。聂政撰写了第二章的"历史文化背景和梁父城城址"、第六章中的除东和平遗址外的"历史文化背景和归城城址"；第七章的"历史文化背景"和"历年出土资料整理"部分。郑禄红撰写了第八章的"祠祀遗址的调查与勘探"部分，翁建红撰写了第八章的"历史文化背景"部分，赵娟撰写了第六章中东和平遗址的发掘部分，郭明建撰写了第七章"不夜城城址的调查勘探部分"。

本书的遗迹图，第一至第七章除特别标明由姜仕炜、陆青玉、郭明建绘制外，余由聂政、林仙庭完成，第八章的遗迹图由郑禄红完成。各章的器物图由张馨月、聂政、赵娟、郑禄红、綦高华、彭峪、闫凯凯、曹冬蕾、曲新楠等完成。第八章器物照片由郝智国、于法林拍摄，拓片由郭长波拓制。

李零为本书撰写了导论并题写了书名。张瀚墨翻译了英文提要。

本书凝聚了老中青三代学人十年的辛苦工作和思考。看着将要付梓的文稿，终于可以说，由多家单位合作，历时十年，足迹遍布山东半岛大部的"山东八主祠遗址的调查和研究"课题项目，在地方各级领导和同仁们的大力协助下，完成了！感谢张启明先生！作为工作在县市级博物馆的文物考古工作者，他早年在日主祠、不夜城遗址调查和采集的遗物成为本书不可或缺的资料来源，他提供的研究线索指导了项目组的工作。感谢烟台市博物馆的王富强副馆长、龙口市博物馆马志敏馆长及其同仁们在日主、月主的历次调查和发掘工作中给予的支持和帮助！感谢威海市文化学者杨机臣先生、荣成市好望角度假风景区管理委员会的宣传部长王宏伟先生在交流和合作中给予的鼓励和支持！感谢青岛市文物保护考古研究所的林玉海所长、青岛市黄岛区文化广电新闻出版局薛立群局长给予的无私帮助！感谢山东省文物考古研究院魏成敏研究员、山东师范大学齐鲁文化研究所副所长燕生东、新泰市博物馆诸位同仁给予的支持和建议！

项目进行中，由于工作调动，本书的撰写和后续工作均是在故宫博物院的工作岗位上完成的。感谢故宫博物院的领导和同事们给予的理解和支持，他们开阔的胸襟和敬业态度是我人生的楷模。

感谢我的老同学谷艳雪，作为文物考古界的资深编审，大到书稿的立意结构，小到器物表现形式、注释的精准，她给予的建议极具价值，本书的亮点属于我的这位老朋友。

为庆祝本书的出版发行，北京大学人文与社会科学研究院联合商务印书馆，提供菊生论坛的平台召开了"历史记忆与考古发现——秦汉祭祀遗址的发现与研究"研讨会，从事祭祀研究的专家学者汇聚一堂对相关问题进行了深入探讨。

本书的出版不只是工作成果的展示，更是诸位师友在工作中结下的深厚友谊的见证！

王 睿

谨记于故宫博物院寿康宫北小院办公室

2019 年 5 月 8 日

On the Sacrificial Ritual of the Eight Lords

(Abstract)

The Eight Lords, also referred to as the Eight Deities, were the spirits of Heaven, the Land, Arms, the Sun, the Moon, the *Yin*, the *Yang*, and the Four Seasons, to whom sacrifices were presented. The sacrificial spots are located in various places in the present-day Shandong Peninsula, belonging to the State of Qi on the map of Han Star-field system. The shrines dedicated to the Lords of Heaven, Arms, and the Land are found in the heart land and southwest of the Peninsula. The other five shrines do the east-coastal areas.

The earliest records on the practice of presenting sacrifice to the Eight Lords appear in the *Shiji* and the *Hanshu*. It constituted one of the imperial sacrificial activities carried out by Qin and Han emperors. According to Qin and Han imperial sacrificial codes, sacrifices were presented to the Eight Lords only when the emperor visited those places. Such practice was abolished from 31BCE, second year of the Jianshi era during Chengdi's reign, following the establishment of a new sacrificial practice, i.e., presenting sacrifices in the suburban areas of the capital city.

In 2008, the State Bureau of Cultural Relics approved a joint project called "An Investigation and Study on the Sites of the Shrines of the Eight Lords in Shandong". Advised by Professor Li Ling, the Institute of History and Culture at Shandong University, the Shandong Provincial Academy of Cultural Relics and Archaeology, and the Institute of Archaeology of Chinese National Museum, started their collaboration to carrying out this project. The research team consisted of two groups, of which one did the field work under Professor Luan Fengshi's supervision, including pre-excavation investigation, exploratory drilling, and excavation. The other was directed by Professor Wang Rui to collect related textual records, to select artifacts from different museums and to draw, photograph, describe, and make ink-rubbings for the samples, and to study the data.

The archaeological work and textual study in the past ten years show that the sacrificial practice centering on the Eight Lords reflected the sort of late Warring States thinking later labeled as the Huang-Lao thought in the Western Han. Based on their contemporary cosmology, those late Warring States thinkers promoted and divinized such cosmological concepts as Heaven, the Land, the *Yin*, the *Yang*, the Sun, the Moon, and the Four Seasons to make a religious cosmological system, in the meantime emphasizing the status of human being (represented by the Lord of Arms) and his relations with other natural elements in this system. The worship of the Eight Lords is different from ancestral worship, which characterizes the most important part of traditional Chinese thinking regarding the relationship between human and spiritual realms. Nevertheless, the Eight Lords were not natural deities, but a groups of spirits created by the thinkers living in east-coastal areas of China who, after the decline of the enfeoffment system based on consanguinity, began to reconsider the role played by human beings, the natural environment on which human beings relied, and the position of the former in the latter. When choosing sites for the eight spirits, the thinkers made tactical use of the previously existent religious practice to facilitate the worship of the Eight Lords. For example, the Deep Water of Heavenly Navel related to the Lord of Heaven, a spring near the capital city of the State of Qi, was referred to as "the navel of Heaven" worshiped by Qi people before the establishment of the Lord of Heaven. Liangfu was a place where the *shan* ritual was performed to the Land. Correspondingly, Liangfu became the spot where the shrine for the Lord of the Land was built. Known as god of war even before the Han, Chiyou had received sacrifice in the east of China long before the establishment of the shrine for the Lord of Arms. The sites at which the sacrifices to the Lords of the *Yin*, the *Yang*, the Moon, the Sun, and the Four Seasons were presented respectively according to a scheme redesigned by later Warring States thinkers, used to be the places where local natural deities were worshiped. Following a *yin-and-yang* dichotomy, the shrines for the Lords of the Sun and the *Yang* are located in the east, whereas the shrines for the Lords of the Moon and the *Yin*, in the west.

The success of the east-coastal thinkers in selling their ideas to the rulers followed the decline of the Zhou enfeoffment system and the establishment of the *jun-xian* administrative system supporting centralized rule in Qin and Han periods. Their success is observable in the records about the visits of the Qin and Han emperors to the shrines of the Eight Lords except for the Lord of Heaven. For example, the First Emperor performed *shan* sacrifice at Liangfu, where Emperor Wu of Han later did the same to the Lord of the Land. The First Emperor visited Zhifu (where the Lord of the *Yang* was worshiped) several times, once together with his son, the later Second Emperor of Qin, who followed his father to visit the same spot soon after he was enthroned. Emperor Wu of Han also visited the same place. The First Emperor presented sacrifices twice to Mt. Cheng, where the Lord of the Sun was worshiped and a place to which Emperor Wu of Han also paid visit. Langya is the place hosting the Lord of the Four Seasons and a place visited by the First Emperor of Qin, the Second Emperor of Qin, and Emperor Wu of Han for more than one time. Moreover, Emperor Xuan of Han visited a shrine for the Lord of Arms at Shouliang; he also visited the shrines for other spirits, including the Lords of the *Yin*, the *Yang*, the Moon, the Sun, and the Four Seasons.

Among the Eight Lords receiving sacrifices, some were adopted to be deities of later sacrificial systems, while others were elevated to higher positions in later religious pantheon, even if they weren't included in a new sacrificial system. That a shrine for Chiyou was built in Chang'an (imperial capital of the time) after the Western Han was founded serves as a good example in this regard. The Sun and the Moon were included in the celestial body worshiped during the Qin. In Emperor Wu's new religious system characteristic of the dominant position of the Great Oneness, whose altar was established at the Ganquan imperial palatial compound, the Sun and the Moon received special sacrifices. As it says in the *Shiji*, when worshiping the Great Oneness at the suburb of Chang'an in the fourth year of the Yuanding era, Emperor Wu "worshiped the Sun in morning ritual and the Moon in evening ritual". The *Yin*-and-*Yang* Messenger mentioned in the ritual of presenting sacrifice to the altar of the Great Oneness in the *Shiji* and the *Hanshu*, is probably related to the Lords of the *Yin* and the *Yang* in the Eight Lords sacrificial system. Emperor Xuan of Han established sacrificial shrines for the Lords of the Sun and the Moon near the capital city Chang'an. The Deep Water of Heavenly Navel was the name of a spring south to the Qi capital city Linzi. After the establishment of the Lord of Heaven in that region, the spring became a metaphorical term of the center of the whole universe and was celebrated as the "navel of Heaven". At a place called Qiliyuan out of the Han capital city Chang'an, archaeologists discovered a site with the remains of a huge pit. Its location, name, form, and date remind us of the shrine built for the Navel of Heaven in early Western Han, possibly an imitation of part of the Eight Lords sacrificial practice.

The thoughts that the Heavenly Way is spontaneity, that the Human Way follows spontaneity, and that emphasizes both the *Yin* and the *Yang* as an inseparable pair of cosmological forces in receiving sacrifices reflected in the Eight Lords sacrificial system, constitute an important historical, religious heritage to traditional Chinese state religion. In 5 CE, fifth year of the Yuanshi era during Emperor Ping's reign, Wang Mang, who already controlled the Han imperial court by then, confirmed to present sacrifices at the capital suburbs as the standardized practice for the new Han state sacrificial system. The new system in nature reflects the remaking of the late Warring States cosmological thinking later called the Huang-Lao thought after Confucianism became the dominant Han imperial ideology. This new sacrificial system embodied a miniature universe with the ruler and the capital city as its center, eliciting the concepts of the *Yin* and the *Yang* as well as the Four Seasons from carefully designed sacrificial patterns noticeable for their dichotomous spatial and temporal features. According to our study on the shrines of the Eight Lords, this new sacrificial system as well as its religious ideas emerged in the practice of worshiping the Eight Lords in the State of Qi circa two hundred years before Wang Mang took the Han imperial power to make his religious reform.